DIAT
스프레드시트 2021

초판 발행일 | 2025년 2월 10일
저자 | 해람북스 기획팀
발행인 | 최용섭
책임편집 | 이준우
기획진행 | 김미경

㈜해람북스
주소 | 서울시 용산구 한남대로 11길 12, 6층
문의전화 | 02-6337-5419
팩스 | 02-6337-5429
홈페이지 | https://class.edupartner.co.kr

발행처 | (주)미래엔에듀파트너 **출판등록번호** | 제2020-000101호

ISBN 979-11-6571-228-0 (13000)

이 책은 저작권법에 따라 보호받는 저작물이므로 무단전재와 무단복제를 금지하며,
이 책 내용의 전부 또는 일부를 이용하려면 반드시 저작권자와 (주)미래엔에듀파트너의 서면동의를 받아야 합니다.

※ 잘못된 책은 바꾸어 드립니다.
※ 책 가격은 뒷면에 있습니다.

DIAT 시험 안내

⦿ 디지털정보활용능력(DIAT ; Digital Information Ability Test)

- 컴퓨터와 인터넷을 이용한 정보가 넘쳐나고 사물과 사물 간에도 컴퓨터와 인터넷이 연결된 디지털 정보시대에 기본적인 정보통신기술, 정보처리기술의 활용 분야에 대해 학습이나 사무업무를 수행할 수 있도록 종합적으로 묶어서 구성한 자격 종목입니다.
- 총 6개의 과목으로 구성(작업식 5개 과목, 객관식 1개 과목)되어 1개 과목만으로도 자격 취득이 가능하고, 합격 점수에 따라 초/중/고급 자격이 부여됩니다.
- 과목별로 시험을 응시하며, 시험 당일 한 회차에 최대 3개 과목까지 응시가 가능합니다.

⦿ 필요성

- 사무업무에 즉시 활용이 가능한 작업식 위주의 실기 시험입니다.
- 정보통신, OA, 멀티미디어, 인터넷 등 분야별 등급화를 통한 실무 능력을 인증합니다.

⦿ 자격 종류

- 자격구분 : 공인민간자격
- 등록번호 : 2008-0265
- 공인번호 : 과학기술정보통신부 제2020-2호

⦿ 응시 지역 및 비용

응시 지역	응시 자격	응시 비용
전국	제한 없음	1과목 20,000원 / 2과목 36,000원 / 3과목 51,000원 (※시행일자 기준 2021년 1월 적용)

※ 응시 지역은 운영 상황에 따라 변경될 수 있음
※ 자격증 발급 수수료 : 5,800원(배송료 포함)
  - 정보 이용료 별도 : 신용카드/계좌이체 650원, 가상계좌 입금 300원

⦿ 시험 준비물

- 신분증 : 주민등록증, 운전면허증(국내), 여권(유효기간 내), 청소년증, 공무원증, 장애인등록증 등
- 필기 도구 : 검정색 볼펜(시험 문제지에 이름/수험번호 기재 시 사용)
- 수험표 : 시험접수 → 수험표 출력 메뉴에서 수험표 출력(수험표를 출력하기 위해서는 응시자 본인 여부를 명확히 판단할 수 있는 증명 사진이 등록되어야 함)

Digital Information Ability Test

◉ 시험 과목

검정 과목	사용 프로그램	검정 방법	문항수	시험 시간	배점	합격 기준
프리젠테이션	- MS 파워포인트 - 한컴오피스 한쇼	작업식	4문항	40분	200점	- 초급 : 80~119점 - 중급 : 120~159점 - 고급 : 160~200점
스프레드시트	- MS 엑셀 - 한컴오피스 한셀		5문항	40분	200점	
워드프로세서	한컴오피스 한글		2문항	40분	200점	
멀티미디어제작	- 포토샵/곰믹스 - 곰픽/곰믹스		3문항	40분	200점	
인터넷정보검색	인터넷		8문항	40분	100점	- 초급 : 40~59점 - 중급 : 60~79점 - 고급 : 80~100점
정보통신상식	CBT 프로그램	객관식	40문항	40분	100점	

※ 스프레드시트(한셀), 프리젠테이션(한쇼)는 서울, 경기, 인천 지역에 한하여 접수 가능

◉ 출제 가이드

과목	검정 항목	검정 내용
프리젠테이션	기본 설정	용지 크기 및 방향 설정, 슬라이드 마스터 작성
	슬라이드 작성	도형 모양, 색상, 도형 효과, 애니메이션, 스마트아트, 표 및 차트, 워드아트 등
스프레드시트	데이터 입력 및 수식과 함수	데이터 입력과 셀 선택, 워크시트 데이터 편집, 수식과 함수 이용
	데이터 관리/분석 및 차트	피벗 테이블 및 차트 작성
워드프로세서	워드 작성	제목, 특수 문자, 문서 글꼴 변경, 속성 변경, 크기 변경, 머리말, 쪽 번호
	표 및 차트 작성	제목, 한자, 소제목, 글꼴 변경, 편집, 다단, 각주, 이미지, 표, 차트, 테두리, 머리말, 쪽 번호
멀티미디어제작	이미지 보정 및 편집	이미지 크기, 밝기 및 레벨, 보정 및 편집, 사진 합성 및 클리핑 마스크/레이어 마스크
	동영상 편집	클립 및 순서 지정, 비디오 속도 및 전환 효과 설정
인터넷정보검색	주제별 내용 검색	시사, 정치, 사회, 문학, 의학, 과학, 오락, 교육, 경제, 스포츠
정보통신상식	컴퓨터의 이해	컴퓨터 일반, 운영 체제, 멀티미디어 등
	정보통신 이해	네트워크 기술, 인터넷 기술 등
	정보사회 이해	정보사회와 윤리, 정보보호 등

Digital Information Ability Test

⦿ 입실 및 시험 시간

교시	입실 완료 시간	시험 시간
1교시	08:50	09:00~09:40(40분)
2교시	10:00	10:10~10:50(40분)
3교시	11:10	11:20~12:00(40분)
4교시	12:20	12:30~13:10(40분)

※ 시험실에는 수험생만 입실할 수 있으며, 입실 완료 시간 이후 절대 입실 불가

⦿ 자격 활용 현황

구분	내용	관련 근거
학점은행제 인정	3과목 이상 : 고급 6학점, 중급 4학점(일반 선택)	학점인정 등에 관한 법률 제7조
고등학생 재학 중 취득 학교생활기록부 기재 인정	초급, 중급, 고급	초·중등교육법 제25조
현역병 군지원(모병) 대상자 복무 선정	초급, 중급, 고급	병무청 군지원(모병) 안내
육군 학군부사관 모집 가점	고급	육군본부 학군부사관 모집 공고

⦿ 자격 활용처

내용	활용처
학점 인정	한국성서대학교
채용 우대	한국관광공사, 울산해양경찰서, 국립해양과학관, 전북선거관리위원회, ㈜트리피, 중소기업기술정보진흥원, 오알피연구소, 나인스텝컨설팅㈜, 한국부동산원, 한국과학기술평가원, ㈜KT(인턴), ㈜인스코리아, ㈜고고팩토리, ㈜유니컴즈, ㈜에이투이커뮤니케이션, ㈜웨슬리퀘스트, ㈜마음AI, ㈜아테나컴퍼니, ㈜인하이브, ㈜백스포트, ㈜케이아이미디어

답안 전송 프로그램 사용 방법

01 수검번호의 목록 단추를 클릭하여 해당 과목을 선택한 후 수검번호와 수검자명을 입력하고, [확인] 버튼을 클릭합니다.

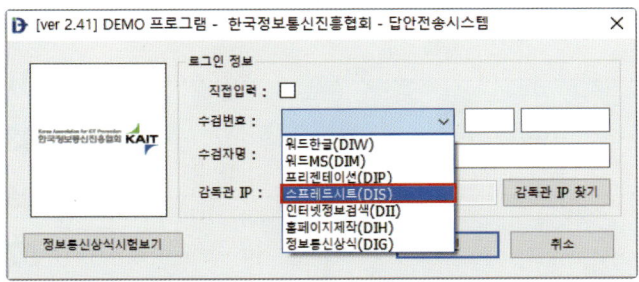 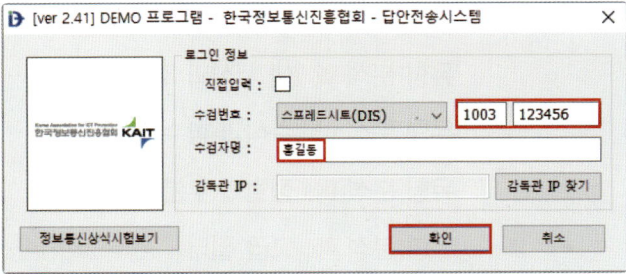

※ 'KAITCBT_DEMO' 프로그램은 KAIT에서 배포한 데모 버전의 개인용 실습 프로그램으로 실제 시험장에서는 제어되지 않습니다. 시험 환경을 미리 확인하는 차원에서 사용합니다.

02 수검자 유의사항을 확인한 후 마스터 키 입력란을 클릭하고, Enter 키를 누릅니다.

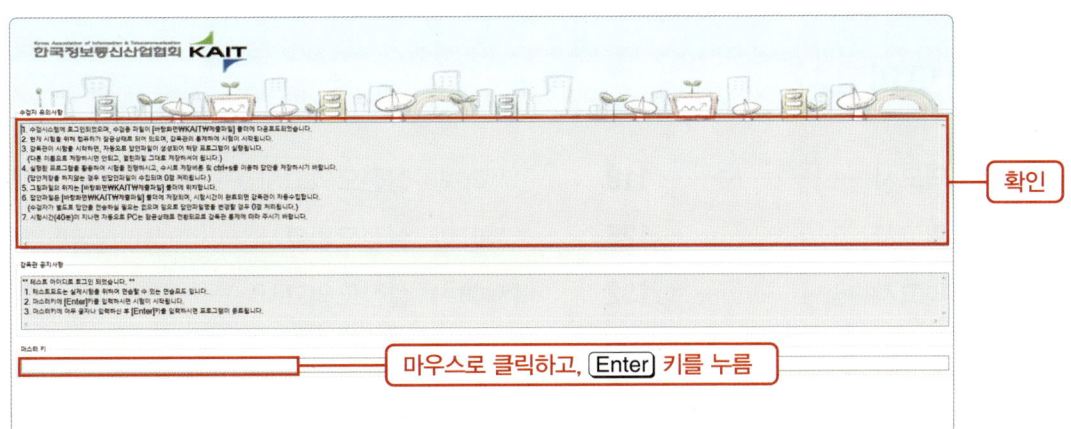

03 시험이 시작되면서 해당 프로그램이 자동으로 실행됩니다. 이때, 답안 전송 프로그램에서 자동으로 파일명이 생성되므로 파일명을 임의로 변경하지 않습니다.

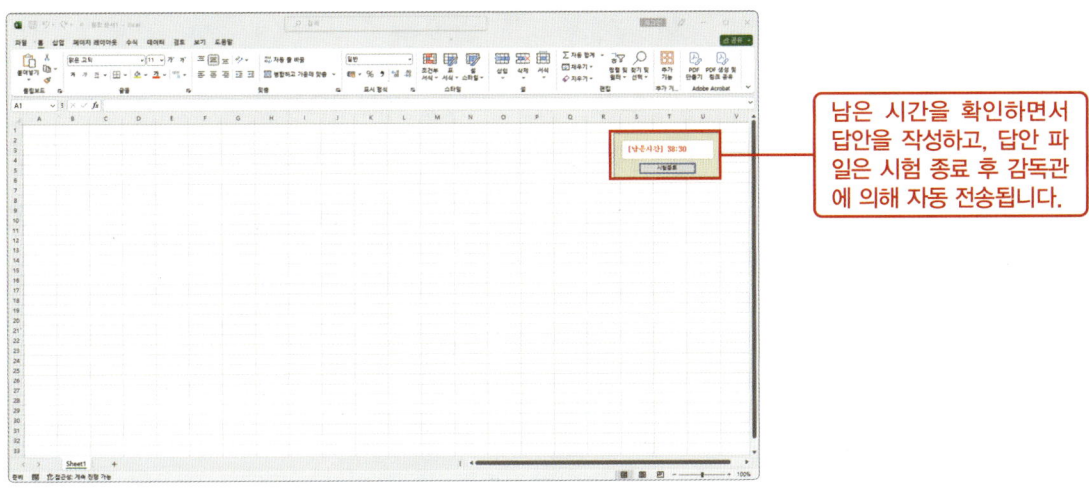

이 책의 차례

PART 01 유형사로잡기

- 유형 분석 01　행 높이 설정과 제목 도형 작성 …………………………………… 008
- 유형 분석 02　셀 서식과 조건부 서식 …………………………………………… 016
- 유형 분석 03　수식과 함수 작성 …………………………………………………… 030
- 유형 분석 04　정렬과 부분합 ……………………………………………………… 060
- 유형 분석 05　고급 필터 …………………………………………………………… 071
- 유형 분석 06　시나리오 작성 ……………………………………………………… 081
- 유형 분석 07　피벗 테이블 작성 …………………………………………………… 091
- 유형 분석 08　차트 작성 …………………………………………………………… 103

PART 02 실전모의고사

- 제01회　실전모의고사 …………… 118
- 제02회　실전모의고사 …………… 125
- 제03회　실전모의고사 …………… 132
- 제04회　실전모의고사 …………… 139
- 제05회　실전모의고사 …………… 146
- 제06회　실전모의고사 …………… 153
- 제07회　실전모의고사 …………… 160
- 제08회　실전모의고사 …………… 167
- 제09회　실전모의고사 …………… 174
- 제10회　실전모의고사 …………… 181

PART 03 최신기출유형

- 제01회　최신기출유형 …………… 189
- 제02회　최신기출유형 …………… 196
- 제03회　최신기출유형 …………… 203
- 제04회　최신기출유형 …………… 210
- 제05회　최신기출유형 …………… 217
- 제06회　최신기출유형 …………… 224
- 제07회　최신기출유형 …………… 231
- 제08회　최신기출유형 …………… 238

PART 01

유형사로잡기

유형 분석 01　행 높이 설정과 제목 도형 작성

유형 분석 02　셀 서식과 조건부 서식

유형 분석 03　수식과 함수 작성

유형 분석 04　정렬과 부분합

유형 분석 05　고급 필터

유형 분석 06　시나리오 작성

유형 분석 07　피벗 테이블 작성

유형 분석 08　차트 작성

행 높이 설정과 제목 도형 작성

핵심만 쏙쏙 행 높이 설정 / 제목 도형 작성과 편집

첫 번째 시트에서는 ≪처리조건≫에 맞게 주어진 행의 높이를 설정한 후 제목 도형을 삽입하고, 도형의 위치, 스타일, 글꼴, 서식 등을 지정하는 방법에 대하여 알아봅니다.

핵심 짚어보기

▶ 예제 파일 : 유형 분석 01\유형 01_문제.xlsx ▶ 완성 파일 : 유형 분석 01\유형 01_완성.xlsx

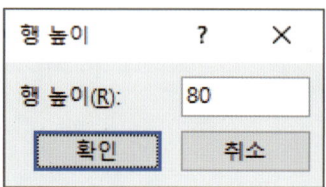

▲ 행 머리글의 바로 가기 메뉴에서 [행 높이] 선택

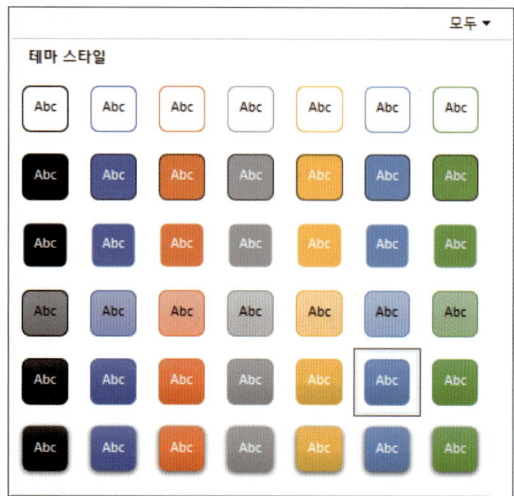

▲ [도형 서식] 탭의 [도형 스타일] 그룹에서 [빠른 스타일] 단추

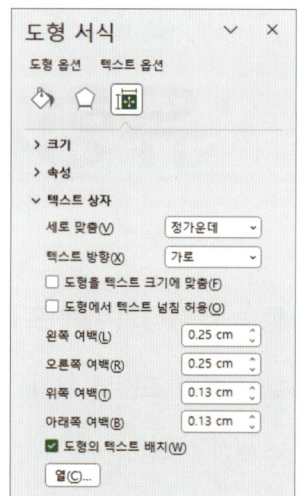

▲ 도형의 바로 가기 메뉴에서 [도형 서식] 선택

클래스 업

- 제목 행과 본문 행의 높이를 각각 지정합니다.
- 주어진 제목 도형을 삽입한 후 도형의 위치(크기), 도형 스타일(테마 스타일), 글꼴, 도형 서식을 각각 지정합니다.
- 완성(답안) 파일을 지정된 폴더(바탕화면의 "KAIT" 폴더)에 저장합니다.

유형잡기 01 — 행 높이 설정하기

① Excel 2021을 실행한 후 [파일]-[열기]-[찾아보기]를 차례로 선택하고, [열기] 대화 상자에서 '유형 분석 01₩유형 01_문제.xlsx'를 불러오기 합니다.

② [기부금현황] 시트를 클릭한 후 1행의 머리글 위에서 마우스 오른쪽 버튼을 클릭하고, [행 높이]를 선택합니다.

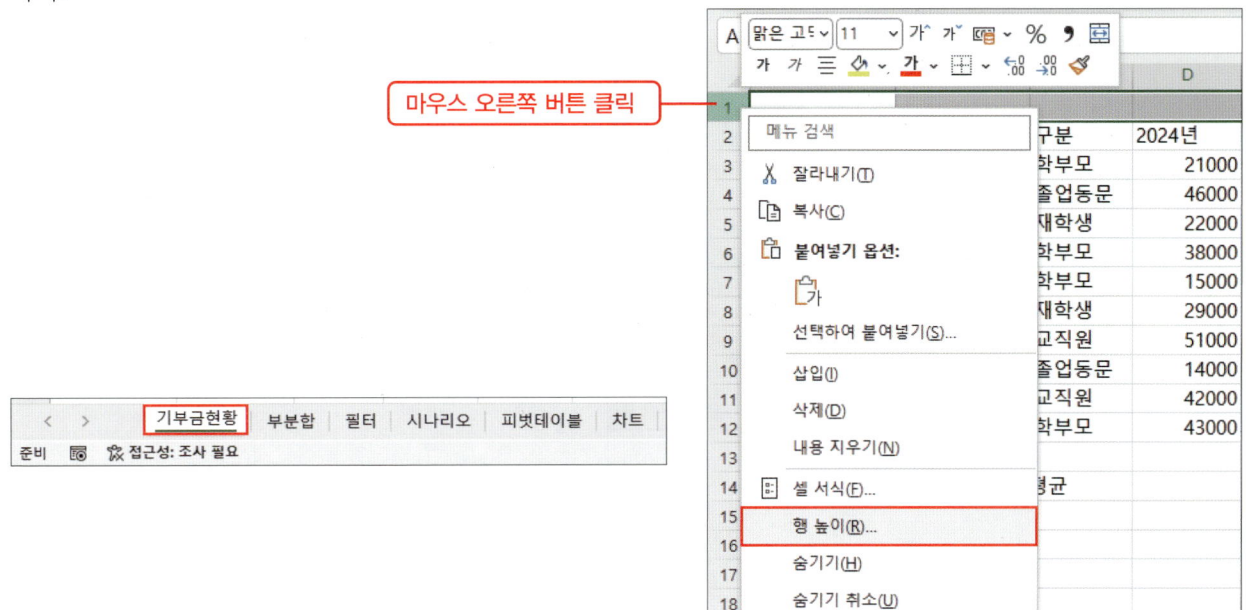

> **Tip — 답안 파일명**
> 실제 시험장에서는 시험이 시작되면 바로 답안 파일이 자동으로 열립니다. 답안 전송 프로그램을 통해 다운로드 받은 파일을 이용하여 답안 파일을 작성합니다.

③ [행 높이] 대화 상자에서 "80"을 입력하고, [확인] 버튼을 클릭합니다.

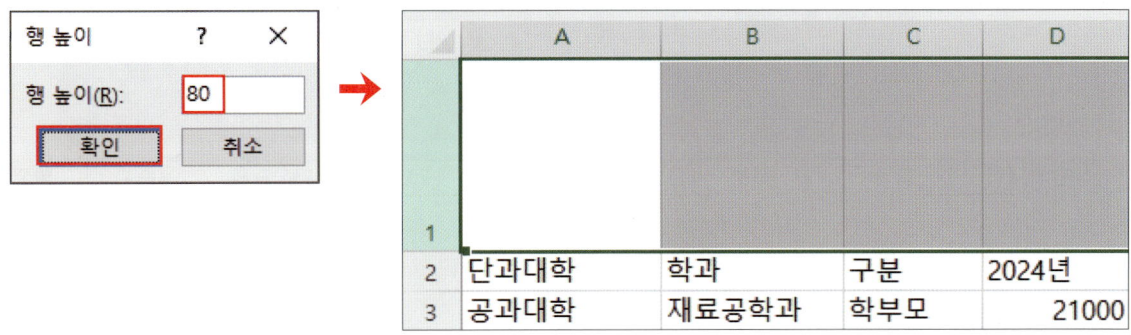

④ 2행~15행의 행 머리글을 드래그하여 블록 지정한 후 마우스 오른쪽 버튼을 클릭하고, [행 높이]를 선택합니다.

⑤ [행 높이] 대화 상자에서 "18"을 입력하고, [확인] 버튼을 클릭합니다.

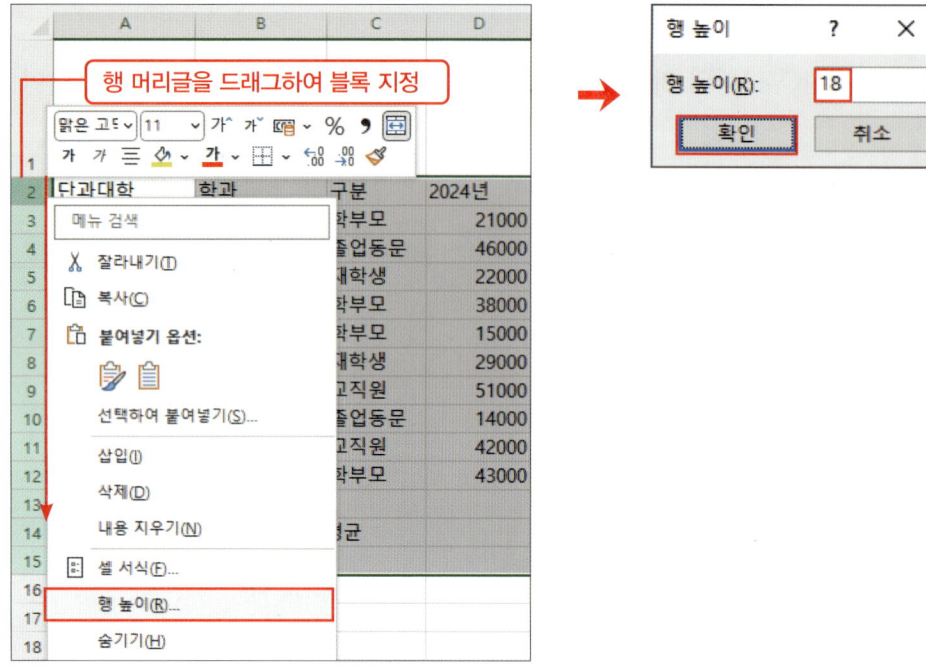

유형잡기 02 제목 도형 작성하기

① [삽입] 탭의 [일러스트레이션] 그룹에서 도형(도형) 단추를 클릭하고, 기본 도형의 사각형: 빗면(▫)을 선택합니다.

② 마우스 포인터가 '+' 모양으로 변경되면 Alt 키를 누른 상태에서 [B1:H1] 영역에 드래그하여 삽입합니다.

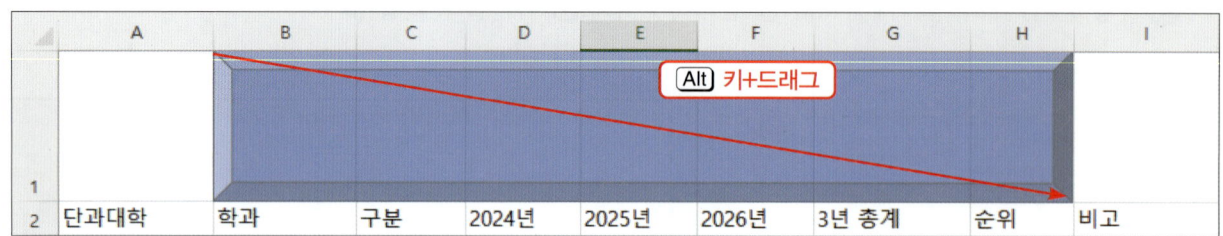

 도형 작성

도형 작성 시 Alt 키를 누른 상태에서 마우스를 드래그하면 셀(영역) 크기에 맞게 정확히 삽입할 수 있습니다.

❸ 도형을 선택한 후 [도형 서식] 탭의 [도형 스타일] 그룹에서 빠른 스타일(▼) 단추를 클릭하고, 테마 스타일의 '보통 효과 – 파랑, 강조 5'를 선택합니다.

❹ 도형에 "단과대학별 기부금 현황"을 입력한 후 [홈] 탭의 [글꼴] 그룹에서 글꼴은 '궁서체', 글꼴 크기는 '28', 글꼴 스타일은 '기울임꼴'을 각각 지정합니다.

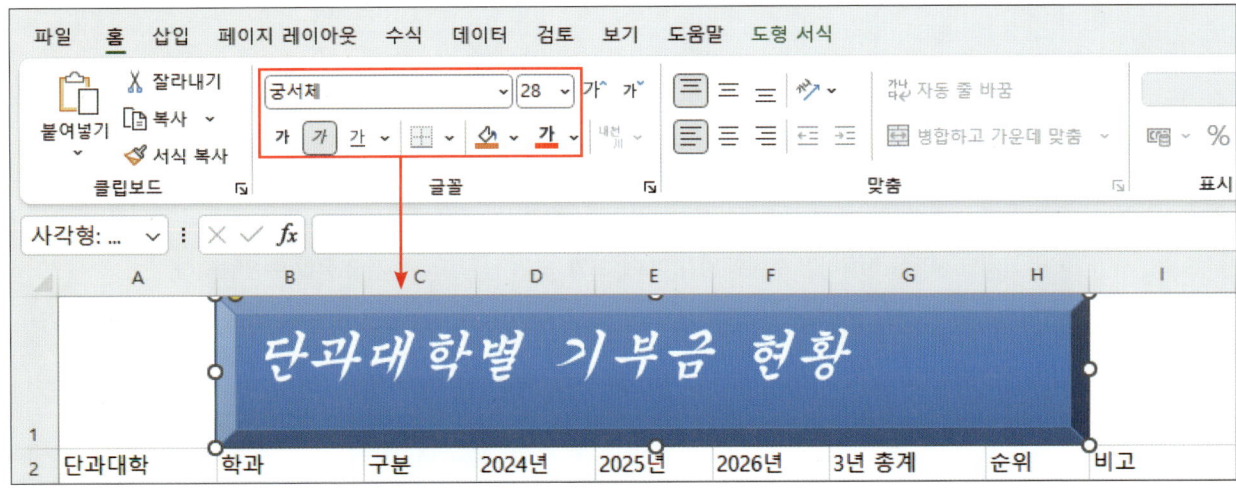

❺ 도형 위에서 마우스 오른쪽 버튼을 클릭하고, [도형 서식]을 선택합니다.

❻ 도형 서식 작업 창에서 크기 및 속성(▦)을 클릭한 후 텍스트 상자에서 '세로 맞춤-정가운데', '텍스트 방향-가로'를 각각 선택하고, 닫기(×) 단추를 클릭합니다.

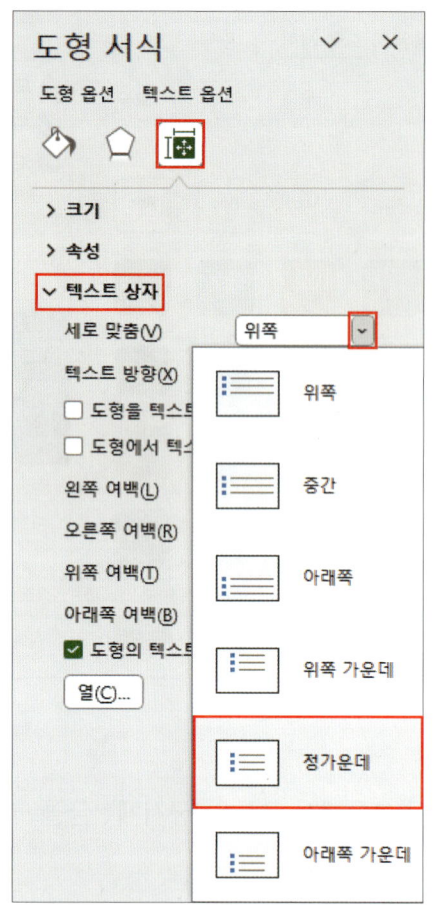 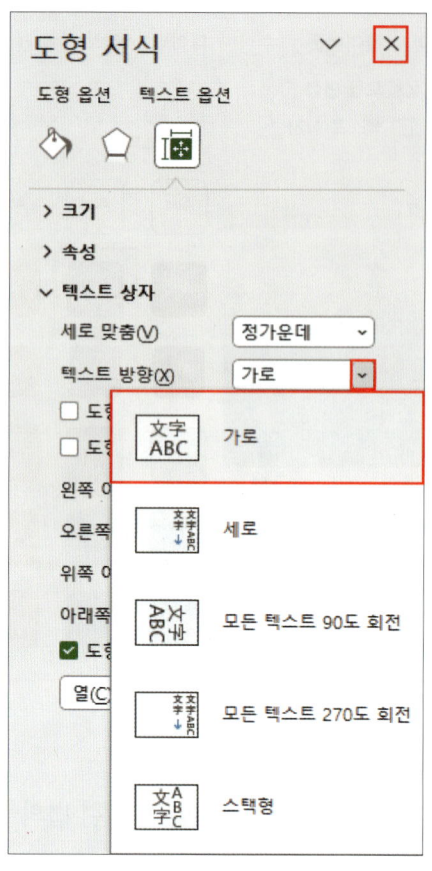

> **Tip** 도형의 편집 핸들
> - 워크시트에 도형을 삽입하면 회전 핸들, 모양 조절 핸들, 크기 조절 핸들이 나타납니다.
> - 세 가지의 핸들을 이용하면 도형의 방향(각도), 모양, 크기 등을 자유롭게 조절할 수 있습니다.

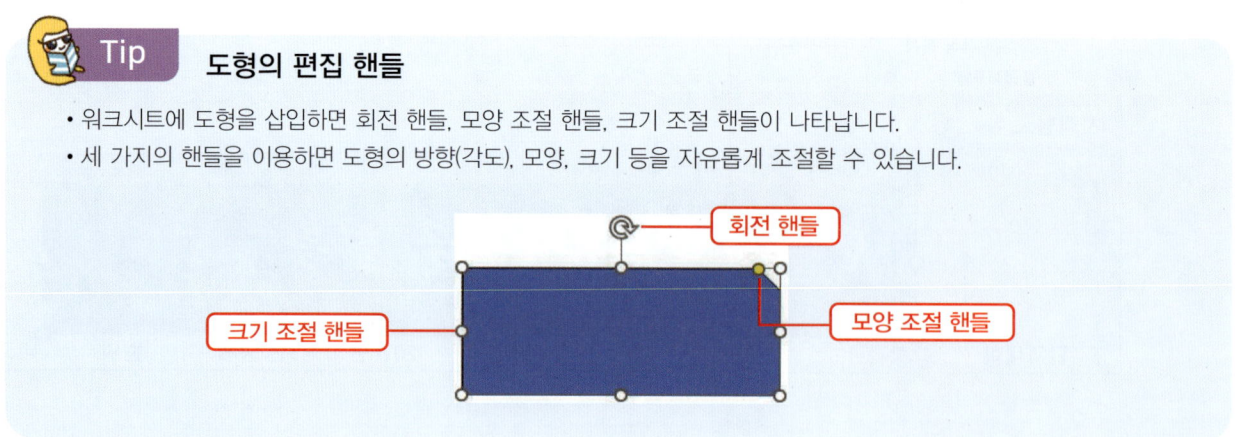

❼ 빠른 실행 도구 모음에서 저장(💾) 단추를 클릭하여 완성된 파일을 저장합니다(=Ctrl+S).

출제 유형 문제

> 예제 파일 : 유형 분석 01₩유형 02_문제.xlsx   > 완성 파일 : 유형 분석 01₩유형 02_완성.xlsx

01 "수강생현황" 시트를 참조하여 다음 ≪처리조건≫에 맞도록 작업하시오.

처리조건
- ▶ 1행의 행 높이를 '80'으로 설정하고, 2행~15행의 행 높이를 '18'로 설정하시오.
- ▶ 제목("교습과정 수강생 현황") : 순서도의 '순서도: 문서'를 이용하여 입력하시오.
  - 도형 : 위치([B1:H1]), 도형 스타일(테마 스타일 - '색 채우기 - 녹색, 강조 6')
  - 글꼴 : 궁서체, 28pt, 굵게
  - 도형 서식 : 도형 옵션 - 크기 및 속성(텍스트 상자(세로 맞춤 : 정가운데, 텍스트 방향 : 가로))

	A	B	C	D	E	F	G	H	I
1		교습과정 수강생 현황							
2	교습과정	구분	교육국	1분기	2분기	3분기	4분기	순위	비고
3	피아노	중급	강원	937	765	800	582	①	②

[Hint] 주어진 행의 머리글 위에서 마우스 오른쪽 버튼을 클릭하고, [행 높이]를 선택합니다.

> 예제 파일 : 유형 분석 01₩유형 03_문제.xlsx   > 완성 파일 : 유형 분석 01₩유형 03_완성.xlsx

02 "주문내역" 시트를 참조하여 다음 ≪처리조건≫에 맞도록 작업하시오.

처리조건
- ▶ 1행의 행 높이를 '80'으로 설정하고, 2행~15행의 행 높이를 '18'로 설정하시오.
- ▶ 제목("2분기 제품 주문내역") : 기본 도형의 '평행 사변형'을 이용하여 입력하시오.
  - 도형 : 위치([B1:H1]), 도형 스타일(테마 스타일 - '보통 효과 - 파랑, 강조 5')
  - 글꼴 : 돋움체, 32pt, 기울임꼴
  - 도형 서식 : 도형 옵션 - 크기 및 속성(텍스트 상자(세로 맞춤 : 정가운데, 텍스트 방향 : 가로))

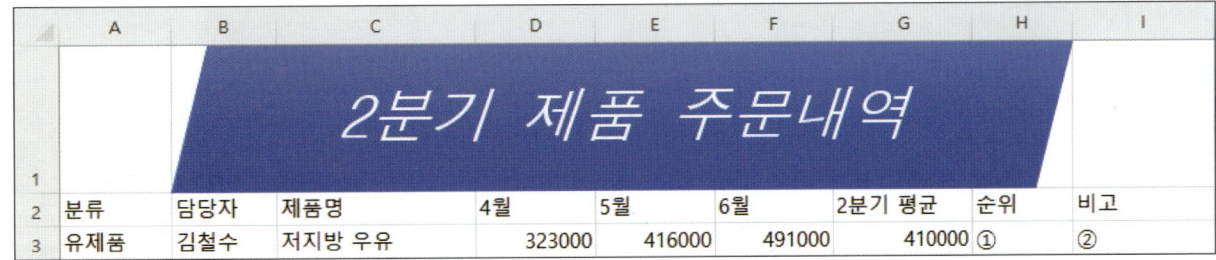

[Hint] [B1:H1] 영역에 평행 사변형을 삽입할 경우 Alt 키를 누른 상태에서 드래그하면 셀(영역) 크기에 맞게 정확히 삽입할 수 있습니다.

출제 유형 문제

▶ 예제 파일 : 유형 분석 01₩유형 04_문제.xlsx   ▶ 완성 파일 : 유형 분석 01₩유형 04_완성.xlsx

03 "대회심사표" 시트를 참조하여 다음 ≪처리조건≫에 맞도록 작업하시오.

처리조건
- ▶ 1행의 행 높이를 '80'으로 설정하고, 2행~15행의 행 높이를 '18'로 설정하시오.
- ▶ 제목("제100회 전국 연날리기 대회심사표") : 기본 도형의 '배지'를 이용하여 입력하시오.
  - 도형 : 위치([B1:H1]), 도형 스타일(테마 스타일 - '미세 효과 - 황금색, 강조 4')
  - 글꼴 : 굴림체, 24pt, 굵게
  - 도형 서식 : 도형 옵션 - 크기 및 속성(텍스트 상자(세로 맞춤 : 정가운데, 텍스트 방향 : 가로))

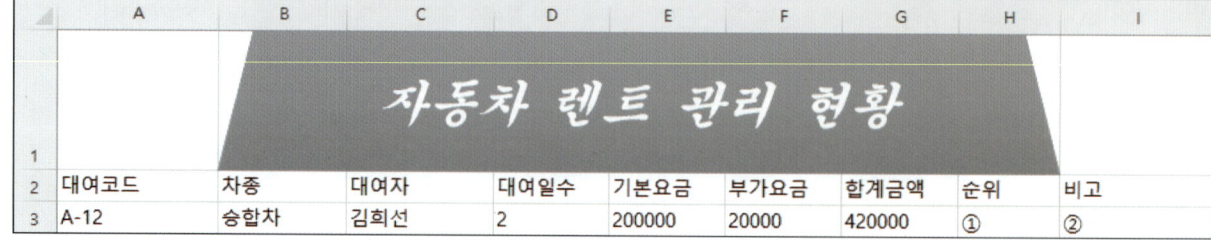

[Hint] [도형 서식] 탭의 [도형 스타일] 그룹에서 [빠른 스타일] 단추를 클릭하고, 테마 스타일의 '미세 효과 - 황금색, 강조 4'를 선택합니다.

▶ 예제 파일 : 유형 분석 01₩유형 05_문제.xlsx   ▶ 완성 파일 : 유형 분석 01₩유형 05_완성.xlsx

04 "렌트관리현황" 시트를 참조하여 다음 ≪처리조건≫에 맞도록 작업하시오.

처리조건
- ▶ 1행의 행 높이를 '80'으로 설정하고, 2행~15행의 행 높이를 '18'로 설정하시오.
- ▶ 제목("자동차 렌트 관리 현황") : 기본 도형의 '사다리꼴'을 이용하여 입력하시오.
  - 도형 : 위치([B1:H1]), 도형 스타일(테마 스타일 - '보통 효과 - 회색, 강조 3')
  - 글꼴 : 궁서체, 28pt, 굵게, 기울임꼴
  - 도형 서식 : 도형 옵션 - 크기 및 속성(텍스트 상자(세로 맞춤 : 정가운데, 텍스트 방향 : 가로))

[Hint] 도형에 제목 내용을 입력한 후 [홈] 탭의 [글꼴] 그룹에서 글꼴, 글꼴 크기, 글꼴 스타일을 각각 지정합니다.

출제 유형 문제

▶ 예제 파일 : 유형 분석 01₩유형 06_문제.xlsx   ▶ 완성 파일 : 유형 분석 01₩유형 06_완성.xlsx

05 "수시모집현황" 시트를 참조하여 다음 ≪처리조건≫에 맞도록 작업하시오.

처리조건
- ▶ 1행의 행 높이를 '80'으로 설정하고, 2행~15행의 행 높이를 '18'로 설정하시오.
- ▶ 제목("대학 수시모집 현황") : 별 및 현수막의 '별: 꼭짓점 10개'를 이용하여 입력하시오.
  - 도형 : 위치([B1:H1]), 도형 스타일(테마 스타일 – '색 채우기 – 주황, 강조 2')
  - 글꼴 : 맑은 고딕, 25pt, 굵게
  - 도형 서식 : 도형 옵션 – 크기 및 속성(텍스트 상자(세로 맞춤 : 정가운데, 텍스트 방향 : 가로))

	A	B	C	D	E	F	G	H	I
1				대학 수시모집 현황					
2	대학교명	지역	교과성적	면접	지원자수	모집정원	불합격생수	순위	비고
3	동진대학교	경기도	80	20	152	100	52	①	②

[Hint] [홈] 탭의 [글꼴] 그룹에서 글꼴 크기를 선택할 수 없을 경우에는 "25"를 직접 입력합니다.

▶ 예제 파일 : 유형 분석 01₩유형 07_문제.xlsx   ▶ 완성 파일 : 유형 분석 01₩유형 07_완성.xlsx

06 "임대분양현황" 시트를 참조하여 다음 ≪처리조건≫에 맞도록 작업하시오.

처리조건
- ▶ 1행의 행 높이를 '80'으로 설정하고, 2행~15행의 행 높이를 '18'로 설정하시오.
- ▶ 제목("임대 분양 현황") : 블록 화살표의 '화살표: 줄무늬가 있는 오른쪽'을 이용하여 입력하시오.
  - 도형 : 위치([B1:H1]), 도형 스타일(테마 스타일 – '강한 효과 – 검정, 어둡게 1')
  - 글꼴 : 돋움체, 25pt, 굵게, 기울임꼴
  - 도형 서식 : 도형 옵션 – 크기 및 속성(텍스트 상자(세로 맞춤 : 정가운데, 텍스트 방향 : 가로))

	A	B	C	D	E	F	G	H	I
1				임대 분양 현황					
2	지역	유형	전용면적	방수	분양가	임대비율	임대가격	순위	비고
3	강남구	오피스텔	15	13	190000000	5%	9500000	①	②

[Hint] 도형 서식 작업 창에서 [크기 및 속성]을 클릭한 후 텍스트 상자에서 '세로 맞춤-정가운데', '텍스트 방향-가로'를 각각 선택합니다.

유형분석 02

셀 서식과 조건부 서식

핵심만 쏙쏙 셀 서식 지정 / 표시 형식 지정 / 조건부 서식 지정

첫 번째 시트에서 ≪처리조건≫에 맞게 셀 서식을 지정하고, 일부 수식에 사용자 지정을 이용한 표시 형식을 설정한 후 해당 조건에 맞는 조건부 서식을 지정하는 방법에 대하여 알아봅니다.

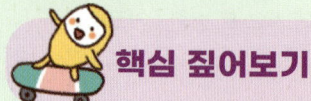

▶ 예제 파일 : 유형 분석 02₩유형 01_문제.xlsx   ▶ 완성 파일 : 유형 분석 02₩유형 01_완성.xlsx

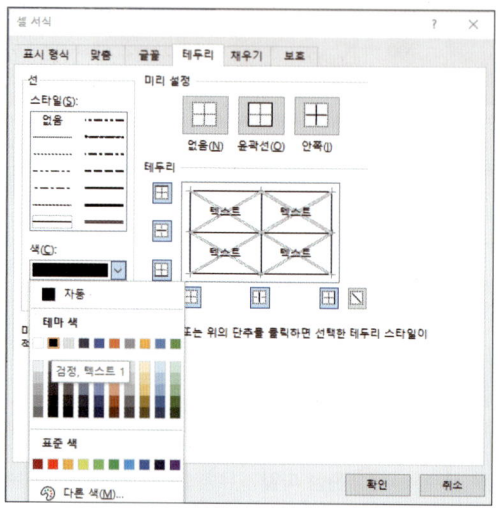

▲ [셀 서식] 대화 상자의 [테두리] 탭   ▲ [셀 서식] 대화 상자의 [표시 형식] 탭

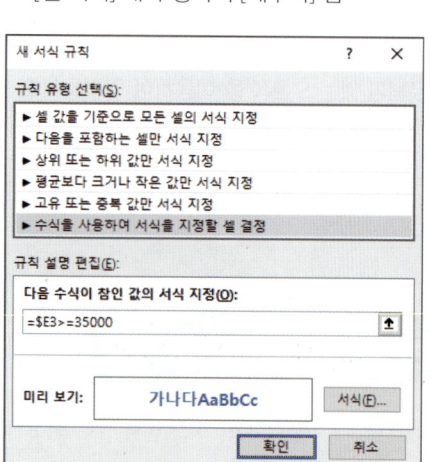

◀ [홈] 탭-[스타일] 그룹-[조건부 서식] 단추-[새 규칙]

클래스 업

- [셀 서식] 대화 상자의 [테두리] 탭에서 원하는 위치에 선 스타일을 지정합니다.
- [셀 서식] 대화 상자의 [표시 형식] 탭에서 숫자에 주어진 사용자 표시 형식을 지정합니다.
- 조건부 서식에서는 [새 서식 규칙] 대화 상자에서 규칙 유형을 선택하고, 주어진 조건에 맞게 수식을 입력합니다.

유형잡기 01 셀 서식 지정하기

① [파일]-[열기]-[찾아보기]를 차례로 선택하고, [열기] 대화 상자에서 '유형 분석 02₩유형 01_문제.xlsx'를 불러오기한 후 [기부금현황] 시트를 클릭합니다.

② [A2:I15] 영역을 블록 지정한 후 마우스 오른쪽 버튼을 클릭하고, [셀 서식]을 선택합니다(=Ctrl+1).

③ [셀 서식] 대화 상자의 [테두리] 탭에서 선 스타일은 '실선', 색은 '검정, 텍스트 1', 미리 설정은 '윤곽선', '안쪽'을 각각 선택하고, [확인] 버튼을 클릭합니다.

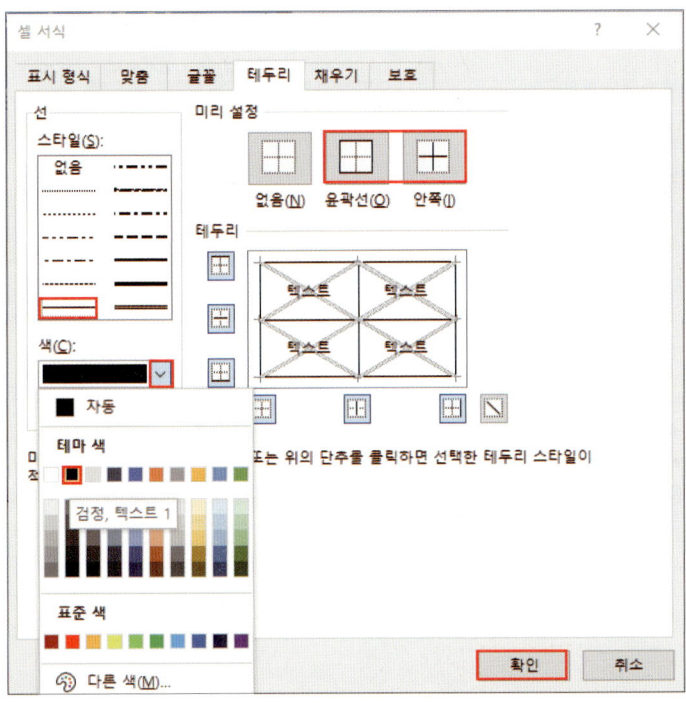

④ [A2:I15] 영역이 블록 지정된 상태에서 [홈] 탭의 [맞춤] 그룹에 있는 가운데 맞춤(≡) 단추를 클릭합니다.

⑤ [A13:D13] 영역을 블록 지정한 후 Ctrl 키를 누른 상태에서 [A14:D14], [A15:D15] 영역을 각각 블록 지정합니다.

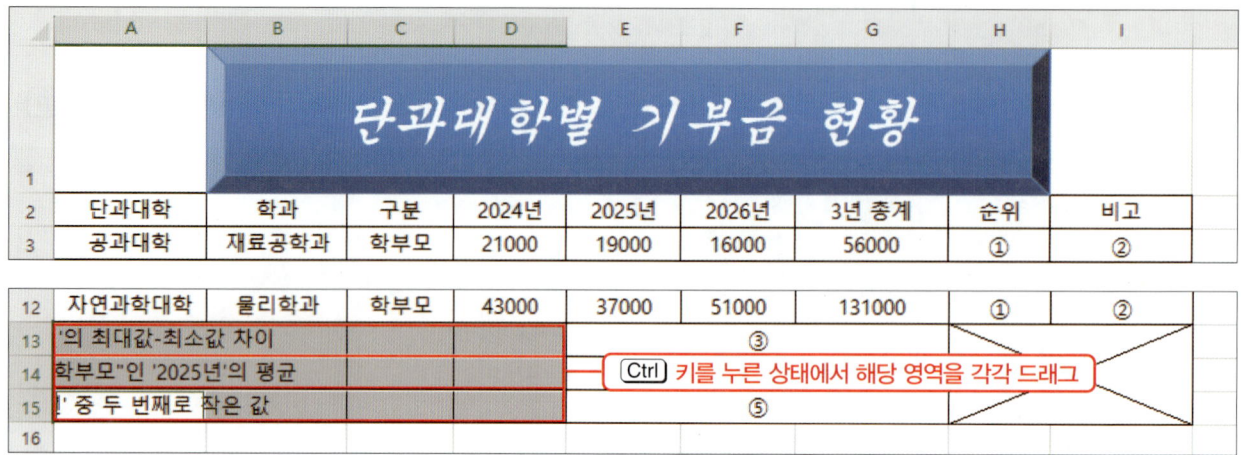

⑥ [홈] 탭의 [맞춤] 그룹에서 병합하고 가운데 맞춤(병합하고 가운데 맞춤) 단추를 클릭합니다.

⑦ Ctrl 키를 이용하여 [A2:I2], [A13:D15] 영역을 블록 지정한 후 [홈] 탭의 [글꼴] 그룹에서 채우기 색 목록( ) 단추를 클릭하고, '파랑, 강조 1, 60% 더 밝게'를 선택합니다.

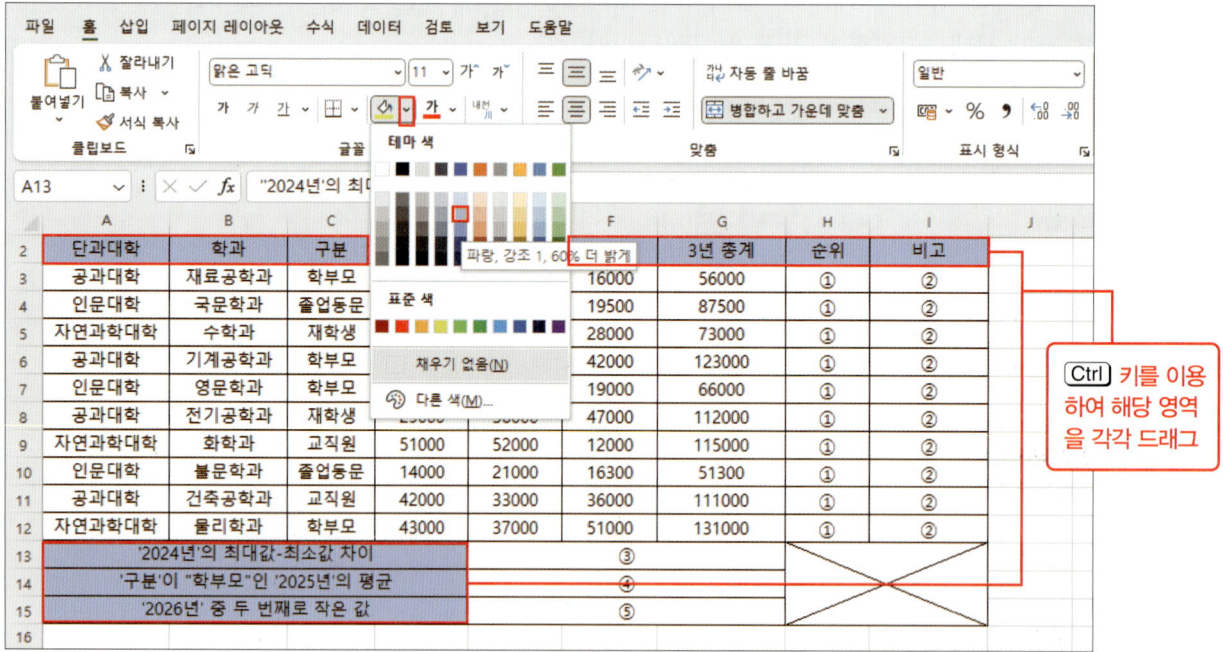

⑧ [A2:I2], [A13:D15] 영역이 블록 지정된 상태에서 [홈] 탭의 [글꼴] 그룹에 있는 굵게(가) 단추를 클릭합니다.

유형잡기 02 표시 형식 지정하기

① [D3:F12] 영역을 블록 지정한 후 마우스 오른쪽 버튼을 클릭하고, [셀 서식]을 선택합니다(= Ctrl + 1).

② [셀 서식] 대화 상자의 [표시 형식] 탭에서 범주는 '숫자'와 '1000 단위 구분 기호(,) 사용'을 선택하고, [확인] 버튼을 클릭합니다.

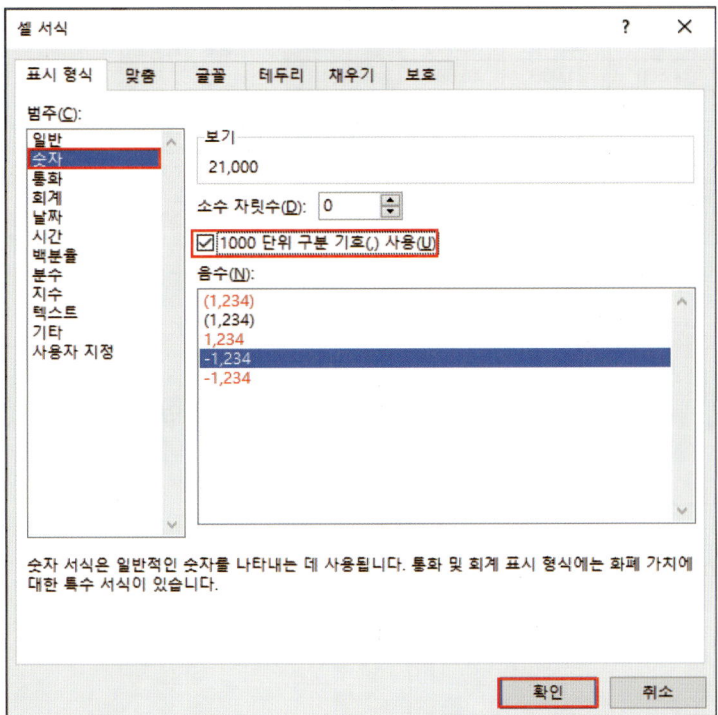

Tip [표시 형식] 탭의 범주

- 숫자 : 소수점 자릿수, 1000 단위 구분 기호(,) 사용, 음수 표기 형식을 설정합니다.
- 통화 : 소수점 자릿수, 통화 기호(₩, $ 등), 음수 표시 형식 등을 설정합니다.
- 회계 : 소수점 자릿수, 통화 기호(₩, $ 등)를 설정합니다(입력값이 0일 경우 '–'으로 표시).
- 날짜/시간 : 날짜/시간 표시 형식을 설정합니다.
- 백분율 : 셀 값에 100을 곱한 후 백분율 기호와 함께 표시합니다(소수점 이하 자릿수 지정 가능).
- 분수/지수 : 소수를 분수/숫자를 지수 형식으로 표시합니다.
- 텍스트 : 수치 데이터를 문자 데이터 형태로 표시합니다(셀의 왼쪽 정렬).
- 기타 : 숫자를 우편번호, 전화번호, 주민등록번호 형식으로 표시합니다.
- 사용자 지정 : 사용자가 필요한 표시 형식을 직접 입력하여 설정합니다.

❸ Ctrl 키를 이용하여 [G3:G12], [E13:G15] 영역을 블록 지정한 후 마우스 오른쪽 버튼을 클릭하고, [셀 서식]을 선택합니다.

❹ [셀 서식] 대화 상자의 [표시 형식] 탭에서 범주는 '사용자 지정'을 선택하고, 형식 입력란에 #,##0"천원"을 입력한 후 [확인] 버튼을 클릭합니다.

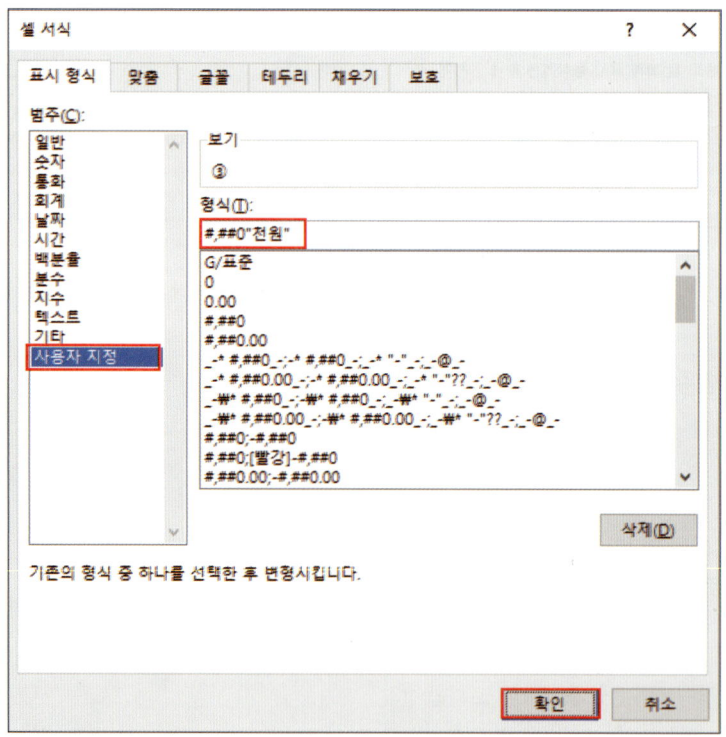

❺ [H3:H12] 영역을 블록 지정한 후 마우스 오른쪽 버튼을 클릭하고, [셀 서식]을 선택합니다.

❻ [셀 서식] 대화 상자의 [표시 형식] 탭에서 범주는 '사용자 지정'을 선택하고, 형식 입력란에 #"등"을 입력한 후 [확인] 버튼을 클릭합니다.

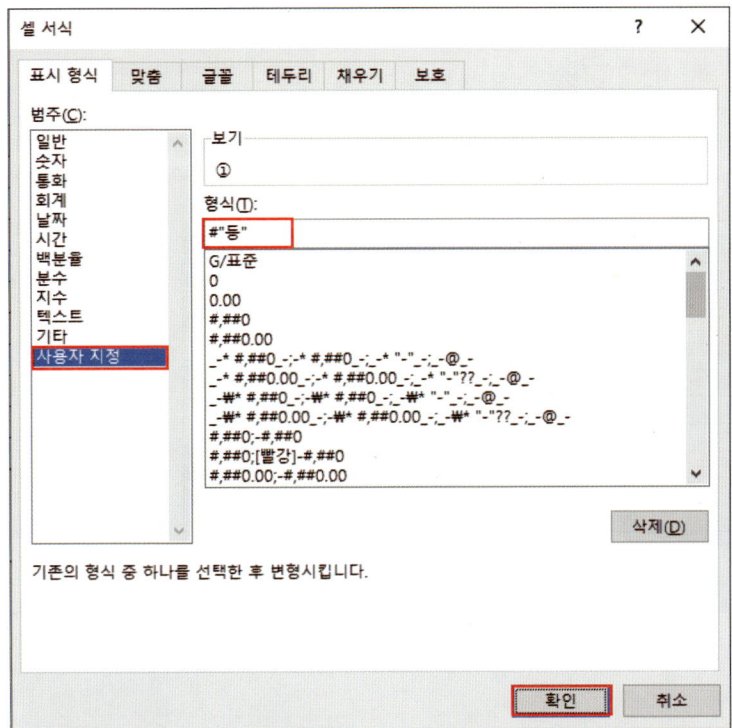

 **사용자 지정 표시 형식**

- # : 숫자를 표시하는 기호로 유효 자릿수만 표시하고, 무효의 0은 표시하지 않습니다.
- ? : 무효의 0 대신 공백을 추가하여 소수점을 맞춤합니다(소수점 정렬).
- 0 : 숫자를 표시하는 기호로 무효의 0을 포함하여 숫자의 자릿수를 표시합니다.
- , : 천 단위 구분 기호로 콤마를 삽입합니다.
- @ : 특정 문자 데이터를 붙여서 표시합니다.
- (_) : 데이터의 오른쪽 끝에 공백을 표시합니다(기호 뒤에 하나의 문자(-)가 있어야 함).
- G/표준 : 특별한 서식 없이 일반적으로 입력한 데이터를 그대로 표현합니다.

유형잡기 03 조건부 서식 지정하기

① 조건부 서식을 적용할 [A3:I12] 영역을 블록 지정한 후 [홈] 탭의 [스타일] 그룹에서 조건부 서식() 단추를 클릭하고, [새 규칙]을 선택합니다.

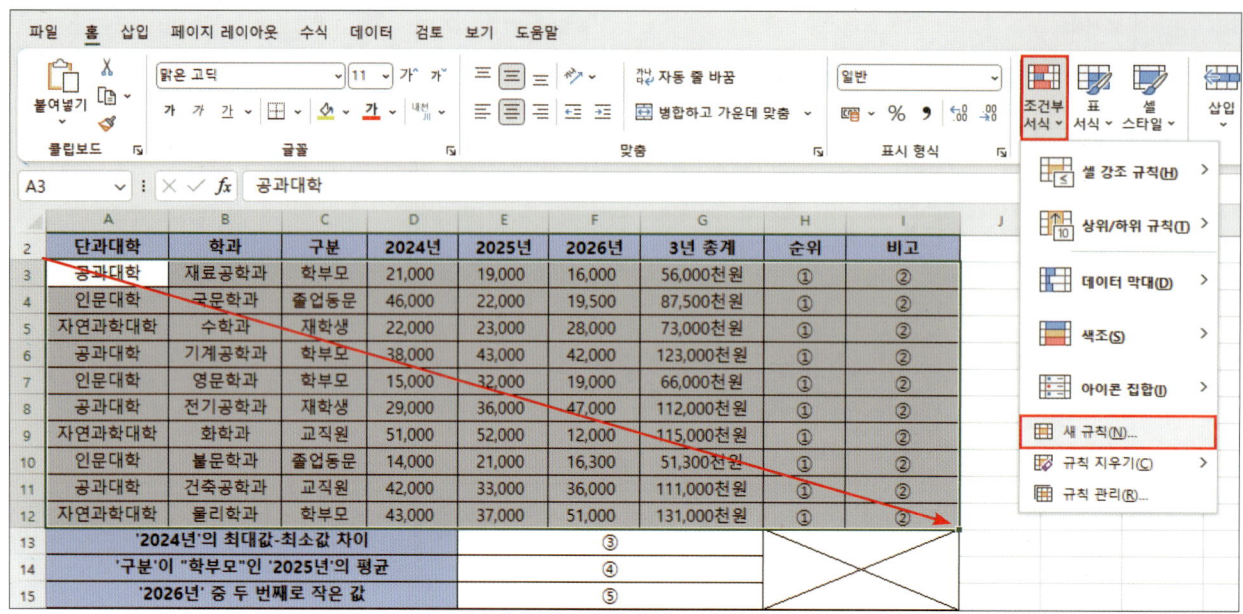

Tip 조건부 서식

특정 조건이나 기준에 따라 셀 범위의 모양을 변경하면서 데이터를 시각적으로 표시하는 기능으로, 범위 지정한 셀에서 특정 조건을 만족할 경우 설정된 서식을 적용합니다.

② [새 서식 규칙] 대화 상자의 규칙 유형 선택에서 '수식을 사용하여 서식을 지정할 셀 결정'을 선택한 후 다음 수식이 참인 값의 서식 지정에 "=$E3>=35000"을 입력하고, [서식] 버튼을 클릭합니다.

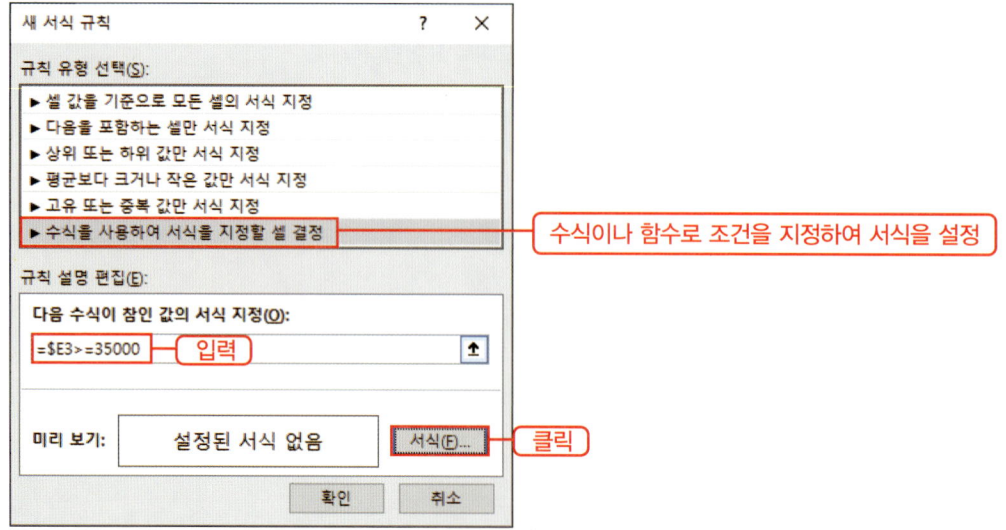

> **Tip** 다음 수식이 참인 값의 서식 지정
>
> =$E3>=35000에서 행 전체에 주어진 서식을 지정할 경우 기준 열은 반드시 혼합 참조($E3)로 지정합니다. 이는 [E] 열을 고정한 상태에서 3행~12행을 확인하여 지정합니다.

❸ [셀 서식] 대화 상자의 [글꼴] 탭에서 글꼴 스타일은 '굵게', 색은 '파랑'을 각각 선택하고, [확인] 버튼을 클릭합니다.

❹ 다시 [새 서식 규칙] 대화 상자에서 서식의 미리 보기를 확인하고, [확인] 버튼을 클릭합니다.

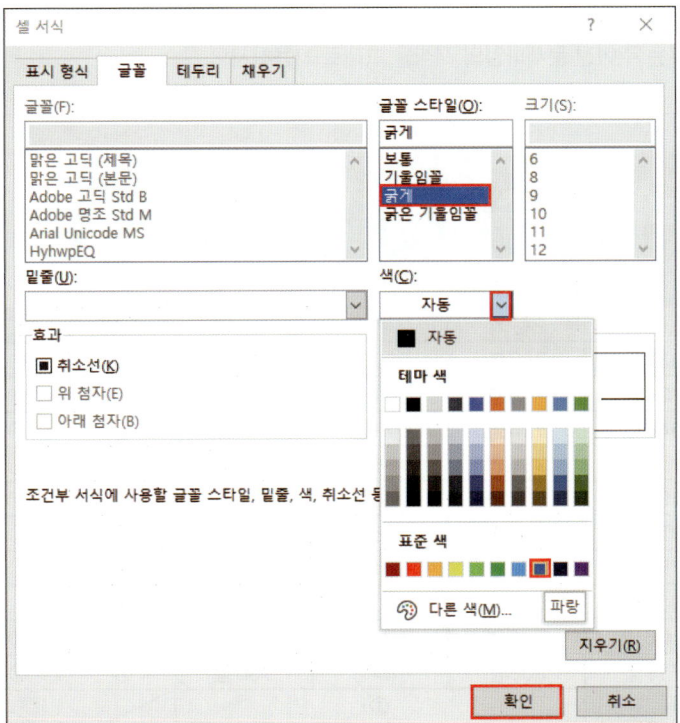
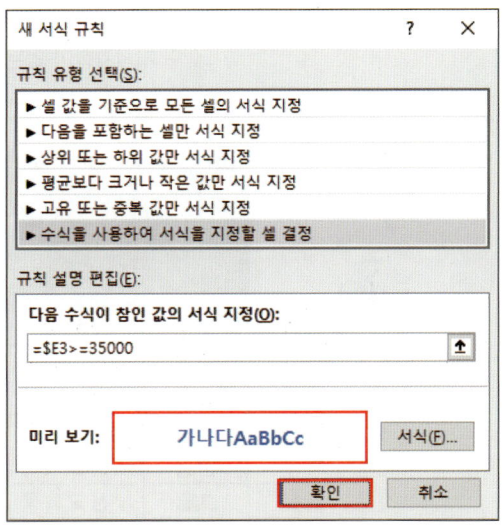

❺ 빠른 실행 도구 모음에서 저장(🖫) 단추를 클릭하여 완성된 파일을 저장합니다(=Ctrl+S).

출제 유형 문제

▶ **예제 파일** : 유형 분석 02₩유형 02_문제.xlsx　▶ **완성 파일** : 유형 분석 02₩유형 02_완성.xlsx

01 "수강생현황" 시트를 참조하여 다음 ≪처리조건≫에 맞도록 작업하시오.

처리조건

▶ 셀 서식을 아래 조건에 맞게 작성하시오.
- [A2:I15] : 테두리(안쪽, 윤곽선 모두 실선, '검정, 텍스트 1'), 전체 가운데 맞춤
- [A13:D13], [A14:D14], [A15:D15] : 각각 병합하고 가운데 맞춤
- [A2:I2], [A13:D15] : 채우기 색('녹색, 강조 6, 60% 더 밝게'), 글꼴(굵게)
- [C3:C12] : 셀 서식의 표시형식-사용자 지정을 이용하여 @"교육국"자를 추가
- [D3:G12], [E13:G15] : 셀 서식의 표시형식-사용자 지정을 이용하여 #,##0"명"자를 추가
- [H3:H12] : 셀 서식의 표시형식-사용자 지정을 이용하여 #"위"자를 추가
- 조건부 서식[A3:I12] : '2분기'가 900 이상인 경우 레코드 전체에 글꼴(진한 빨강, 굵게) 적용
- 지시사항이 없는 경우는 주어진 문제파일의 서식을 그대로 사용하시오.

	A	B	C	D	E	F	G	H	I
1	교습과정 수강생 현황									
2	교습과정	구분	교육국	1분기	2분기	3분기	4분기	순위	비고
3	피아노	중급	강원교육국	937명	765명	800명	582명	①	②
4	플룻	고급	광주교육국	790명	776명	841명	775명	①	②
5	피아노	초급	대구교육국	944명	714명	671명	807명	①	②
6	미술	중급	대전교육국	1,046명	985명	816명	685명	①	②
7	플룻	초급	부산교육국	991명	1,122명	662명	1,071명	①	②
8	미술	초급	인천교육국	970명	760명	755명	819명	①	②
9	피아노	고급	전남교육국	759명	870명	684명	702명	①	②
10	플룻	중급	전북교육국	831명	668명	760명	560명	①	②
11	미술	고급	충남교육국	803명	982명	827명	824명	①	②
12	피아노	초급	충북교육국	719명	808명	644명	735명	①	②
13	'3분기'의 최대값-최소값 차이				③				
14	'구분'이 "중급"인 '2분기'의 합계				④				
15	'1분기' 중 두 번째로 큰 값				⑤				

[Hint]

- [셀 서식] 대화 상자의 [테두리] 탭에서 선 스타일은 '실선', 색은 '검정, 텍스트 1', 미리 설정은 '윤곽선', '안쪽'을 각각 선택합니다.
- [새 서식 규칙] 대화 상자의 규칙 유형 선택에서 '수식을 사용하여 서식을 지정할 셀 결정'을 선택한 후 다음 수식이 참인 값의 서식 지정에 "=$E3>=900"을 입력합니다.

출제 유형 문제

> 예제 파일 : 유형 분석 02₩유형 03_문제.xlsx   완성 파일 : 유형 분석 02₩유형 03_완성.xlsx

02 "주문내역" 시트를 참조하여 다음 ≪처리조건≫에 맞도록 작업하시오.

처리조건

▶ 셀 서식을 아래 조건에 맞게 작성하시오.
- [A2:I15] : 테두리(안쪽, 윤곽선 모두 실선, '검정, 텍스트 1'), 전체 가운데 맞춤
- [A13:D13], [A14:D14], [A15:D15] : 각각 병합하고 가운데 맞춤
- [A2:I2], [A13:D15] : 채우기 색('파랑, 강조 5, 60% 더 밝게'), 글꼴(굵게)
- [D3:F12] : 셀 서식의 표시형식-숫자를 이용하여 1000 단위 구분 기호 표시
- [G3:G12], [E13:G15] : 셀 서식의 표시형식-사용자 지정을 이용하여 #,##0"원"자를 추가
- [H3:H12] : 셀 서식의 표시형식-사용자 지정을 이용하여 #"등"자를 추가
- 조건부 서식[A3:I12] : '6월'이 500000 이상인 경우 레코드 전체에 글꼴(파랑, 굵은 기울임꼴) 적용
- 지시사항이 없는 경우는 주어진 문제파일의 서식을 그대로 사용하시오.

	A	B	C	D	E	F	G	H	I
1				2분기 제품 주문내역					
2	분류	담당자	제품명	4월	5월	6월	2분기 평균	순위	비고
3	유제품	김철수	저지방 우유	323,000	416,000	491,000	410,000원	①	②
4	가공식품	한지민	건조 오징어	442,000	366,000	335,000	381,000원	①	②
5	음료	이현수	100% 오렌지 주스	221,000	274,200	319,000	271,400원	①	②
6	가공식품	김철수	과일 통조림	457,000	493,400	324,000	424,800원	①	②
7	*음료*	*이현수*	*스위트 아메리카노*	*675,000*	*784,000*	*898,100*	*785,700원*	*①*	*②*
8	유제품	한지민	모차렐라 치즈	352,300	465,000	368,000	395,100원	①	②
9	*음료*	*이현수*	*단백질 쉐이크*	*417,200*	*313,000*	*576,000*	*435,400원*	*①*	*②*
10	*가공식품*	*한지민*	*구운 조미김*	*571,000*	*505,000*	*514,000*	*530,000원*	*①*	*②*
11	가공식품	김철수	건과일 건과	482,000	39,600	353,500	291,700원	①	②
12	유제품	이현수	무가당 연유	393,200	377,400	434,500	401,700원	①	②
13	'담당자'가 "김철수"인 '6월'의 평균				③				
14	'4월'의 최대값-최소값 차이				④				
15	'5월' 중 세 번째로 작은 값				⑤				
16									

[Hint]
- Ctrl 키를 이용하여 [A13:D13], [A14:D14], [A15:D15] 영역을 각각 블록 지정한 후 [홈] 탭의 [맞춤] 그룹에서 [병합하고 가운데 맞춤] 단추를 클릭합니다.
- [새 서식 규칙] 대화 상자의 규칙 유형 선택에서 '수식을 사용하여 서식을 지정할 셀 결정'을 선택한 후 다음 수식이 참인 값의 서식 지정에 "=$F3>=500000"을 입력합니다.

출제 유형 문제

▶ 예제 파일 : 유형 분석 02₩유형 04_문제.xlsx   ▶ 완성 파일 : 유형 분석 02₩유형 04_완성.xlsx

03 "대회심사표" 시트를 참조하여 다음 ≪처리조건≫에 맞도록 작업하시오.

처리조건

▶ 셀 서식을 아래 조건에 맞게 작성하시오.
- [A2:I15] : 테두리(안쪽, 윤곽선 모두 실선, '검정, 텍스트 1'), 전체 가운데 맞춤
- [A13:D13], [A14:D14], [A15:D15] : 각각 병합하고 가운데 맞춤
- [A2:I2], [A13:D15] : 채우기 색('황금색, 강조 4, 40% 더 밝게'), 글꼴(굵게)
- [C3:C12] : 셀 서식의 표시형식-사용자 지정을 이용하여 @"님"자를 추가
- [D3:G12], [E13:G15] : 셀 서식의 표시형식-사용자 지정을 이용하여 #"점"자를 추가
- [H3:H12] : 셀 서식의 표시형식-사용자 지정을 이용하여 #"위"자를 추가
- 조건부 서식[A3:I12] : '종합점수'가 250 이상인 경우 레코드 전체에 글꼴(파랑, 굵은 기울임꼴) 적용
- 지시사항이 없는 경우는 주어진 문제파일의 서식을 그대로 사용하시오.

	A	B	C	D	E	F	G	H	I
1	제100회 전국 연날리기 대회심사표								
2	경기방식	지역	성명	1차점수	2차점수	3차점수	종합점수	순위	비고
3	방패연 연싸움	부산	김우재님	85점	73점	80점	238점	①	②
4	멀리 날리기	경기도	우상욱님	70점	63점	85점	218점	①	②
5	방패연 연싸움	남해	박봉기님	97점	94점	98점	289점	①	②
6	방패연 연싸움	충남	옥재명님	82점	72점	70점	224점	①	②
7	방패연 연싸움	부산	홍혜명님	92점	81점	82점	255점	①	②
8	방패연 연싸움	부산	김종만님	92점	88점	79점	259점	①	②
9	방패연 연싸움	통영	김명문님	93점	90점	93점	276점	①	②
10	멀리 날리기	진주	정찬영님	74점	83점	85점	242점	①	②
11	멀리 날리기	서울	강병창님	65점	58점	75점	198점	①	②
12	방패연 연싸움	사천	김경민님	80점	87점	79점	246점	①	②
13	'3차점수' 중 첫 번째로 큰 값				③				
14	'지역'이 "부산"인 '종합점수'의 합계				④				
15	'2차점수'의 최대값-최소값 차이				⑤				

[Hint]
- Ctrl 키를 이용하여 [A2:I2], [A13:D15] 영역을 블록 지정한 후 [홈] 탭의 [글꼴] 그룹에서 [채우기 색 목록] 단추를 클릭하고, '황금색, 강조 4, 40% 더 밝게'를 선택합니다.
- [새 서식 규칙] 대화 상자의 규칙 유형 선택에서 '수식을 사용하여 서식을 지정할 셀 결정'을 선택한 후 다음 수식이 참인 값의 서식 지정에 "=$G3>=250"을 입력합니다.

출제 유형 문제

▶ 예제 파일 : 유형 분석 02₩유형 05_문제.xlsx   ▶ 완성 파일 : 유형 분석 02₩유형 05_완성.xlsx

04 "렌트관리현황" 시트를 참조하여 다음 ≪처리조건≫에 맞도록 작업하시오.

처리조건
▶ 셀 서식을 아래 조건에 맞게 작성하시오.
- [A2:I15] : 테두리(안쪽, 윤곽선 모두 실선, '검정, 텍스트 1'), 전체 가운데 맞춤
- [A13:D13], [A14:D14], [A15:D15] : 각각 병합하고 가운데 맞춤
- [A2:I2], [A13:D15] : 채우기 색('회색, 강조 3, 40% 더 밝게'), 글꼴(굵게)
- [E3:G12], [E13:G13] : 셀 서식의 표시형식-숫자를 이용하여 1000 단위 구분 기호 표시
- [D3:D12], [E14:G15] : 셀 서식의 표시형식-사용자 지정을 이용하여 #"일"자를 추가
- [H3:H12] : 셀 서식의 표시형식-사용자 지정을 이용하여 #"위"자를 추가
- 조건부 서식[A3:I12] : '합계금액'이 1000000 이하인 경우 레코드 전체에 글꼴(자주, 굵게) 적용
- 지시사항이 없는 경우는 주어진 문제파일의 서식을 그대로 사용하시오.

대여코드	차종	대여자	대여일수	기본요금	부가요금	합계금액	순위	비고
A-12	승합차	김희선	2일	200,000	20,000	420,000	①	②
B-07	승용차	박철수	7일	150,000	15,000	1,065,000	①	②
A-02	승합차	김영희	4일	200,000	20,000	820,000	①	②
A-03	승합차	최차철	3일	200,000	20,000	620,000	①	②
C-05	버스	신주호	2일	400,000	40,000	840,000	①	②
B-02	승용차	서희종	9일	150,000	15,000	1,365,000	①	②
B-05	승용차	정수미	12일	150,000	15,000	1,815,000	①	②
A-01	승합차	조종희	12일	200,000	20,000	2,420,000	①	②
C-11	버스	송일국	10일	400,000	40,000	4,040,000	①	②
C-08	버스	김종서	15일	400,000	40,000	6,040,000	①	②
'합계금액' 중 세 번째로 큰 값				③				
'차종'이 "승합차"인 '대여일수'의 합계				④				
'대여일수'의 최대값-최소값 차이				⑤				

[Hint]
- **Ctrl** 키를 이용하여 [E3:G12], [E13:G13] 영역을 블록 지정한 후 [셀 서식] 대화 상자의 [표시 형식] 탭에서 범주는 '숫자'와 '1000 단위 구분 기호(,) 사용'을 선택합니다.
- [새 서식 규칙] 대화 상자의 규칙 유형 선택에서 '수식을 사용하여 서식을 지정할 셀 결정'을 선택한 후 다음 수식이 참인 값의 서식 지정에 "=$G3<=1000000"을 입력합니다.

출제 유형 문제

▶ 예제 파일 : 유형 분석 02₩유형 06_문제.xlsx   ▶ 완성 파일 : 유형 분석 02₩유형 06_완성.xlsx

05 "수시모집현황" 시트를 참조하여 다음 ≪처리조건≫에 맞도록 작업하시오.

처리조건

▶ 셀 서식을 아래 조건에 맞게 작성하시오.
- [A2:I15] : 테두리(안쪽, 윤곽선 모두 실선, '검정, 텍스트 1'), 전체 가운데 맞춤
- [A13:D13], [A14:D14], [A15:D15] : 각각 병합하고 가운데 맞춤
- [A2:I2], [A13:D15] : 채우기 색('주황, 강조 2, 60% 더 밝게'), 글꼴(굵게)
- [C3:D12] : 셀 서식의 표시형식-사용자 지정을 이용하여 #"%"를 추가
- [E3:G15] : 셀 서식의 표시형식-사용자 지정을 이용하여 #"명"자를 추가
- [H3:H12] : 셀 서식의 표시형식-사용자 지정을 이용하여 #"위"자를 추가
- 조건부 서식[A3:I12] : '불합격생수'가 10 이하인 경우 레코드 전체에 글꼴(파랑, 굵은 기울임꼴) 적용
- 지시사항이 없는 경우는 주어진 문제파일의 서식을 그대로 사용하시오.

	A	B	C	D	E	F	G	H	I
1				대학 수시모집 현황					
2	대학교명	지역	교과성적	면접	지원자수	모집정원	불합격생수	순위	비고
3	동진대학교	경기도	80%	20%	152명	100명	52명	①	②
4	길상대학교	서울	60%	40%	187명	120명	67명	①	②
5	동진대학교	서울	70%	30%	96명	90명	6명	①	②
6	인동대학교	대전	50%	50%	82명	80명	2명	①	②
7	동진대학교	부산	70%	30%	217명	110명	107명	①	②
8	백서대학교	부산	60%	40%	200명	100명	100명	①	②
9	동진대학교	인천	40%	60%	170명	150명	20명	①	②
10	길상대학교	서울	30%	70%	103명	75명	28명	①	②
11	백서대학교	경기도	20%	80%	102명	80명	22명	①	②
12	백서대학교	부산	90%	10%	96명	95명	1명	①	②
13	'지원자수' 중 첫 번째로 큰 값				③				
14	'지역'이 "경기도"인 '지원자수'의 합계				④				
15	'모집정원'의 최대값-최소값 차이				⑤				
16									

[Hint]
- [셀 서식] 대화 상자의 [표시 형식] 탭에서 범주는 '사용자 지정'을 선택하고, 형식 입력란에 #"%", #"명", #"위"를 각 범위에 맞게 입력합니다.
- [새 서식 규칙] 대화 상자의 규칙 유형 선택에서 '수식을 사용하여 서식을 지정할 셀 결정'을 선택한 후 다음 수식이 참인 값의 서식 지정에 "=$G3<=10"을 입력합니다.

출제 유형 문제

> 예제 파일 : 유형 분석 02\유형 07_문제.xlsx   > 완성 파일 : 유형 분석 02\유형 07_완성.xlsx

06 "임대분양현황" 시트를 참조하여 다음 ≪처리조건≫에 맞도록 작업하시오.

처리조건

▶ 셀 서식을 아래 조건에 맞게 작성하시오.
 – [A2:I15] : 테두리(안쪽, 윤곽선 모두 실선, '검정, 텍스트 1'), 전체 가운데 맞춤
 – [A13:D13], [A14:D14], [A15:D15] : 각각 병합하고 가운데 맞춤
 – [A2:I2], [A13:D15] : 채우기 색('파랑, 강조 5, 60% 더 밝게'), 글꼴(굵게)
 – [E3:E12], [G3:G12] : 셀 서식의 표시형식–숫자를 이용하여 1000 단위 구분 기호 표시
 – [H3:H12] : 셀 서식의 표시형식–사용자 지정을 이용하여 #"위"자를 추가
 – [E13:G15] : 셀 서식의 표시형식–사용자 지정을 이용하여 #,##0"원"자를 추가
 – 조건부 서식[A3:I12] : '임대비율'이 7% 이하인 경우 레코드 전체에 글꼴(빨강, 굵게) 적용
 – 지시사항이 없는 경우는 주어진 문제파일의 서식을 그대로 사용하시오.

	A	B	C	D	E	F	G	H	I
1					임대 분양 현황				
2	지역	유형	전용면적	방수	분양가	임대비율	임대가격	순위	비고
3	강남구	오피스텔	15	13	190,000,000	5%	9,500,000	①	②
4	마곡구	단독주택	13	23	120,000,000	10%	12,000,000	①	②
5	동작구	단독주택	18	20	100,000,000	8%	8,000,000	①	②
6	강남구	오피스텔	20	17	152,000,000	7%	10,640,000	①	②
7	강서구	아파트	25	32	180,000,000	6%	10,800,000	①	②
8	강서구	아파트	18	46	230,000,000	15%	34,500,000	①	②
9	마곡구	오피스텔	20	57	160,000,000	13%	20,800,000	①	②
10	서초구	빌라	25	24	123,000,000	3%	3,690,000	①	②
11	강남구	빌라	10	31	150,000,000	17%	25,500,000	①	②
12	마곡구	오피스텔	23	59	130,000,000	20%	26,000,000	①	②
13	'분양가' 중 두 번째로 큰 값					③			
14	'지역'이 "강남구"인 '임대가격'의 평균					④			
15	'임대가격'의 최대값-최소값 차이					⑤			
16									

[Hint] [새 서식 규칙] 대화 상자의 규칙 유형 선택에서 '수식을 사용하여 서식을 지정할 셀 결정'을 선택한 후 다음 수식이 참인 값의 서식 지정에 "=$F3<=7%"를 입력합니다.

유형분석 03 수식과 함수 작성

핵심만 쏙쏙 수식과 함수 / 셀 참조 / 연산자 / 종류별 함수 작성

함수를 사용하기 전에 수식, 셀 참조, 연산자 등을 이해하고, 시험에서 자주 출제되는 다양한 함수의 기능과 형식을 통해 각 함수별 예제 문제를 푸는 방법에 대하여 알아봅니다.

핵심 짚어보기

▶ 예제 파일 : 유형 분석 03₩유형 01_문제.xlsx   ▶ 완성 파일 : 유형 분석 03₩유형 01_완성.xlsx

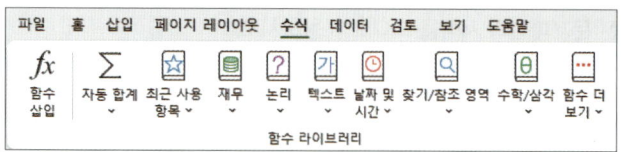

▲ [수식] 탭-[함수 라이브러리] 그룹

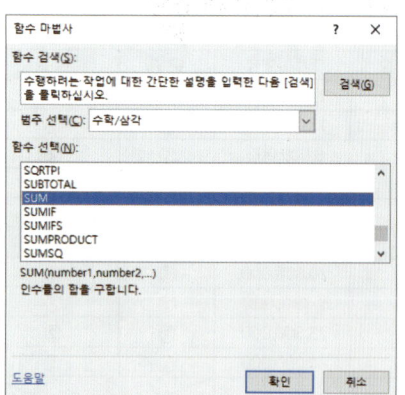
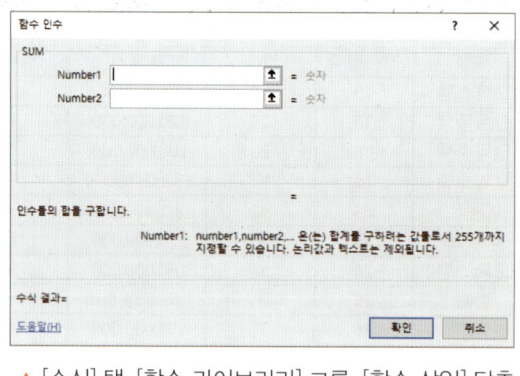

▲ [수식] 탭-[함수 라이브러리] 그룹-[함수 삽입] 단추

통계 함수	AVERAGE, COUNT, COUNTA, COUNTIF, MAX, MIN, LARGE, SMALL, MEDIAN, RANK.EQ, RANK.AVG, MODE
수학/삼각 함수	SUM, SUMIF, ROUND, ROUNDUP, ROUNDDOWN, INT, ABS
논리 함수	IF, AND, OR
텍스트 함수	LEFT, RIGHT, MID
날짜/시간 함수	YEAR, MONTH, DAY, TODAY, DATE, HOUR, MINUTE, SECOND, TIME
찾기/참조 함수	CHOOSE, INDEX, MATCH
데이터베이스 함수	DSUM, DAVERAGE, DCOUNT, DCOUNTA, DMAX, DMIN

▲ 시험에 출제되는 함수 종류

클래스 업

- 수식, 함수식, 셀 참조, 연산자 등의 기본적인 작성 방법을 이해합니다.
- [함수 마법사] 대화 상자에서 함수를 선택한 후 [함수 인수] 대화 상자에서 형식에 맞게 인수를 지정합니다.
- 시험에 자주 출제되는 함수를 문제의 조건에 맞게 각각 작성합니다.

유형잡기 01 수식과 함수 이해하기

◆ 수식의 기본

- 수식은 반드시 등호(=)로 시작하되 함수, 셀 참조, 연산자, 상수, 괄호 등으로 구성됩니다.
- 수식 입력 시 수식 입력 상자에 계산 결과가 나타나는데 숫자를 입력할 경우 화폐 단위나 천 단위 구분 기호 같은 서식 문자는 입력하지 않습니다.
- 상수로 텍스트가 사용될 때는 큰 따옴표(" ")로 묶어 주어야 합니다.
- 피연산자의 셀 주소는 마우스를 이용하여 셀 범위를 선택하면 자동으로 셀 주소가 나타납니다.
- 셀의 결과값에 수식이 아닌 상수로 입력되게 하려면 수식을 입력한 후 F9 키를 누릅니다.

◆ 함수의 기본

- 함수 앞에는 반드시 등호(=)를 먼저 입력해야 하며 숫자, 텍스트, 논리값, 배열, 셀 참조 등을 인수로 지정할 수 있습니다.
- 인수 범위는 콜론(:)으로 표시하고, 구분은 쉼표(,)로 합니다.
- 텍스트를 인수로 사용할 경우는 큰 따옴표(" ")로 묶어 주어야 합니다.
- 인수는 255개까지 사용할 수 있으며, 함수에 따라 생략할 수 있지만 괄호는 생략할 수 없습니다.

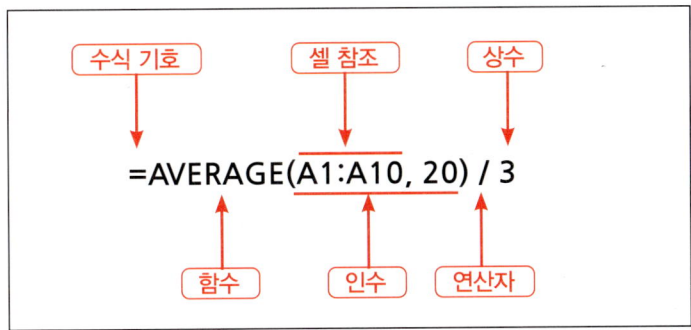

◆ 함수의 사용

- 간단한 함수는 셀에 직접 입력하면 되지만 함수식을 모를 경우에는 [수식] 탭의 [함수 라이브러리] 그룹에서 함수 삽입(fx 함수 삽입) 단추를 클릭하거나 원하는 함수 단추를 선택합니다.

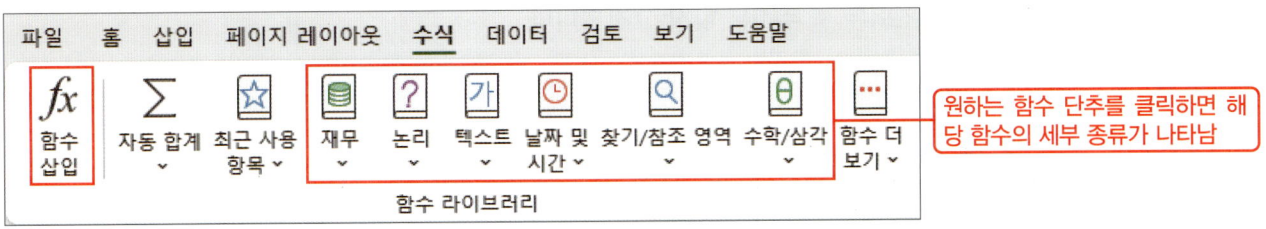

- [함수 마법사] 대화 상자에서 함수 범주와 함수 종류를 선택하면 해당 함수와 인수의 설명을 확인하면서 함수식을 작성할 수 있습니다.

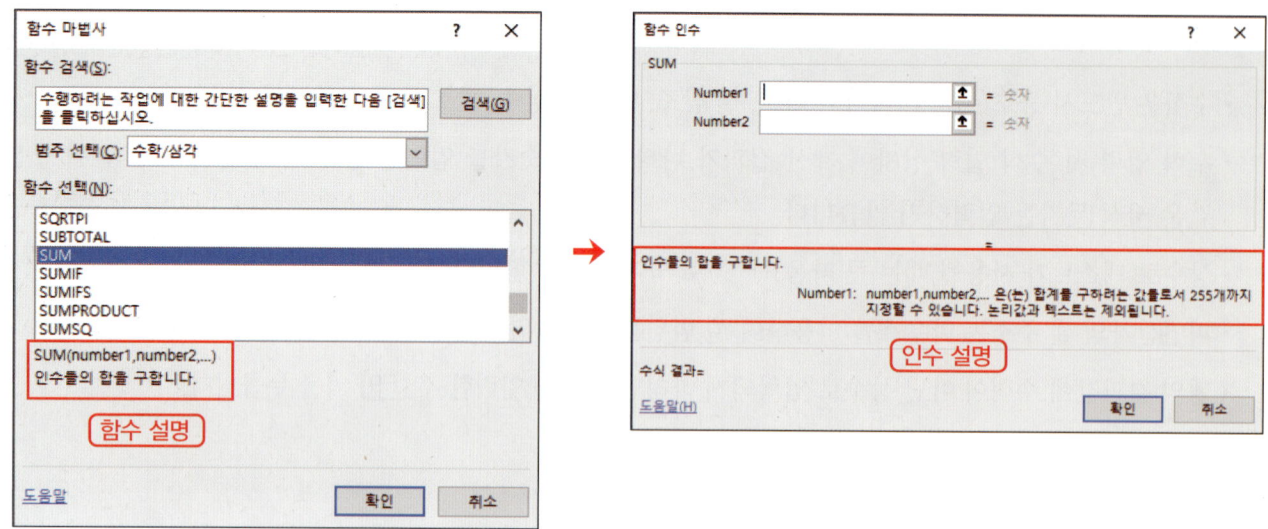

유형잡기 02 셀 참조 이해하기

◆ 상대 참조

- 가장 기본적인 방식으로 '$' 표시 없이 행 머리글과 열 머리글로만 구성됩니다(예 : A1).
- 해당 주소를 복사하면 현재 셀 위치에 따라 자동적으로 셀 주소가 변경됩니다.

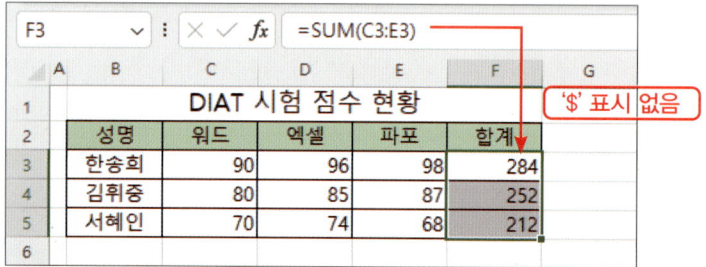

◆ 절대 참조

- 셀 주소가 변경되지 않는 방식으로 행 머리글과 열 머리글 앞에 '$' 표시가 붙습니다(예 : $A$1).
- 해당 주소를 복사하면 참조되는 셀 주소는 항상 고정됩니다.

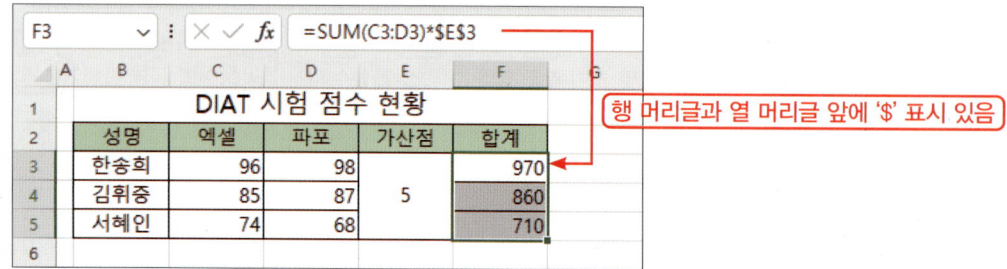

◆ **혼합 참조**

- 상대 참조와 절대 참조가 혼합된 방식으로 행 머리글과 열 머리글 중 한쪽에만 '$' 표시가 붙습니다(예 : $A1, A$1).
- 해당 주소를 복사하면 현재 셀 위치에 따라 상대 참조 주소만 변경됩니다.

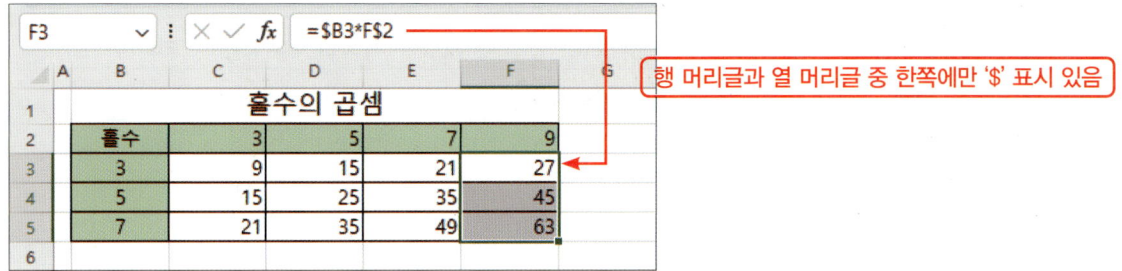

 **Tip** 참조 주소 전환

참조 주소의 변경 셀에서 F4 키를 누르면 참조 주소 형식이 '절대 참조($A$1) → 행 고정 혼합 참조(A$1) → 열 고정 혼합 참조($A1) → 상대 참조(A1)'로 자동적으로 변경됩니다.

◆ **동일한 워크시트의 셀 참조**

- 현재 작업중인 워크시트에서 특정 셀을 참조합니다.
- 셀 주소를 직접 입력하거나 마우스를 이용하여 참조할 셀의 범위를 지정합니다.

보기	설명
=SUM(A1:D2)	[A1] 셀부터 [D2] 셀까지의 합계를 구함
=SUM(A:A)	A열 전체의 합계를 구함
=SUM(1:1)	1행 전체의 합계를 구함

◆ **다른 워크시트의 셀 참조**

- 다른 워크시트에 있는 특정 셀을 참조할 경우 "시트 이름!셀 주소" 형식을 사용합니다.
- 참조하는 워크시트 이름 뒤에 느낌표(!)를 입력한 후 셀 범위를 지정하고, 워크시트 이름에 공백이 있을 경우는 따옴표(' ')로 표시합니다.

보기	설명
=Sheet1!A1*3	Sheet1의 [A1] 셀 값에 3을 곱한 결과를 구함
=제1작업!A1/3	'제1작업' 시트에서 [A1] 셀 값을 3으로 나눈 결과를 구함
='현황'!A1/3	'현황' 시트의 [A1] 셀 값을 3으로 나눈 결과를 구함

유형잡기 03 연산자 이해하기

◆ 산술 연산자

연산자	의미	예제	연산자	의미	예제
+	덧셈	=A1+B2	/	나눗셈	=B3/2
-	뺄셈	=C5-A1	%	백분율	=A2*10%
*	곱셈	=B1*D2	^	지수	=C2^2

◆ 비교 연산자

연산자	의미	예제	연산자	의미	예제
>	크다	=A1>B1	>=	크거나 같다	=A2>=3
<	작다	=B1<C2	<=	작거나 같다	=B2<=5
=	같다	=A1=D1	<>	같지 않다	=A1<>D3

◆ 참조 연산자

연산자	예제	의미
:(콜론)	=A1:C2	[A1] 셀에서 [C2] 셀까지 참조
,(콤마)	=A1,C2	[A1] 셀과 [C2] 셀만 참조
공백	=A1:D2 B1:E2	셀 범위 중 공통되는 셀 참조([B1] 셀에서 [D2] 셀까지 참조)

◆ 텍스트 연산자

연산자	의미	예제
&	텍스트를 서로 연결	="해람"&"기획팀" → 해람기획팀

> **Tip 연산자의 우선 순위**
> - 우선 순위가 동일할 경우는 왼쪽에서 오른쪽으로 연산을 실행하고, 괄호가 있을 경우는 항상 괄호부터 연산을 수행합니다.
> - 참조 연산자 → 음수 부호 → 백분율(%) → 지수(^) → 곱하기(*), 나누기(/) → 더하기(+), 빼기(-) → 텍스트 결합(&) → 비교 연산자

유형잡기 04 | 통계 함수 이해하기

◆ AVERAGE

설명	• =AVERAGE(인수1, 인수2, …, 인수30) • 인수들의 평균을 구합니다(인수는 최대 255개까지 가능). • 인수로는 숫자, 이름, 배열, 참조 영역 등을 지정할 수 있습니다.
예제	업체명에 따라 분기별 실적에 대한 평균을 구하시오. G3 : fx =AVERAGE(C3:F3) |	A	B	C	D	E	F	G	H
1								
2		업체명	1사분기	2사분기	3사분기	4사분기	평균	
3		비전산업	190	230	365	470	313.75	
4		위즈앤북	420	635	440	525	505	
5		미래앤	260	425	325	435	361.25	
6		KOT전자	355	200	270	415	310		
풀이	• [G3] 셀에 =AVERAGE(C3:F3)을 입력하고, 채우기 핸들을 이용하여 [G6] 셀까지 수식을 복사합니다. • =AVERAGE(C3:F3) : [C3:F3] 영역에 있는 수치의 평균을 구합니다.

◆ COUNT

설명	• =COUNT(인수1, 인수2, …) • 인수 목록에서 숫자 데이터가 있는 셀의 개수를 구합니다. • 날짜와 숫자 텍스트는 개수에 포함되지만 논리값, 오류값은 제외됩니다.
예제	응시생의 성적을 이용하여 시험에 응시한 인원수를 구하시오. E7 : fx =COUNT(C3:C7) |	A	B	C	D	E	F	G
2		응시생	성적				
3		이병원	85				
4		조민정	100				
5		정우선	미응시				
6		권상운	90		응시 인원수		
7		김애리	75		4			
풀이	• [E7] 셀에 =COUNT(C3:C7)을 입력합니다. • =COUNT(C3:C7) : [C3:C7] 영역에서 숫자 데이터가 포함된 셀의 개수를 구합니다.

◆ COUNTA

설명	• =COUNTA(인수1, 인수2, …) • 인수 목록에서 데이터가 입력된 모든 셀의 개수를 구합니다. • 논리값, 오류값, 텍스트 등의 모든 값이 개수에 포함됩니다.
예제	회원들의 분기별 납입횟수를 구하시오. C7 : fx =COUNTA(C3:C6) |	A	B	C	D	E	F	G
2		회원명	1분기	2분기	3분기	4분기	
3		조진운	납입			납입	
4		전지연	납입	납입		납입	
5		이장재	납입		납입		
6		송혜규	납입	납입		납입	
7		납입횟수	4	2	1	3		

풀이	• [C7] 셀에 =COUNTA(C3:C6)을 입력하고, 채우기 핸들을 이용하여 [F7] 셀까지 수식을 복사합니다. • =COUNTA(C3:C6) : [C3:C6] 영역에서 공백을 제외하고, 데이터가 입력된 모든 셀의 개수를 구합니다.

◆ COUNTIF

설명	• =COUNTIF(셀 범위, 찾을 조건) • 지정한 범위 목록에서 찾을 조건과 일치하는 셀의 개수를 구합니다. • 비교 연산자를 사용할 경우에는 큰 따옴표(" ")로 묶습니다.
예제	사원들의 전반기와 후반기 실적 중 평균이 90점 이상인 사원수를 구하시오. 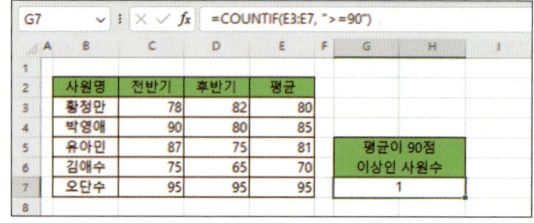
풀이	• [G7] 셀에 =COUNTIF(E3:E7, ">=90")을 입력합니다. • =COUNTIF(E3:E7, ">=90") : [E3:E7] 영역에서 수치가 90 이상인 데이터의 개수를 구합니다.

◆ MAX/MIN

설명	• =MAX(인수1, 인수2, ···)/=MIN(인수1, 인수2, ···) • 지정한 목록에서 논리값과 텍스트를 제외하고, 최대값/최소값을 구합니다.
예제	사원들의 전반기와 후반기 실적에서 최대값과 최소값을 구하시오.
풀이	• [F6] 셀에 =MAX(C3:C6)/[G6] 셀에 =MIN(D3:D6)을 각각 입력합니다. • =MAX(C3:C6) : [C3:C6] 영역에서 가장 큰 값을 구합니다. • =MIN(D3:D6) : [D3:D6] 영역에서 가장 작은 값을 구합니다.

◆ LARGE/SMALL

설명	• =LARGE(셀 범위, k)/=SMALL(셀 범위, k) • 지정한 목록에서 k번째로 큰 값/작은 값을 구합니다.
예제	상반기와 하반기의 합계에서 3번째로 큰 값과 1번째로 작은 값을 구하시오.

풀이	• [G6] 셀에 =LARGE(E3:E6, 3)/[H6] 셀에 =SMALL(E3:E6, 1)을 각각 입력합니다. • =LARGE(E3:E6, 3) : [E3:E6] 영역에서 3번째로 큰 값을 구합니다. • =SMALL(E3:E6, 1) : [E3:E6] 영역에서 1번째로 작은 값을 구합니다.

◆ MEDIAN

설명	• =MEDIAN(셀 범위) • 지정한 목록에서 중간값을 구합니다(목록이 짝수 개이면 가운데 있는 수의 평균). • 텍스트, 논리값, 빈 셀 등은 무시하지만 0값을 가진 셀은 포함됩니다.
예제	입사 시험 점수에 대한 총점에서 중간값을 구하시오.
풀이	• [H5] 셀에 =MEDIAN(F3:F5)를 입력합니다. • =MEDIAN(F3:F5) : [F3:F5] 영역에서 중간값을 구합니다.

◆ RANK.EQ/RANK.AVG

설명	• =RANK.EQ(인수, 수 목록, 순위 결정)/=RANK.AVG(인수, 수 목록, 순위 결정) • 지정한 목록에서 인수의 순위를 구합니다(수 목록은 절대 참조로 지정). • 0을 입력하거나 생략하면 내림차순이고, 그 외에는 오름차순으로 구합니다. • RANK.EQ는 동점을 같은 순위로 표시하고, 바로 다음 순위는 표시하지 않습니다. • RANK.AVG는 동점 수에 따라 평균 순위를 표시합니다.
예제	입사 시험 점수에 대한 총점을 이용하여 순위를 구하시오.
풀이	• [F3] 셀에 =RANK.EQ(E3, $E$3:$E$7, 0)/=RANK.AVG(E3, $E$3:$E$7, 0)을 입력하고, 채우기 핸들을 이용하여 [F7] 셀까지 수식을 복사합니다. • =RANK.EQ(E3, $E$3:$E$7, 0)/=RANK.AVG(E3, $E$3:$E$7, 0) : [E3:E7] 영역에서 [E3] 셀의 순위를 내림차순으로 구합니다.

◆ MODE

설명	• = MODE(인수1, 인수2, …) • 데이터에서 가장 자주 발생하는 값(최빈수)을 구합니다. • 인수는 255개까지 지정할 수 있으며, 중복 데이터가 없으면 #N/A 오류값이 발생합니다.
예제	사원들 중에서 가장 빈번하게 야근한 시간을 구하시오. [G7] =MODE(D3:D7) 사원명 / 부서명 / 야근 시간 / 수당 정준오 / 영업부 / 20 / 250,000 이아정 / 경리부 / 35 / 350,000 신현중 / 홍보부 / 20 / 180,000 김민경 / 기획부 / 15 / 135,000 함문식 / 전산부 / 20 / 175,000 가장 많이(빈번하게) 야근한 시간: 20
풀이	• [G7] 셀에 =MODE(D3:D7)을 입력합니다. • =MODE(D3:D7) : [D3:D7] 영역에서 가장 빈번하게 발생한 수를 구합니다.

유형잡기 05 수학/삼각 함수 이해하기

◆ SUM

설명	• =SUM(인수1, 인수2, …) • 지정한 목록에서 인수의 합계를 구합니다. • 인수는 255개까지 지정할 수 있으며, 논리값과 텍스트는 제외됩니다.
예제	학생별 각 과목에 대한 총합계를 구하시오. [G3] =SUM(C3:F3) 학생명 / 국어 / 영어 / 수학 / 과학 / 총합계 이사진 / 70 / 78 / 74 / 71 / 293 정유민 / 80 / 89 / 85 / 82 / 336 최오식 / 90 / 98 / 96 / 93 / 377 한주민 / 100 / 87 / 55 / 88 / 330
풀이	• [G3] 셀에 =SUM(C3:F3)을 입력하고, 채우기 핸들을 이용하여 [G6] 셀까지 수식을 복사합니다. • =SUM(C3:F3) : [C3:F3] 영역에 있는 데이터의 합계를 구합니다.

◆ SUMIF

설명	• =SUMIF(셀 범위, 찾을 조건, 합계를 구할 셀 범위) • 주어진 조건에서 지정된 셀들의 합계를 구합니다. • 합계를 구할 셀 범위를 생략하면 범위 내의 셀들이 계산됩니다.
예제	직급이 '대리'인 사원의 휴가일수를 구하시오. [G7] =SUMIF(D3:D7, "대리", E3:E7) 사원명 / 성별 / 직급 / 휴가일수 김정국 / 남 / 과장 / 20 송지요 / 여 / 사원 / 9 지성진 / 남 / 대리 / 15 박영수 / 남 / 사원 / 8 한고운 / 여 / 대리 / 13 직급이 대리인 사원의 휴가일수: 28

풀이	• [G7] 셀에 =SUMIF(D3:D7, "대리", E3:E7)을 입력합니다. • =SUMIF(D3:D7, "대리", E3:E7) : [D3:D7] 영역에서 '대리'를 찾은 후 [E3:E7] 영역에서 '대리'에 해당되는 휴가일수(15+13=28)를 구합니다.

◆ ROUND

설명	• =ROUND(인수, 반올림할 자릿수) • 인수를 지정한 자릿수로 반올림합니다. • 자릿수가 0보다 클 경우 : 지정한 소수 자릿수로 반올림합니다. • 자릿수가 0일 경우 : 가장 가까운 정수로 반올림합니다. • 자릿수가 0보다 작을 경우 : 소수점 왼쪽에서 반올림합니다.
예제	지점별 수입량과 수출량의 평균을 구하되 소수 둘째 자리에서 반올림하시오. E3 =ROUND(AVERAGE(C3:D3), 1) | 지점 | 수입량 | 수출량 | 수입/수출 평균 | | 강남 | 55.3 | 77 | 66.2 | | 강북 | 60 | 51.3 | 55.7 | | 강동 | 47.5 | 66 | 56.8 | | 강서 | 70 | 83.9 | 77 |
풀이	• [E3] 셀에 =ROUND(AVERAGE(C3:D3), 1)을 입력하고, 채우기 핸들을 이용하여 [E6] 셀까지 수식을 복사합니다. • =ROUND(AVERAGE(C3:D3), 1) : [C3:D3] 영역의 평균을 구한 후 소수 이하 첫째 자리까지 표시되도록 반올림합니다.

◆ ROUNDUP

설명	• =ROUNDUP(인수, 올림할 자릿수) • 인수를 지정한 자릿수로 올림한 값을 구합니다. • 자릿수가 양수일 경우 : 지정한 소수점 아래 자리에서 올림합니다. • 자릿수가 0이거나 생략될 경우 : 소수점 아래를 올림하여 정수가 됩니다. • 자릿수가 음수일 경우 : 지정한 소수점 왼쪽에서 올림합니다.
예제	지역별 상반기와 하반기의 취업 평균을 구하되 소수 셋째 자리에서 올림하시오. E3 =ROUNDUP(AVERAGE(C3:D3), 2) | 지역 | 상반기 | 하반기 | 취업 평균 | | 서울 | 37 | 45.97 | 41.49 | | 부산 | 45.03 | 59 | 52.02 | | 인천 | 25 | 37.53 | 31.27 | | 광주 | 41.77 | 67 | 54.39 |
풀이	• [E3] 셀에 =ROUNDUP(AVERAGE(C3:D3), 2)를 입력하고, 채우기 핸들을 이용하여 [E6] 셀까지 수식을 복사합니다. • =ROUNDUP(AVERAGE(C3:D3), 2) : [C3:D3] 영역의 평균을 구한 후 소수 이하 둘째 자리까지 표시되도록 올림합니다.

◆ ROUNDDOWN

설명	• = ROUNDDOWN(인수, 내림할 자릿수) • 인수를 지정한 자릿수로 내림한 값을 구합니다. • 자릿수가 양수일 경우 : 지정한 소수점 아래 자리에서 내림합니다. • 자릿수가 0이거나 생략될 경우 : 소수점 아래를 버리고 정수가 됩니다. • 자릿수가 음수일 경우 : 지정한 소수점 왼쪽에서 내림합니다.
예제	부서별 가점과 평점의 평균을 구하되 소수 넷째 자리에서 내림하시오. E3 =ROUNDDOWN(AVERAGE(C3:D3), 3) | 부서 | 가점 | 평점 | 평균 | | 전산부 | 66.123 | 7.33 | 36.726 | | 홍보부 | 87.987 | 8.13 | 48.058 | | 인사부 | 75.579 | 9.11 | 42.344 | | 영업부 | 93.245 | 9.57 | 51.407 |
풀이	• [E3] 셀에서 =ROUNDDOWN(AVERAGE(C3:D3), 3)을 입력하고, 채우기 핸들을 이용하여 [E6] 셀까지 수식을 복사합니다. • =ROUNDDOWN(AVERAGE(C3:D3), 3) : [C3:D3] 영역의 평균을 구한 후 소수 이하 셋째 자리까지만 표시하고, 나머지는 내림합니다.

◆ INT

설명	• =INT(인수) • 인수의 소수점 아래를 버리고, 가장 가까운 정수로 내림합니다. • 인수로는 음수(-)가 사용될 수 있습니다.
예제	날짜별 온도와 습도를 이용하여 불쾌지수를 구하시오(단, 불쾌지수 = (온도 + 습도) × 0.72 + 40.6으로 계산). E3 =INT((C3+D3)*0.72+40.6) | 날짜 | 온도 | 습도 | 불쾌지수 | | 2025-07-07 | 28.5 | 37 | 87 | | 2025-07-14 | 29.6 | 51 | 98 | | 2025-07-21 | 30.7 | 75 | 116 | | 2025-07-28 | 31.9 | 68 | 112 |
풀이	• [E3] 셀에서 =INT((C3+D3)*0.72+40.6)을 입력하고, 채우기 핸들을 이용하여 [E6] 셀까지 수식을 복사합니다. • =INT((C3+D3)*0.72+40.6) : [C3] 셀과 [D3] 셀의 데이터를 더한 후 0.72를 곱하고, 40.6을 더하면 87.76이 되지만 소수점 아래를 버리고, 가장 가까운 정수를 구하므로 87이 됩니다.

◆ ABS

설명	• =ABS(인수) • 인수에 대한 절댓값(부호가 없는 숫자)을 구합니다.
예제	제품 중 USB 판매수량 합과 DMB 판매수량 합의 차이를 계산하되 결과가 음수인 경우 양수가 되도록 절댓값을 구하시오. G6: =ABS(SUMIF(C3:C6, C3, D3:D6)-SUMIF(C3:C6, C4, D3:D6)) | 판매처	제품	판매수량	판매금액		판매수량 차이
---	---	---	---	---	---
LC전자	USB	10	25,000		
WP전자	DMB	45	157,000		
해람전자	USB	20	37,000		
대한전자	DMB	55	210,000		70	
풀이	• [G6] 셀에서 =ABS(SUMIF(C3:C6, C3, D3:D6)-SUMIF(C3:C6, C4, D3:D6))을 입력합니다. • =ABS(SUMIF(C3:C6, C3, D3:D6)-SUMIF(C3:C6, C4, D3:D6)) : 제품 영역에서 USB를 찾아 판매수량의 합계(30)를 구하고, 제품 영역에서 DMB를 찾아 판매수량의 합계(100)를 구합니다. 즉, 30 - 100 = -70이지만 절댓값 70이 구해집니다.

유형잡기 06 논리 함수 이해하기

◆ IF

설명	• =IF(조건식, 참값, 거짓값) • 조건식이 참이면 참에 해당하는 값을 표시하고, 그렇지 않으면 거짓에 해당하는 값을 표시합니다(인수와 함께 최대 7개까지 중첩하여 사용 가능).
예제	등급에서 합계가 260 이상이면 "A", 250 이상이면 "B" 그 외의 경우에는 "F"로 표시하시오. G3: =IF(F3>=260, "A", IF(F3>=250, "B", "F")) | 성명	시험	출석	소양	합계	등급
---	---	---	---	---	---
유재식	78	100	81	259	B
심은아	85	93	70	248	F
조세우	90	88	96	274	A
김이선	82	94	78	254	B	
풀이	• [G3] 셀에 =IF(F3>=260, "A", IF(F3>=250, "B", "F"))를 입력하고, 채우기 핸들을 이용하여 [G6] 셀까지 수식을 복사합니다. • =IF(F3>=260, "A", IF(F3>=250, "B", "F")) : 합계가 260 이상이면 A를 표시하고, 합계가 250 이상이면 B를 표시하고, 그렇지 않으면 F를 표시합니다.

◆ AND

설명	• =AND(조건1, 조건2) • 두 조건이 참일 경우에만 'TRUE'를 표시하고, 그렇지 않으면 'FALSE'를 표시합니다. • 참조 영역에 텍스트나 빈 셀이 있으면 그 값은 무시합니다.
예제	필기와 실기가 모두 80점 이상이면 '합격'을, 그렇지 않으면 '불합격'을 표시하시오. E3 셀 수식: =IF(AND(C3>=80, D3>=80), "합격", "불합격") | 성명	필기	실기	결과
---	---	---	---
하정후	65	95	불합격
이미현	90	80	합격
최민숙	85	90	합격
오연경	55	75	불합격	
풀이	• [E3] 셀에 =IF(AND(C3>=80, D3>=80), "합격", "불합격")을 입력하고, 채우기 핸들을 이용하여 [E6] 셀까지 수식을 복사합니다. • =IF(AND(C3>=80, D3>=80), "합격", "불합격") : [C3] 셀은 80 이상이 아니므로 FALSE이고, [D3] 셀은 80 이상이므로 TRUE입니다. 즉, 두 조건 중에서 하나가 만족하지 못하므로 결과는 '불합격'입니다.

◆ OR

설명	• =OR(조건1, 조건2) • 두 조건이 하나라도 참이면 'TRUE'를 표시하고, 그렇지 않으면 'FALSE'를 표시합니다. • 참조 영역에 텍스트나 빈 셀이 있으면 그 값은 무시합니다.
예제	필기와 실기 중 하나라도 80점 이상이면 '합격'을, 그렇지 않으면 '불합격'을 표시하시오. E3 셀 수식: =IF(OR(C3>=80, D3>=80), "합격", "불합격") | 성명	필기	실기	결과
---	---	---	---
김남기	75	85	합격
이하니	90	80	합격
조성균	85	90	합격
나형서	55	75	불합격	
풀이	• [E3] 셀에 =IF(OR(C3>=80, D3>=80), "합격", "불합격")을 입력하고, 채우기 핸들을 이용하여 [E6] 셀까지 수식을 복사합니다. • =IF(OR(C3>=80, D3>=80), "합격", "불합격") : [C3] 셀은 80 이상이 아니므로 FALSE이고, [D3] 셀은 80 이상이므로 TRUE입니다. 즉, 두 조건 중에서 하나라도 만족하므로 결과는 '합격'입니다.

유형잡기 07 텍스트 함수 이해하기

◆ LEFT/RIGHT

설명	• =LEFT(텍스트, 수치)/=RIGHT(텍스트, 수치) • 텍스트의 왼쪽부터/오른쪽부터 지정한 개수만큼의 문자를 표시합니다(공백 포함). • 두 함수에서 수치는 0 이상 입력해야 하며, 텍스트 길이보다 수치가 크면 모두 표시됩니다.
예제	주어진 텍스트에서 [C3] 셀에는 왼쪽에서 7개의 텍스트를, [D3] 셀에는 오른쪽에서 3개의 텍스트를 표시하시오. C3 =LEFT(B3, 7) | 텍스트 | LEFT | RIGHT | | Wizplanet Book | Wizplan | ook | D3 =RIGHT(B3, 3) | 텍스트 | LEFT | RIGHT | | Wizplanet Book | Wizplan | ook |
풀이	• [C3] 셀에는 =LEFT(B3, 7)/[D3] 셀에는 =RIGHT(B3, 3)을 각각 입력합니다. • =LEFT(B3, 7) : [B3] 셀의 텍스트 중 왼쪽에서 7개의 문자를 표시합니다. • =RIGHT(B3, 3) : [B3] 셀의 텍스트 중 오른쪽에서 3개의 문자를 표시합니다.

◆ MID

설명	• =MID(텍스트, 수치1, 수치2) • 텍스트의 지정 위치에서 문자를 지정한 개수만큼 구합니다. • 수치의 위치가 전체 텍스트의 길이보다 길면 빈 텍스트(' ')를 표시합니다.
예제	주민등록번호를 이용하여 성별을 표시하되 '-' 뒤의 첫 번째 문자가 1이면 '남자', 2이면 '여자'가 표시되도록 하시오. D3 =IF(OR(MID(C3, 8, 1)="1"), "남자", "여자") | 성명 | 주민등록번호 | 성별 | | 장동권 | 930311-1224750 | 남자 | | 고수영 | 791220-2668451 | 여자 | | 설경규 | 810912-1007895 | 남자 | | 송윤하 | 870530-2461320 | 여자 |
풀이	• [D3] 셀에 =IF(OR(MID(C3, 8, 1)="1"), "남자", "여자")를 입력하고, 채우기 핸들을 이용하여 [D6] 셀까지 수식을 복사합니다. • =IF(OR(MID(C3, 8, 1)="1"), "남자", "여자") : [C3] 셀에서 8번째에 있는 첫 문자가 1이면 '남자', 그렇지 않으면 '여자'를 표시합니다.

유형잡기 08 | 날짜/시간 함수 이해하기

◆ YEAR/MONTH/DAY

설명	• =YEAR( )/=MONTH( )/=DAY( ) • 날짜 일련번호로부터 년 단위(1900년~9999년)/월 단위(1월~12월)/일 단위(1일~31일)를 구합니다.
예제	가입 날짜를 이용하여 가입 년도, 가입 월, 가입 일을 각각 구하시오. D3	fx =YEAR(B3) | 가입 날짜	회원명	가입 년도	가입 월	가입 일 | |---|---|---|---|---| | 2025-03-10 | 고승우 | 2025 | 3 | 10 | | 2024-11-11 | 김남수 | 2024 | 11 | 11 | | 2023-08-23 | 연정운 | 2023 | 8 | 23 | | 2022-05-20 | 한가희 | 2022 | 5 | 20 |
풀이	• [D3] 셀에 =YEAR(B3)/[E3] 셀에 =MONTH(B3)/[F3] 셀에 =DAY(B3)을 각각 입력하고, [D3:F3] 영역을 블록 지정한 후 채우기 핸들을 이용하여 [F6] 셀까지 수식을 복사합니다. • =YEAR(B3)/=MONTH(B3)/=DAY(B3) : [B3] 셀에서 년도만/월만/일만 표시합니다.

◆ TODAY

설명	• =TODAY( ) • 시스템(컴퓨터)의 현재 날짜를 표시합니다.
예제	주어진 생년월일을 이용하여 현재 나이를 구하시오. D3	fx =YEAR(TODAY( ))-YEAR(C3) | 성명	생년월일	현재 나이 | |---|---|---| | 최만수 | 1990-07-12 | 34 | | 이주은 | 1986-03-29 | 38 | | 조정식 | 1979-03-20 | 45 | | 변은주 | 1997-02-02 | 27 |
풀이	• [D3] 셀에 =YEAR(TODAY( ))-YEAR(C3)을 입력하고, 채우기 핸들을 이용하여 [D6] 셀까지 수식을 복사합니다. • =YEAR(TODAY( ))-YEAR(C3) : 시스템의 현재 날짜에서 년도만을 표시한 후 [C3] 셀의 생년월일 중 년도만을 표시하여 빼기합니다.

◆ DATE

설명	• =DATE(년, 월, 일) • 지정한 년, 월, 일을 사용하여 특정 날짜를 표시합니다.
예제	회원별 가입년, 가입월, 가입일을 이용하여 가입 기간을 구하시오. F3 셀: =TODAY( )-DATE(C3, D3, E3) | 회원명	가입년	가입월	가입일	가입 기간
---	---	---	---	---
마동식	2023	12	7	371
이주민	2020	6	16	1640
최귀아	2021	3	18	1365
윤계산	2022	5	4	953	
풀이	• [F3] 셀에 =TODAY( )-DATE(C3, D3, E3)을 입력하고, 채우기 핸들을 이용하여 [F6] 셀까지 수식을 복사합니다. • =TODAY( )-DATE(C3, D3, E3) : 시스템의 현재 날짜를 표시한 후 [C3] 셀의 년/[D3] 셀의 월/[E3] 셀의 일을 표시하여 빼기합니다.

◆ HOUR/MINUTE/SECOND

설명	• =HOUR(시간)/MINUTE(시간)/SECOND(시간) • 시간 일련번호로부터 시 단위(0시~23시까지)/분 단위(0분~59분까지)/초 단위(0초~59초까지)를 구합니다.
예제	PC의 사용 시간을 이용하여 사용 금액을 각각 구하시오. D3 셀: =(HOUR(C3)*60+MINUTE(C3))*200 | PC 번호	사용 시간	사용 금액
---	---	---
PC-001	1:35	₩ 19,000
PC-002	3:00	₩ 36,000
PC-003	2:15	₩ 27,000
PC-004	4:25	₩ 53,000	 분당 200원
풀이	• [D3] 셀에 =(HOUR(C3)*60+MINUTE(C3))*200을 입력하고, 채우기 핸들을 이용하여 [D6] 셀까지 수식을 복사합니다. • =(HOUR(C3)*60+MINUTE(C3))*200 : [C3] 셀에서 '시'를 추출한 후 '분'으로 환산하기 위하여 60을 곱하고, [C3] 셀에서 '분'을 추출합니다. 분당 200원이므로 모든 시간(분)에 200을 곱하여 사용 금액을 구합니다.

◆ TIME

설명	• =TIME(시, 분, 초) • 지정한 시, 분, 초를 사용하여 시간을 표시합니다.
예제	주어진 시, 분, 초를 이용하여 각 선수의 시간 결과를 구하시오. F3 fx =TIME(C3, D3, E3) | 선수명	시	분	초	결과
---	---	---	---	---
이제운	2	40	23	2:40:23
고하라	1	55	12	1:55:12
손오준	2	35	47	2:35:47
황정은	3	10	56	3:10:56	
풀이	• [F3] 셀에 =TIME(C3, D3, E3)을 입력하고, 채우기 핸들을 이용하여 [F6] 셀까지 수식을 복사합니다. • =TIME(C3, D3, E3) : [C3] 셀, [D3] 셀, [E3] 셀에 있는 시, 분, 초를 입력받아 시간 형식으로 표시합니다.

유형잡기 09 찾기/참조 함수 이해하기

◆ CHOOSE

설명	• =CHOOSE(번호, 인수1, 인수2) • 인수 목록 중 번호에 해당하는 인수를 구합니다(목록 중에서 하나를 선택).
예제	코드번호의 두 번째 자리가 1이면 '관리부', 2이면 '홍보부', 3이면 '전산부'로 부서란에 표시하시오. E3 fx =CHOOSE(MID(B3, 2, 1), "관리부", "홍보부", "전산부") | 코드번호	성명	성별	부서
---	---	---	---
B102	한요주	여	관리부
B205	송강오	남	홍보부
B311	김지은	여	전산부
B134	엄태규	남	관리부	
풀이	• [E3] 셀에 =CHOOSE(MID(B3, 2, 1), "관리부", "홍보부", "전산부")를 입력하고, 채우기 핸들을 이용하여 [E6] 셀까지 수식을 복사합니다. • =CHOOSE(MID(B3, 2, 1), "관리부", "홍보부", "전산부") : [B3] 셀의 두 번째부터 시작하여 첫 번째 문자가 1이면 관리부, 2이면 홍보부, 3이면 전산부로 표시합니다.

◆ INDEX

설명	• =INDEX(배열, 행 번호, 열 번호) • 표나 범위에서 지정된 행이나 열에 해당하는 값을 구합니다. • 해당 범위 내에서 값이나 참조 영역을 구합니다.
예제	종목별 주식 시세에서 으뜸약품의 매도 가격을 표시하시오. |	A	B	C	D	E	F	G	H
---	---	---	---	---	---	---	---	---
1								
2		종목	매매가	매입가	매도가			
3		조은철강	54,000	45,700	55,000			
4		나라증권	48,000	42,000	48,500		으뜸약품 매도 가격	
5		으뜸약품	27,500	27,000	29,000		29,000	
6		간편은행	36,000	32,500	38,500			
7									 G6 셀: =INDEX(B2:E6, 4, 4)
풀이	• [G6] 셀에 =INDEX(B2:E6, 4, 4)를 입력합니다. • =INDEX(B2:E6, 4, 4) : [B2:E6] 영역에서 지정한 4행 4열에 있는 값을 표시합니다.

◆ MATCH

설명	• =MATCH(검색값, 배열 또는 범위, 검색 방법) • 지정한 순서와 조건에 맞는 배열에서 항목의 상대 위치 값을 찾습니다. • 검색 방법이 '1'이면 검색값보다 작거나 같은 값 중 최대값을 찾고, 검색 방법이 '0'이면 검색값보다 크거나 같은 값 중 최소값을 찾습니다.
예제	점수 현황에서 '김고운'이 몇 번째에 위치하는지를 구하시오. |	A	B	C	D	E	F	G
---	---	---	---	---	---	---	---
1							
2		성명	점수				
3		공유천	95				
4		김고운	84				
5		이동훈	80		김고운의 위치		
6		유인라	90		2		
7								 E6 셀: =MATCH("김고운", B3:B6, 0)
풀이	• [E6] 셀에 =MATCH("김고운", B3:B6, 0)을 입력합니다. • =MATCH("김고운", B3:B6, 0) : [B3:B6] 영역에서 '김고운'의 위치를 구합니다.

유형잡기 10 – 데이터베이스 함수 이해하기

◆ DSUM

설명	• =DSUM(범위, 열 번호, 찾을 조건) • 지정한 조건에 맞는 데이터베이스에서 필드(열)의 합계를 구합니다.
예제	조건에 따라 강남 매장의 수량 합계를 구하시오. E7 셀: =DSUM(B2:E6, 4, G2:G3) | 관리자	매장명	매출액	수량		매장명
---	---	---	---	---	---
류승현	강남	₩ 3,500,000	125		강남
김소연	강북	₩ 2,000,000	80		
진선구	강남	₩ 3,150,000	110		
신아균	강북	₩ 1,950,000	75		
강남 매장의 수량 합계			235			
풀이	• [E7] 셀에 =DSUM(B2:E6, 4, G2:G3)을 입력합니다. • =DSUM(B2:E6, 4, G2:G3) : [B2:E6] 영역에서 매장명이 강남[G2:G3]인 데이터를 검색하여 4열에 있는 수량의 합계를 구합니다.

◆ DAVERAGE

설명	• =DAVERAGE(범위, 열 번호, 찾을 조건) • 지정한 조건에 맞는 데이터베이스에서 필드(열)의 평균을 구합니다.
예제	조건에 따라 부서가 총무팀인 전반기 평균을 구하시오. F7 셀: =DAVERAGE(B2:F6, 3, H2:H3) | 성명	부서	전반기	후반기	평균		부서
---	---	---	---	---	---	---
박애수	총무팀	70	60	65		총무팀
조우신	영업팀	75	85	80		
유영석	총무팀	90	80	85		
이다해	영업팀	85	75	80		
부서가 총무팀인 전반기 평균				80			
풀이	• [F7] 셀에 =DAVERAGE(B2:F6, 3, H2:H3)을 입력합니다. • =DAVERAGE(B2:F6, 3, H2:H3) : [B2:F6] 영역에서 부서가 총무팀[H2:H3]인 데이터를 검색하여 3열에 있는 전반기의 평균을 구합니다.

◆ DCOUNT

설명	• =DCOUNT(범위, 열 번호, 찾을 조건) • 지정한 조건에 맞는 데이터베이스에서 숫자를 포함한 셀의 개수를 구합니다.
예제	조건에 따라 본봉이 2000000 이상인 사원수를 구하시오. [E7] =DCOUNT(B2:E6, 4, G2:G3) |	A	B	C	D	E	F	G	H
---	---	---	---	---	---	---	---	---
1								
2		사원명	성별	직책	본봉		본봉	
3		유준열	남	사원	₩ 1,700,000		>=2000000	
4		성혜리	여	부장	₩ 4,000,000			
5		채해영	여	과장	₩ 2,800,000			
6		안재온	남	대리	₩ 1,900,000			
7		본봉이 200 이상인 사원수			2			
8									
풀이	• [E7] 셀에 =DCOUNT(B2:E6, 4, G2:G3)을 입력합니다. • =DCOUNT(B2:E6, 4, G2:G3) : [B2:E6] 영역에서 본봉이 2000000 이상[G2:G3]인 데이터를 검색하여 4열에서 개수를 구합니다.

◆ DCOUNTA

설명	• =DCOUNTA(범위, 열 번호, 찾을 조건) • 찾을 조건과 일치하는 데이터베이스 필드 값의 개수를 구합니다.
예제	조건에 따라 직책이 '대리'인 사원을 제외한 나머지 사원수를 구하시오. [D7] =COUNT(D3:D6)-DCOUNTA(B2:D6, 2, F2:F3) |	A	B	C	D	E	F	G	H
---	---	---	---	---	---	---	---	---
1								
2		사원명	직책	본봉		직책		
3		박성운	사원	₩ 1,300,000		대리		
4		나미란	과장	₩ 2,500,000				
5		김무연	대리	₩ 2,000,000				
6		윤경오	사원	₩ 1,350,000				
7		대리를 제외한 사원수		3				
8									
풀이	• [D7] 셀에 =COUNT(D3:D6)-DCOUNTA(B2:D6, 2, F2:F3)을 입력합니다. • =COUNT(D3:D6)-DCOUNTA(B2:D6, 2, F2:F3) : [D3:D6] 영역에서 수치 데이터가 있는 모든 셀의 개수를 구한 후 [B2:D6] 영역에서 직책이 대리[F2:F3]인 데이터를 검색하여 2열에 있는 대리의 개수를 구한 다음 빼기합니다.

◆ DMAX

설명	• =DMAX(범위, 열 번호, 찾을 조건) • 지정한 조건에 맞는 데이터베이스의 필드(열) 값 중에서 가장 큰 값을 구합니다.
예제	조건에 따라 신장이 165 이상인 사원 중에서 가장 무거운 체중을 구하시오. E7 =DMAX(B2:E6, 4, G2:G3) | 사원번호	사원명	신장	체중		신장
WNB-001	차태연	185	80		>=165
WNB-002	박보현	165	52		
WNB-003	성동인	178	75		
WNB-004	이일아	160	55		
가장 높은 체중			80			
풀이	• [E7] 셀에 =DMAX(B2:E6, 4, G2:G3)을 입력합니다. • =DMAX(B2:E6, 4, G2:G3) : [B2:E6] 영역에서 신장이 165 이상[G2:G3]인 데이터를 검색하여 4열에 있는 체중 중 가장 무거운 체중을 구합니다.

◆ DMIN

설명	• =DMIN(범위, 열 번호, 찾을 조건) • 지정한 조건에 맞는 데이터베이스의 필드(열) 값 중에서 가장 작은 값을 구합니다.
예제	조건에 따라 성별이 남자인 사원 중에서 가장 낮은 면접 점수를 구하시오. E7 =DMIN(B2:E6, 4, G2:G3) | 사원번호	사원명	성별	면접 점수		성별
VT-001	정해찬	남자	75		남자
VT-002	남원빈	남자	65		
VT-003	박신애	여자	80		
VT-004	한보음	여자	90		
가장 낮은 면접 점수			65			
풀이	• [E7] 셀에 =DMIN(B2:E6, 4, G2:G3)을 입력합니다. • =DMIN(B2:E6, 4, G2:G3) : [B2:E6] 영역에서 성별이 남자[G2:G3]인 데이터를 검색하여 4열에 있는 면접 점수 중 가장 낮은 점수를 구합니다.

유형잡기 11 주어진 함수 이용하기

① [파일]-[열기]-[찾아보기]를 차례로 선택하고, [열기] 대화 상자에서 '유형 분석 03₩유형 01_문제.xlsx'를 불러오기한 후 [기부금현황] 시트를 클릭합니다.

② 순위를 구하기 위해 [H3] 셀에 =RANK.EQ(G3,$G$3:$G$12)를 입력하고, Enter 키를 누른 후 [H3] 셀에서 채우기 핸들을 드래그하여 [H12] 셀까지 수식을 복사합니다.

▶ 순위 : '3년 총계'를 기준으로 큰 순으로 순위를 구하시오.

Tip RANK.EQ 함수 설명
=RANK.EQ(G3,$G$3:$G$12) : 3년 총계([G3:G12]) 영역에서 [G3] 셀의 순위를 내림차순으로 구합니다.

③ 비고를 구하기 위해 [I3] 셀에 =IF(F3>=35000,"목표초과"," ")를 입력하고, Enter 키를 누른 후 [I3] 셀에서 채우기 핸들을 드래그하여 [I12] 셀까지 수식을 복사합니다.

▶ 비고 : '2026년'이 35000 이상이면 "목표초과", 그렇지 않으면 공백으로 구하시오.

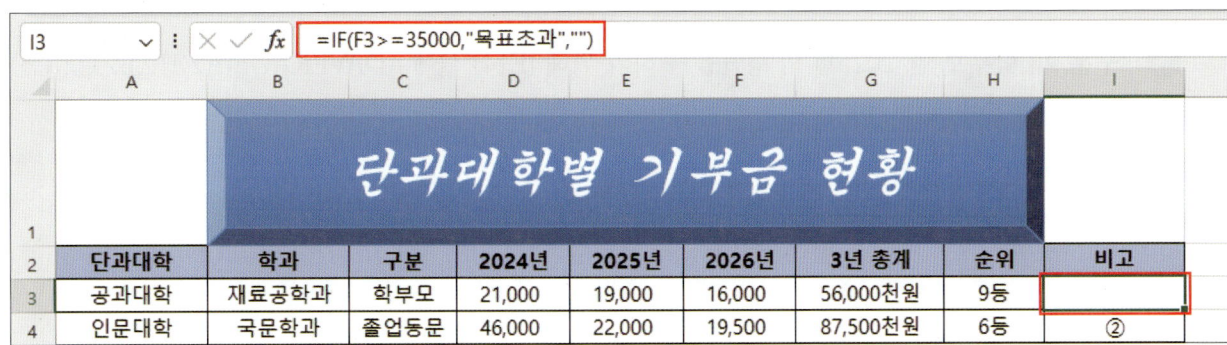

Tip IF 함수 설명

=IF(F3>=35000,"목표초과","") : 2026년([F3])의 데이터가 35000 이상이면 '목표초과'를 표시하고, 그렇지 않으면 공백으로 표시합니다.

④ '2024년'의 최대값-최소값 차이를 구하기 위해 [E13] 셀에 =MAX(D3:D12)-MIN(D3:D12)를 입력하고, Enter 키를 누릅니다.

▶ 최대값-최소값 : '2024년'의 최대값과 최소값의 차이를 구하시오.

단과대학	학과	구분	2024년	2025년	2026년	3년 총계	순위	비고
공과대학	재료공학과	학부모	21,000	19,000	16,000	56,000천원	9등	
인문대학	국문학과	졸업동문	46,000	22,000	19,500	87,500천원	6등	
자연과학대학	수학과	재학생	22,000	23,000	28,000	73,000천원	7등	
공과대학	기계공학과	학부모	38,000	43,000	42,000	123,000천원	2등	목표초과
인문대학	영문학과	학부모	15,000	32,000	19,000	66,000천원	8등	
공과대학	전기공학과	재학생	29,000	36,000	47,000	112,000천원	4등	목표초과
자연과학대학	화학과	교직원	51,000	52,000	12,000	115,000천원	3등	
인문대학	불문학과	졸업동문	14,000	21,000	16,300	51,300천원	10등	
공과대학	건축공학과	교직원	42,000	33,000	36,000	111,000천원	5등	목표초과
자연과학대학	물리학과	학부모	43,000	37,000	51,000	131,000천원	1등	목표초과
'2024년'의 최대값-최소값 차이				37,000천원				
'구분'이 "학부모"인 '2025년'의 평균				④				

Tip MAX/MIN 함수 설명

=MAX(D3:D12)-MIN(D3:D12) : 2024년([D3:D12])의 최대값(51,000)에서 2024년([D3:D12])의 최소값(14,000)을 빼면 37,000의 값이 표시됩니다.

⑤ '구분'이 '학부모'인 '2025년'의 평균을 구하기 위해 [E14] 셀에 =DAVERAGE(A2:I12,E2,C2:C3)을 입력하고, Enter 키를 누릅니다.

▶ 평균 : '구분'이 "학부모"인 '2025년'의 평균을 구하시오.

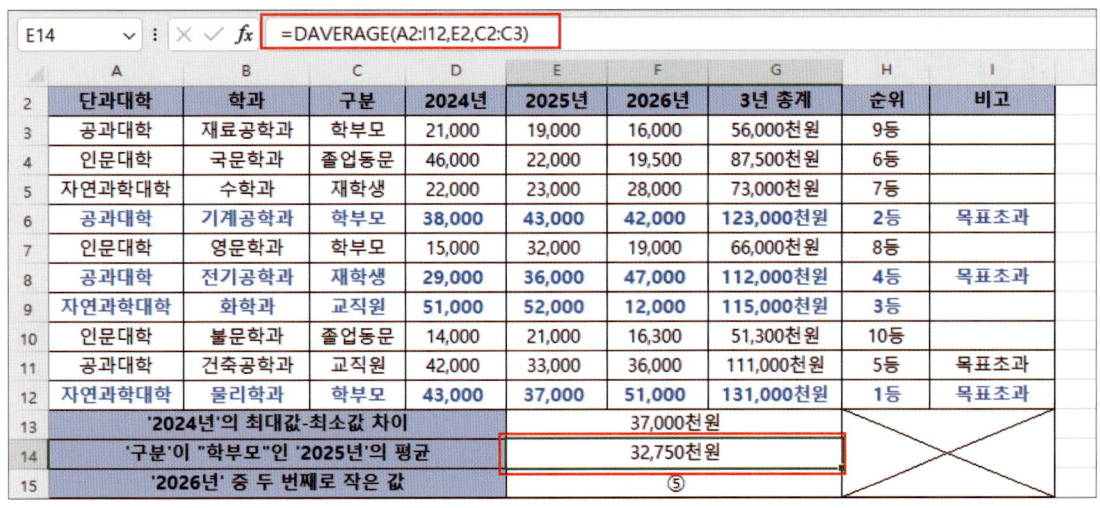

 **DAVERAGE 함수 설명**

=DAVERAGE(A2:I12,E2,C2:C3) : [A2:I12] 영역에서 [E2] 셀에 있는 2025년 중 '구분'이 학부모([C2:C3])에 해당하는 데이터(19,000/43,000/32,000/37,000)의 평균(32,750)을 구합니다.

❻ '2026년' 중 두 번째로 작은 값을 구하기 위해 [E15] 셀에 =SMALL(F3:F12,2)를 입력하고, Enter 키를 누릅니다.

▶ 작은 값 : '2026년' 중 두 번째로 작은 값을 구하시오.

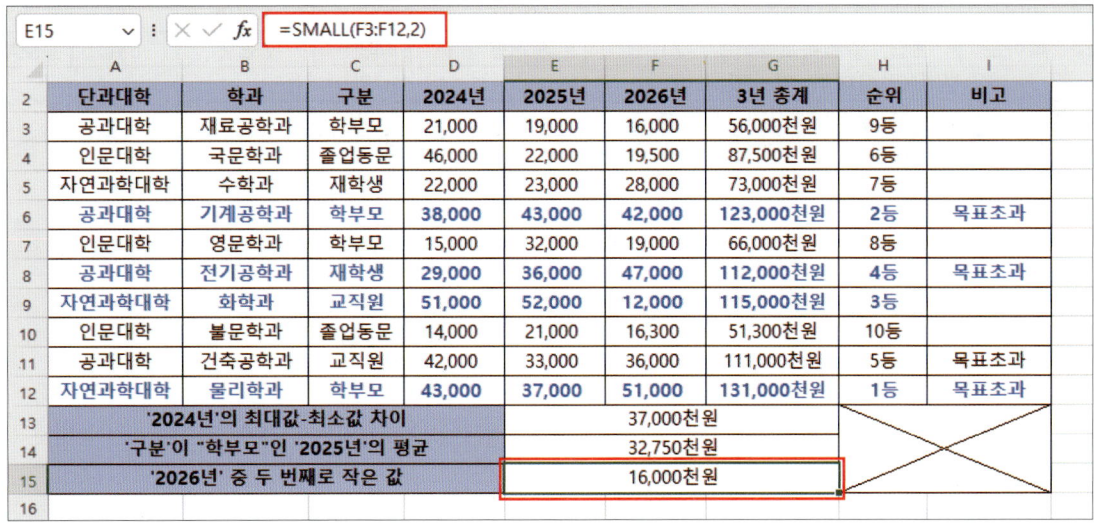

 **SMALL 함수 설명**

=SMALL(F3:F12,2) : 2026년([F3:F12]) 영역에서 2번째로 작은 값(16,000)을 구합니다.

❼ 빠른 실행 도구 모음에서 저장(💾) 단추를 클릭하여 완성된 파일을 저장합니다(= Ctrl + S).

출제 유형 문제

▶ 예제 파일 : 유형 분석 03₩유형 02_문제.xlsx   ▶ 완성 파일 : 유형 분석 03₩유형 02_완성.xlsx

01 "수강생현황" 시트를 참조하여 다음 ≪처리조건≫에 맞도록 작업하시오.

처리조건

▶ ① 순위[H3:H12] : '4분기'를 기준으로 큰 순으로 순위를 구하시오. (RANK.EQ 함수)
▶ ② 비고[I3:I12] : '1분기'가 800 이하이면 "홍보부족", 그렇지 않으면 공백으로 구하시오. (IF 함수)
▶ ③ 최대값-최소값[E13:G13] : '3분기'의 최대값-최소값의 차이를 구하시오. (MAX, MIN 함수)
▶ ④ 합계[E14:G14] : '구분'이 "중급"인 '2분기'의 합계를 구하시오. (DSUM 함수)
▶ ⑤ 순위[E15:G15] : '1분기' 중 두 번째로 큰 값을 구하시오. (LARGE 함수)

	A	B	C	D	E	F	G	H	I
1				교습과정 수강생 현황					
2	교습과정	구분	교육국	1분기	2분기	3분기	4분기	순위	비고
3	피아노	중급	강원교육국	937명	765명	800명	582명	9위	
4	플룻	고급	광주교육국	790명	776명	841명	775명	5위	홍보부족
5	피아노	초급	대구교육국	944명	714명	671명	807명	4위	
6	미술	중급	대전교육국	1,046명	985명	816명	685명	8위	
7	플룻	초급	부산교육국	991명	1,122명	662명	1,071명	1위	
8	미술	초급	인천교육국	970명	760명	755명	819명	3위	
9	피아노	고급	전남교육국	759명	870명	684명	702명	7위	홍보부족
10	플룻	중급	전북교육국	831명	668명	760명	560명	10위	
11	미술	고급	충남교육국	803명	982명	827명	824명	2위	
12	피아노	초급	충북교육국	719명	808명	644명	735명	6위	홍보부족
13	'3분기'의 최대값-최소값 차이				197명				
14	'구분'이 "중급"인 '2분기'의 합계				2,418명				
15	'1분기' 중 두 번째로 큰 값				991명				
16									

[Hint]

- [H3] 셀에 =RANK.EQ(G3,$G$3:$G$12)를 입력하고, 채우기 핸들을 이용하여 [H12] 셀까지 수식을 복사합니다.
- [I3] 셀에 =IF(D3<=800,"홍보부족","")를 입력하고, 채우기 핸들을 이용하여 [I12] 셀까지 수식을 복사합니다.
- [E13] 셀에 =MAX(F3:F12)-MIN(F3:F12)을 입력합니다.
- [E14] 셀에 =DSUM(A2:I12,E2,B2:B3)을 입력합니다.
- [E15] 셀에 =LARGE(D3:D12,2)를 입력합니다.

출제 유형 문제

▶ 예제 파일 : 유형 분석 03₩유형 03_문제.xlsx ▶ 완성 파일 : 유형 분석 03₩유형 03_완성.xlsx

02 "주문내역" 시트를 참조하여 다음 ≪처리조건≫에 맞도록 작업하시오.

처리조건

- ① 순위[H3:H12] : '2분기 평균'을 기준으로 큰 순으로 순위를 구하시오 (RANK.EQ 함수)
- ② 비고[I3:I12] : '4월'이 400000 이하이면 "4월 부진", 그렇지 않으면 공백으로 구하시오. (IF 함수)
- ③ 평균[E13:G13] : '담당자'가 "김철수"인 '6월'의 평균을 구하시오. (DAVERAGE 함수)
- ④ 최대값-최소값[E14:G14] : '4월'의 최대값-최소값의 차이를 구하시오. (MAX, MIN 함수)
- ⑤ 순위[E15:G15] : '5월' 중 세 번째로 작은 값을 구하시오. (SMALL 함수)

2분기 제품 주문내역

분류	담당자	제품명	4월	5월	6월	2분기 평균	순위	비고
유제품	김철수	저지방 우유	323,000	416,000	491,000	410,000원	5등	4월 부진
가공식품	한지민	건조 오징어	442,000	366,000	335,000	381,000원	8등	
음료	이현수	100% 오렌지 주스	221,000	274,200	319,000	271,400원	10등	4월 부진
가공식품	김철수	과일 통조림	457,000	493,400	324,000	424,800원	4등	
음료	이현수	스위트 아메리카노	675,000	784,000	898,100	785,700원	1등	
유제품	한지민	모차렐라 치즈	352,300	465,000	368,000	395,100원	7등	4월 부진
음료	이현수	단백질 쉐이크	417,200	313,000	576,000	435,400원	3등	
가공식품	한지민	구운 조미김	571,000	505,000	514,000	530,000원	2등	
가공식품	김철수	건과일 건과	482,000	39,600	353,500	291,700원	9등	
유제품	이현수	무가당 연유	393,200	377,400	434,500	401,700원	6등	4월 부진
'담당자'가 "김철수"인 '6월'의 평균					389,500원			
'4월'의 최대값-최소값 차이					454,000원			
'5월' 중 세 번째로 작은 값					313,000원			

[Hint]

- [H3] 셀에 =RANK.EQ(G3,$G$3:$G$12)를 입력하고, 채우기 핸들을 이용하여 [H12] 셀까지 수식을 복사합니다.
- [I3] 셀에 =IF(D3<=400000,"4월 부진","")를 입력하고, 채우기 핸들을 이용하여 [I12] 셀까지 수식을 복사합니다.
- [E13] 셀에 =DAVERAGE(A2:I12,F2,B2:B3)을 입력합니다.
- [E14] 셀에 =MAX(D3:D12)-MIN(D3:D12)를 입력합
- [E15] 셀에 =SMALL(E3:E12,3)을 입력합니다.

출제 유형 문제

▶ 예제 파일 : 유형 분석 03₩유형 04_문제.xlsx   ▶ 완성 파일 : 유형 분석 03₩유형 04_완성.xlsx

03 "대회심사표" 시트를 참조하여 다음 ≪처리조건≫에 맞도록 작업하시오.

처리조건
- ① 순위[H3:H12] : '종합점수'를 기준으로 하여 큰 순으로 순위를 구하시오. (RANK.EQ 함수)
- ② 비고[I3:I12] : '종합점수'가 270 이상이면 "상장 및 상금", 그렇지 않으면 공백으로 구하시오. (IF 함수)
- ③ 순위[E13:G13] : '3차점수' 중 첫 번째로 큰 값을 구하시오. (LARGE 함수)
- ④ 합계[E14:G14] : '지역'이 "부산"인 '종합점수'의 합계를 구하시오. (DSUM 함수)
- ⑤ 최대값-최소값[E15:G15] : '2차점수'의 최대값-최소값의 차이를 구하시오. (MAX, MIN 함수)

제100회 전국 연날리기 대회심사표

경기방식	지역	성명	1차점수	2차점수	3차점수	종합점수	순위	비고
방패연 연싸움	부산	김우재님	85점	73점	80점	238점	7위	
멀리 날리기	경기도	우상욱님	70점	63점	85점	218점	9위	
방패연 연싸움	남해	박봉기님	97점	94점	98점	289점	1위	상장 및 상금
방패연 연싸움	충남	옥재명님	82점	72점	70점	224점	8위	
방패연 연싸움	부산	홍해명님	92점	81점	82점	255점	4위	
방패연 연싸움	부산	김종만님	92점	88점	79점	259점	3위	
방패연 연싸움	통영	김명문님	93점	90점	93점	276점	2위	상장 및 상금
멀리 날리기	진주	정찬영님	74점	83점	85점	242점	6위	
멀리 날리기	서울	강병창님	65점	58점	75점	198점	10위	
방패연 연싸움	사천	김경민님	80점	87점	79점	246점	5위	
'3차점수' 중 첫 번째로 큰 값				98점				
'지역'이 "부산"인 '종합점수'의 합계				752점				
'2차점수'의 최대값-최소값 차이				36점				

[Hint]
- [H3] 셀에 =RANK.EQ(G3,$G$3:$G$12)를 입력하고, 채우기 핸들을 이용하여 [H12] 셀까지 수식을 복사합니다.
- [I3] 셀에 =IF(G3>=270,"상장 및 상금","")를 입력하고, 채우기 핸들을 이용하여 [I12] 셀까지 수식을 복사합니다.
- [E13] 셀에 =LARGE(F3:F12,1)을 입력합니다.
- [E14] 셀에 =DSUM(A2:I12,G2,B2:B3)을 입력합니다.
- [E15] 셀에 =MAX(E3:E12)-MIN(E3:E12)를 입력합니다.

출제 유형 문제

> 예제 파일 : 유형 분석 03₩유형 05_문제.xlsx   > 완성 파일 : 유형 분석 03₩유형 05_완성.xlsx

04 "렌트관리현황" 시트를 참조하여 다음 ≪처리조건≫에 맞도록 작업하시오.

처리조건

▶ ① 순위[H3:H12] : '합계금액'을 기준으로 하여 큰 순으로 순위를 구하시오. (RANK.EQ 함수)
▶ ② 비고[I3:I12] : '대여일수'가 10 이상이면 "장기 대여 고객", 그렇지 않으면 공백으로 구하시오. (IF 함수)
▶ ③ 순위[E13:G13] : '합계금액' 중 세 번째로 큰 값을 구하시오. (LARGE 함수)
▶ ④ 합계[E14:G14] : '차종'이 "승합차"인 '대여일수'의 합계를 구하시오. (DSUM 함수)
▶ ⑤ 최대값-최소값[E15:G15] : '대여일수'의 최대값-최소값의 차이를 구하시오. (MAX, MIN 함수)

	A	B	C	D	E	F	G	H	I
1	자동차 렌트 관리 현황								
2	대여코드	차종	대여자	대여일수	기본요금	부가요금	합계금액	순위	비고
3	A-12	승합차	김희선	2일	200,000	20,000	420,000	10위	
4	B-07	승용차	박철수	7일	150,000	15,000	1,065,000	6위	
5	A-02	승합차	김영희	4일	200,000	20,000	820,000	8위	
6	A-03	승합차	최차철	3일	200,000	20,000	620,000	9위	
7	C-05	버스	신주호	2일	400,000	40,000	840,000	7위	
8	B-02	승용차	서희종	9일	150,000	15,000	1,365,000	5위	
9	B-05	승용차	정수미	12일	150,000	15,000	1,815,000	4위	장기 대여 고객
10	A-01	승합차	조종희	12일	200,000	20,000	2,420,000	3위	장기 대여 고객
11	C-11	버스	송일국	10일	400,000	40,000	4,040,000	2위	장기 대여 고객
12	C-08	버스	김종서	15일	400,000	40,000	6,040,000	1위	장기 대여 고객
13	'합계금액' 중 세 번째로 큰 값				2,420,000				
14	'차종'이 "승합차"인 '대여일수'의 합계				21일				
15	'대여일수'의 최대값-최소값 차이				13일				

[Hint]

- [H3] 셀에 =RANK.EQ(G3,$G$3:$G$12)를 입력하고, 채우기 핸들을 이용하여 [H12] 셀까지 수식을 복사합니다.
- [I3] 셀에 =IF(D3>=10,"장기 대여 고객","")를 입력하고, 채우기 핸들을 이용하여 [I12] 셀까지 수식을 복사합니다.
- [E13] 셀에 =LARGE(G3:G12,3)을 입력합니다.
- [E14] 셀에 =DSUM(A2:I12,D2,B2:B3)을 입력합니다.
- [E15] 셀에 =MAX(D3:D12)-MIN(D3:D12)를 입력합니다.

출제 유형 문제

▶ 예제 파일 : 유형 분석 03₩유형 06_문제.xlsx ▶ 완성 파일 : 유형 분석 03₩유형 06_완성.xlsx

05 "수시모집현황" 시트를 참조하여 다음 ≪처리조건≫에 맞도록 작업하시오.

처리조건

▶ ① 순위[H3:H12] : '지원자수'를 기준으로 하여 큰 순으로 순위를 구하시오. (RANK.EQ 함수)
▶ ② 비고[I3:I12] : '불합격생수'가 100 이상이면 "모집정원 증가", 그렇지 않으면 공백으로 구하시오. (IF 함수)
▶ ③ 순위[E13:G13] : '지원자수' 중 첫 번째로 큰 값을 구하시오. (LARGE 함수)
▶ ④ 합계[E14:G14] : '지역'이 "경기도"인 '지원자수'의 합계를 구하시오. (DSUM 함수)
▶ ⑤ 최대값-최소값[E15:G15] : '모집정원'의 최대값-최소값의 차이를 구하시오. (MAX, MIN 함수)

대학 수시모집 현황

대학교명	지역	교과성적	면접	지원자수	모집정원	불합격생수	순위	비고
동진대학교	경기도	80%	20%	152명	100명	52명	5위	
길상대학교	서울	60%	40%	187명	120명	67명	3위	
동진대학교	서울	70%	30%	96명	90명	6명	8위	
인동대학교	대전	50%	50%	82명	80명	2명	10위	
동진대학교	부산	70%	30%	217명	110명	107명	1위	모집정원 증가
백서대학교	부산	60%	40%	200명	100명	100명	2위	모집정원 증가
동진대학교	인천	40%	60%	170명	150명	20명	4위	
길상대학교	서울	30%	70%	103명	75명	28명	6위	
백서대학교	경기도	20%	80%	102명	80명	22명	7위	
백서대학교	부산	90%	10%	96명	95명	1명	8위	
'지원자수' 중 첫 번째로 큰 값				217명				
'지역'이 "경기도"인 '지원자수'의 합계				254명				
'모집정원'의 최대값-최소값 차이				75명				

[Hint]
- [H3] 셀에 =RANK.EQ(E3,$E$3:$E$12)를 입력하고, 채우기 핸들을 이용하여 [H12] 셀까지 수식을 복사합니다.
- [I3] 셀에 =IF(G3>=100,"모집정원 증가","")를 입력하고, 채우기 핸들을 이용하여 [I12] 셀까지 수식을 복사합니다.
- [E13] 셀에 =LARGE(E3:E12,1)을 입력합니다.
- [E14] 셀에 =DSUM(A2:I12,E2,B2:B3)을 입력합니다.
- [E15] 셀에 =MAX(F3:F12)-MIN(F3:F12)를 입력합니다.

출제 유형 문제

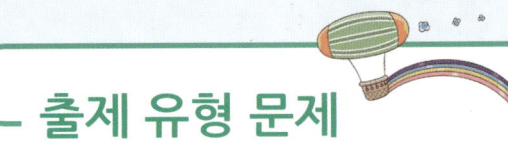

> 예제 파일 : 유형 분석 03₩유형 07_문제.xlsx   > 완성 파일 : 유형 분석 03₩유형 07_완성.xlsx

06 "임대분양현황" 시트를 참조하여 다음 ≪처리조건≫에 맞도록 작업하시오.

처리조건
- ① 순위[H3:H12] : '분양가'를 기준으로 하여 큰 순으로 순위를 구하시오. (RANK.EQ 함수)
- ② 비고[I3:I12] : '임대비율'이 5% 이하이면 "임대 최저가", 그렇지 않으면 공백으로 구하시오. (IF 함수)
- ③ 순위[E13:G13] : '분양가' 중 두 번째로 큰 값을 구하시오. (LARGE 함수)
- ④ 평균[E14:G14] : '지역'이 "강남구"인 '임대가격'의 평균을 구하시오. (DAVERAGE 함수)
- ⑤ 최대값-최소값[E15:G15] : '임대가격'의 최대값-최소값의 차이를 구하시오. (MAX, MIN 함수)

임대 분양 현황

	A	B	C	D	E	F	G	H	I
2	지역	유형	전용면적	방수	분양가	임대비율	임대가격	순위	비고
3	강남구	오피스텔	15	13	190,000,000	5%	9,500,000	2위	임대 최저가
4	마곡구	단독주택	13	23	120,000,000	10%	12,000,000	9위	
5	동작구	단독주택	18	20	100,000,000	8%	8,000,000	10위	
6	강남구	오피스텔	20	17	152,000,000	7%	10,640,000	5위	
7	강서구	아파트	25	32	180,000,000	6%	10,800,000	3위	
8	강서구	아파트	18	46	230,000,000	15%	34,500,000	1위	
9	마곡구	오피스텔	20	57	160,000,000	13%	20,800,000	4위	
10	서초구	빌라	25	24	123,000,000	3%	3,690,000	8위	임대 최저가
11	강남구	빌라	10	31	150,000,000	17%	25,500,000	6위	
12	마곡구	오피스텔	23	59	130,000,000	20%	26,000,000	7위	
13	'분양가' 중 두 번째로 큰 값				190,000,000원				
14	'지역'이 "강남구"인 '임대가격'의 평균				15,213,333원				
15	'임대가격'의 최대값-최소값 차이				30,810,000원				

[Hint]
- [H3] 셀에 =RANK.EQ(E3,$E$3:$E$12)를 입력하고, 채우기 핸들을 이용하여 [H12] 셀까지 수식을 복사합니다.
- [I3] 셀에 =IF(F3<=5%,"임대 최저가","")를 입력하고, 채우기 핸들을 이용하여 [I12] 셀까지 수식을 복사합니다.
- [E13] 셀에 =LARGE(E3:E12,2)를 입력합니다.
- [E14] 셀에 =DAVERAGE(A2:I12,G2,A2:A3)을 입력합니다.
- [E15] 셀에 =MAX(G3:G12)-MIN(G3:G12)를 입력합니다.

유형분석 04 : 정렬과 부분합

핵심만 쏙쏙 데이터 정렬 / 부분합 지정 / 부분합 그룹 설정

두 번째 시트의 정렬과 부분합에서는 데이터에서 선택한 행을 기준으로 오름차순 또는 내림차순으로 재배열하는 정렬과 데이터 열에 대한 다양한 요약 함수를 계산할 때 사용하는 부분합에 대하여 알아봅니다.

핵심 짚어보기

▶ 예제 파일 : 유형 분석 04₩유형 01_문제.xlsx   ▶ 완성 파일 : 유형 분석 04₩유형 01_완성.xlsx

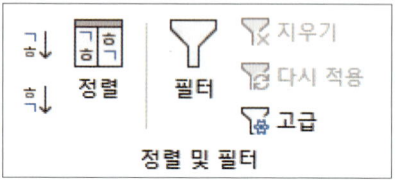

▲ [데이터] 탭-[정렬 및 필터] 그룹

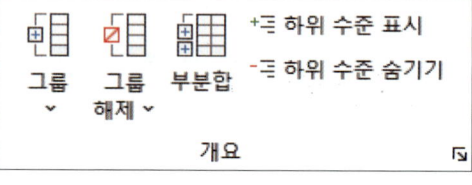

▲ [데이터] 탭-[개요] 그룹

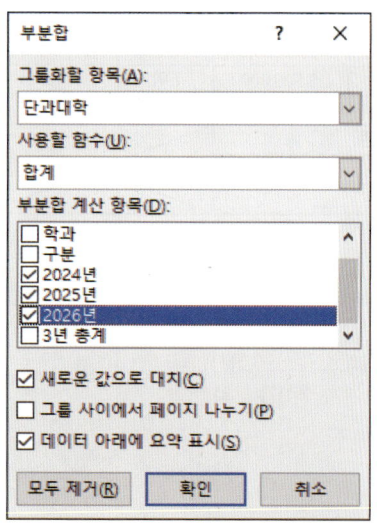

▲ [데이터] 탭-[개요] 그룹-[부분합] 단추

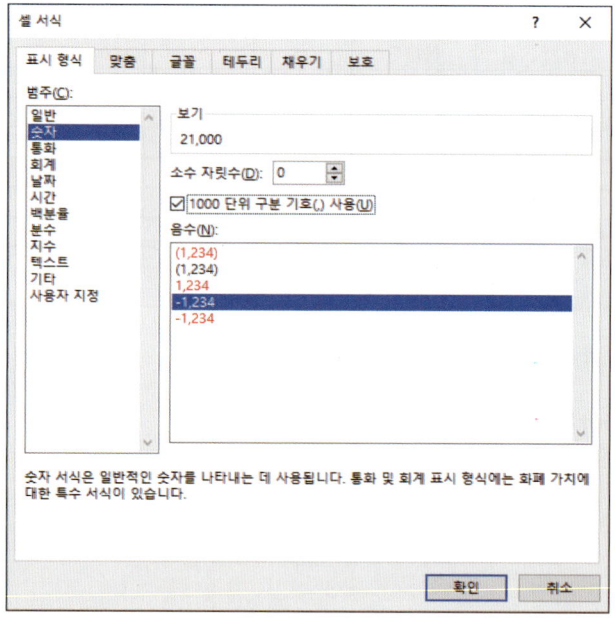

▲ 바로 가기 메뉴-[셀 서식] 메뉴

클래스 업

- 작업할 데이터를 기준으로 오름차순 또는 내림차순에 맞게 열을 정렬합니다.
- [부분합] 대화 상자에서 그룹화할 항목, 사용할 함수, 부분합 계산 항목 등을 지정합니다.
- [셀 서식] 대화 상자의 [표시 형식] 탭에서 주어진 숫자 서식을 지정합니다.
- 부분합 데이터에서 ≪처리조건≫에 맞게 해당 열을 그룹으로 설정합니다.

유형잡기 01 데이터 정렬하기

① [파일]-[열기]-[찾아보기]를 차례로 선택하고, [열기] 대화 상자에서 '유형 분석 04₩유형 01_문제.xlsx'를 불러오기한 후 [부분합] 시트를 클릭합니다.

② '단과대학'을 오름차순으로 정렬하기 위하여 [A2] 셀을 선택한 후 [데이터] 탭의 [정렬 및 필터] 그룹에서 텍스트 오름차순 정렬(↓) 단추를 클릭합니다.

단과대학	학과	구분	2024년	2025년	2026년	3년 총계
공과대학	재료공학과	학부모	21000	19000	16000	56000
공과대학	기계공학과	학부모	38000	43000	42000	123000
공과대학	전기공학과	재학생	29000	36000	47000	112000
공과대학	건축공학과	교직원	42000	33000	36000	111000
인문대학	국문학과	졸업동문	46000	22000	19500	87500
인문대학	영문학과	학부모	15000	32000	19000	66000
인문대학	불문학과	졸업동문	14000	21000	16300	51300
자연과학대학	수학과	재학생	22000	23000	28000	73000
자연과학대학	화학과	교직원	51000	52000	12000	115000
자연과학대학	물리학과	학부모	43000	37000	51000	131000

> **Tip 정렬**
> - 오름차순은 데이터를 가, 나, 다… 또는 1, 2, 3…과 같은 순으로 정렬하고, 내림차순은 데이터를 다, 나, 가… 또는 3, 2, 1…과 같은 순으로 정렬합니다.
> - 정렬은 기본적으로 위에서 아래로 행 단위로 정렬되며, 선택한 데이터 범위의 첫 행을 머리글 행으로 지정할 수 있습니다.

유형잡기 02 부분합 지정하기

① 임의의 데이터 영역에 셀 포인터를 위치시킨 후 [데이터] 탭의 [개요] 그룹에서 부분합() 단추를 클릭합니다.

부분합 작성 시 [A2:G12] 영역 안에 셀 포인터를 위치시킨 후 작업해야 함

단과대학	학과	구분	2024년	2025년	2026년	3년 총계
공과대학	재료공학과	학부모	21000	19000	16000	56000
공과대학	기계공학과	학부모	38000	43000	42000	123000
공과대학	전기공학과	재학생	29000	36000	47000	112000
공과대학	건축공학과	교직원	42000	33000	36000	111000

❷ [부분합] 대화 상자에서 그룹화할 항목은 '단과대학', 사용할 함수는 '합계', 부분합 계산 항목은 '2024년', '2025년', '2026년'을 각각 선택하고, [확인] 버튼을 클릭합니다.

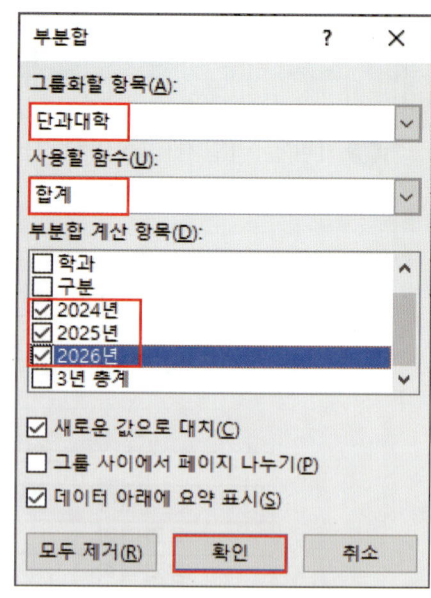

❸ 첫 번째 부분합 결과를 확인한 후 다시 한 번 [데이터] 탭의 [개요] 그룹에서 부분합(부분합) 단추를 클릭합니다.

❹ [부분합] 대화 상자에서 그룹화할 항목은 '단과대학', 사용할 함수는 '최대', 부분합 계산 항목은 '3년 총계'를 선택하고, '새로운 값으로 대치' 항목을 해제한 후 [확인] 버튼을 클릭합니다.

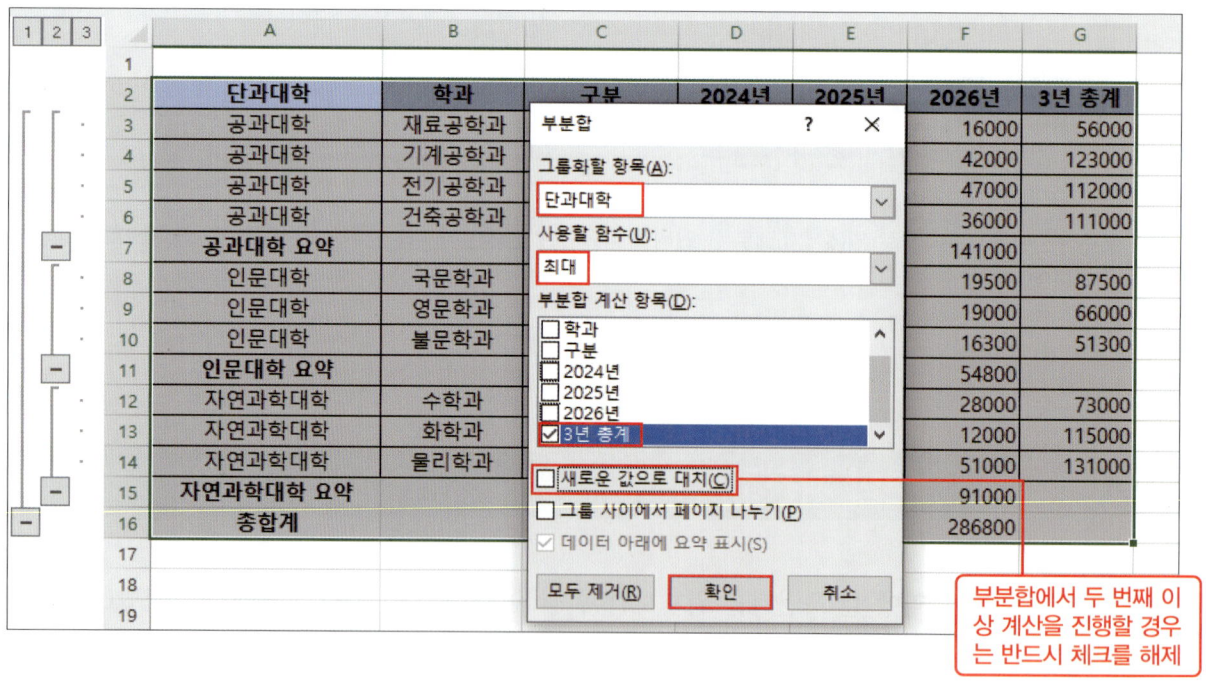

부분합에서 두 번째 이상 계산을 진행할 경우는 반드시 체크를 해제

> **[부분합] 대화 상자**
>
> • 그룹화할 항목 : 부분합의 기준이 되는 그룹이 있는 열 레이블을 지정합니다.
> • 사용할 함수 : 부분합을 구할 다양한 함수를 선택합니다.
> • 부분합 계산 항목 : 계산에 사용할 값이 있는 열 레이블을 지정합니다.
> • 새로운 값으로 대치 : 부분합을 모두 새로운 값으로 변경합니다.
> • 그룹 사이에서 페이지 나누기 : 그룹과 그룹 사이에 페이지를 나눕니다.
> • 데이터 아래에 요약 표시 : 데이터 아래에 부분합 결과를 삽입할지, 위에 삽입할지를 결정합니다.
> • 모두 제거 : 부분합을 해제하고, 처음 목록을 표시합니다.

❺ [D3:G20] 영역을 블록 지정한 후 영역 위에서 마우스 오른쪽 버튼을 클릭하고, [셀 서식]을 선택합니다 (=Ctrl+1).

❻ [셀 서식] 대화 상자의 [표시 형식] 탭에서 범주는 '숫자'와 '1000 단위 구분 기호(,) 사용'을 선택하고, [확인] 버튼을 클릭합니다.

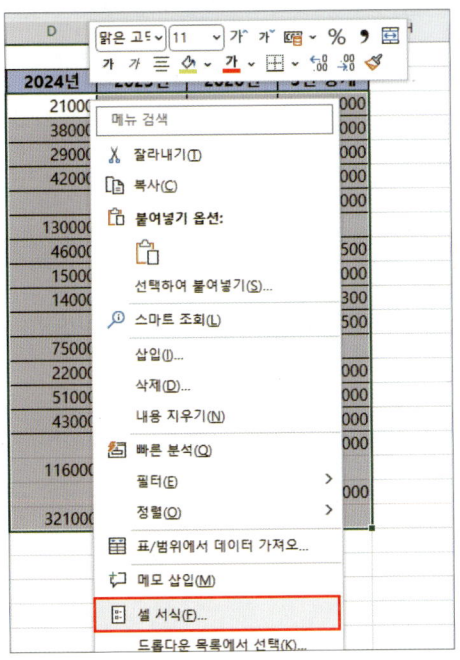
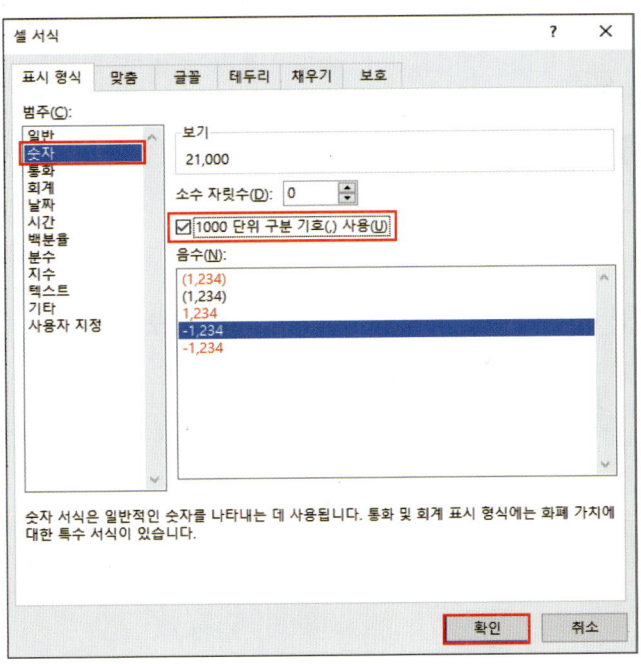

❼ ≪처리조건≫을 참조하여 D열~F열의 머리글을 드래그하여 블록 지정한 후 [데이터] 탭의 [개요] 그룹에서 그룹( ) 단추를 클릭합니다.

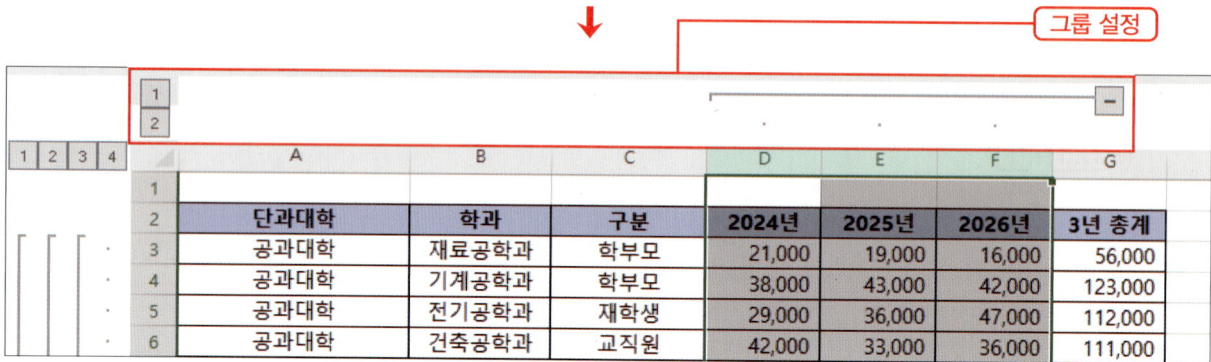

❽ 부분합이 완성되면 문제의 ≪출력형태≫와 동일한지 확인합니다. 이때, 합계와 최대의 부분합 순서는 ≪출력형태≫와 다를 수 있습니다.

❾ 빠른 실행 도구 모음에서 저장( ) 단추를 클릭하여 완성된 파일을 저장합니다(=Ctrl+S).

출제 유형 문제

▶ 예제 파일 : 유형 분석 04₩유형 02_문제.xlsx ▶ 완성 파일 : 유형 분석 04₩유형 02_완성.xlsx

01 "부분합" 시트를 참조하여 다음 ≪처리조건≫에 맞도록 작업하시오.

처리조건
▶ 데이터를 '구분' 기준으로 오름차순 정렬하시오.
▶ 아래 조건에 맞는 부분합을 작성하시오.
　– '구분'으로 그룹화하여 '1분기', '2분기', '3분기', '4분기'의 평균을 구하는 부분합을 만드시오.
　– '구분'으로 그룹화하여 '1분기', '2분기', '3분기', '4분기'의 최대를 구하는 부분합을 만드시오.
　　(새로운 값으로 대치하지 말 것)
　– [D3:G20] 영역에 셀 서식의 표시형식-숫자를 이용하여 1000 단위 구분 기호를 표시하시오.
▶ D~F열을 선택하여 그룹을 설정하시오.
▶ 평균과 최대의 부분합 순서는 ≪출력형태≫와 다를 수 있음
▶ 지시사항이 없는 경우는 기본 값을 적용하시오.

	교습과정	구분	교육국	1분기	2분기	3분기	4분기
3	플룻	고급	광주교육국	790	776	841	775
4	피아노	고급	전남교육국	759	870	684	702
5	미술	고급	충남교육국	803	982	827	824
6		고급 최대		803	982	841	824
7		고급 평균		784	876	784	767
8	피아노	중급	강원교육국	937	765	800	582
9	미술	중급	대전교육국	1,046	985	816	685
10	플룻	중급	전북교육국	831	668	760	560
11		중급 최대		1,046	985	816	685
12		중급 평균		938	806	792	609
13	피아노	초급	대구교육국	944	714	671	807
14	플룻	초급	부산교육국	991	1,122	662	1,071
15	미술	초급	인천교육국	970	760	755	819
16	피아노	초급	충북교육국	719	808	644	735
17		초급 최대		991	1,122	755	1,071
18		초급 평균		906	851	683	858
19		전체 최대값		1,046	1,122	841	1,071
20		전체 평균		879	845	746	756

[Hint]
'구분'을 오름차순으로 정렬하기 위하여 [B2] 셀을 선택한 후 [데이터] 탭의 [정렬 및 필터] 그룹에서 [텍스트 오름차순 정렬] 단추를 클릭합니다.

출제 유형 문제

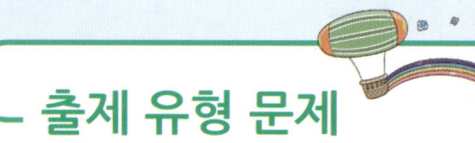

▶ 예제 파일 : 유형 분석 04₩유형 03_문제.xlsx   ▶ 완성 파일 : 유형 분석 04₩유형 03_완성.xlsx

02 "부분합" 시트를 참조하여 다음 ≪처리조건≫에 맞도록 작업하시오.

처리조건

▶ 데이터를 '분류' 기준으로 오름차순 정렬하시오.
▶ 아래 조건에 맞는 부분합을 작성하시오.
  – '분류'로 그룹화하여 '4월', '5월', '6월'의 평균을 구하는 부분합을 만드시오.
  – '분류'로 그룹화하여 '2분기 평균'의 최대를 구하는 부분합을 만드시오.
    (새로운 값으로 대치하지 말 것)
  – [D3:G20] 영역에 셀 서식의 표시형식–숫자를 이용하여 1000 단위 구분 기호를 표시하시오.
▶ D~F열을 선택하여 그룹을 설정하시오.
▶ 평균과 최대의 부분합 순서는 ≪출력형태≫와 다를 수 있음
▶ 지시사항이 없는 경우는 기본 값을 적용하시오.

	A	B	C	D	E	F	G
2	분류	담당자	제품명	4월	5월	6월	2분기 평균
3	가공식품	한지민	건조 오징어	442,000	366,000	335,000	381,000
4	가공식품	김철수	과일 통조림	457,000	493,400	324,000	424,800
5	가공식품	한지민	구운 조미김	571,000	505,000	514,000	530,000
6	가공식품	김철수	건과일 건과	482,000	39,600	353,500	291,700
7	가공식품 최대						530,000
8	가공식품 평균			488,000	351,000	381,625	
9	유제품	김철수	저지방 우유	323,000	416,000	491,000	410,000
10	유제품	한지민	모차렐라 치즈	352,300	465,000	368,000	395,100
11	유제품	이현수	무가당 연유	403,200	377,200	435,500	405,300
12	유제품 최대						410,000
13	유제품 평균			359,500	419,400	431,500	
14	음료	이현수	100% 오렌지 주스	220,000	274,000	319,000	271,000
15	음료	이현수	스위트 아메리카노	675,000	784,000	898,100	785,700
16	음료	이현수	단백질 쉐이크	417,200	313,000	576,000	435,400
17	음료 최대						785,700
18	음료 평균			437,400	457,000	597,700	
19	전체 최대값						785,700
20	전체 평균			434,270	403,320	461,410	

[Hint]

· 첫 번째 [부분합] 대화 상자에서 그룹화할 항목은 '분류', 사용할 함수는 '평균', 부분합 계산 항목은 '4월', '5월', '6월'을 각각 선택하고, [확인] 버튼을 클릭합니다.
· 두 번째 [부분합] 대화 상자에서 그룹화할 항목은 '분류', 사용할 함수는 '최대', 부분합 계산 항목은 '2분기 평균'을 선택하고, '새로운 값으로 대치' 항목을 해제한 후 [확인] 버튼을 클릭합니다.

출제 유형 문제

▶ 예제 파일 : 유형 분석 04₩유형 04_문제.xlsx   ▶ 완성 파일 : 유형 분석 04₩유형 04_완성.xlsx

03 "부분합" 시트를 참조하여 다음 ≪처리조건≫에 맞도록 작업하시오.

처리조건

▶ 데이터를 '경기방식' 기준으로 오름차순 정렬하시오.
▶ 아래 조건에 맞는 부분합을 작성하시오.
  - '경기방식'으로 그룹화하여 '1차점수', '2차점수'의 최대를 구하는 부분합을 만드시오.
  - '경기방식'으로 그룹화하여 '1차점수', '2차점수', '3차점수'의 평균을 구하는 부분합을 만드시오.
    (새로운 값으로 대치하지 말 것)
  - [D3:F18] 영역에 셀 서식의 표시형식-숫자를 이용하여 소수 자릿수 1로 표시하시오.
▶ D~F열을 선택하여 그룹을 설정하시오.
▶ 최대와 평균의 부분합 순서는 ≪출력형태≫와 다를 수 있음
▶ 지시사항이 없는 경우는 기본 값을 적용하시오.

	A	B	C	D	E	F	G
2	경기방식	지역	성명	1차점수	2차점수	3차점수	종합점수
3	멀리 날리기	경기도	우상욱	70.0	63.0	85.0	218
4	멀리 날리기	진주	정찬영	74.0	83.0	85.0	242
5	멀리 날리기	서울	강병창	65.0	58.0	75.0	198
6	멀리 날리기 평균			69.7	68.0	81.7	
7	멀리 날리기 최대			74.0	83.0		
8	방패연 연싸움	부산	김우재	85.0	73.0	80.0	238
9	방패연 연싸움	남해	박봉기	97.0	94.0	98.0	289
10	방패연 연싸움	충남	옥재명	82.0	72.0	70.0	224
11	방패연 연싸움	부산	홍해명	92.0	81.0	82.0	255
12	방패연 연싸움	부산	김종만	92.0	88.0	79.0	259
13	방패연 연싸움	통영	김명문	93.0	90.0	93.0	276
14	방패연 연싸움	사천	김경민	80.0	87.0	79.0	246
15	방패연 연싸움 평균			88.7	83.6	83.0	
16	방패연 연싸움 최대			97.0	94.0		
17	전체 평균			83.0	78.9	82.6	
18	전체 최대값			97.0	94.0		

[Hint]
- [D3:F18] 영역을 블록 지정한 후 마우스 오른쪽 버튼을 클릭하고, [셀 서식]을 선택합니다(=Ctrl+1).
- [셀 서식] 대화 상자의 [표시 형식] 탭에서 범주는 '숫자'와 소수 자릿수로 '1'을 지정하고, [확인] 버튼을 클릭합니다.

출제 유형 문제

▶ 예제 파일 : 유형 분석 04₩유형 05_문제.xlsx   ▶ 완성 파일 : 유형 분석 04₩유형 05_완성.xlsx

04 "부분합" 시트를 참조하여 다음 ≪처리조건≫에 맞도록 작업하시오.

처리조건
- ▶ 데이터를 '차종' 기준으로 내림차순 정렬하시오.
- ▶ 아래 조건에 맞는 부분합을 작성하시오.
  - '차종'으로 그룹화하여 '대여일수', '기본요금'의 평균을 구하는 부분합을 만드시오.
  - '차종'으로 그룹화하여 '대여일수', '기본요금', '부가요금'의 최대를 구하는 부분합을 만드시오.
    (새로운 값으로 대치하지 말 것)
  - [D3:G20] 영역에 셀 서식의 표시형식-숫자를 이용하여 1000 단위 구분 기호를 표시하시오.
- ▶ D~F열을 선택하여 그룹을 설정하시오.
- ▶ 평균과 최대의 부분합 순서는 ≪출력형태≫와 다를 수 있음
- ▶ 지시사항이 없는 경우는 기본 값을 적용하시오.

	A	B	C	D	E	F	G
2	대여코드	차종	대여자	대여일수	기본요금	부가요금	합계금액
3	A-12	승합차	김희선	2	200,000	20,000	420,000
4	A-02	승합차	김영희	4	200,000	20,000	820,000
5	A-03	승합차	최차철	3	200,000	20,000	620,000
6	A-01	승합차	조종희	12	200,000	20,000	2,420,000
7		승합차 최대		12	200,000	20,000	
8		승합차 평균		5	200,000		
9	B-07	승용차	박철수	7	150,000	15,000	1,065,000
10	B-02	승용차	서희종	9	150,000	15,000	1,365,000
11	B-05	승용차	정수미	12	150,000	15,000	1,815,000
12		승용차 최대		12	150,000	15,000	
13		승용차 평균		9	150,000		
14	C-05	버스	신주호	2	400,000	40,000	840,000
15	C-11	버스	송일국	10	400,000	40,000	4,040,000
16	C-08	버스	김종서	15	400,000	40,000	6,040,000
17		버스 최대		15	400,000	40,000	
18		버스 평균		9	400,000		
19		전체 최대값		15	400,000	40,000	
20		전체 평균		8	245,000		

[Hint]
D열~F열의 머리글을 드래그하여 블록 지정한 후 [데이터] 탭의 [개요] 그룹에서 [그룹] 단추를 클릭합니다.

출제 유형 문제

▶ 예제 파일 : 유형 분석 04₩유형 06_문제.xlsx   ▶ 완성 파일 : 유형 분석 04₩유형 06_완성.xlsx

05 "부분합" 시트를 참조하여 다음 ≪처리조건≫에 맞도록 작업하시오.

처리조건

▶ 데이터를 '지역' 기준으로 오름차순 정렬하시오.
▶ 아래 조건에 맞는 부분합을 작성하시오.
  – '지역'으로 그룹화하여 '지원자수', '모집정원'의 평균을 구하는 부분합을 만드시오.
  – '지역'으로 그룹화하여 '지원자수', '모집정원'의 최대를 구하는 부분합을 만드시오.
     (새로운 값으로 대치하지 말 것)
  – [C3:G24] 영역에 셀 서식의 표시형식-숫자를 이용하여 1000 단위 구분 기호를 표시하시오.
▶ E~G열을 선택하여 그룹을 설정하시오.
▶ 평균과 최대의 부분합 순서는 ≪출력형태≫와 다를 수 있음
▶ 지시사항이 없는 경우는 기본 값을 적용하시오.

	A	B	C	D	E	F	G
2	대학교명	지역	교과성적	면접	지원자수	모집정원	불합격생수
3	동진대학교	경기도	80	20	152	100	52
4	백서대학교	경기도	20	80	102	80	22
5		경기도 최대			152	100	
6		경기도 평균			127	90	
7	인동대학교	대전	50	50	82	80	2
8		대전 최대			82	80	
9		대전 평균			82	80	
10	동진대학교	부산	70	30	217	110	107
11	백서대학교	부산	60	40	200	100	100
12	백서대학교	부산	90	10	96	95	1
13		부산 최대			217	110	
14		부산 평균			171	102	
15	길상대학교	서울	60	40	187	120	67
16	동진대학교	서울	70	30	96	90	6
17	길상대학교	서울	30	70	103	75	28
18		서울 최대			187	120	
19		서울 평균			129	95	
20	동진대학교	인천	40	60	170	150	20
21		인천 최대			170	150	
22		인천 평균			170	150	
23		전체 최대값			217	150	
24		전체 평균			141	100	

[Hint]
- 첫 번째 [부분합] 대화 상자에서 그룹화할 항목은 '지역', 사용할 함수는 '평균', 부분합 계산 항목은 '지원자수', '모집정원'을 각각 선택하고, [확인] 버튼을 클릭합니다.
- 두 번째 [부분합] 대화 상자에서 그룹화할 항목은 '지역', 사용할 함수는 '최대', 부분합 계산 항목은 '지원자수', '모집정원'을 선택하고, '새로운 값으로 대치' 항목을 해제한 후 [확인] 버튼을 클릭합니다.

출제 유형 문제

▶ 예제 파일 : 유형 분석 04₩유형 07_문제.xlsx ▶ 완성 파일 : 유형 분석 04₩유형 07_완성.xlsx

06 "부분합" 시트를 참조하여 다음 ≪처리조건≫에 맞도록 작업하시오.

처리조건

▶ 데이터를 '유형' 기준으로 내림차순 정렬하시오.
▶ 아래 조건에 맞는 부분합을 작성하시오.
  – '유형'으로 그룹화하여 '분양가', '임대가격'의 최소를 구하는 부분합을 만드시오.
  – '유형'으로 그룹화하여 '분양가', '임대비율', '임대가격'의 최대를 구하는 부분합을 만드시오.
    (새로운 값으로 대치하지 말 것)
  – [E3:E22], [G3:G22] 영역에 셀 서식의 표시형식-숫자를 이용하여 1000 단위 구분 기호를 표시하시오.
▶ C~E열을 선택하여 그룹을 설정하시오.
▶ 최소와 최대의 부분합 순서는 ≪출력형태≫와 다를 수 있음
▶ 지시사항이 없는 경우는 기본 값을 적용하시오.

	A	B	C	D	E	F	G
2	지역	유형	전용면적	방수	분양가	임대비율	임대가격
3	강남구	오피스텔	15	13	190,000,000	5%	9,500,000
4	강남구	오피스텔	20	17	152,000,000	7%	10,640,000
5	마곡구	오피스텔	20	57	160,000,000	13%	20,800,000
6	마곡구	오피스텔	23	59	130,000,000	20%	26,000,000
7		오피스텔 최대			190,000,000	20%	26,000,000
8		오피스텔 최소			130,000,000		9,500,000
9	강서구	아파트	25	32	180,000,000	6%	10,800,000
10	강서구	아파트	18	46	230,000,000	15%	34,500,000
11		아파트 최대			230,000,000	15%	34,500,000
12		아파트 최소			180,000,000		10,800,000
13	서초구	빌라	25	24	123,000,000	3%	3,690,000
14	강남구	빌라	10	31	150,000,000	17%	25,500,000
15		빌라 최대			150,000,000	17%	25,500,000
16		빌라 최소			123,000,000		3,690,000
17	마곡구	단독주택	13	23	120,000,000	10%	12,000,000
18	동작구	단독주택	18	20	100,000,000	8%	8,000,000
19		단독주택 최대			120,000,000	10%	12,000,000
20		단독주택 최소			100,000,000		8,000,000
21		전체 최대값			230,000,000	20%	34,500,000
22		전체 최소값			100,000,000		3,690,000

[Hint]

- '유형'을 내림차순으로 정렬하기 위하여 [B2] 셀을 선택한 후 [데이터] 탭의 [정렬 및 필터] 그룹에서 [텍스트 내림차순 정렬] 단추를 클릭합니다.
- Ctrl 키를 이용하여 [E3:E22], [G3:G22] 영역을 블록 지정한 후 마우스 오른쪽 버튼을 클릭하고, [셀 서식]을 선택합니다.
- [셀 서식] 대화 상자의 [표시 형식] 탭에서 범주는 '숫자'와 '1000 단위 구분 기호(,) 사용'을 선택하고, [확인] 버튼을 클릭합니다.

유형분석 05 - 고급 필터

핵심만 쏙쏙 고급 필터 조건(함수식 작성) / 고급 필터 지정

세 번째 시트의 필터에서는 ≪처리조건≫에 맞는 조건식 함수와 다양한(복잡한) 조건을 만족하면서 여러 레코드를 추출할 때 사용하는 고급 필터에 대하여 알아봅니다.

핵심 짚어보기

● 예제 파일 : 유형 분석 05₩유형 01_문제.xlsx　● 완성 파일 : 유형 분석 05₩유형 01_완성.xlsx

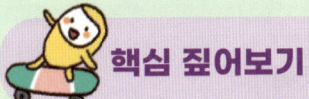

▲ [데이터] 탭-[정렬 및 필터] 그룹

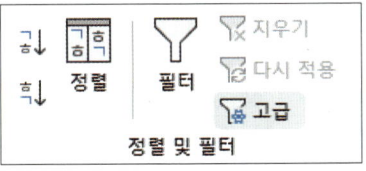

▲ 고급 필터의 조건식(함수)

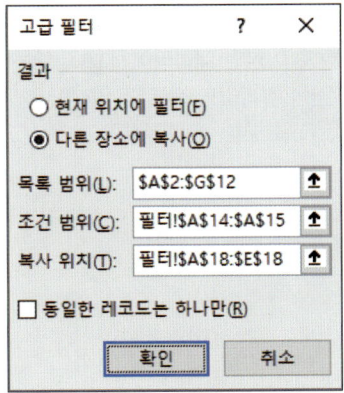

▲ [데이터] 탭-[정렬 및 필터] 그룹-[고급] 단추

> **클래스 업**
> - 고급 필터의 조건 위치에는 ≪처리조건≫에 맞는 함수식을 작성합니다.
> - 고급 필터의 결과 위치에는 필터링할 데이터만 복사하여 붙여넣기합니다.
> - [고급 필터] 대화 상자에서 결과, 목록 범위, 조건 범위, 복사 위치를 각각 지정합니다.

유형잡기 01 고급 필터 조건식 작성하기

① [파일]-[열기]-[찾아보기]를 차례로 선택하고, [열기] 대화 상자에서 '유형 분석 05₩유형 01_문제.xlsx'를 불러오기한 후 [필터] 시트를 클릭합니다.

② [A15] 셀에 ≪처리조건≫에 해당하는 조건식 =OR(A3="인문대학",G3>=120000)을 입력하고, Enter 키를 누릅니다.

단과대학	학과	구분	2024년	2025년	2026년	3년 총계
공과대학	재료공학과	학부모	21,000	19,000	16,000	56,000
인문대학	국문학과	졸업동문	46,000	22,000	19,500	87,500
자연과학대학	수학과	재학생	22,000	23,000	28,000	73,000
공과대학	기계공학과	학부모	38,000	43,000	42,000	123,000
인문대학	영문학과	학부모	15,000	32,000	19,000	66,000
공과대학	전기공학과	재학생	29,000	36,000	47,000	112,000
자연과학대학	화학과	교직원	51,000	52,000	12,000	115,000
인문대학	불문학과	졸업동문	14,000	21,000	16,300	51,300
공과대학	건축공학과	교직원	42,000	33,000	36,000	111,000
자연과학대학	물리학과	학부모	43,000	37,000	51,000	131,000
조건						
FALSE						

> **Tip** OR(조건1, 조건2) 함수
> - 두 조건이 하나라도 참이면 'TRUE'를 표시하고, 그렇지 않으면 'FALSE'를 표시합니다.
> - =OR(A3="인문대학",G3=120000) : [A3] 셀이 '인문대학'이거나 [G3] 셀이 120000 이상인 데이터에서 [A3] 셀은 '공과대학'이므로 'FALSE', [G3] 셀은 '56,000'이므로 'FALSE'입니다. 그러므로 조건의 결과값도 'FALSE'입니다.

유형잡기 02 고급 필터 지정하기

① 필드명을 복사하기 위하여 [B2:F2] 영역을 블록 지정한 후 Ctrl+C 키를 눌러 복사하고, 결과 위치에 해당하는 [A18] 셀에서 Ctrl+V 키를 눌러 붙여넣기 합니다.

Tip 고급 필터

복잡한 조건이나 여러 조건을 만족하는 레코드를 추출할 때 사용하는 기능으로 워크시트 목록에는 찾을 조건으로 사용할 수 있는 열 레이블이 있어야 합니다.

② 임의의 데이터 영역에 셀 포인터를 위치시킨 후 [데이터] 탭의 [정렬 및 필터] 그룹에서 고급() 단추를 클릭합니다.

고급 필터 지정 시 [A2:G12] 영역 안에 셀 포인터를 위치시킨 후 작업해야 함

❸ [고급 필터] 대화 상자에서 '다른 장소에 복사'를 선택한 후 목록 범위는 [A2:G12], 조건 범위는 [A14:A15], 복사 위치는 [A18:E18] 영역을 각각 지정하고, [확인] 버튼을 클릭합니다.

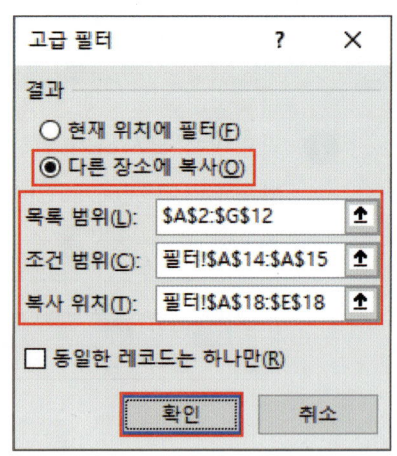

> **Tip** [고급 필터] 대화 상자
>
> - 현재 위치에 필터 : 필터링한 결과를 현재 목록 위치에 표시합니다.
> - 다른 장소에 복사 : 필터링한 결과를 사용자가 지정한 다른 위치에 표시합니다.
> - 목록 범위 : 필터링할 원본 데이터의 목록 범위를 지정합니다.
> - 조건 범위 : 찾을 조건이 입력된 셀 범위를 지정합니다(조건 범위와 원본 데이터 사이에는 하나 이상의 빈 행이 있어야 하며, 조건 범위 내에 빈 행이 존재할 경우 모든 레코드를 표시).
> - 복사 위치 : 추출된 결과가 표시되는 셀 주소를 지정합니다.
> - 동일한 레코드는 하나만 : 추출된 결과 중 동일한 레코드는 하나만 표시합니다.

❹ 주어진 조건의 데이터가 필터링되어 나타나는 것을 확인할 수 있습니다.

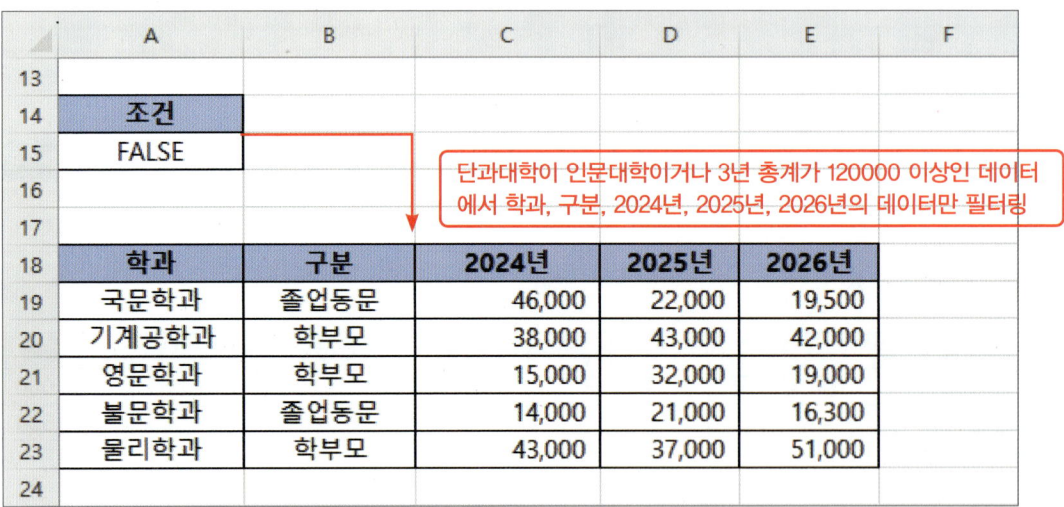

❺ 빠른 실행 도구 모음에서 저장(📄) 단추를 클릭하여 완성된 파일을 저장합니다(=Ctrl+S).

출제 유형 문제

▶ 예제 파일 : 유형 분석 05₩유형 02_문제.xlsx   ▶ 완성 파일 : 유형 분석 05₩유형 02_완성.xlsx

01 "필터" 시트를 참조하여 다음 ≪처리조건≫에 맞도록 작업하시오.

처리조건
▶ "필터" 시트의 [A2:G12]를 아래 조건에 맞게 고급필터를 사용하여 작성하시오.
 – '교습과정'이 "미술"이거나 '3분기'가 800 이상인 데이터를 '교습과정', '구분', '교육국', '3분기', '4분기'의 데이터만 필터링하시오.
 – 조건 위치 : 조건 함수는 [A15] 한 셀에 작성(OR 함수 이용)
 – 결과 위치 : [A18]부터 출력
▶ 지시사항이 없는 경우는 ≪출력형태 – 필터≫와 동일하게 작성하시오.

	A	B	C	D	E	F	G	H
1								
2	교습과정	구분	교육국	1분기	2분기	3분기	4분기	
3	피아노	중급	강원교육국	937	765	800	582	
4	플룻	고급	광주교육국	790	776	841	775	
5	피아노	초급	대구교육국	944	714	671	807	
6	미술	중급	대전교육국	1046	985	816	685	
7	플룻	초급	부산교육국	991	1,122	662	1,071	
8	미술	초급	인천교육국	970	760	755	819	
9	피아노	고급	전남교육국	759	870	684	702	
10	플룻	중급	전북교육국	831	668	760	560	
11	미술	고급	충남교육국	803	982	827	824	
12	피아노	초급	충북교육국	719	808	644	735	
13								
14	조건							
15	TRUE							
16								
17								
18	교습과정	구분	교육국	3분기	4분기			
19	피아노	중급	강원교육국	800	582			
20	플룻	고급	광주교육국	841	775			
21	미술	중급	대전교육국	816	685			
22	미술	초급	인천교육국	755	819			
23	미술	고급	충남교육국	827	824			
24								

[Hint]
- [A15] 셀에 =OR(A3="미술",F3>=800)을 입력하고, Enter 키를 누릅니다.
- Ctrl 키를 이용하여 [A2:C2], [F2:G2] 영역을 복사한 후 [A18] 셀에 붙여넣기 합니다.
- [고급 필터] 대화 상자에서 '다른 장소에 복사'를 선택한 후 목록 범위는 [A2:G12], 조건 범위는 [A14:A15], 복사 위치는 [A18:E18] 영역을 각각 지정합니다.

출제 유형 문제

▶ 예제 파일 : 유형 분석 05₩유형 03_문제.xlsx ▶ 완성 파일 : 유형 분석 05₩유형 03_완성.xlsx

02 "필터" 시트를 참조하여 다음 ≪처리조건≫에 맞도록 작업하시오.

처리조건

▶ "필터" 시트의 [A2:G12]를 아래 조건에 맞게 고급필터를 사용하여 작성하시오.
  – '분류'가 "가공식품"이고, '2분기 평균'이 300000 이상인 데이터를 '담당자', '제품명', '4월', '5월', '6월'의 데이터만 필터링하시오.
  – 조건 위치 : 조건 함수는 [A15] 한 셀에 작성(AND 함수 이용)
  – 결과 위치 : [A18]부터 출력

▶ 지시사항이 없는 경우는 ≪출력형태 – 필터≫와 동일하게 작성하시오.

	A	B	C	D	E	F	G
1							
2	분류	담당자	제품명	4월	5월	6월	2분기 평균
3	유제품	김철수	저지방 우유	323,000	416,000	491,000	410,000
4	가공식품	한지민	건조 오징어	442,000	366,000	335,000	381,000
5	음료	이현수	100% 오렌지 주스	220,000	274,000	319,000	271,000
6	가공식품	김철수	과일 통조림	457,000	493,400	324,000	424,800
7	음료	이현수	스위트 아메리카노	675,000	784,000	898,100	785,700
8	유제품	한지민	모차렐라 치즈	352,300	465,000	368,000	395,100
9	음료	이현수	단백질 쉐이크	417,200	313,000	576,000	435,400
10	가공식품	한지민	구운 조미김	571,000	505,000	514,000	530,000
11	가공식품	김철수	건과일 건과	482,000	39,600	353,500	291,700
12	유제품	이현수	무가당 연유	403,200	377,200	435,500	405,300
13							
14	조건						
15	FALSE						
16							
17							
18	담당자	제품명	4월	5월	6월		
19	한지민	건조 오징어	442,000	366,000	335,000		
20	김철수	과일 통조림	457,000	493,400	324,000		
21	한지민	구운 조미김	571,000	505,000	514,000		
22							

[Hint]
- [A15] 셀에 =AND(A3="가공식품",G3>=300000)을 입력하고, Enter 키를 누릅니다.
- [B2:F2] 영역을 복사한 후 [A18] 셀에 붙여넣기 합니다.
- [고급 필터] 대화 상자에서 '다른 장소에 복사'를 선택한 후 목록 범위는 [A2:G12], 조건 범위는 [A14:A15], 복사 위치는 [A18:E18] 영역을 각각 지정합니다.

출제 유형 문제

▶ 예제 파일 : 유형 분석 05₩유형 04_문제.xlsx   ▶ 완성 파일 : 유형 분석 05₩유형 04_완성.xlsx

03 "필터" 시트를 참조하여 다음 ≪처리조건≫에 맞도록 작업하시오.

처리조건

▶ "필터" 시트의 [A2:G12]를 아래 조건에 맞게 고급필터를 사용하여 작성하시오.
- '지역'이 "부산"이거나 '종합점수'가 260 이상인 데이터를 '경기방식', '성명', '1차점수', '2차점수', '3차점수'의 데이터만 필터링하시오.
- 조건 위치 : 조건 함수는 [A15] 한 셀에 작성(OR 함수 이용)
- 결과 위치 : [A18]부터 출력

▶ 지시사항이 없는 경우는 ≪출력형태 – 필터≫와 동일하게 작성하시오.

	A	B	C	D	E	F	G
1							
2	경기방식	지역	성명	1차점수	2차점수	3차점수	종합점수
3	방패연 연싸움	부산	김우재	85	73	80	238
4	멀리 날리기	경기도	우상욱	70	63	85	218
5	방패연 연싸움	남해	박봉기	97	94	98	289
6	방패연 연싸움	충남	옥재명	82	72	70	224
7	방패연 연싸움	부산	홍해명	92	81	82	255
8	방패연 연싸움	부산	김종만	92	88	79	259
9	방패연 연싸움	통영	김명문	93	90	93	276
10	멀리 날리기	진주	정찬영	74	83	85	242
11	멀리 날리기	서울	강병창	65	58	75	198
12	방패연 연싸움	사천	김경민	80	87	79	246
13							
14	조건						
15	TRUE						
16							
17							
18	경기방식	성명	1차점수	2차점수	3차점수		
19	방패연 연싸움	김우재	85	73	80		
20	방패연 연싸움	박봉기	97	94	98		
21	방패연 연싸움	홍해명	92	81	82		
22	방패연 연싸움	김종만	92	88	79		
23	방패연 연싸움	김명문	93	90	93		
24							

[Hint]
- [A15] 셀에 =OR(B3="부산",G3>=260)을 입력하고, Enter 키를 누릅니다.
- Ctrl 키를 이용하여 [A2], [C2:F2] 영역을 복사한 후 [A18] 셀에 붙여넣기 합니다.
- [고급 필터] 대화 상자에서 '다른 장소에 복사'를 선택한 후 목록 범위는 [A2:G12], 조건 범위는 [A14:A15], 복사 위치는 [A18:E18] 영역을 각각 지정합니다.

출제 유형 문제

▶ 예제 파일 : 유형 분석 05₩유형 05_문제.xlsx   ▶ 완성 파일 : 유형 분석 05₩유형 05_완성.xlsx

04 "필터" 시트를 참조하여 다음 ≪처리조건≫에 맞도록 작업하시오.

처리조건
▶ "필터" 시트의 [A2:G12]를 아래 조건에 맞게 고급필터를 사용하여 작성하시오.
  - '차종'이 "승용차"이거나 '합계금액'이 1000000 이상인 데이터를 '대여코드', '대여자', '대여일수', '합계금액'의 데이터만 필터링하시오.
  - 조건 위치 : 조건 함수는 [A15] 한 셀에 작성(OR 함수 이용)
  - 결과 위치 : [A18]부터 출력
▶ 지시사항이 없는 경우는 ≪출력형태 – 필터≫와 동일하게 작성하시오.

	A	B	C	D	E	F	G
1							
2	대여코드	차종	대여자	대여일수	기본요금	부가요금	합계금액
3	A-12	승합차	김희선	2	200,000	20,000	420,000
4	B-07	승용차	박철수	7	150,000	15,000	1,065,000
5	A-02	승합차	김영희	4	200,000	20,000	820,000
6	A-03	승합차	최차철	3	200,000	20,000	620,000
7	C-05	버스	신주호	2	400,000	40,000	840,000
8	B-02	승용차	서희종	9	150,000	15,000	1,365,000
9	B-05	승용차	정수미	12	150,000	15,000	1,815,000
10	A-01	승합차	조종희	12	200,000	20,000	2,420,000
11	C-11	버스	송일국	10	400,000	40,000	4,040,000
12	C-08	버스	김종서	15	400,000	40,000	6,040,000
13							
14	조건						
15	FALSE						
16							
17							
18	대여코드	대여자	대여일수	합계금액			
19	B-07	박철수	7	1,065,000			
20	B-02	서희종	9	1,365,000			
21	B-05	정수미	12	1,815,000			
22	A-01	조종희	12	2,420,000			
23	C-11	송일국	10	4,040,000			
24	C-08	김종서	15	6,040,000			
25							

[Hint]
- [A15] 셀에 =OR(B3="승용차",G3>=1000000)을 입력하고, [Enter] 키를 누릅니다.
- [Ctrl] 키를 이용하여 [A2], [C2:D2], [G2] 영역을 복사한 후 [A18] 셀에 붙여넣기 합니다.
- [고급 필터] 대화 상자에서 '다른 장소에 복사'를 선택한 후 목록 범위는 [A2:G12], 조건 범위는 [A14:A15], 복사 위치는 [A18:D18] 영역을 각각 지정합니다.

출제 유형 문제

▶ 예제 파일 : 유형 분석 05₩유형 06_문제.xlsx   ▶ 완성 파일 : 유형 분석 05₩유형 06_완성.xlsx

05 "필터" 시트를 참조하여 다음 ≪처리조건≫에 맞도록 작업하시오.

처리조건

▶ "필터" 시트의 [A2:G12]를 아래 조건에 맞게 고급필터를 사용하여 작성하시오.
 - '지역'이 "서울"이거나 '지원자수'가 200 이상인 데이터를 '대학교명', '교과성적', '면접', '지원자수', '모집정원'의 데이터만 필터링하시오.
 - 조건 위치 : 조건 함수는 [A15] 한 셀에 작성(OR 함수 이용)
 - 결과 위치 : [A18]부터 출력
▶ 지시사항이 없는 경우는 ≪출력형태 - 필터≫와 동일하게 작성하시오.

	A	B	C	D	E	F	G
1							
2	대학교명	지역	교과성적	면접	지원자수	모집정원	불합격생수
3	동진대학교	경기도	80	20	152	100	52
4	길상대학교	서울	60	40	187	120	67
5	동진대학교	서울	70	30	96	90	6
6	인동대학교	대전	50	50	82	80	2
7	동진대학교	부산	70	30	217	110	107
8	백서대학교	부산	60	40	200	100	100
9	동진대학교	인천	40	60	170	150	20
10	길상대학교	서울	30	70	103	75	28
11	백서대학교	경기도	20	80	102	80	22
12	백서대학교	부산	90	10	96	95	1
13							
14	조건						
15	FALSE						
16							
17							
18	대학교명	교과성적	면접	지원자수	모집정원		
19	길상대학교	60	40	187	120		
20	동진대학교	70	30	96	90		
21	동진대학교	70	30	217	110		
22	백서대학교	60	40	200	100		
23	길상대학교	30	70	103	75		
24							

[Hint]
- [A15] 셀에 =OR(B3="서울",E3>=200)을 입력하고, Enter 키를 누릅니다.
- Ctrl 키를 이용하여 [A2], [C2:F2] 영역을 복사한 후 [A18] 셀에 붙여넣기 합니다.
- [고급 필터] 대화 상자에서 '다른 장소에 복사'를 선택한 후 목록 범위는 [A2:G12], 조건 범위는 [A14:A15], 복사 위치는 [A18:E18] 영역을 각각 지정합니다.

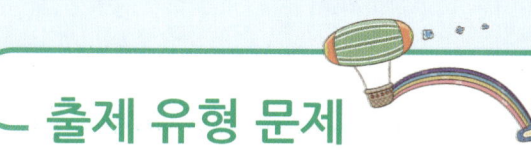

출제 유형 문제

▶ 예제 파일 : 유형 분석 05₩유형 07_문제.xlsx　▶ 완성 파일 : 유형 분석 05₩유형 07_완성.xlsx

06 "필터" 시트를 참조하여 다음 ≪처리조건≫에 맞도록 작업하시오.

처리조건
- ▶ "필터" 시트의 [A2:G12]를 아래 조건에 맞게 고급필터를 사용하여 작성하시오.
  - '지역'이 "마곡구"이거나 '임대비율'이 10% 이상인 데이터를 '유형', '방수', '분양가', '임대가격'의 데이터만 필터링하시오.
  - 조건 위치 : 조건 함수는 [A15] 한 셀에 작성(OR 함수 이용)
  - 결과 위치 : [A18]부터 출력
- ▶ 지시사항이 없는 경우는 ≪출력형태 - 필터≫와 동일하게 작성하시오.

	A	B	C	D	E	F	G
1							
2	지역	유형	전용면적	방수	분양가	임대비율	임대가격
3	강남구	오피스텔	15	13	190,000,000	5%	9,500,000
4	마곡구	단독주택	13	23	120,000,000	10%	12,000,000
5	동작구	단독주택	18	20	100,000,000	8%	8,000,000
6	강남구	오피스텔	20	17	152,000,000	7%	10,640,000
7	강서구	아파트	25	32	180,000,000	6%	10,800,000
8	강서구	아파트	18	46	230,000,000	15%	34,500,000
9	마곡구	오피스텔	20	57	160,000,000	13%	20,800,000
10	서초구	빌라	25	24	123,000,000	3%	3,690,000
11	강남구	빌라	10	31	150,000,000	17%	25,500,000
12	마곡구	오피스텔	23	59	130,000,000	20%	26,000,000
13							
14	조건						
15	FALSE						
16							
17							
18	유형	방수	분양가	임대가격			
19	단독주택	23	120,000,000	12,000,000			
20	아파트	46	230,000,000	34,500,000			
21	오피스텔	57	160,000,000	20,800,000			
22	빌라	31	150,000,000	25,500,000			
23	오피스텔	59	130,000,000	26,000,000			
24							

[Hint]
- [A15] 셀에 =OR(A3="마곡구",F3>=10%)를 입력하고, Enter 키를 누릅니다.
- Ctrl 키를 이용하여 [B2], [D2:E2], [G2] 영역을 복사한 후 [A18] 셀에 붙여넣기 합니다.
- [고급 필터] 대화 상자에서 '다른 장소에 복사'를 선택한 후 목록 범위는 [A2:G12], 조건 범위는 [A14:A15], 복사 위치는 [A18:D18] 영역을 각각 지정합니다.

유형분석 06

시나리오 작성

핵심만 쏙쏙   시나리오 작성 및 추가 / 시나리오 요약 시트 작성

네 번째 시트의 시나리오에서는 다양한 가상 상황에 따른 결과값을 분석하기 위하여 ≪처리조건≫에 맞는 시나리오1과 시나리오2를 추가한 후 시나리오 요약 시트를 작성하는 방법에 대하여 알아봅니다.

핵심 짚어보기

▶ 예제 파일 : 유형 분석 06₩유형 01_문제.xlsx   ▶ 완성 파일 : 유형 분석 06₩유형 01_완성.xlsx

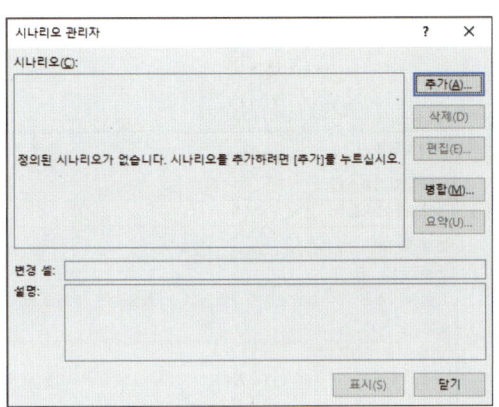
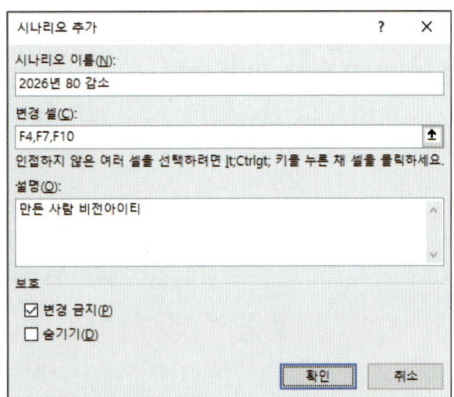

▲ [데이터] 탭-[예측] 그룹-[가상 분석] 단추-[시나리오 관리자]

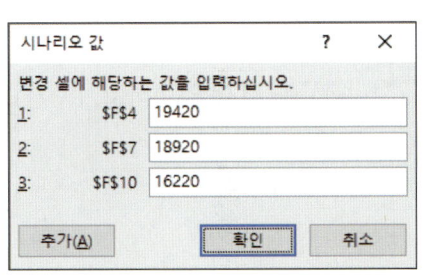
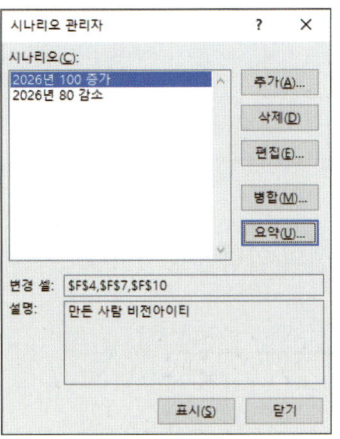
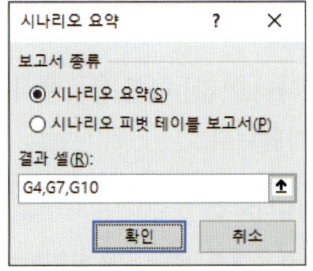

▲ [시나리오 추가]-[시나리오 값]-[시나리오 관리자]-[시나리오 요약]

> **클래스 업**
> - [시나리오 추가] 대화 상자와 [시나리오 값] 대화 상자에서 ≪처리조건≫에 맞는 시나리오를 작성합니다.
> - [시나리오 관리자] 대화 상자에서 작성한 시나리오를 확인합니다.
> - [시나리오 요약] 대화 상자에서 보고서 종류와 결과 셀을 각각 지정합니다.

유형잡기 01 시나리오 작성하기

① [파일]-[열기]-[찾아보기]를 차례로 선택하고, [열기] 대화 상자에서 '유형 분석 06₩유형 01_문제.xlsx'를 불러오기한 후 [시나리오] 시트를 클릭합니다.

② [데이터] 탭의 [예측] 그룹에서 가상 분석( ) 단추를 클릭하고, [시나리오 관리자]를 선택합니다.

③ [시나리오 관리자] 대화 상자가 나타나면 [추가] 버튼을 클릭합니다.

④ [시나리오 추가] 대화 상자에서 시나리오 이름 입력란에 "2026년 100 증가"를, 변경 셀에 "F4,F7,F10"을 각각 입력하고, [확인] 버튼을 클릭합니다.

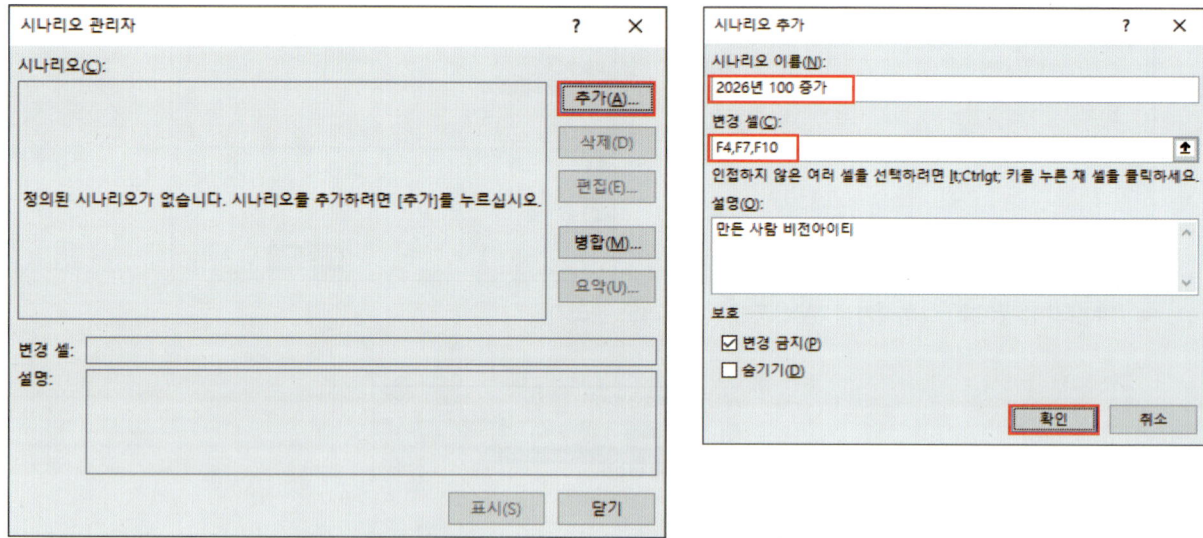

⑤ [시나리오 값] 대화 상자에서 각 셀의 입력란에 "19600", "19100", "16400"을 각각 입력하고, [추가] 버튼을 클릭합니다.

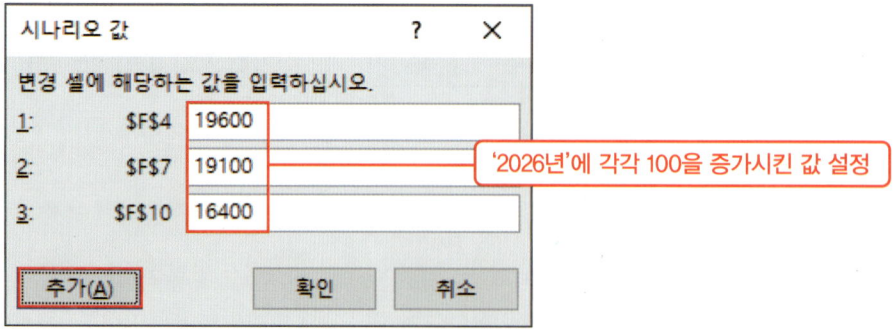

'2026년'에 각각 100을 증가시킨 값 설정

⑥ [시나리오 추가] 대화 상자에서 시나리오 이름 입력란에 "2026년 80 감소"를, 변경 셀에 "F4,F7,F10"을 각각 입력하고, [확인] 버튼을 클릭합니다.

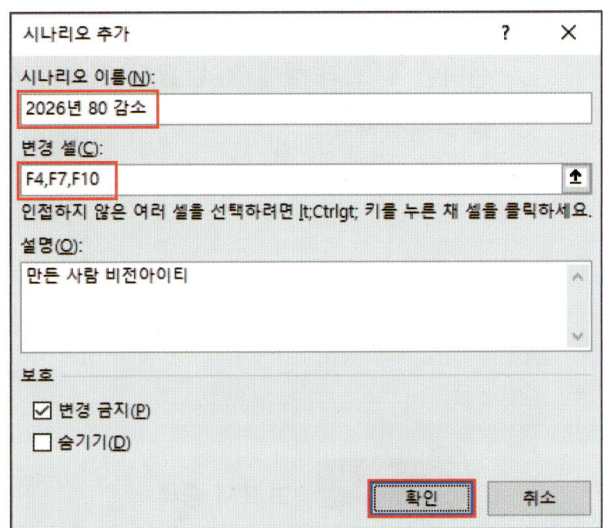

⑦ [시나리오 값] 대화 상자에서 각 셀의 입력란에 "19420", "18920", "16220"을 각각 입력하고, [확인] 버튼을 클릭합니다.

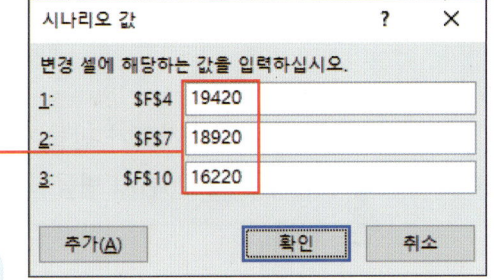

'2026년'에 각각 80을 감소시킨 값 설정

> **Tip** [시나리오 추가] 대화 상자
> - 시나리오 이름 : 주어진 시나리오 이름을 정의(입력)합니다.
> - 변경 셀 : 워크시트에서 값이 변경되는 셀(변경 셀에는 수식이 없음)로 최대 32개까지 지정할 수 있습니다.
> - 변경 금지 : 시나리오를 변경할 수 없도록 보호합니다.
> - 숨기기 : 시나리오를 숨기거나 표시합니다.

 시나리오 요약 시트 작성하기

① [시나리오 관리자] 대화 상자에서 두 개의 시나리오를 확인하고, [요약] 버튼을 클릭합니다.

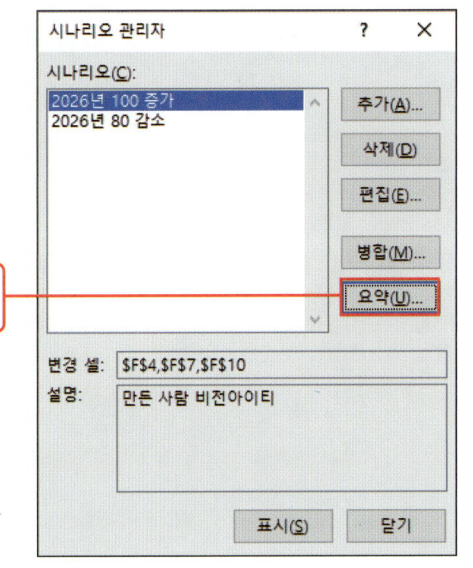

시나리오에 대한 요약 보고서나 피벗 테이블을 작성

❷ [시나리오 요약] 대화 상자에서 보고서 종류는 '시나리오 요약'을 선택한 후 결과 셀에 "G4,G7,G10"을 각각 입력하고, [확인] 버튼을 클릭합니다.

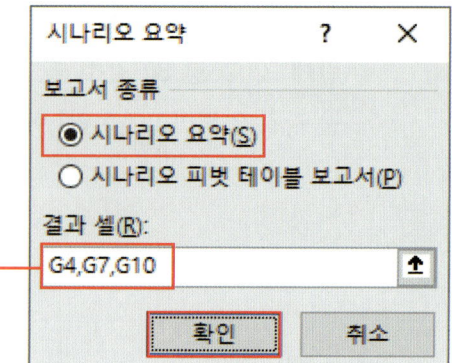

 **보고서 종류**
- 시나리오 요약 : 시나리오를 입력값과 결과 셀을 함께 나열하는 보고서입니다.
- 시나리오 피벗 테이블 보고서 : 시나리오의 가상 분석을 제공하는 보고서입니다.

❸ [시나리오 요약] 시트가 만들어지면서 ≪처리조건≫에 만족하는 시나리오가 작성됩니다(단과대학이 '인문대학'인 경우, 2026년이 변동할 때 '3년 총계'가 변동하는 가상 분석).

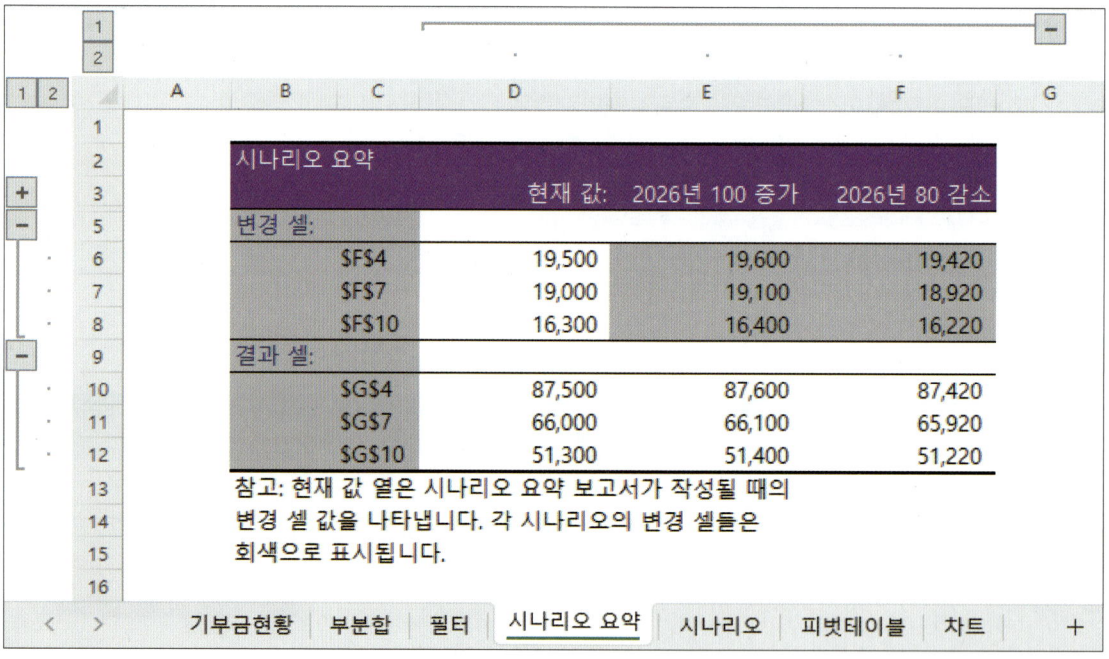

❹ 빠른 실행 도구 모음에서 저장(🖫) 단추를 클릭하여 완성된 파일을 저장합니다(=Ctrl+S).

DIAT 스프레드시트 **084** 유형 분석 06

출제 유형 문제

▶ 예제 파일 : 유형 분석 06₩유형 02_문제.xlsx   ▶ 완성 파일 : 유형 분석 06₩유형 02_완성.xlsx

01 "시나리오" 시트를 참조하여 다음 ≪처리조건≫에 맞도록 작업하시오.

처리조건
▶ "시나리오" 시트의 [A2:H12]를 이용하여 '구분'이 "중급"인 경우, '1분기'가 변동할 때 '총계'가 변동하는 가상분석(시나리오)을 작성하시오.
  - 시나리오1 : 시나리오 이름은 "1분기 중급 160 증가", '1분기'에 160을 증가시킨 값 설정.
  - 시나리오2 : 시나리오 이름은 "1분기 중급 90 감소", '1분기'에 90을 감소시킨 값 설정.
  - "시나리오 요약" 시트를 작성하시오.
▶ 지시사항이 없는 경우는 ≪출력형태 - 시나리오≫와 동일하게 작성하시오.

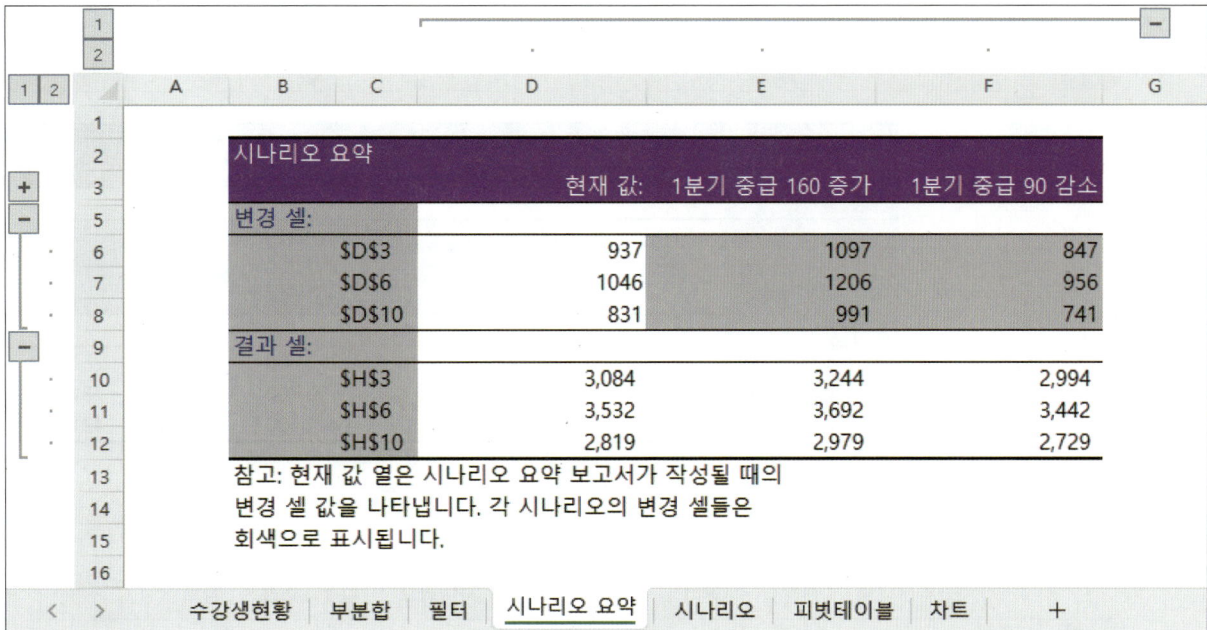

[Hint]
- [시나리오 추가] 대화 상자에서 시나리오 이름 입력란에 "1분기 중급 160 증가"를, 변경 셀에 "D3,D6,D10"을 각각 입력합니다.
- [시나리오 값] 대화 상자에서 각 셀의 입력란에 "1097", "1206", "991"을 각각 입력합니다.
- [시나리오 추가] 대화 상자에서 시나리오 이름 입력란에 "1분기 중급 90 감소"를, 변경 셀에 "D3,D6,D10"을 각각 입력합니다.
- [시나리오 값] 대화 상자에서 각 셀의 입력란에 "847", "956", "741"을 각각 입력합니다.
- [시나리오 요약] 대화 상자에서 보고서 종류는 '시나리오 요약'을 선택한 후 결과 셀에 "H3,H6,H10"을 각각 입력합니다.

출제 유형 문제

▶ 예제 파일 : 유형 분석 06₩유형 03_문제.xlsx ▶ 완성 파일 : 유형 분석 06₩유형 03_완성.xlsx

02 "시나리오" 시트를 참조하여 다음 ≪처리조건≫에 맞도록 작업하시오.

처리조건
▶ "시나리오" 시트의 [A2:G12]를 이용하여 '분류'가 "음료"인 경우, '6월'이 변동할 때 '2분기 평균'이 변동하는 가상분석(시나리오)을 작성하시오.
- 시나리오1 : 시나리오 이름은 "6월 음료 15,000 증가", '6월'에 15000을 증가시킨 값 설정.
- 시나리오2 : 시나리오 이름은 "6월 음료 12,000 감소", '6월'에 12000을 감소시킨 값 설정.
- "시나리오 요약" 시트를 작성하시오.
▶ 지시사항이 없는 경우는 ≪출력형태 - 시나리오≫와 동일하게 작성하시오.

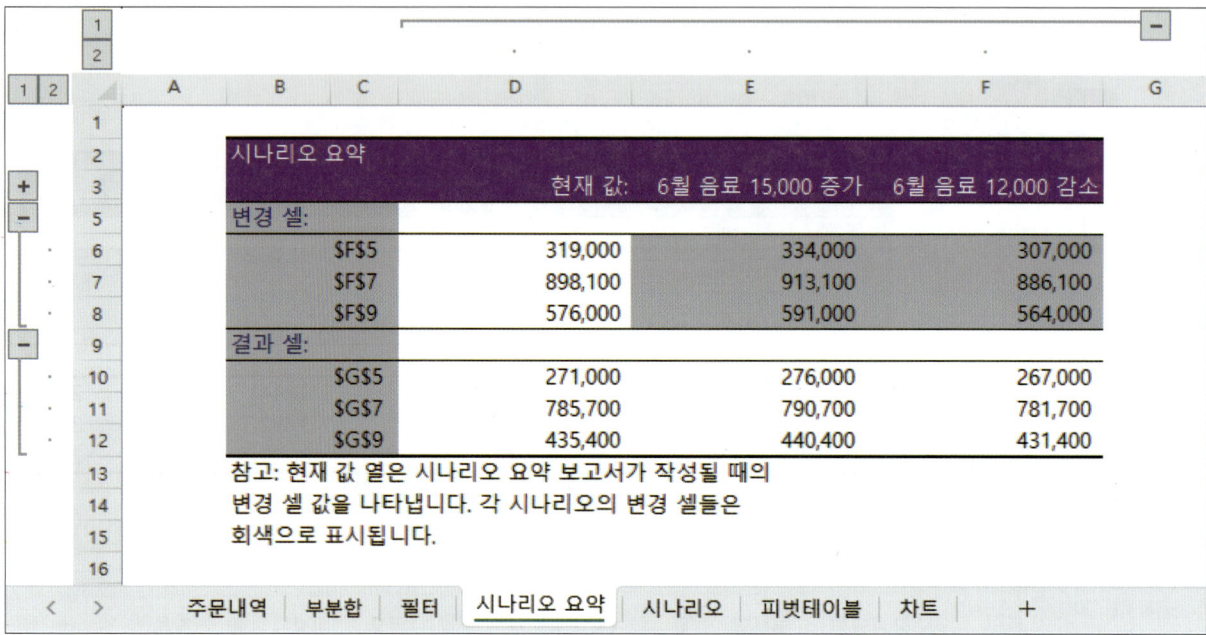

[Hint]
- [시나리오 추가] 대화 상자에서 시나리오 이름 입력란에 "6월 음료 15,000 증가"를, 변경 셀에 "F5,F7,F9"를 각각 입력합니다.
- [시나리오 값] 대화 상자에서 각 셀의 입력란에 "334000", "913100", "591000"을 각각 입력합니다.
- [시나리오 추가] 대화 상자에서 시나리오 이름 입력란에 "6월 음료 12,000 감소"를, 변경 셀에 "F5,F7,F9"를 각각 입력합니다.
- [시나리오 값] 대화 상자에서 각 셀의 입력란에 "307000", "886100", "564000"을 각각 입력합니다.
- [시나리오 요약] 대화 상자에서 보고서 종류는 '시나리오 요약'을 선택한 후 결과 셀에 "G5,G7,G9"를 각각 입력합니다.

출제 유형 문제

▶ 예제 파일 : 유형 분석 06₩유형 04_문제.xlsx ▶ 완성 파일 : 유형 분석 06₩유형 04_완성.xlsx

03 "시나리오" 시트를 참조하여 다음 ≪처리조건≫에 맞도록 작업하시오.

처리조건
▶ "시나리오" 시트의 [A2:H12]를 이용하여 '지역'이 "부산"인 경우, '기술점수'가 변동할 때 '종합점수'가 변동하는 가상분석(시나리오)을 작성하시오.
　- 시나리오1 : 시나리오 이름은 "기술점수 2점 증가", '기술점수'에 2를 증가시킨 값 설정.
　- 시나리오2 : 시나리오 이름은 "기술점수 5점 감소", '기술점수'에 5를 감소시킨 값 설정.
　- "시나리오 요약" 시트를 작성하시오.
▶ 지시사항이 없는 경우는 ≪출력형태 - 시나리오≫와 동일하게 작성하시오.

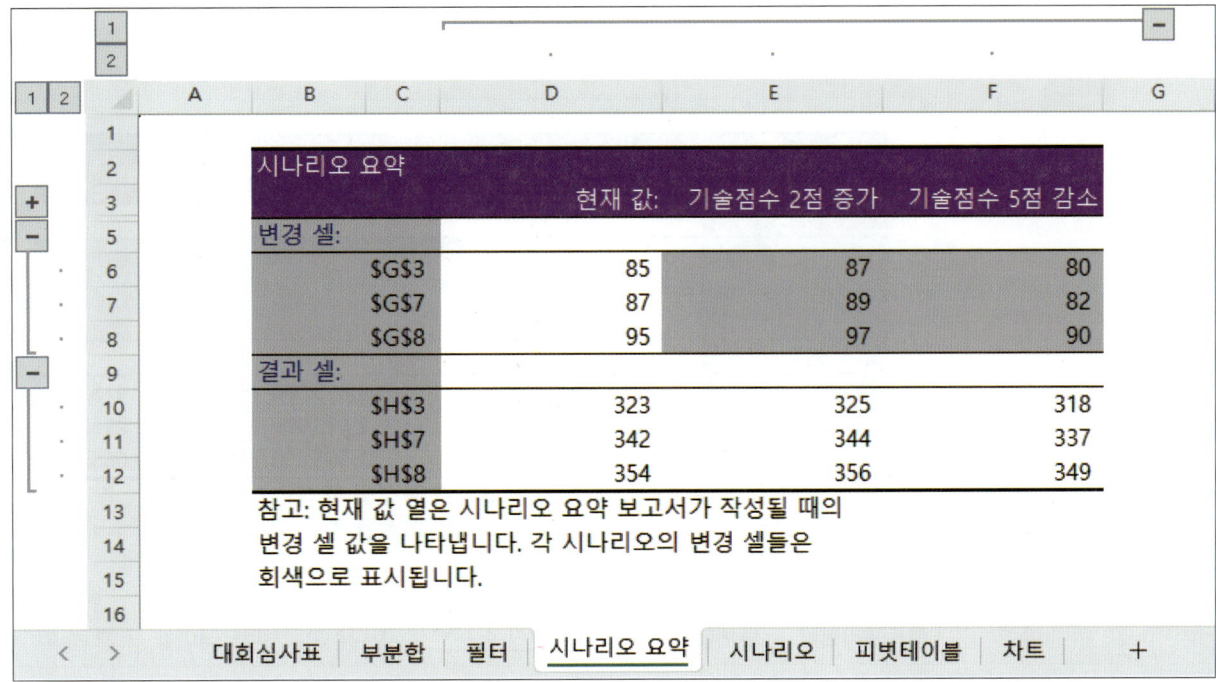

[Hint]
- [시나리오 추가] 대화 상자에서 시나리오 이름 입력란에 "기술점수 2점 증가"를, 변경 셀에 "G3,G7,G8"을 각각 입력합니다.
- [시나리오 값] 대화 상자에서 각 셀의 입력란에 "87", "89", "97"을 각각 입력합니다.
- [시나리오 추가] 대화 상자에서 시나리오 이름 입력란에 "기술점수 5점 감소"를, 변경 셀에 "G3,G7,G8"을 각각 입력합니다.
- [시나리오 값] 대화 상자에서 각 셀의 입력란에 "80", "82", "90"을 각각 입력합니다.
- [시나리오 요약] 대화 상자에서 보고서 종류는 '시나리오 요약'을 선택한 후 결과 셀에 "H3,H7,H8"을 각각 입력합니다.

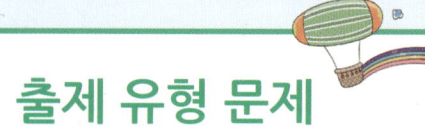

출제 유형 문제

> 예제 파일 : 유형 분석 06₩유형 05_문제.xlsx   > 완성 파일 : 유형 분석 06₩유형 05_완성.xlsx

04 "시나리오" 시트를 참조하여 다음 ≪처리조건≫에 맞도록 작업하시오.

처리조건

▶ "시나리오" 시트의 [A2:G12]를 이용하여 '차종'이 "승용차"인 경우, '대여일수'가 변동할 때 "합계금액"이 변동하는 가상분석(시나리오)을 작성하시오.
  – 시나리오1 : 시나리오 이름은 "대여일수 5일 증가", '대여일수'에 5를 증가시킨 값 설정.
  – 시나리오2 : 시나리오 이름은 "대여일수 1일 감소", '대여일수'에 1을 감소시킨 값 설정.
  – "시나리오 요약" 시트를 작성하시오.

▶ 지시사항이 없는 경우는 ≪출력형태 – 시나리오≫와 동일하게 작성하시오.

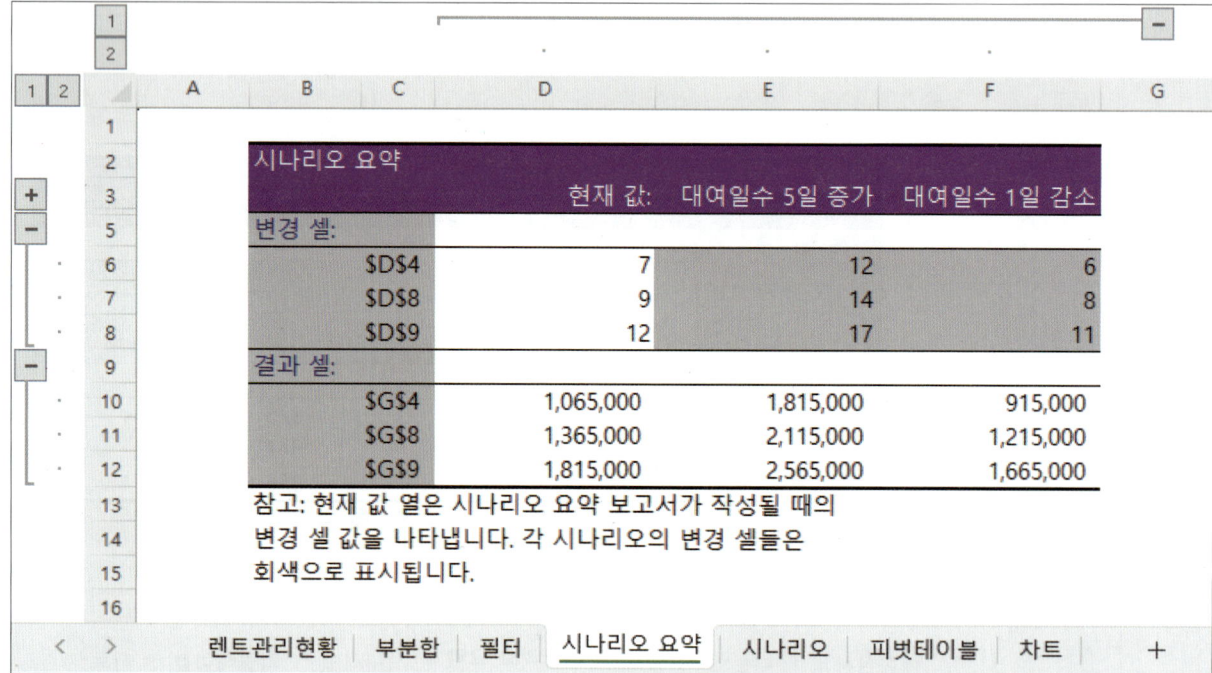

[Hint]

- [시나리오 추가] 대화 상자에서 시나리오 이름 입력란에 "대여일수 5일 증가"를, 변경 셀에 "D4,D8,D9"를 각각 입력합니다.
- [시나리오 값] 대화 상자에서 각 셀의 입력란에 "12", "14", "17"을 각각 입력합니다.
- [시나리오 추가] 대화 상자에서 시나리오 이름 입력란에 "대여일수 1일 감소"를, 변경 셀에 "D4,D8,D9"를 각각 입력합니다.
- [시나리오 값] 대화 상자에서 각 셀의 입력란에 "6", "8", "11"을 각각 입력합니다.
- [시나리오 요약] 대화 상자에서 보고서 종류는 '시나리오 요약'을 선택한 후 결과 셀에 "G4,G8,G9"를 각각 입력합니다.

출제 유형 문제

▶ 예제 파일 : 유형 분석 06₩유형 06_문제.xlsx   ▶ 완성 파일 : 유형 분석 06₩유형 06_완성.xlsx

05 "시나리오" 시트를 참조하여 다음 ≪처리조건≫에 맞도록 작업하시오.

처리조건

▶ "시나리오" 시트의 [A2:G12]를 이용하여 '지역'이 "서울"인 경우, '지원자수'가 변동할 때 '불합격생수'가 변동하는 가상분석(시나리오)을 작성하시오.
  – 시나리오1 : 시나리오 이름은 "지원자수 10명 증가", '지원자수'에 10을 증가시킨 값 설정.
  – 시나리오2 : 시나리오 이름은 "지원자수 30명 감소", '지원자수'에 30을 감소시킨 값 설정.
  – "시나리오 요약" 시트를 작성하시오.

▶ 지시사항이 없는 경우는 ≪출력형태 – 시나리오≫와 동일하게 작성하시오.

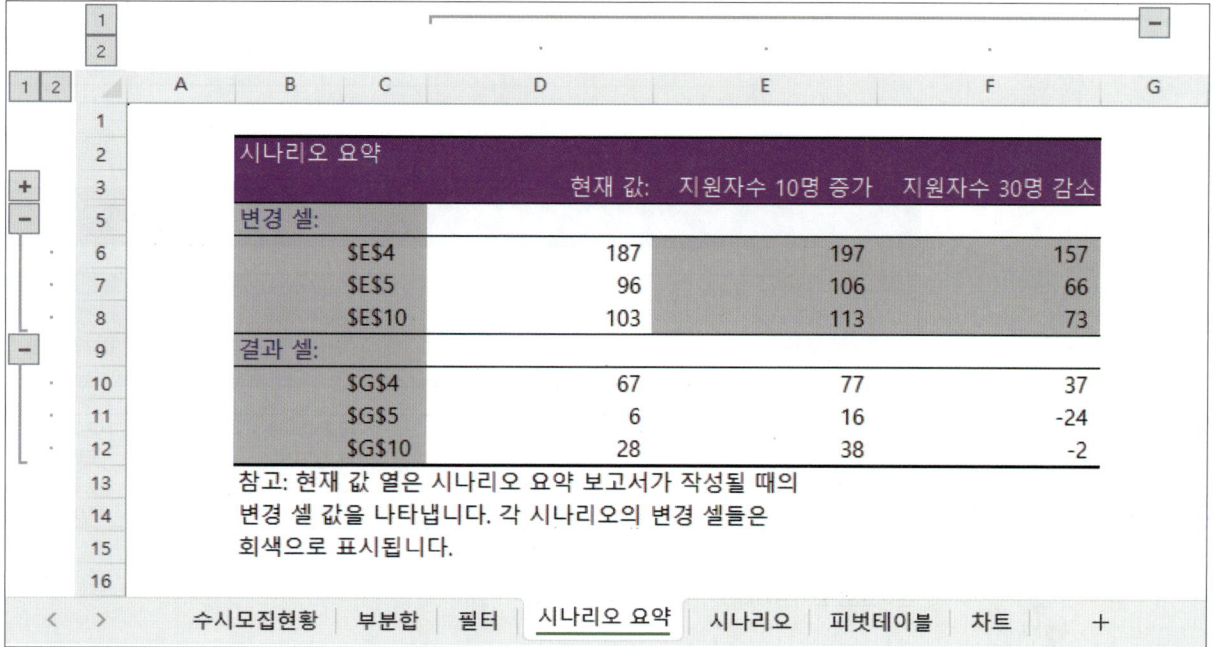

[Hint]

- [시나리오 추가] 대화 상자에서 시나리오 이름 입력란에 "지원자수 10명 증가"를, 변경 셀에 "E4,E5,E10"을 각각 입력합니다.
- [시나리오 값] 대화 상자에서 각 셀의 입력란에 "197", "106", "113"을 각각 입력합니다.
- [시나리오 추가] 대화 상자에서 시나리오 이름 입력란에 "지원자수 30명 감소"를, 변경 셀에 "E4,E5,E10"을 각각 입력합니다.
- [시나리오 값] 대화 상자에서 각 셀의 입력란에 "157", "66", "73"을 각각 입력합니다.
- [시나리오 요약] 대화 상자에서 보고서 종류는 '시나리오 요약'을 선택한 후 결과 셀에 "G4,G5,G10"을 각각 입력합니다.

출제 유형 문제

▶ 예제 파일 : 유형 분석 06₩유형 07_문제.xlsx   ▶ 완성 파일 : 유형 분석 06₩유형 07_완성.xlsx

06 "시나리오" 시트를 참조하여 다음 ≪처리조건≫에 맞도록 작업하시오.

처리조건

▶ "시나리오" 시트의 [A2:G12]를 이용하여 '유형'이 "오피스텔"인 경우, '분양가'가 변동할 때 '임대가격'이 변동하는 가상분석(시나리오)을 작성하시오.
 – 시나리오1 : 시나리오 이름은 "분양가 15,000,000원 증가", '분양가'에 15000000을 증가시킨 값 설정.
 – 시나리오2 : 시나리오 이름은 "분양가 10,000,000원 감소", '분양가'에 10000000을 감소시킨 값 설정.
 – "시나리오 요약" 시트를 작성하시오.
▶ 지시사항이 없는 경우는 ≪출력형태 – 시나리오≫와 동일하게 작성하시오.

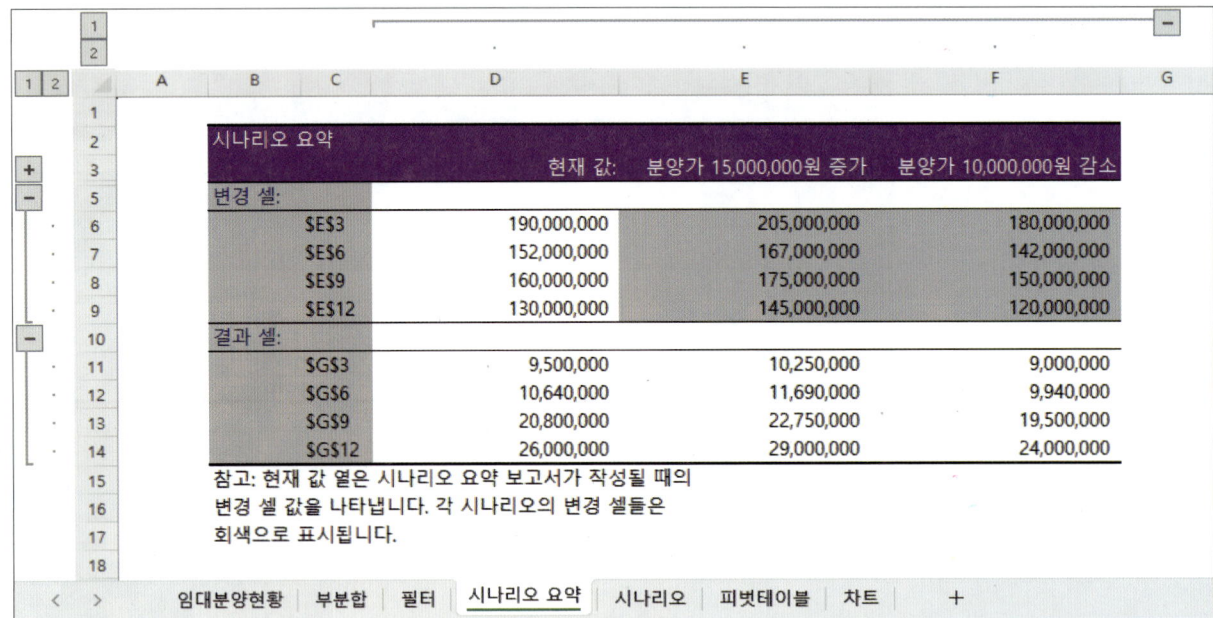

[Hint]
- [시나리오 추가] 대화 상자에서 시나리오 이름 입력란에 "분양가 15,000,000원 증가"를, 변경 셀에 "E3,E6,E9,E12"를 각각 입력합니다.
- [시나리오 값] 대화 상자에서 각 셀의 입력란에 "205000000", "167000000", "175000000", "145000000"을 각각 입력합니다.
- [시나리오 추가] 대화 상자에서 시나리오 이름 입력란에 "분양가 10,000,000원 감소"를, 변경 셀에 "E3,E6,E9,E12"를 각각 입력합니다.
- [시나리오 값] 대화 상자에서 각 셀의 입력란에 "180000000", "142000000", "150000000", "120000000"을 각각 입력합니다.
- [시나리오 요약] 대화 상자에서 보고서 종류는 '시나리오 요약'을 선택한 후 결과 셀에 "G3,G6,G9,G12"를 각각 입력합니다.

유형분석 07

피벗 테이블 작성

핵심만 쏙쏙 피벗 테이블 작성 / 피벗 테이블 옵션 / 피벗 테이블 디자인

다섯 번째 시트의 피벗 테이블에서는 원본 데이터의 행이나 열 위치를 원하는 대로 변경하여 많은 양의 데이터를 일목요연하게 표시하는 방법과 필드 목록에 따른 구성을 통해 세부적으로 추가되는 여러 옵션 기능에 대하여 알아봅니다.

핵심 짚어보기

▶ 예제 파일 : 유형 분석 07₩유형 01_문제.xlsx   ▶ 완성 파일 : 유형 분석 07₩유형 01_완성.xlsx

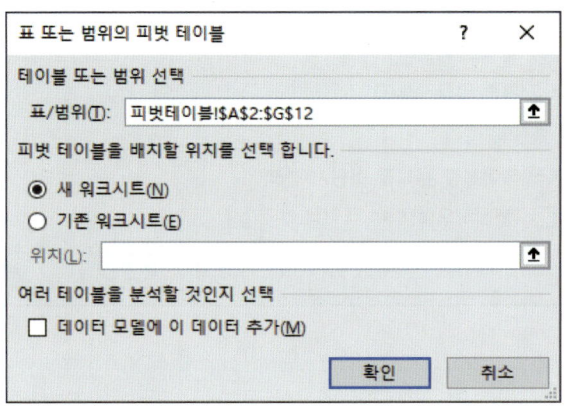

▲ [삽입] 탭-[표] 그룹-[피벗 테이블] 단추   ▲ 피벗 테이블 필드 구성

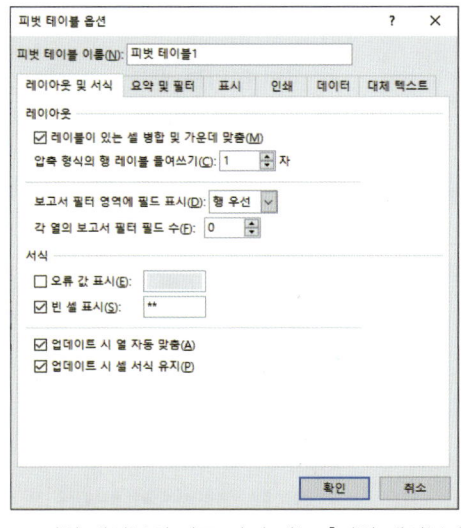

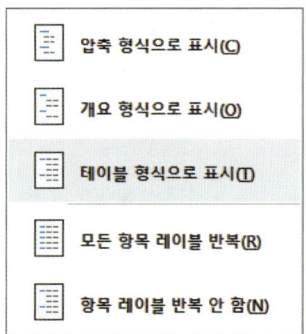

▲ 피벗 테이블의 바로 가기 메뉴-[피벗 테이블 옵션]   ▲ [디자인] 탭-[레이아웃] 그룹-[보고서 레이아웃] 단추

> **클래스 업**
> - 피벗 테이블 필드 작업 창에서 ≪출력형태≫에 맞게 각각의 필드를 구성합니다.
> - [피벗 테이블 옵션] 대화 상자에서 '레이아웃 및 서식'과 '요약 및 필터'를 각각 설정합니다.
> - [디자인] 탭에서 '보고서 레이아웃'과 '피벗 테이블 스타일'을 각각 지정합니다.

유형잡기 01 피벗 테이블 작성하기

❶ [파일]-[열기]-[찾아보기]를 차례로 선택하고, [열기] 대화 상자에서 '유형 분석 07₩유형 01_문제.xlsx'를 불러오기한 후 [피벗테이블] 시트를 클릭합니다.

❷ [A2] 셀을 선택한 후 [삽입] 탭의 [표] 그룹에서 피벗 테이블( ) 단추를 클릭합니다.

❸ [표 또는 범위의 피벗 테이블] 대화 상자에서 표/범위(피벗테이블!$A$2:$G$12)를 확인한 후 피벗 테이블을 배치할 위치로 '새 워크시트'를 선택하고, [확인] 버튼을 클릭합니다.

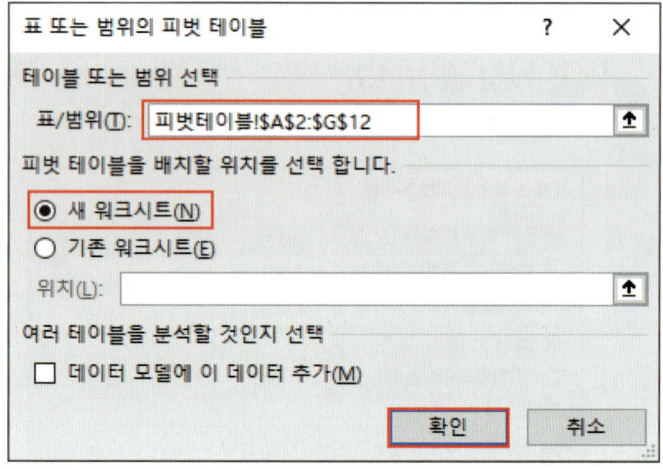

❹ 새 워크시트가 삽입되면 피벗 테이블 필드 작업 창에서 '구분' 필드를 행 레이블로 드래그합니다.

❺ 동일한 방법으로 '단과대학' 필드는 열 레이블로, '2025년' 필드와 '2026년' 필드는 값 레이블로 각각 드래그합니다.

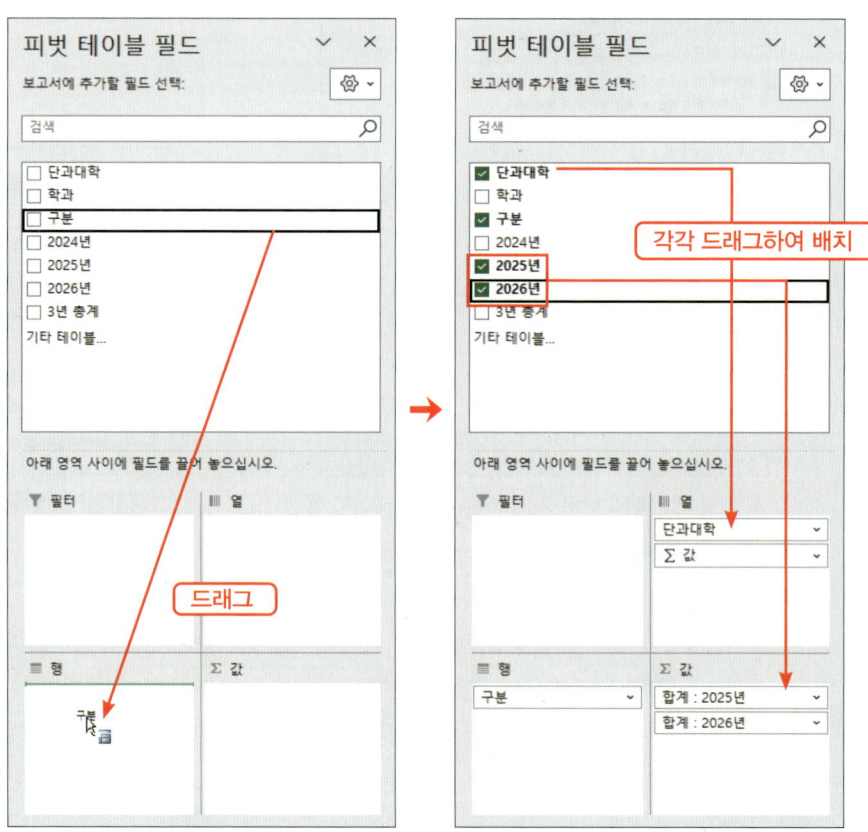

❻ 열 레이블에서 'Σ 값' 필드를 행 레이블로 드래그하여 이동합니다.

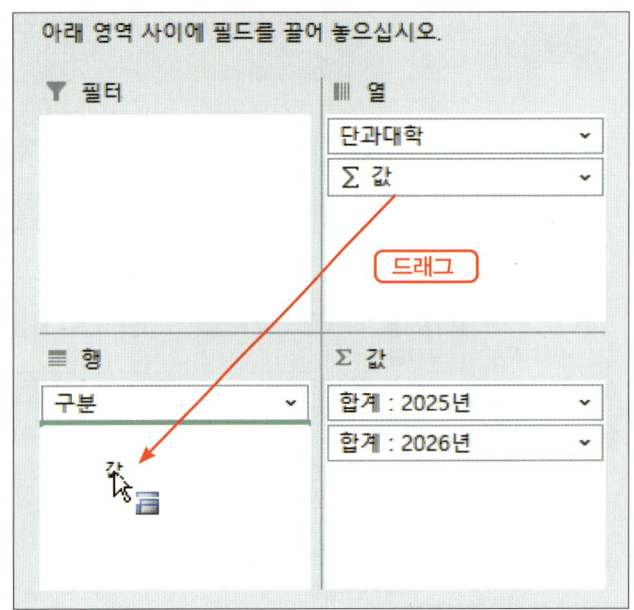

Tip 값 필드 설정

'Σ 값' 레이블에서는 기본적으로 '합계'가 설정되어 있는데 ≪처리조건≫에서 평균이나 기타 다른 계산 유형을 구하는 경우는 [합계 : 2025년]에서 목록(∨) 단추를 클릭하고, [값 필드 설정]을 선택합니다. [값 필드 설정] 대화 상자의 [값 요약 기준] 탭에서 '평균'을 선택하고, [확인] 버튼을 클릭하면 계산 유형이 변경됩니다.

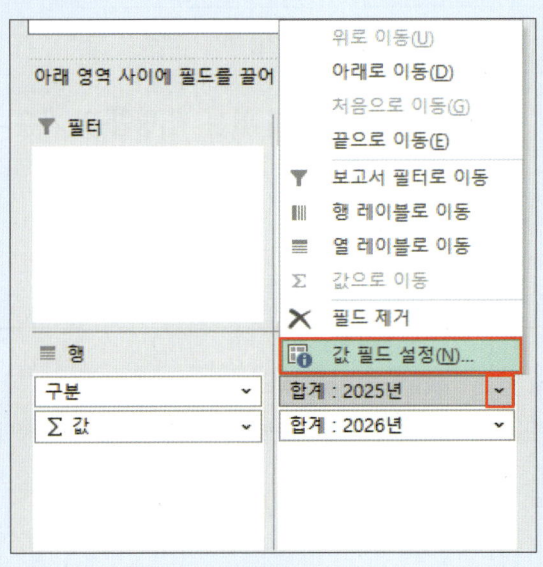
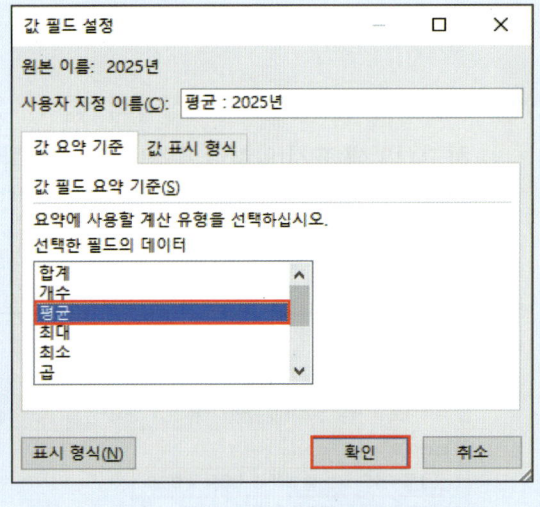

유형잡기 02 피벗 테이블 옵션과 디자인 지정하기

① 작성된 피벗 테이블 안쪽에서 마우스 오른쪽 버튼을 클릭하고, [피벗 테이블 옵션]을 선택합니다.

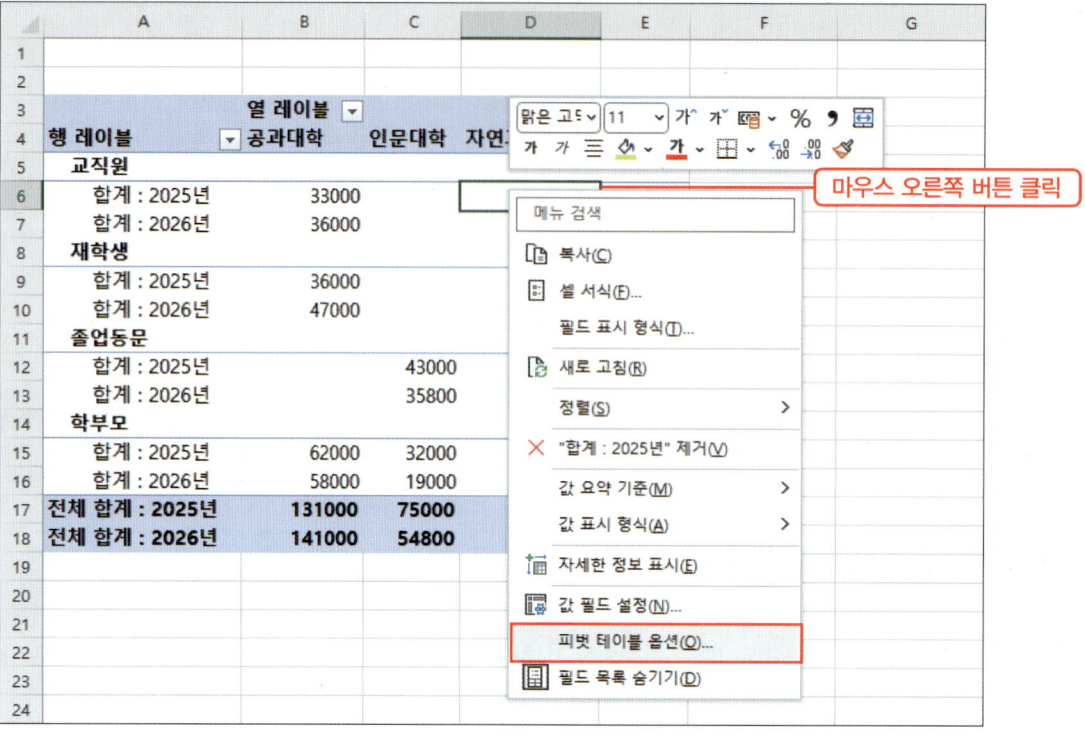

② [피벗 테이블 옵션] 대화 상자의 [레이아웃 및 서식] 탭에서 '레이블이 있는 셀 병합 및 가운데 맞춤'을 선택하고, 빈 셀 표시 입력란에 "**"을 입력합니다.

③ [요약 및 필터] 탭에서 '행 총합계 표시'의 체크 표시를 해제하고, [확인] 버튼을 클릭합니다.

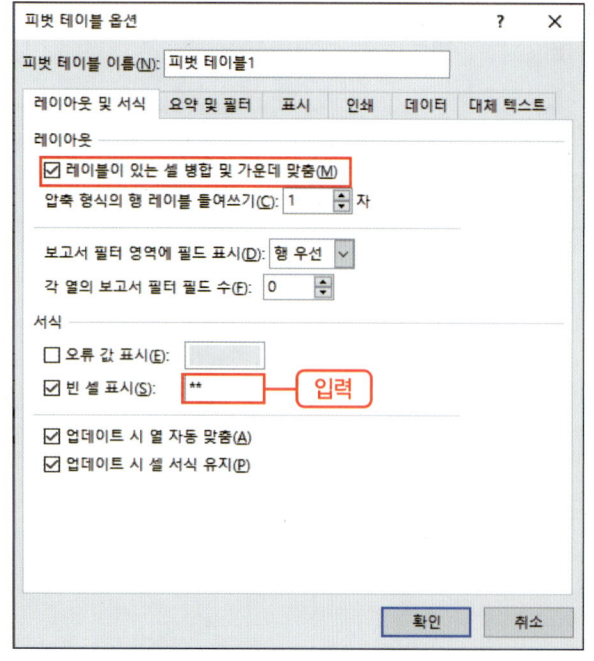
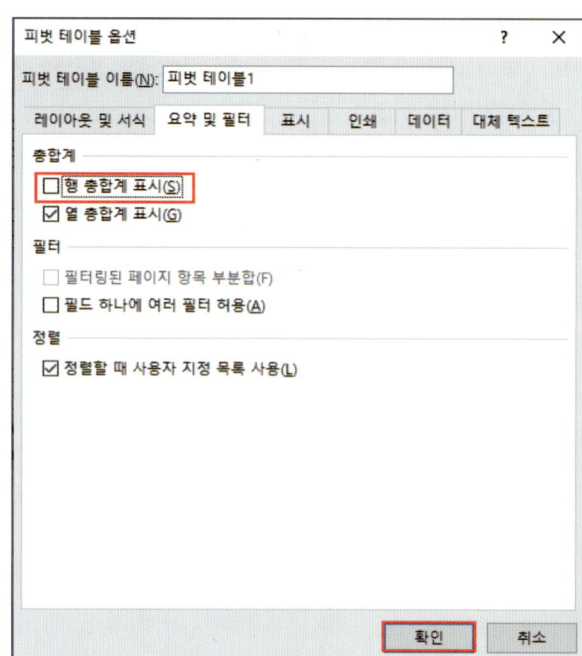

④ [디자인] 탭의 [레이아웃] 그룹에서 보고서 레이아웃(보고서 레이아웃) 단추를 클릭하고, [테이블 형식으로 표시]를 선택합니다.

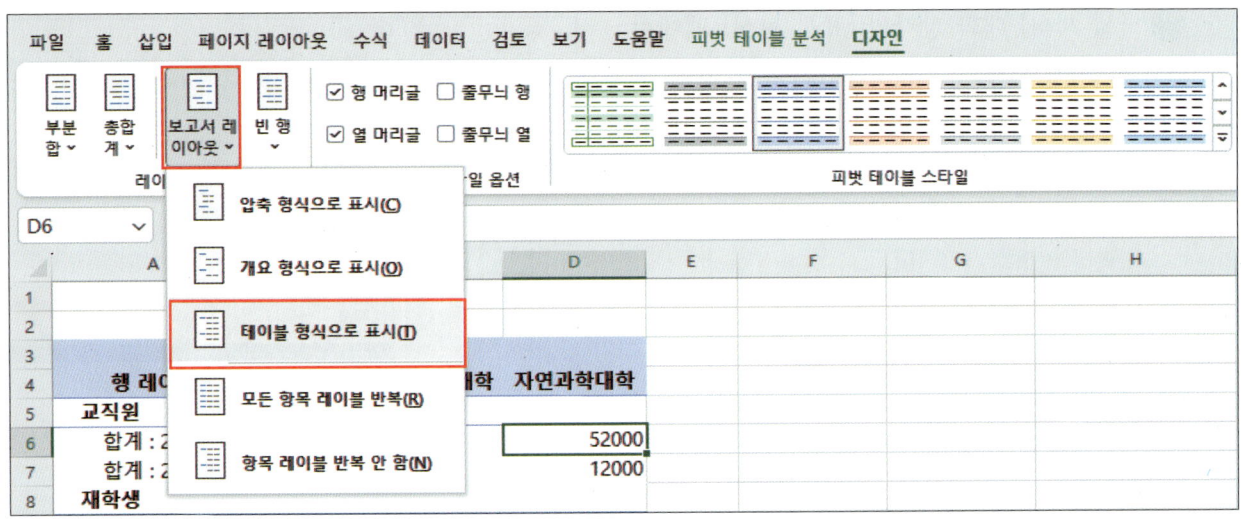

⑤ [디자인] 탭의 [피벗 테이블 스타일] 그룹에서 빠른 스타일(▼) 단추를 클릭하고, '중간 - 연한 파랑, 피벗 스타일 보통 9'를 선택합니다.

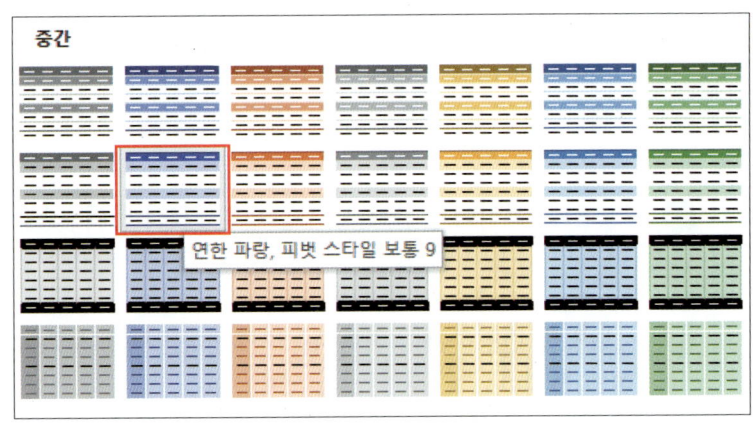

유형잡기 03 피벗 테이블 행 목록과 셀 서식 지정하기

① [A4] 셀에서 구분의 목록(▼) 단추를 클릭한 후 '교직원'의 체크 표시를 해제하고, [확인] 버튼을 클릭합니다.

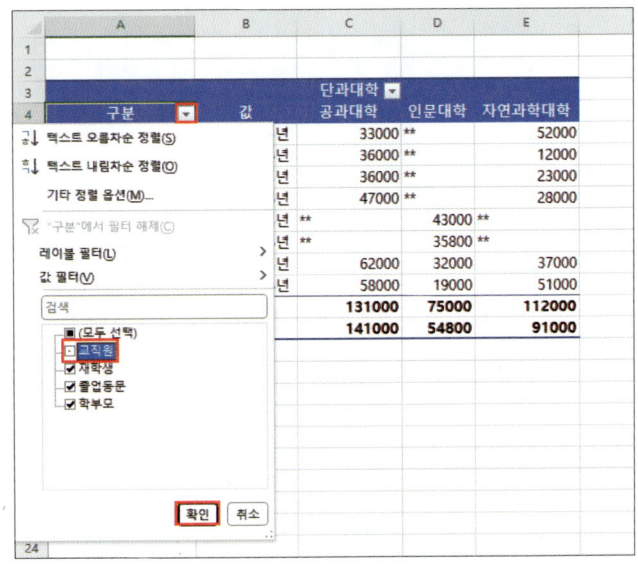

② [C5:E12] 영역을 블록 지정하고, Ctrl+1 키를 누릅니다.

③ [셀 서식] 대화 상자의 [표시 형식] 탭에서 범주는 '숫자'와 '1000 단위 구분 기호(,) 사용'을 선택하고, [확인] 버튼을 클릭합니다.

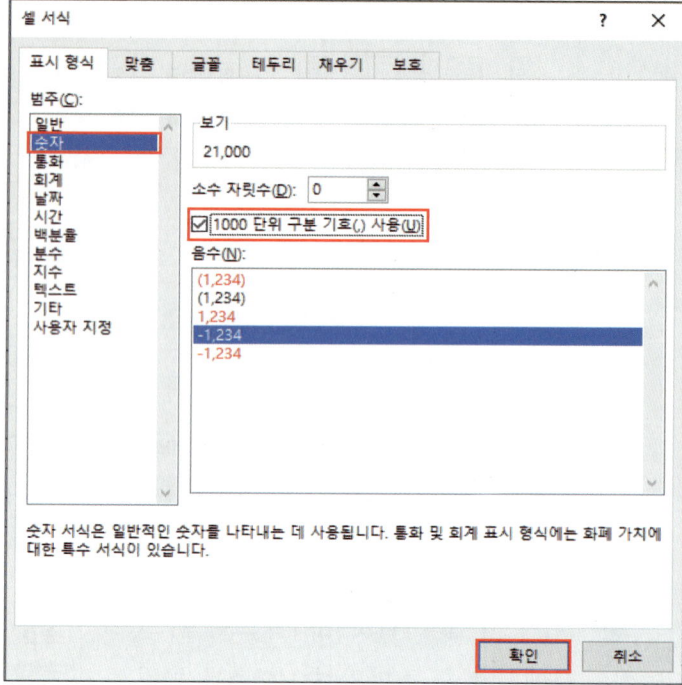

> **Tip 피벗 테이블 필드 목록**
> 작업 도중 피벗 테이블 필드 작업 창이 보이지 않거나 사라졌을 경우에는 [피벗 테이블 분석] 탭의 [표시] 그룹에서 필드 목록(   ) 단추를 클릭하면 됩니다.

④ [C5:E12] 영역이 블록 지정된 상태에서 [홈] 탭의 [맞춤] 그룹에 있는 가운데 맞춤(≡) 단추를 클릭합니다.

⑤ 시트명을 변경하기 위하여 워크시트 하단에서 [Sheet1] 탭을 더블 클릭한 후 "피벗테이블 정답"으로 수정(입력)합니다.

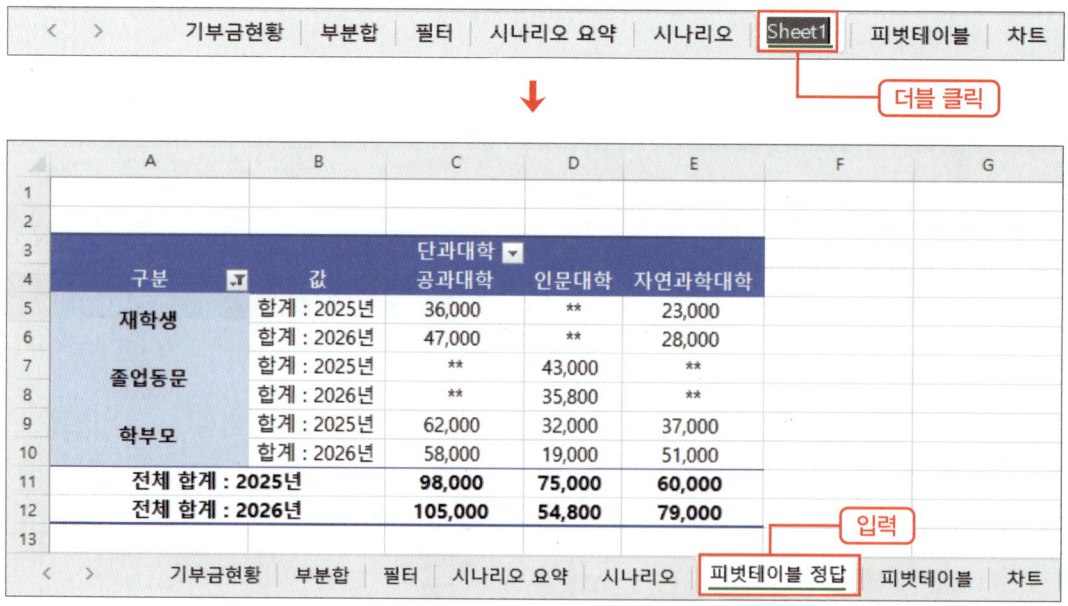

⑥ 빠른 실행 도구 모음에서 저장(🖫) 단추를 클릭하여 완성된 파일을 저장합니다(=Ctrl+S).

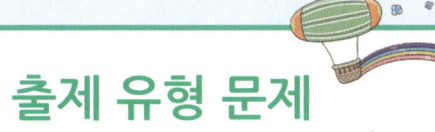

출제 유형 문제

▶ 예제 파일 : 유형 분석 07₩유형 02_문제.xlsx   ▶ 완성 파일 : 유형 분석 07₩유형 02_완성.xlsx

01 "피벗테이블" 시트를 참조하여 다음 ≪처리조건≫에 맞도록 작업하시오.

처리조건

▶ "피벗테이블" 시트의 [A2:G12]를 이용하여 새로운 시트에 ≪출력형태≫와 같이 피벗테이블을 작성 후 시트명을 "피벗테이블 정답"으로 수정하시오.
▶ 교육국(행)과 구분(열)을 기준으로 하여 출력형태와 같이 구하시오.
  - '1분기', '2분기'의 평균을 구하시오.
  - 피벗 테이블 옵션을 이용하여 레이블이 있는 셀 병합 및 가운데 맞춤하고 빈 셀을 "*"로 표시한 후, 행의 총합계를 감추기 하시오.
  - 피벗 테이블 디자인에서 보고서 레이아웃은 '테이블 형식으로 표시', 피벗 테이블 스타일은 '어둡게 – 진한 녹색, 피벗 스타일 어둡게 7'로 표시하시오.
  - 교육국(행)은 "강원교육국", "광주교육국", "대전교육국", "전남교육국"만 출력되도록 표시하시오.
  - [C5:D14] 데이터는 셀 서식의 표시형식–숫자를 이용하여 1000 단위 구분 기호를 표시하고, 가운데 맞춤하시오.
▶ 교육국의 순서는 ≪출력형태≫와 다를 수 있음
▶ 지시사항이 없는 경우는 ≪출력형태≫와 동일하게 작성하시오.

	A	B	C	D
3			구분	
4	교육국	값	고급	중급
5	강원교육국	평균 : 1분기	*	937
6		평균 : 2분기	*	765
7	광주교육국	평균 : 1분기	790	*
8		평균 : 2분기	776	*
9	대전교육국	평균 : 1분기	*	1,046
10		평균 : 2분기	*	985
11	전남교육국	평균 : 1분기	759	*
12		평균 : 2분기	870	*
13	전체 평균 : 1분기		775	992
14	전체 평균 : 2분기		823	875

[Hint]

- [표 또는 범위의 피벗 테이블] 대화 상자에서 표/범위(피벗테이블!$A$2:$G$12)를 확인한 후 피벗 테이블을 배치할 위치로 '새 워크시트'를 선택합니다.
- 피벗 테이블 필드 작업 창에서 '교육국' 필드는 행 레이블로, '구분' 필드는 열 레이블로, '1분기'와 '2분기' 필드는 값 레이블로 각각 드래그한 후 열 레이블에서 'Σ 값' 필드를 행 레이블로 드래그하여 이동합니다.

출제 유형 문제

> 예제 파일 : 유형 분석 07₩유형 03_문제.xlsx   > 완성 파일 : 유형 분석 07₩유형 03_완성.xlsx

02 "피벗테이블" 시트를 참조하여 다음 ≪처리조건≫에 맞도록 작업하시오.

처리조건

▶ "피벗테이블" 시트의 [A2:G12]를 이용하여 새로운 시트에 ≪출력형태≫와 같이 피벗테이블을 작성 후 시트명을 "피벗테이블 정답"으로 수정하시오.
▶ 담당자(행)와 분류(열)를 기준으로 하여 출력형태와 같이 구하시오.
  – '4월', '6월'의 평균을 구하시오.
  – 피벗 테이블 옵션을 이용하여 레이블이 있는 셀 병합 및 가운데 맞춤하고 빈 셀을 "*"로 표시한 후, 행의 총합계를 감추기 하시오.
  – 피벗 테이블 디자인에서 보고서 레이아웃은 '테이블 형식으로 표시', 피벗 테이블 스타일은 '어둡게 – 진한 파랑, 피벗 스타일 어둡게 2'로 표시하시오.
  – 담당자(행)는 "이현수", "한지민"만 출력되도록 표시하시오.
  – [C5:E10] 데이터는 셀 서식의 표시형식–숫자를 이용하여 1000 단위 구분 기호를 표시하고, 가운데 맞춤하시오.
▶ 담당자의 순서는 ≪출력형태≫와 다를 수 있음
▶ 지시사항이 없는 경우는 ≪출력형태≫와 동일하게 작성하시오.

	A	B	C	D	E
3				분류	
4	담당자	값	가공식품	유제품	음료
5	이현수	평균 : 4월	*	403,200	437,400
6		평균 : 6월	*	435,500	597,700
7	한지민	평균 : 4월	506,500	352,300	*
8		평균 : 6월	424,500	368,000	*
9	전체 평균 : 4월		506,500	377,750	437,400
10	전체 평균 : 6월		424,500	401,750	597,700

[Hint]
- 피벗 테이블 필드 작업 창에서 '담당자' 필드는 행 레이블로, '분류' 필드는 열 레이블로, '4월'과 '6월' 필드는 값 레이블로 각각 드래그한 후 열 레이블에서 'Σ 값' 필드를 행 레이블로 드래그하여 이동합니다.
- 값 레이블에서 [합계 : 4월]과 [합계 : 6월]의 목록(∨) 단추를 클릭하고, [값 필드 설정]을 선택합니다. [값 필드 설정] 대화 상자의 [값 요약 기준] 탭에서 '평균'을 선택하여 계산 유형을 각각 변경합니다.

출제 유형 문제

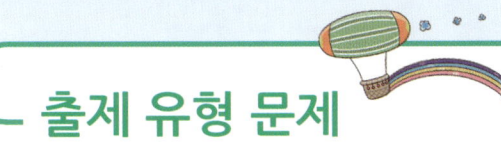

▶ 예제 파일 : 유형 분석 07\유형 04_문제.xlsx   ▶ 완성 파일 : 유형 분석 07\유형 04_완성.xlsx

03 "피벗테이블" 시트를 참조하여 다음 ≪처리조건≫에 맞도록 작업하시오.

처리조건

- ▶ "피벗테이블" 시트의 [A2:G12]를 이용하여 새로운 시트에 ≪출력형태≫와 같이 피벗테이블을 작성 후 시트명을 "피벗테이블 정답"으로 수정하시오.
- ▶ 지역(행)과 경기방식(열)을 기준으로 하여 출력형태와 같이 구하시오.
  - '3차점수', '종합점수'의 평균을 구하시오.
  - 피벗 테이블 옵션을 이용하여 레이블이 있는 셀 병합 및 가운데 맞춤하고 빈 셀을 "**"로 표시한 후, 행의 총합계를 감추기 하시오.
  - 피벗 테이블 디자인에서 보고서 레이아웃은 '테이블 형식으로 표시', 피벗 테이블 스타일은 '중간 - 연한 녹색, 피벗 스타일 보통 7'로 표시하시오.
  - 지역(행)은 "남해", "부산", "사천", "서울", "진주"만 출력되도록 표시하시오.
  - [C5:D16] 데이터는 셀 서식의 표시형식-숫자를 이용하여 1000 단위 구분 기호를 표시하고, 가운데 맞춤하시오.
- ▶ 지역의 순서는 ≪출력형태≫와 다를 수 있음
- ▶ 지시사항이 없는 경우는 ≪출력형태≫와 동일하게 작성하시오.

	A	B	C	D
1				
2				
3			경기방식	
4	지역	값	멀리 날리기	방패연 연싸움
5	남해	평균 : 3차점수	**	98
6		평균 : 종합점수	**	289
7	부산	평균 : 3차점수	**	80
8		평균 : 종합점수	**	251
9	사천	평균 : 3차점수	**	79
10		평균 : 종합점수	**	246
11	서울	평균 : 3차점수	75	**
12		평균 : 종합점수	198	**
13	진주	평균 : 3차점수	85	**
14		평균 : 종합점수	242	**
15	전체 평균 : 3차점수		80	84
16	전체 평균 : 종합점수		220	257
17				

대회심사표 | 부분합 | 필터 | 시나리오 요약 | 시나리오 | **피벗테이블 정답** | 피벗테이블 | 차트

[Hint]
- 피벗 테이블 필드 작업 창에서 '지역' 필드는 행 레이블로, '경기방식' 필드는 열 레이블로, '3차점수'와 '종합점수' 필드는 값 레이블로 각각 드래그한 후 열 레이블에서 'Σ 값' 필드를 행 레이블로 드래그하여 이동합니다.
- [피벗 테이블 옵션] 대화 상자의 [레이아웃 및 서식] 탭에서 '레이블이 있는 셀 병합 및 가운데 맞춤'을 선택하고, 빈 셀 표시 입력란에 "**"을 입력합니다. [요약 및 필터] 탭에서 '행 총합계 표시'의 체크 표시를 해제합니다.

출제 유형 문제

▶ 예제 파일 : 유형 분석 07\유형 05_문제.xlsx   ▶ 완성 파일 : 유형 분석 07\유형 05_완성.xlsx

04 "피벗테이블" 시트를 참조하여 다음 ≪처리조건≫에 맞도록 작업하시오.

처리조건

▶ "피벗테이블" 시트의 [A2:G12]를 이용하여 새로운 시트에 ≪출력형태≫와 같이 피벗테이블을 작성 후 시트명을 "피벗테이블 정답"으로 수정하시오.
▶ 차종(행)과 대여자(열)를 기준으로 하여 출력형태와 같이 구하시오.
  – '대여일수', '합계금액'의 평균을 구하시오.
  – 피벗 테이블 옵션을 이용하여 레이블이 있는 셀 병합 및 가운데 맞춤하고 빈 셀을 "***"로 표시한 후, 행의 총합계를 감추기 하시오.
  – 피벗 테이블 디자인에서 보고서 레이아웃은 '테이블 형식으로 표시', 피벗 테이블 스타일은 '중간 – 연한 노랑, 피벗 스타일 보통 12'로 표시하시오.
  – 대여자(열)는 "김희선", "박철수", "서희종", "송일국", "조종희"만 출력되도록 표시하시오.
  – [C5:G12] 데이터는 셀 서식의 표시형식-숫자를 이용하여 1000 단위 구분 기호를 표시하고, 가운데 맞춤하시오.
▶ 차종의 순서는 ≪출력형태≫와 다를 수 있음
▶ 지시사항이 없는 경우는 ≪출력형태≫와 동일하게 작성하시오.

	A	B	C	D	E	F	G
1							
2							
3	차종	값			대여자		
4			김희선	박철수	서희종	송일국	조종희
5	버스	평균 : 대여일수	***	***	***	10	***
6		평균 : 합계금액	***	***	***	4,040,000	***
7	승용차	평균 : 대여일수	***	7	9	***	***
8		평균 : 합계금액	***	1,065,000	1,365,000	***	***
9	승합차	평균 : 대여일수	2	***	***	***	12
10		평균 : 합계금액	420,000	***	***	***	2,420,000
11	전체 평균 : 대여일수		2	7	9	10	12
12	전체 평균 : 합계금액		420,000	1,065,000	1,365,000	4,040,000	2,420,000

렌트관리현황 | 부분합 | 필터 | 시나리오 요약 | 시나리오 | **피벗테이블 정답** | 피벗테이블 | 차트

[Hint]
- 피벗 테이블 필드 작업 창에서 '차종' 필드는 행 레이블로, '대여자' 필드는 열 레이블로, '대여일수'와 '합계금액' 필드는 값 레이블로 각각 드래그한 후 열 레이블에서 'Σ 값' 필드를 행 레이블로 드래그하여 이동합니다.
- [디자인] 탭의 [레이아웃] 그룹에서 [보고서 레이아웃] 단추를 클릭하고, [테이블 형식으로 표시]를 선택합니다.
- [디자인] 탭의 [피벗 테이블 스타일] 그룹에서 [빠른 스타일] 단추를 클릭하고, '중간 – 연한 노랑, 피벗 스타일 보통 12'를 선택합니다.

출제 유형 문제

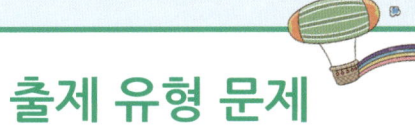

> 예제 파일 : 유형 분석 07₩유형 06_문제.xlsx　　> 완성 파일 : 유형 분석 07₩유형 06_완성.xlsx

05 "피벗테이블" 시트를 참조하여 다음 ≪처리조건≫에 맞도록 작업하시오.

처리조건

▶ "피벗테이블" 시트의 [A2:G12]를 이용하여 새로운 시트에 ≪출력형태≫와 같이 피벗테이블을 작성 후 시트명을 "피벗테이블 정답"으로 수정하시오.
▶ 지역(행)과 대학교명(열)을 기준으로 하여 출력형태와 같이 구하시오.
  - '지원자수', '모집정원'의 평균을 구하시오.
  - 피벗 테이블 옵션을 이용하여 레이블이 있는 셀 병합 및 가운데 맞춤하고 빈 셀을 "***"로 표시한 후, 행의 총합계를 감추기 하시오.
  - 피벗 테이블 디자인에서 보고서 레이아웃은 '테이블 형식으로 표시', 피벗 테이블 스타일은 '중간 – 연한 파랑, 피벗 스타일 보통 9'로 표시하시오.
  - 지역(행)은 "경기도", "대전", "서울", "인천"만 출력되도록 표시하시오.
  - [C5:F14] 데이터는 셀 서식의 표시형식-숫자를 이용하여 1000 단위 구분 기호를 표시하고, 가운데 맞춤하시오.
▶ 지역의 순서는 ≪출력형태≫와 다를 수 있음
▶ 지시사항이 없는 경우는 ≪출력형태≫와 동일하게 작성하시오.

지역	값	대학교명			
		길상대학교	동진대학교	백서대학교	인동대학교
경기도	평균 : 지원자수	***	152	102	***
	평균 : 모집정원	***	100	80	***
대전	평균 : 지원자수	***	***	***	82
	평균 : 모집정원	***	***	***	80
서울	평균 : 지원자수	145	96	***	***
	평균 : 모집정원	98	90	***	***
인천	평균 : 지원자수	***	170	***	***
	평균 : 모집정원	***	150	***	***
전체 평균 : 지원자수		145	139	102	82
전체 평균 : 모집정원		98	113	80	80

[Hint]
- 피벗 테이블 필드 작업 창에서 '지역' 필드는 행 레이블로, '대학교명' 필드는 열 레이블로, '지원자수'와 '모집정원' 필드는 값 레이블로 각각 드래그한 후 열 레이블에서 'Σ 값' 필드를 행 레이블로 드래그하여 이동합니다.
- [A4] 셀에서 지역의 [목록] 단추를 클릭한 후 '부산'의 체크 표시를 해제합니다.

출제 유형 문제

▶ 예제 파일 : 유형 분석 07₩유형 07_문제.xlsx ▶ 완성 파일 : 유형 분석 07₩유형 07_완성.xlsx

06 "피벗테이블" 시트를 참조하여 다음 ≪처리조건≫에 맞도록 작업하시오.

처리조건

▶ "피벗테이블" 시트의 [A2:G12]를 이용하여 새로운 시트에 ≪출력형태≫와 같이 피벗테이블을 작성 후 시트명을 "피벗테이블 정답"으로 수정하시오.
▶ 지역(행)과 유형(열)을 기준으로 하여 출력형태와 같이 구하시오.
  - '분양가', '임대가격'의 최대를 구하시오.
  - 피벗 테이블 옵션을 이용하여 레이블이 있는 셀 병합 및 가운데 맞춤하고 빈 셀을 "***"로 표시한 후, 행의 총합계를 감추기 하시오.
  - 피벗 테이블 디자인에서 보고서 레이아웃은 '테이블 형식으로 표시', 피벗 테이블 스타일은 '중간 - 연한 파랑, 피벗 스타일 보통 13'으로 표시하시오.
  - 지역(행)은 "강남구", "강서구", "마곡구", "서초구"만 출력되도록 표시하시오.
  - [C5:F14] 데이터는 셀 서식의 표시형식-숫자를 이용하여 1000 단위 구분 기호를 표시하고, 가운데 맞춤하시오.
▶ 지역의 순서는 ≪출력형태≫와 다를 수 있음
▶ 지시사항이 없는 경우는 ≪출력형태≫와 동일하게 작성하시오.

지역	값	유형 단독주택	빌라	아파트	오피스텔
강남구	최대 : 분양가	***	150,000,000	***	190,000,000
	최대 : 임대가격	***	25,500,000	***	10,640,000
강서구	최대 : 분양가	***	***	230,000,000	***
	최대 : 임대가격	***	***	34,500,000	***
마곡구	최대 : 분양가	120,000,000	***	***	160,000,000
	최대 : 임대가격	12,000,000	***	***	26,000,000
서초구	최대 : 분양가	***	123,000,000	***	***
	최대 : 임대가격	***	3,690,000	***	***
전체 최대 : 분양가		120,000,000	150,000,000	230,000,000	190,000,000
전체 최대 : 임대가격		12,000,000	25,500,000	34,500,000	26,000,000

임대분양현황 | 부분합 | 필터 | 시나리오 요약 | 시나리오 | **피벗테이블 정답** | 피벗테이블 | 차트

[Hint]
- 피벗 테이블 필드 작업 창에서 '지역' 필드는 행 레이블로, '유형' 필드는 열 레이블로, '분양가'와 '임대가격' 필드는 값 레이블로 각각 드래그한 후 열 레이블에서 'Σ 값' 필드를 행 레이블로 드래그하여 이동합니다.
- [C5:F14] 영역을 블록 지정한 후 [셀 서식] 대화 상자의 [표시 형식] 탭에서 범주는 '숫자'와 '1000 단위 구분 기호(,) 사용'을 선택합니다.
- [C5:F14] 영역이 블록 지정된 상태에서 [홈] 탭의 [맞춤] 그룹에 있는 [가운데 맞춤] 단추를 클릭합니다.

유형분석 08 차트 작성

핵심만 쏙쏙 차트 만들기 / 차트 스타일과 구성 요소 / 차트 서식

여섯 번째 시트의 차트에서는 차트 종류에 따라 주어진 위치에 차트를 작성한 후 각각의 구성 요소를 이해하고, 차트의 레이아웃과 스타일 그리고 다양한 서식 지정 방법에 대하여 알아봅니다.

핵심 짚어보기

▶ 예제 파일 : 유형 분석 08₩유형 01_문제.xlsx   ▶ 완성 파일 : 유형 분석 08₩유형 01_완성.xlsx

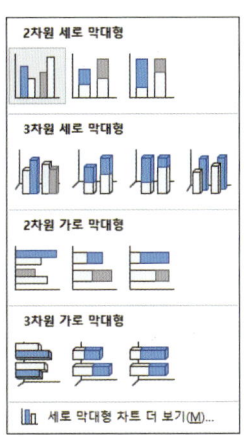

▲ [삽입] 탭-[차트] 그룹-[세로 또는 가로 막대형 차트 삽입] 단추

◀ [차트 디자인] 탭-[차트 레이아웃] 그룹-[차트 요소 추가] 단추

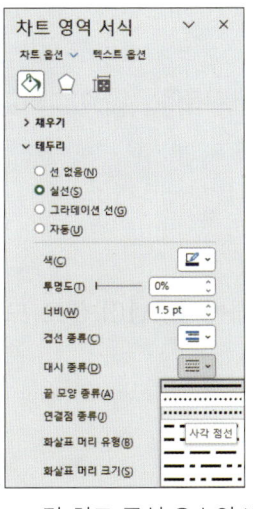
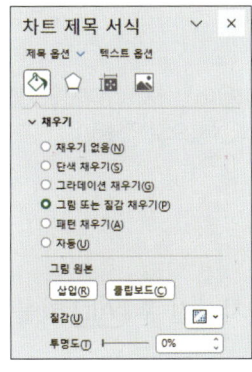
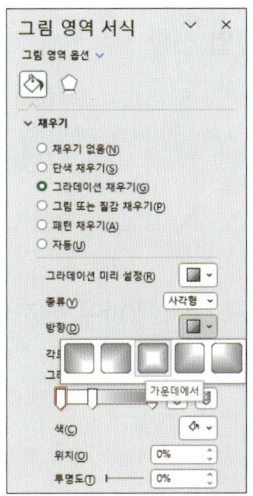

▲ 각 차트 구성 요소의 바로 가기 메뉴

클래스 업

- 데이터 범위를 이용하여 차트를 작성하고, 주어진 위치에 차트를 정확히 배치합니다.
- [차트 디자인] 탭에서 차트 스타일을 지정하고, 차트 요소를 추가합니다.
- 차트 영역 서식, 차트 제목 서식, 그림 영역 서식을 이용하여 차트를 편집합니다.

유형잡기 01 차트 만들기

① [파일]-[열기]-[찾아보기]를 차례로 선택하고, [열기] 대화 상자에서 '유형 분석 08₩유형 01_문제.xlsx'를 불러오기한 후 [차트] 시트를 클릭합니다.

② Ctrl 키를 이용하여 [A2:A7], [D2:E7] 영역을 블록 지정한 후 [삽입] 탭의 [차트] 그룹에서 세로 또는 가로 막대형 차트 삽입() 단추를 클릭하고, '묶은 세로 막대형'을 선택합니다.

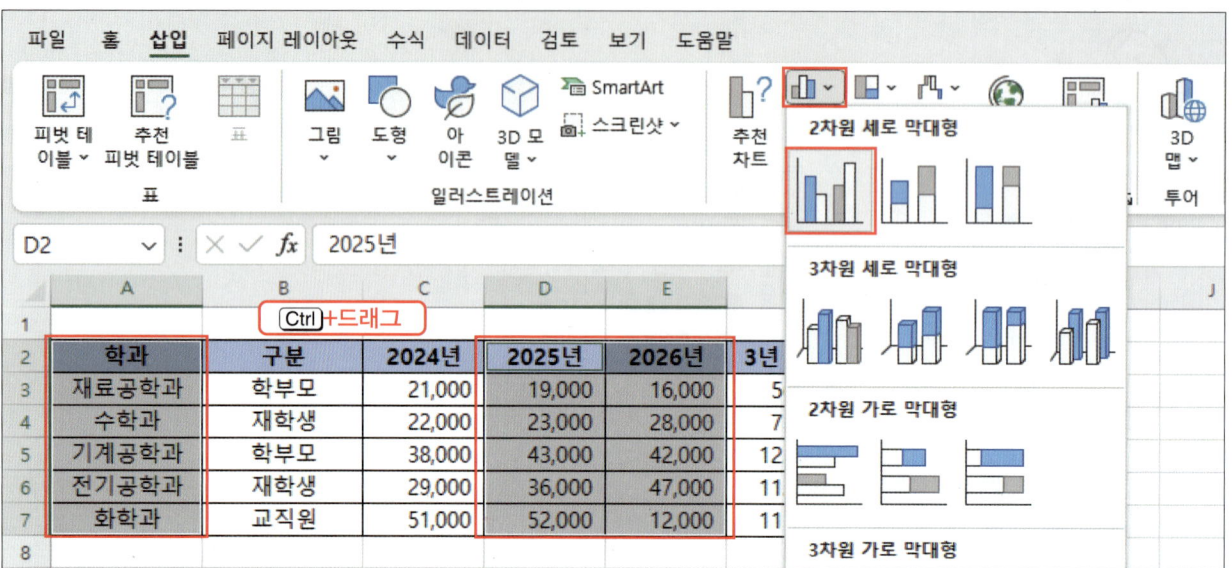

> **Tip 행/열 전환**
> 차트를 삽입한 후 차트 모양이 ≪출력형태≫와 다른 경우에는 [차트 디자인] 탭의 [데이터] 그룹에서 행/열 전환 단추를 클릭합니다(X축 데이터를 Y축으로, Y축 데이터를 X축으로 전환).

③ 차트가 나타나면 차트 영역에 마우스 포인터를 위치시킨 후 Alt 키를 누른 상태에서 [A10] 셀로 드래그하여 차트를 이동합니다.

④ 계속해서 Alt 키를 누른 상태에서 차트의 대각선 모서리를 드래그하여 [G25] 셀에 정확하게 크기를 맞춥니다.

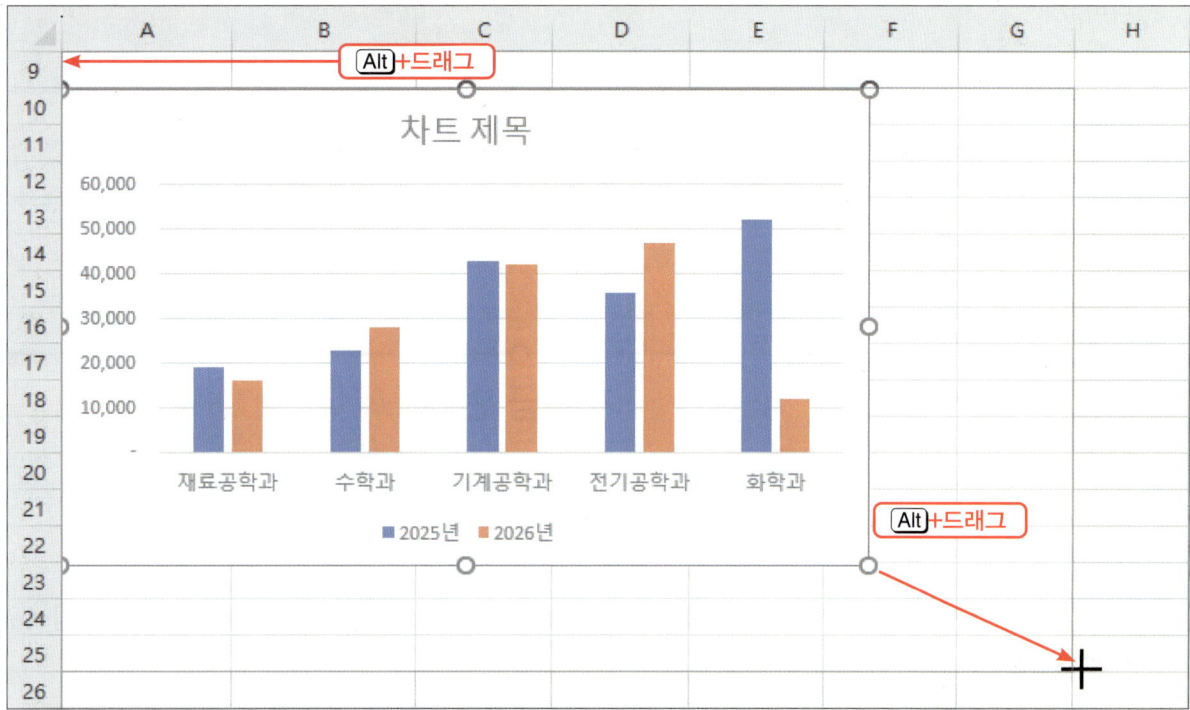

Tip 차트의 크기 조절

Alt 키를 누른 상태에서 차트 크기를 조절하면 차트가 셀에 맞춰서 크기가 정확히 조절됩니다.

유형잡기 02 차트 스타일과 요소 지정하기

① 차트를 선택한 후 [차트 디자인] 탭의 [차트 스타일] 그룹에서 색 변경() 단추를 클릭하고, [다양한 색상표 4]를 선택합니다.

② 차트 색상이 변경되면 [차트 스타일] 그룹에서 빠른 스타일(▼)단추를 클릭하고, '스타일 6'을 선택합니다.

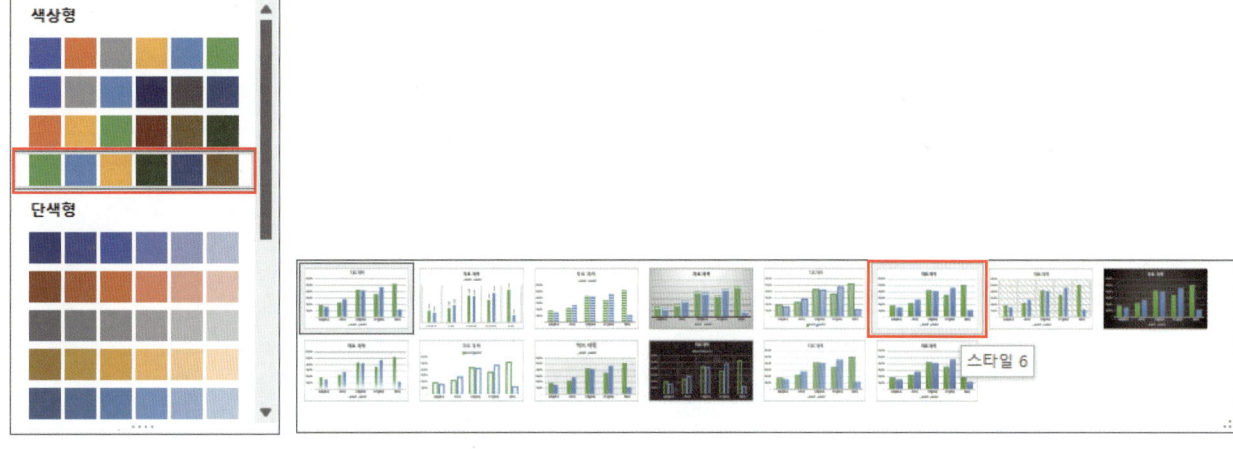

❸ 차트 제목 안쪽을 클릭하여 커서가 나타나면 기존 내용(차트 제목)을 삭제하고, "기부금 현황"을 입력합니다.

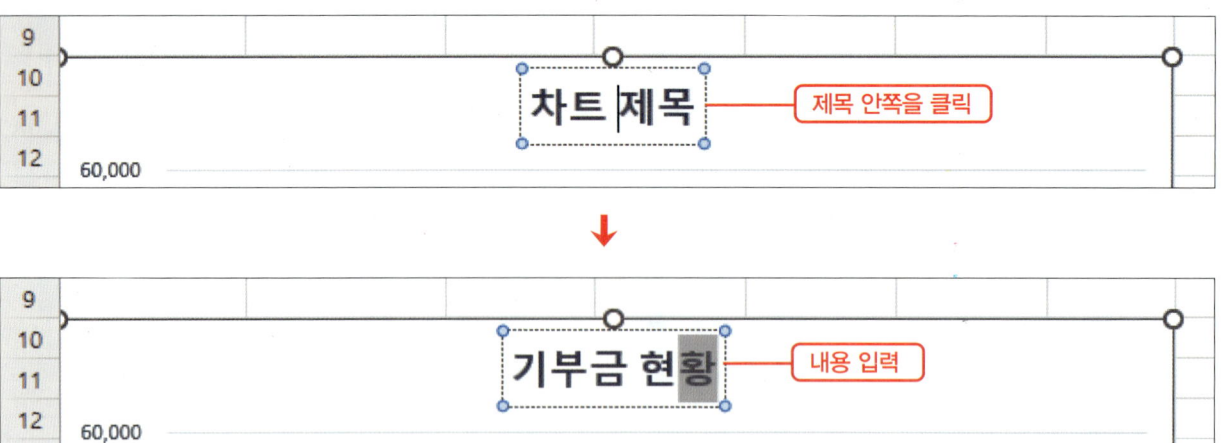

❹ [차트 디자인] 탭의 [차트 레이아웃] 그룹에서 차트 요소 추가( ) 단추를 클릭하고, [범례]-[위쪽]을 선택합니다.

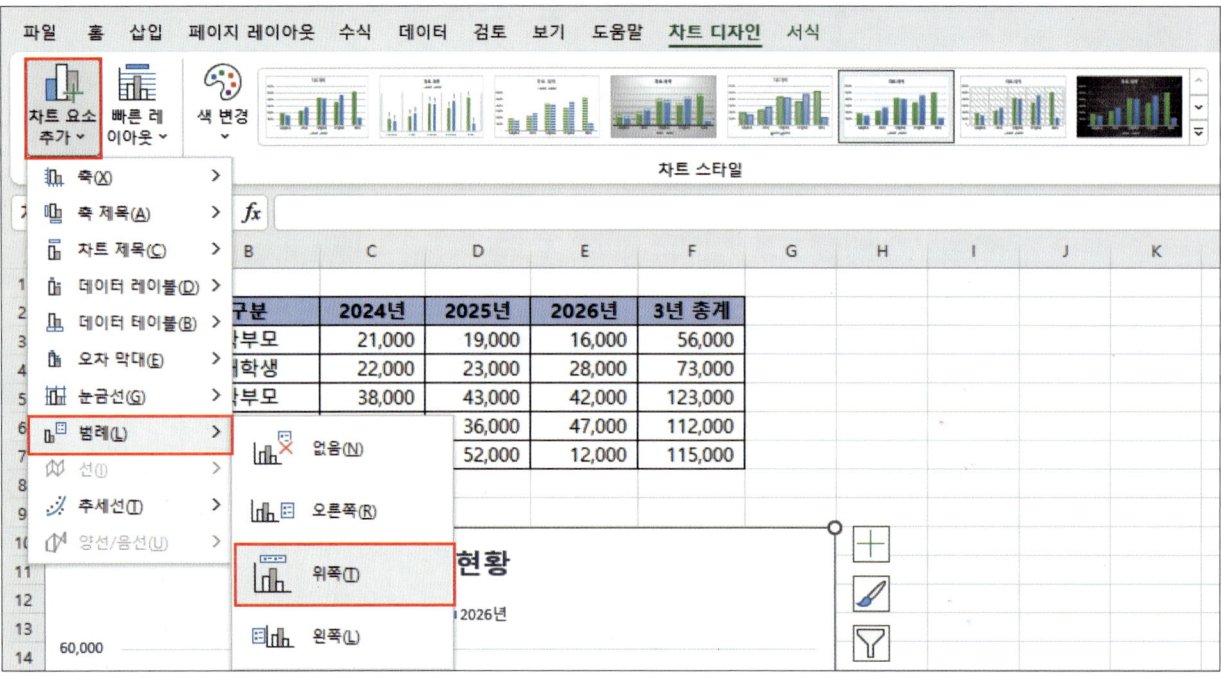

유형잡기 03 차트 서식 지정하기

① 차트 영역을 선택한 후 [홈] 탭의 [글꼴] 그룹에서 글꼴은 '굴림체', 글꼴 크기는 '9'를 각각 지정합니다.

② 차트 영역에서 마우스 오른쪽 버튼을 클릭하고, [차트 영역 서식]을 선택합니다.

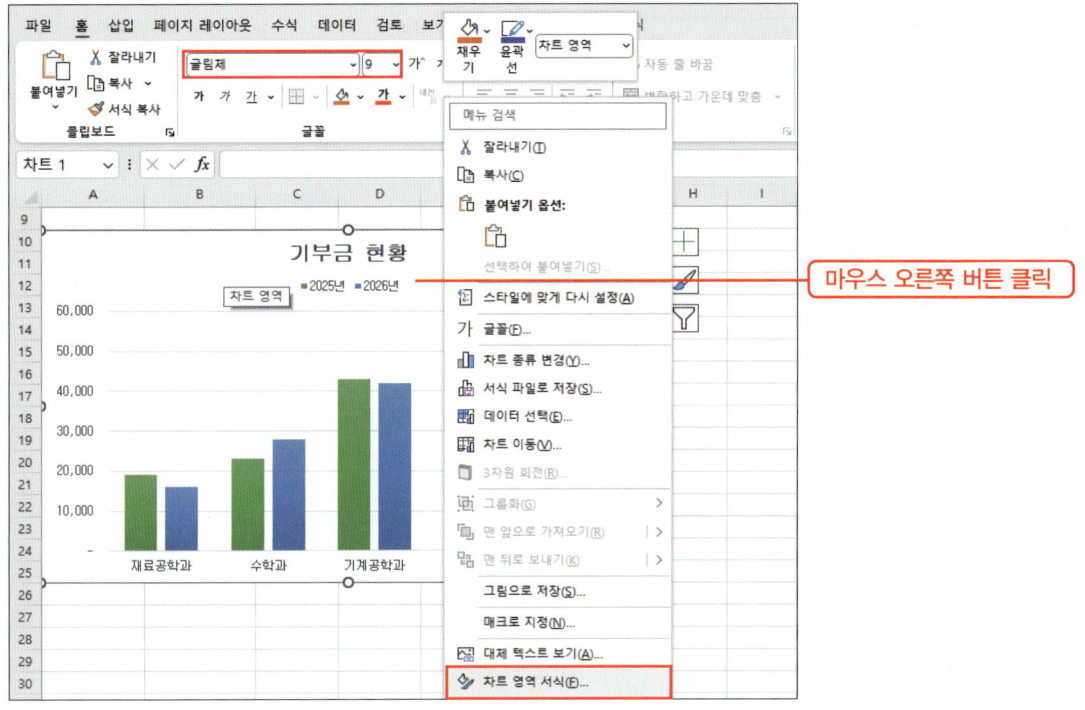

③ 차트 영역 서식 작업 창의 [차트 옵션]-[테두리]에서 '실선'을 선택한 후 윤곽선 색( ) 단추를 클릭하고, '진한 파랑'을 선택합니다.

④ 테두리 너비는 '1.5 pt', 겹선 종류는 '단순형', 대시 종류는 '사각 점선'을 각각 선택하고, 닫기(×) 단추를 클릭합니다.

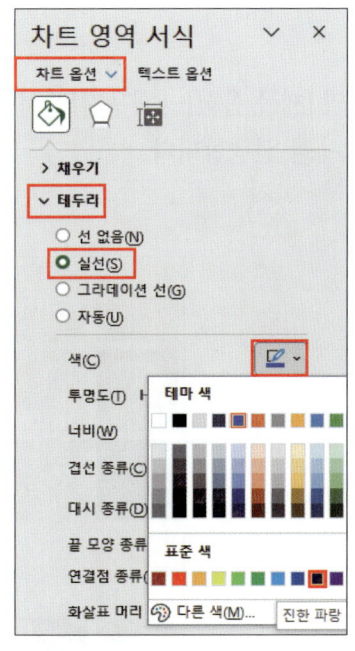
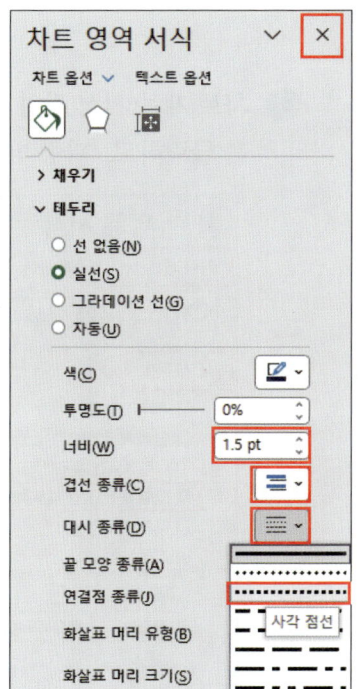

❺ 차트 제목을 선택한 후 [홈] 탭의 [글꼴] 그룹에서 글꼴은 '궁서체', 글꼴 크기는 '18', 글꼴 스타일은 '기울임꼴'을 각각 지정합니다.

❻ 차트 제목 위에서 마우스 오른쪽 버튼을 클릭하고, [차트 제목 서식]을 선택합니다.

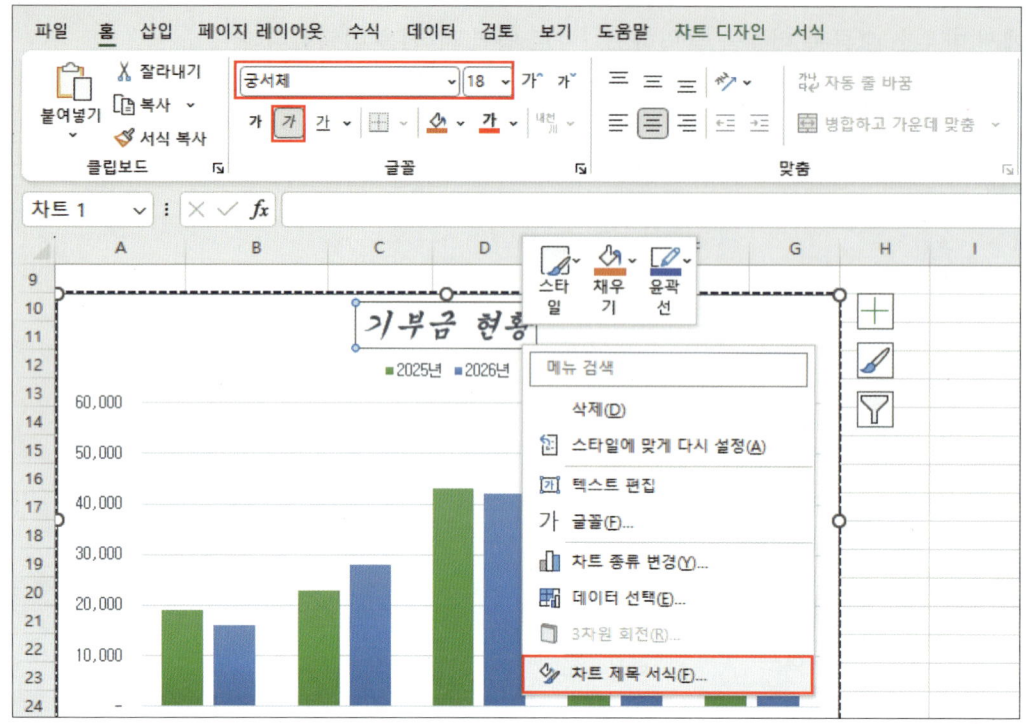

 **차트 제목**

차트 제목에 글꼴 서식을 지정할 경우 ≪처리조건≫에서 '굵게'에 대한 지시사항이 없다면 굵게(가) 서식을 해제해야 합니다.

❼ 차트 제목 서식 작업 창의 [제목 옵션]-[채우기]에서 '그림 또는 질감 채우기'를 선택한 후 질감( ) 단추를 클릭하고, '파랑 박엽지'를 선택합니다.

⑧ 차트의 그림 영역에서 마우스 오른쪽 버튼을 클릭하고, [그림 영역 서식]을 선택합니다.

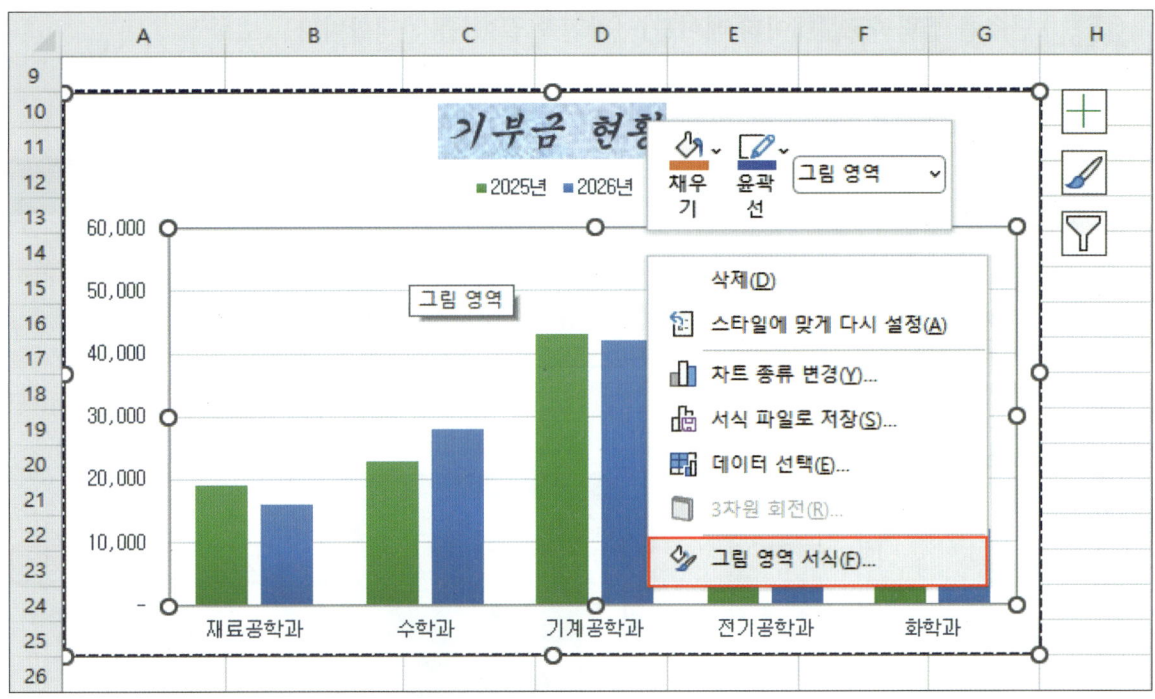

⑨ 그림 영역 서식 작업 창의 [그림 영역 옵션]-[채우기]에서 '그라데이션 채우기'를 선택한 후 그라데이션 미리 설정(▼) 단추를 클릭하고, '위쪽 스포트라이트 강조 3'을 선택합니다.

⑩ 종류는 '사각형'을, 방향은 '가운데에서'를 각각 선택하고, 닫기(×) 단추를 클릭합니다.

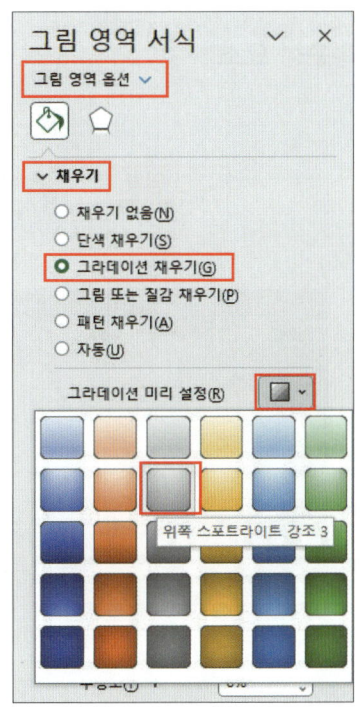
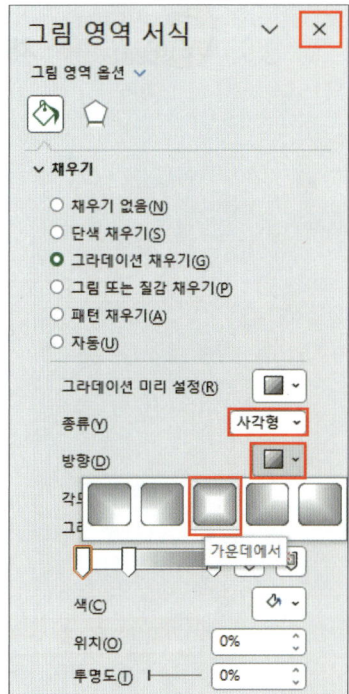

 **Tip** 차트 영역과 그림 영역

- 차트 영역 : 차트의 전체 영역으로 차트의 모든 항목이 표시됩니다.
- 그림 영역 : 차트의 X축과 Y축으로 구성된 곳으로 데이터 계열이 표시됩니다.

⑪ 차트에서 '2026년' 계열만을 선택한 후 [차트 디자인] 탭의 [차트 레이아웃] 그룹에서 차트 요소 추가 ( ) 단추를 클릭하고, [데이터 레이블]-[바깥쪽 끝에]를 선택합니다.

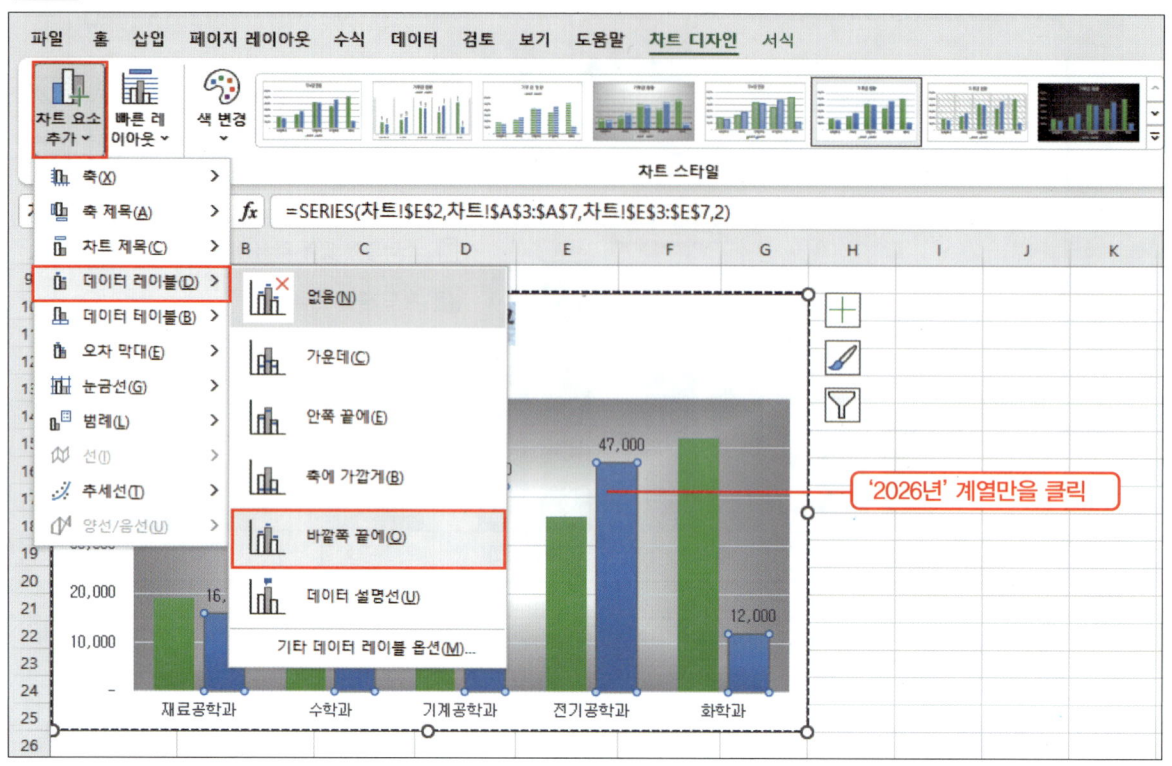

Tip 차트의 구성 요소

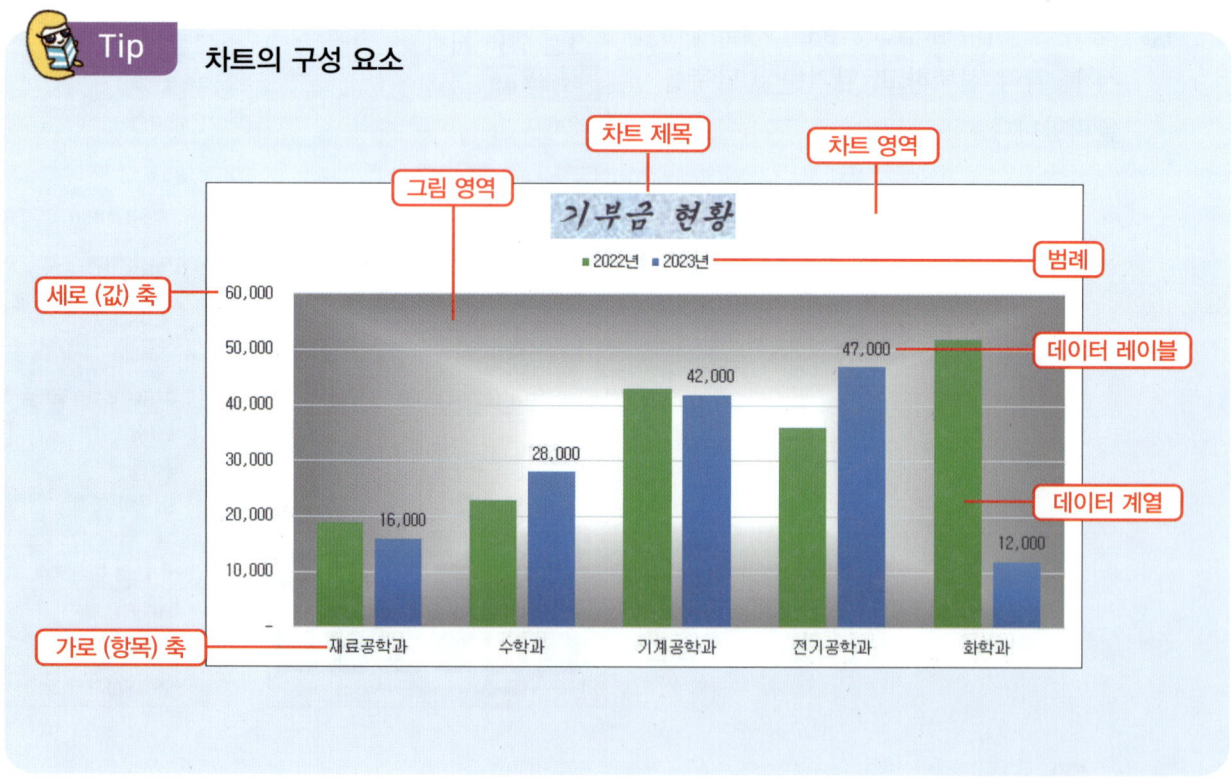

⑫ 빠른 실행 도구 모음에서 저장( ) 단추를 클릭하여 완성된 파일을 저장합니다(=Ctrl+S).

출제 유형 문제

> **예제 파일** : 유형 분석 08₩유형 02_문제.xlsx   **완성 파일** : 유형 분석 08₩유형 02_완성.xlsx

01 "차트" 시트를 참조하여 다음 ≪처리조건≫에 맞도록 작업하시오.

처리조건

▶ "차트" 시트에 주어진 표를 이용하여 '묶은 세로 막대형' 차트를 작성하시오.
- 데이터 범위 : 현재 시트 [B2:B7], [E2:F7]의 데이터를 이용하여 작성하고, 행/열 전환은 '열'로 지정
- 차트 위치 : 현재 시트에 [A10:G25] 크기에 정확하게 맞추시오.
- 차트 제목("수강생 현황")
- 차트 스타일 : 색 변경(색상형 – 다양한 색상표 3, 스타일 6)
- 범례 위치 : 오른쪽
- 차트 영역 서식 : 글꼴(돋움체, 9pt), 테두리 색(실선, 색 : 진한 빨강), 테두리 스타일(너비 : 2pt, 겹선 종류 : 단순형, 대시 종류 : 긴 파선)
- 차트 제목 서식 : 글꼴(궁서체, 18pt, 굵게), 채우기(그림 또는 질감 채우기, 질감 : 양피지)
- 그림 영역 서식 : 채우기(그라데이션 채우기, 그라데이션 미리 설정 : 위쪽 스포트라이트 강조 6, 종류 : 사각형, 방향 : 가운데에서)
- 데이터 레이블 추가 : '4분기' 계열에 "값" 표시

▶ 지시사항이 없는 경우는 ≪출력형태≫와 동일하게 작성하시오.

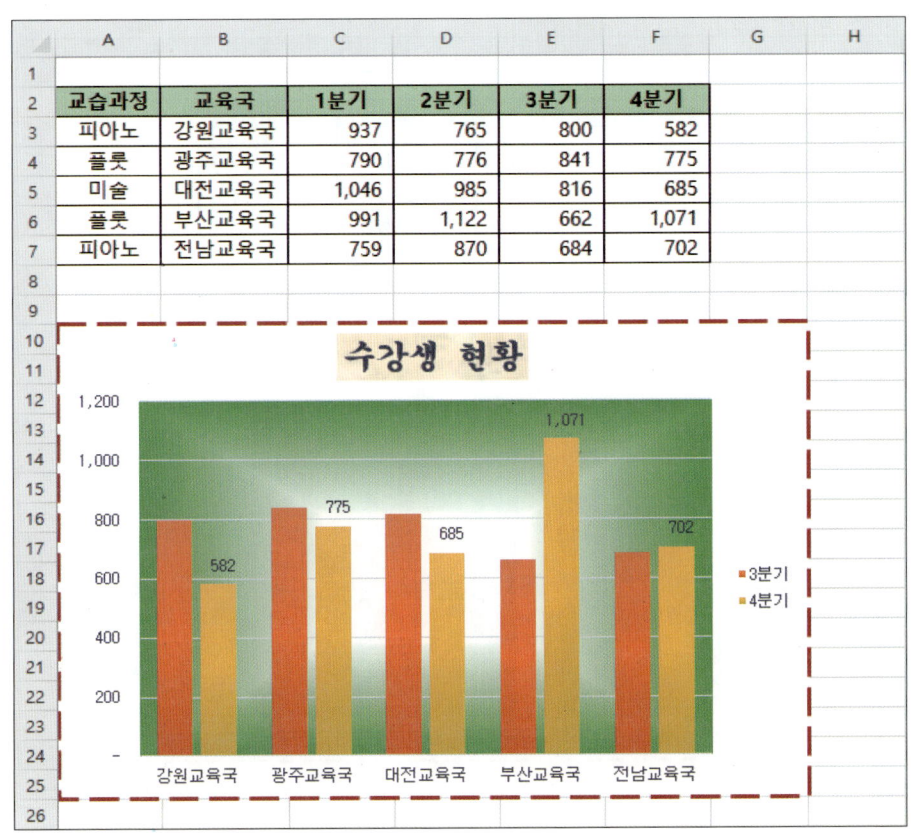

[Hint]
- Ctrl 키를 이용하여 [B2:B7], [E2:F7] 영역을 블록 지정한 후 [삽입] 탭의 [차트] 그룹에서 [세로 또는 가로 막대형 차트 삽입] 단추를 클릭하고, '묶은 세로 막대형'을 선택합니다.
- 차트가 나타나면 Alt 키를 이용하여 [A10:G25] 영역에 크기와 위치를 정확하게 맞춥니다.

출제 유형 문제

> 예제 파일 : 유형 분석 08₩유형 03_문제.xlsx   > 완성 파일 : 유형 분석 08₩유형 03_완성.xlsx

02 "차트" 시트를 참조하여 다음 ≪처리조건≫에 맞도록 작업하시오.

처리조건

▶ "차트" 시트에 주어진 표를 이용하여 '묶은 세로 막대형' 차트를 작성하시오.
- 데이터 범위 : 현재 시트 [B2:B7], [E2:F7]의 데이터를 이용하여 작성하고, 행/열 전환은 '열'로 지정
- 차트 위치 : 현재 시트에 [A10:G25] 크기에 정확하게 맞추시오.
- 차트 제목("2분기 주문 현황")
- 차트 스타일 : 색 변경(색상형 - 다양한 색상표 2, 스타일 5)
- 범례 위치 : 오른쪽
- 차트 영역 서식 : 글꼴(굴림체, 10pt), 테두리 색(실선, 색 : 자주), 테두리 스타일(너비 : 2pt, 겹선 종류 : 단순형, 대시 종류 : 파선)
- 차트 제목 서식 : 글꼴(맑은 고딕, 18pt, 기울임꼴), 채우기(그림 또는 질감 채우기, 질감 : 분홍 박엽지)
- 그림 영역 서식 : 채우기(그라데이션 채우기, 그라데이션 미리 설정 : 위쪽 스포트라이트 강조 4, 종류 : 방사형, 방향 : 가운데에서)
- 데이터 레이블 추가 : '6월' 계열에 "값" 표시

▶ 지시사항이 없는 경우는 ≪출력형태≫와 동일하게 작성하시오.

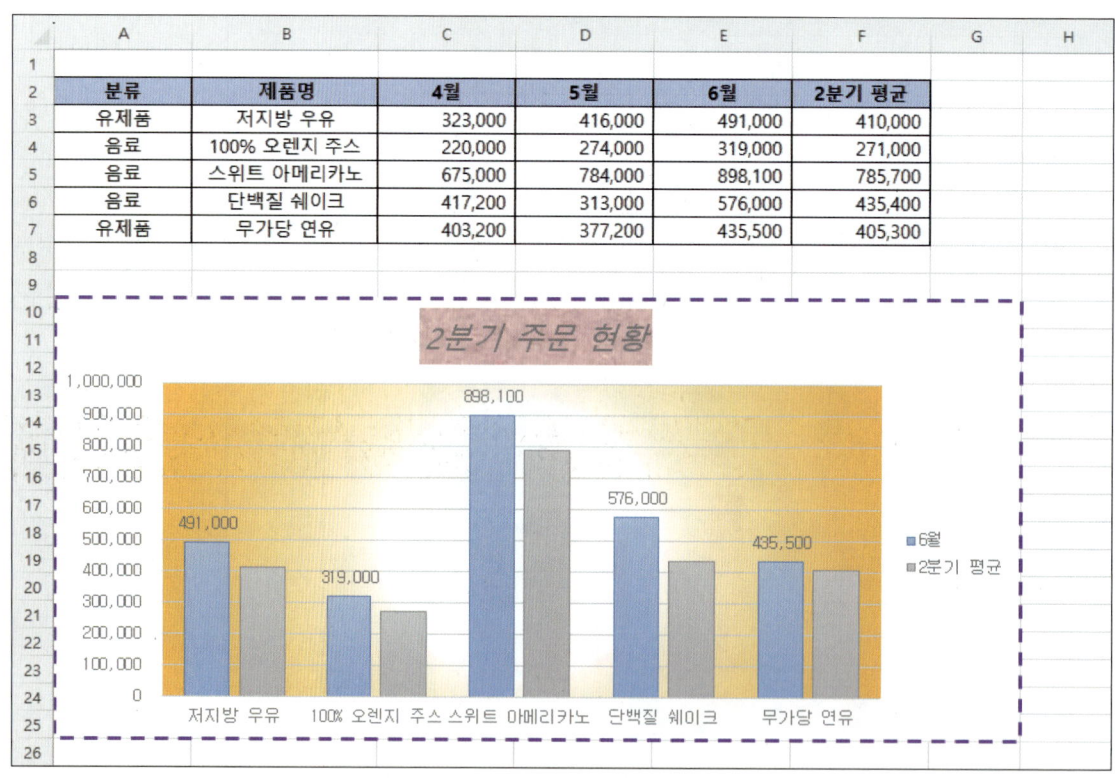

[Hint]
- 차트를 선택한 후 [차트 디자인] 탭의 [차트 스타일] 그룹에서 [색 변경] 단추를 클릭하고, [다양한 색상표 2]를 선택합니다. [차트 스타일] 그룹에서 [빠른 스타일] 단추를 클릭하고, '스타일 5'를 선택합니다.
- 차트 제목 안쪽을 클릭한 후 기존 내용(차트 제목)을 삭제하고, "2분기 주문 현황"을 입력합니다.
- [차트 디자인] 탭의 [차트 레이아웃] 그룹에서 [차트 요소 추가] 단추를 클릭하고, [범례]-[오른쪽]을 선택합니다.

출제 유형 문제

▶ 예제 파일 : 유형 분석 08₩유형 04_문제.xlsx   ▶ 완성 파일 : 유형 분석 08₩유형 04_완성.xlsx

03 "차트" 시트를 참조하여 다음 ≪처리조건≫에 맞도록 작업하시오.

처리조건

▶ "차트" 시트에 주어진 표를 이용하여 '묶은 가로 막대형' 차트를 작성하시오.
- 데이터 범위 : 현재 시트 [A2:A7], [C2:E7]의 데이터를 이용하여 작성하고, 행/열 전환은 '열'로 지정
- 차트 위치 : 현재 시트에 [A9:H24] 크기에 정확하게 맞추시오.
- 차트 제목("수상자별 점수 현황")
- 차트 스타일 : 색 변경(색상형 – 다양한 색상표 4, 스타일 5)
- 범례 위치 : 아래쪽
- 차트 영역 서식 : 글꼴(돋움체, 11pt), 테두리 색(실선, 색 : 주황), 테두리 스타일(너비 : 2.25pt, 겹선 종류 : 이중, 대시 종류 : 둥근 점선, 둥근 모서리)
- 차트 제목 서식 : 글꼴(궁서체, 20pt, 기울임꼴), 채우기(그림 또는 질감 채우기, 질감 : 편지지)
- 그림 영역 서식 : 채우기(그라데이션 채우기, 그라데이션 미리 설정 : 밝은 그라데이션 – 강조 2, 종류 : 선형, 방향 : 선형 아래쪽)
- 데이터 레이블 추가 : '3차점수' 계열에 "값" 표시

▶ 지시사항이 없는 경우는 ≪출력형태≫와 동일하게 작성하시오.

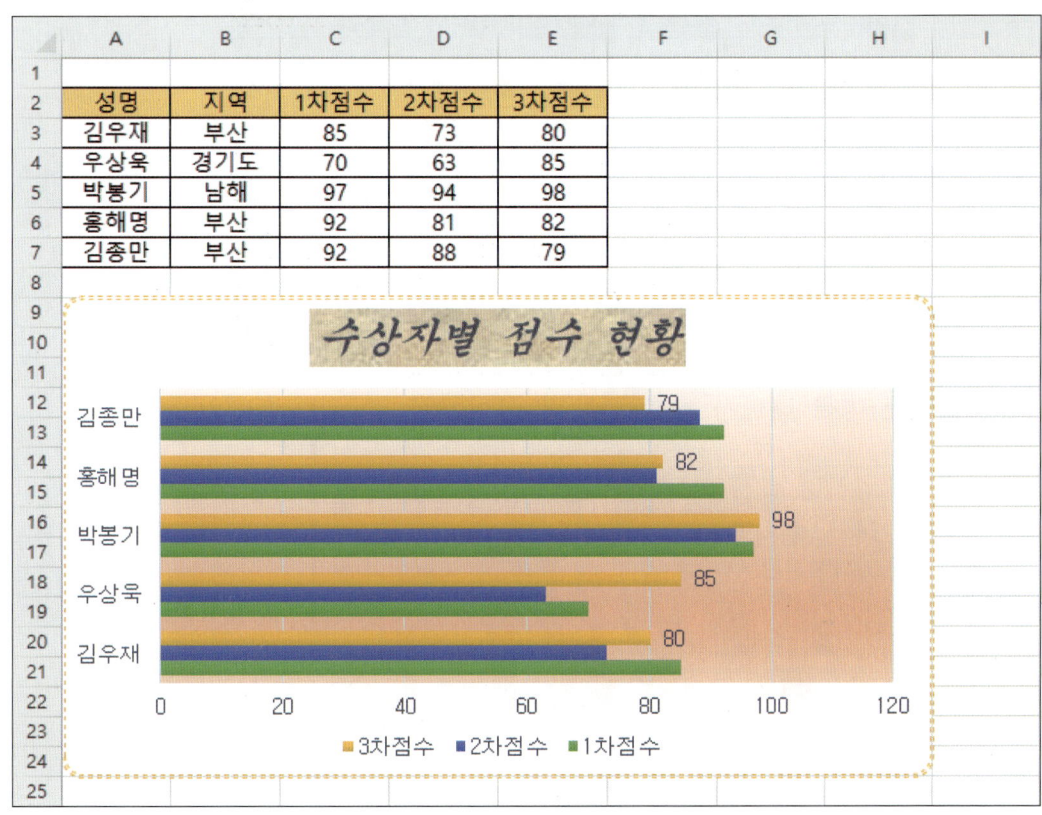

[Hint]
- 차트 영역을 선택한 후 [홈] 탭의 [글꼴] 그룹에서 글꼴은 '돋움체', 글꼴 크기는 '11'을 각각 지정합니다.
- 차트 영역에서 마우스 오른쪽 버튼을 클릭하고, [차트 영역 서식]을 선택합니다.
- 차트 영역 서식 작업 창의 [차트 옵션]–[테두리]에서 '실선'을 선택한 후 [윤곽선 색] 단추를 클릭하고, '주황'을 선택합니다. 테두리 너비는 '2.25 pt', 겹선 종류는 '이중', 대시 종류는 '둥근 점선', 둥근 모서리를 각각 선택합니다.

출제 유형 문제

▶ 예제 파일 : 유형 분석 08₩유형 05_문제.xlsx   ▶ 완성 파일 : 유형 분석 08₩유형 05_완성.xlsx

04 "차트" 시트를 참조하여 다음 ≪처리조건≫에 맞도록 작업하시오.

처리조건

▶ "차트" 시트에 주어진 표를 이용하여 '묶은 세로 막대형' 차트를 작성하시오.
- 데이터 범위 : 현재 시트 [A2:A8], [E2:F8]의 데이터를 이용하여 작성하고, 행/열 전환은 '열'로 지정
- 차트 위치 : 현재 시트에 [A11:G26] 크기에 정확하게 맞추시오.
- 차트 제목("할인에 따른 대여자 최종금액 및 정산금액")
- 차트 스타일 : 색 변경(색상형 – 다양한 색상표 3, 스타일 6)
- 범례 위치 : 아래쪽
- 차트 영역 서식 : 글꼴(굴림체, 11pt), 테두리 색(실선, 색 : 파랑), 테두리 스타일(너비 : 3.25pt, 겹선 종류 : 단순형, 대시 종류 : 파선, 둥근 모서리)
- 차트 제목 서식 : 글꼴(돋움체, 16pt, 굵게), 채우기(그림 또는 질감 채우기, 질감 : 신문 용지)
- 그림 영역 서식 : 채우기(그라데이션 채우기, 그라데이션 미리 설정 : 밝은 그라데이션 – 강조 1, 종류 : 선형, 방향 : 선형 위쪽)
- 데이터 레이블 추가 : '정산금액' 계열에 "값" 표시

▶ 지시사항이 없는 경우는 ≪출력형태≫와 동일하게 작성하시오.

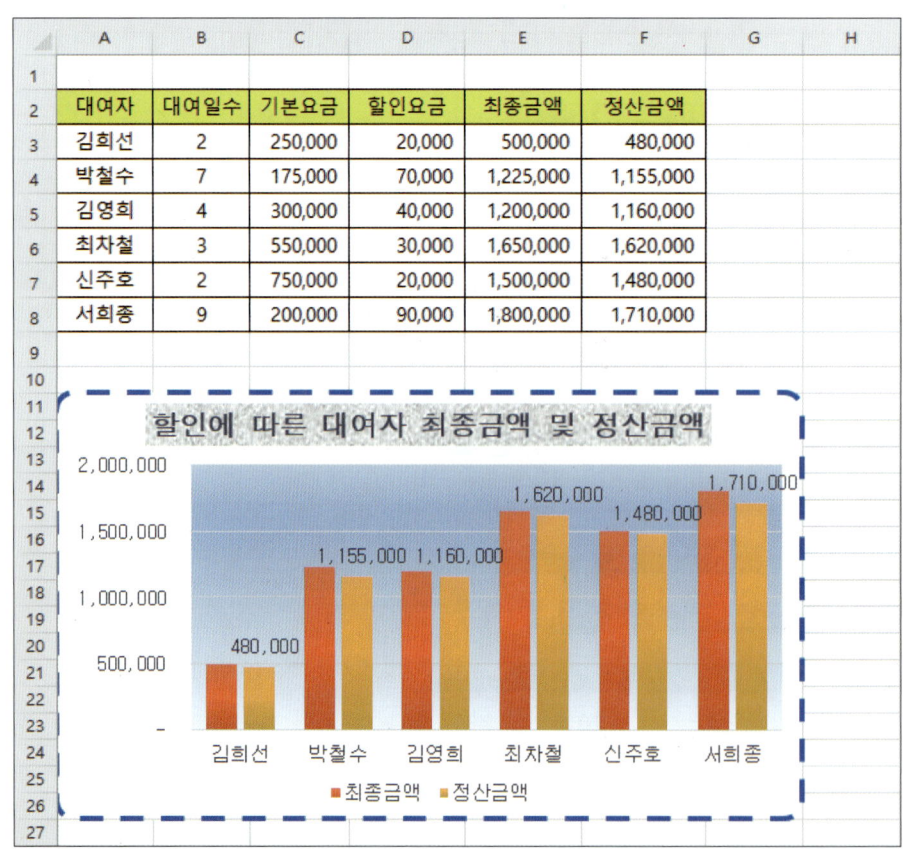

[Hint]
- 차트 제목을 선택한 후 [홈] 탭의 [글꼴] 그룹에서 글꼴은 '돋움체', 글꼴 크기는 '16', 글꼴 스타일은 '굵게'를 각각 지정합니다.
- 차트 제목 위에서 마우스 오른쪽 버튼을 클릭하고, [차트 제목 서식]을 선택합니다.
- 차트 제목 서식 작업 창의 [제목 옵션]–[채우기]에서 '그림 또는 질감 채우기'를 선택한 후 [질감] 단추를 클릭하고, '신문 용지'를 선택합니다.

05 "차트" 시트를 참조하여 다음 ≪처리조건≫에 맞도록 작업하시오.

▶ 예제 파일 : 유형 분석 08₩유형 06_문제.xlsx   ▶ 완성 파일 : 유형 분석 08₩유형 06_완성.xlsx

처리조건

▶ "차트" 시트에 주어진 표를 이용하여 '묶은 세로 막대형' 차트를 작성하시오.
- 데이터 범위 : 현재 시트 [A2:A7], [E2:F7]의 데이터를 이용하여 작성하고, 행/열 전환은 '열'로 지정
- 차트 위치 : 현재 시트에 [A10:G27] 크기에 정확하게 맞추시오.
- 차트 제목("수시모집 모집정원 및 지원자수 현황")
- 차트 스타일 : 색 변경(색상형 – 다양한 색상표 4, 스타일 9)
- 범례 위치 : 위쪽
- 차트 영역 서식 : 글꼴(돋움체, 10pt), 테두리 색(실선, 색 : 녹색), 테두리 스타일(너비 : 2.25pt, 겹선 종류 : 단순형, 대시 종류 : 사각 점선)
- 차트 제목 서식 : 글꼴(굴림, 15pt, 굵게), 채우기(그림 또는 질감 채우기, 질감 : 꽃다발)
- 그림 영역 서식 : 채우기(그라데이션 채우기, 그라데이션 미리 설정 : 위쪽 스포트라이트 강조 2, 종류 : 사각형, 방향 : 가운데에서)
- 데이터 레이블 추가 : '모집정원' 계열에 "값" 표시

▶ 지시사항이 없는 경우는 ≪출력형태≫와 동일하게 작성하시오.

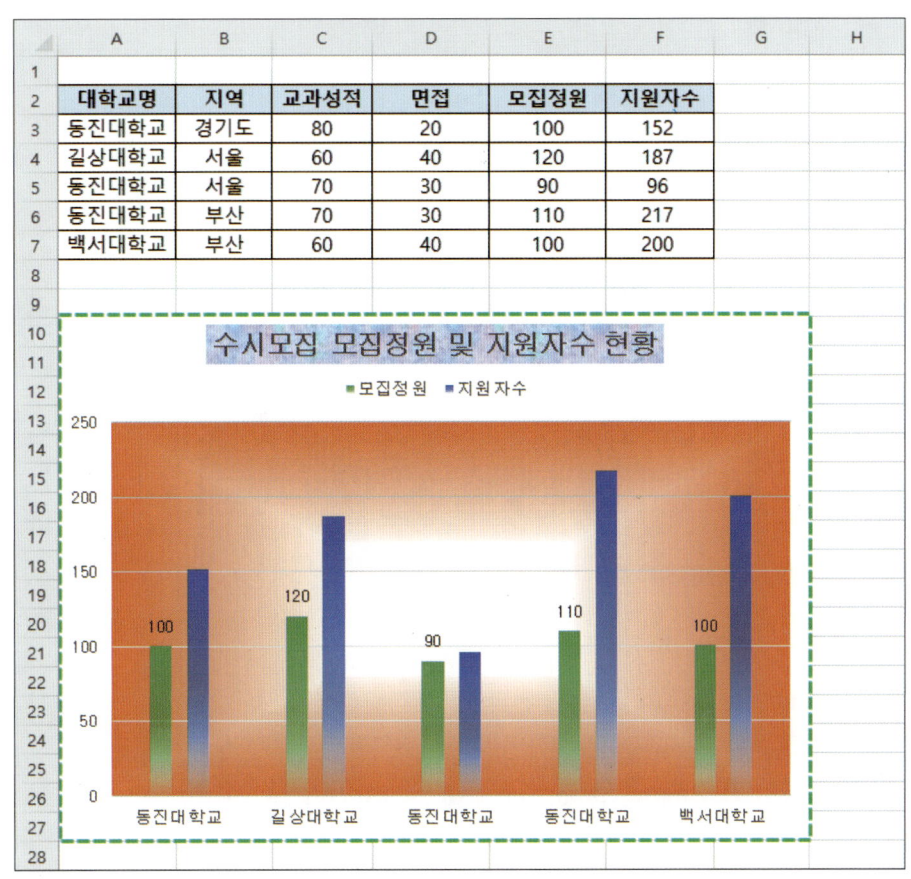

[Hint]
- 차트의 그림 영역에서 마우스 오른쪽 버튼을 클릭하고, [그림 영역 서식]을 선택합니다.
- 그림 영역 서식 작업 창의 [그림 영역 옵션]–[채우기]에서 '그라데이션 채우기'를 선택한 후 [그라데이션 미리 설정] 단추를 클릭하고, '위쪽 스포트라이트 강조 2'를 선택합니다. 종류는 '사각형'을, 방향은 '가운데에서'를 각각 선택합니다.

출제 유형 문제

> 예제 파일 : 유형 분석 08₩유형 07_문제.xlsx   완성 파일 : 유형 분석 08₩유형 07_완성.xlsx

06 "차트" 시트를 참조하여 다음 ≪처리조건≫에 맞도록 작업하시오.

처리조건

▶ "차트" 시트에 주어진 표를 이용하여 '묶은 가로 막대형' 차트를 작성하시오.
- 데이터 범위 : 현재 시트 [A2:A7], [D2:D7], [F2:F7]의 데이터를 이용하여 작성하고, 행/열 전환은 '열'로 지정
- 차트 위치 : 현재 시트에 [A10:G25] 크기에 정확하게 맞추시오.
- 차트 제목("지역구별 분양가 및 임대가격")
- 차트 스타일 : 색 변경(단색형 - 단색 색상표 9, 스타일 3)
- 범례 위치 : 위쪽
- 차트 영역 서식 : 글꼴(굴림체, 11pt), 테두리 색(실선, 색 : 연한 파랑), 테두리 스타일(너비 : 3pt, 겹선 종류 : 이중, 대시 종류 : 긴 파선-점선-점선, 둥근 모서리)
- 차트 제목 서식 : 글꼴(궁서체, 17pt, 굵게), 채우기(그림 또는 질감 채우기, 질감 : 재생지)
- 그림 영역 서식 : 채우기(그라데이션 채우기, 그라데이션 미리 설정 : 위쪽 스포트라이트 강조 4, 종류 : 선형, 방향 : 선형 오른쪽)
- 데이터 레이블 추가 : '분양가' 계열에 "값" 표시

▶ 지시사항이 없는 경우는 ≪출력형태≫와 동일하게 작성하시오.

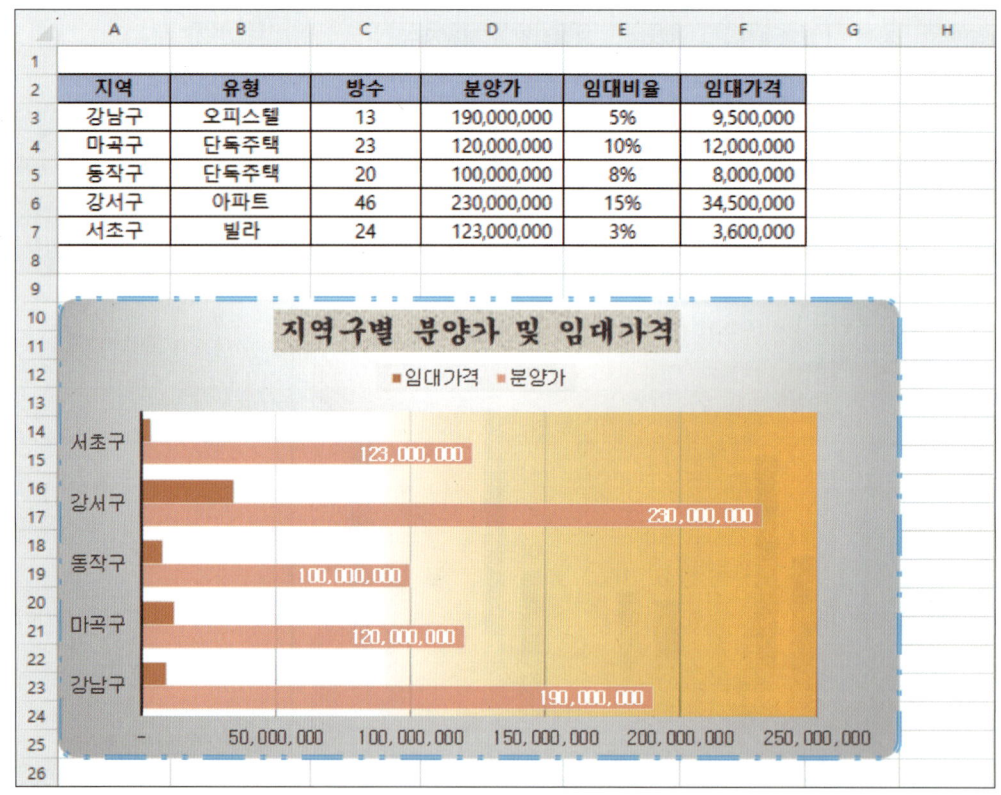

[Hint]
- Ctrl 키를 이용하여 [A2:A7], [D2:D7], [F2:F7] 영역을 블록 지정한 후 [삽입] 탭의 [차트] 그룹에서 [세로 또는 가로 막대형 차트 삽입] 단추를 클릭하고, '묶은 가로 막대형'을 선택합니다.
- 차트에서 '임대가격' 계열만을 선택한 후 [차트 디자인] 탭의 [차트 레이아웃] 그룹에서 [차트 요소 추가] 단추를 클릭하고, [데이터 레이블]-[없음]을 선택합니다.

PART 02

실전모의고사

제 **01** 회 실전모의고사
제 **02** 회 실전모의고사
제 **03** 회 실전모의고사
제 **04** 회 실전모의고사
제 **05** 회 실전모의고사
제 **06** 회 실전모의고사
제 **07** 회 실전모의고사
제 **08** 회 실전모의고사
제 **09** 회 실전모의고사
제 **10** 회 실전모의고사

제 01 회 실전모의고사

◎ 시험과목 : 스프레드시트(엑셀)
◎ 시험일자 : 20○○. ○○. ○○.(X)
◎ 응시자 기재사항 및 감독위원 확인

MS Office 2021 버전용

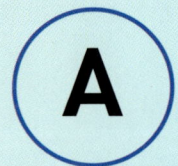

수검번호	DIS - 0000 -	감독위원 확인
성 명		

응시자 유의사항

1. 응시자는 신분증을 지참하여야 시험에 응시할 수 있으며, 시험이 종료될 때까지 신분증을 제시하지 못 할 경우 해당 시험은 0점 처리됩니다.
2. 시스템(PC작동여부, 네트워크 상태 등)의 이상여부를 반드시 확인하여야 하며, 시스템 이상이 있을 시 감독위원에게 조치를 받으셔야 합니다.
3. 시험 중 부주의 또는 고의로 시스템을 파손한 경우는 응시자 부담으로 합니다.
4. 답안 전송 프로그램을 통해 다운로드 받은 파일을 이용하여 답안파일을 작성하시기 바랍니다.
5. 작성한 답안 파일은 답안 전송 프로그램을 통하여 전송됩니다. 감독위원의 지시에 따라 주시기 바랍니다.
6. 다음 사항의 경우 실격(0점) 혹은 부정행위 처리됩니다.
    1) 답안파일을 저장하지 않았거나, 저장한 파일이 손상되었을 경우
    2) 답안파일을 지정된 폴더(바탕화면 – "KAIT" 폴더)에 저장하지 않았을 경우
       ※ 답안 전송 프로그램 로그인 시 바탕화면에 자동 생성됨
    3) 답안파일을 다른 보조기억장치(USB) 혹은 네트워크(메신저, 게시판 등)로 전송할 경우
    4) 휴대용 전화기 등 통신기기를 사용할 경우
7. 시트는 반드시 순서대로 작성해야 하며, 순서가 다를 경우 "0"점 처리됩니다.
8. 시험지에 제시된 글꼴이 응시 프로그램에 없는 경우, 반드시 감독위원에게 해당 내용을 통보한 뒤 조치를 받아야 합니다.
9. 시험의 완료는 작성이 완료된 답안을 저장하고, 답안 전송이 완료된 상태를 확인한 것으로 합니다. 답안 전송 확인 후 문제지는 감독위원에게 제출한 후 퇴실하여야 합니다.
10. 답안전송이 완료된 경우는 수정 또는 정정이 불가합니다.
11. 시험 시행 후 합격자 발표는 홈페이지(www.ihd.or.kr)에서 확인하시기를 바랍니다.
    ※ 합격자 발표 : 20○○. ○○. ○○.(X)

디지털정보활용능력 · 스프레드시트(엑셀) 2021 [시험시간 : 40분]

[문제 1] "이용현황" 시트를 참조하여 다음 ≪처리조건≫에 맞도록 작업하시오. (50점)

《출력형태》

모델명	종류	권역	7월	8월	9월	평균	순위	비고
			3분기 권역별 공유 이동장치 이용현황					
P-KB-300	전동킥보드	중부권	23,100	23,590	24,050	23,580	1위	많은 이용
P-CY-500	전기자전거	수도권	23,120	23,030	23,570	23,240	3위	많은 이용
R-CY-100	대여자전거	중부권	22,580	22,890	23,270	22,913	5위	많은 이용
P-KB-301	전동킥보드	남부권	22,120	22,390	22,760	22,423	10위	
R-CY-101	대여자전거	수도권	22,720	22,950	23,850	23,173	2위	많은 이용
P-KB-303	전동킥보드	수도권	22,290	22,040	23,160	22,497	6위	
P-CY-501	전기자전거	남부권	23,240	23,170	23,510	23,307	4위	많은 이용
R-CY-102	대여자전거	수도권	22,250	22,020	22,920	22,397	7위	
P-KB-305	전동킥보드	중부권	22,530	22,770	22,920	22,740	7위	
P-CY-503	전기자전거	수도권	22,370	22,620	22,780	22,590	9위	
'9월'의 최대값-최소값 차이				1,290건				
'종류'가 "전동킥보드"인 '9월'의 합계				92,890건				
'8월' 중 세 번째로 큰 값				23030				

《처리조건》

- 1행의 행 높이를 '80'으로 설정하고, 2행~15행의 행 높이를 '18'로 설정하시오.
- 제목("3분기 권역별 공유 이동장치 이용현황") : 기본 도형의 '액자'를 이용하여 입력하시오.
  - 도형 : 위치([B1:H1]), 도형 스타일(테마 스타일 - '강한 효과 - 황금색, 강조 4')
  - 글꼴 : 굴림체, 26pt, 굵게
  - 도형 서식 : 도형 옵션 - 크기 및 속성(텍스트 상자(세로 맞춤 : 정가운데, 텍스트 방향 : 가로))

- 셀 서식을 아래 조건에 맞게 작성하시오.
  - [A2:I15] : 테두리(안쪽, 윤곽선 모두 실선, '검정, 텍스트 1'), 전체 가운데 맞춤
  - [A13:D13], [A14:D14], [A15:D15] : 각각 병합하고 가운데 맞춤
  - [A2:I2], [A13:D15] : 채우기 색('녹색, 강조 6, 40% 더 밝게'), 글꼴(굵게)
  - [H3:H12] : 셀 서식의 표시형식-사용자 지정을 이용하여 0"위"자를 추가
  - [D3:G12] : 셀 서식의 표시형식-숫자를 이용하여 1000 단위 구분 기호 표시
  - [E13:G14] : 셀 서식의 표시형식-사용자 지정을 이용하여 #,##0"건"자를 추가
  - 조건부 서식[A3:I12] : '종류'가 "전동킥보드"인 경우 레코드 전체에 글꼴(진한 파랑, 굵게) 적용
  - 지시사항이 없는 경우는 주어진 문제파일의 서식을 그대로 사용하시오.

- ① 순위[H3:H12] : '9월'을 기준으로 하여 큰 순으로 순위를 구하시오. **(RANK.EQ 함수)**
- ② 비고[I3:I12] : '평균'이 22800 이상이면 "많은 이용", 그렇지 않으면 공백으로 구하시오. **(IF 함수)**
- ③ 최대값-최소값[E13:G13] : '9월'의 최대값과 최소값의 차이를 구하시오. **(MAX, MIN 함수)**
- ④ 합계[E14:G14] : '종류'가 "전동킥보드"인 '9월'의 합계를 구하시오. **(DSUM 함수)**
- ⑤ 순위[E15:G15] : '8월' 중 세 번째로 큰 값을 구하시오. **(LARGE 함수)**

[문제 2] "부분합" 시트를 참조하여 다음 ≪처리조건≫에 맞도록 작업하시오. (30점)

≪출력형태≫

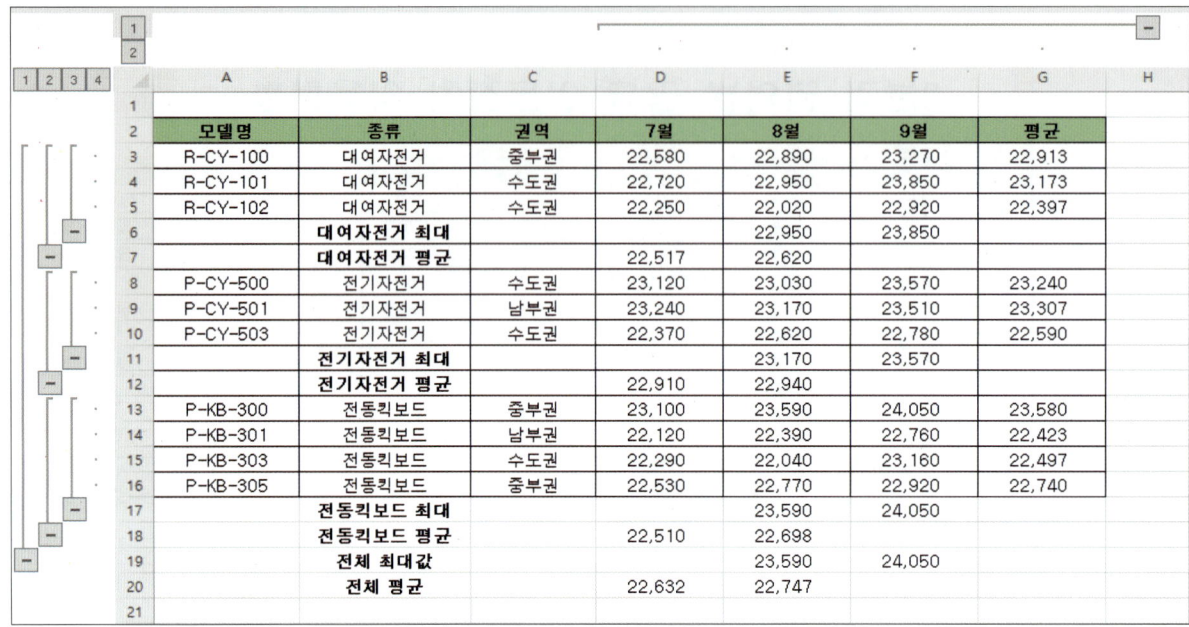

≪처리조건≫

▶ 데이터를 '종류' 기준으로 오름차순 정렬하시오.

▶ 아래 조건에 맞는 부분합을 작성하시오.
  - '종류'로 그룹화하여 '7월', '8월'의 평균을 구하는 부분합을 만드시오.
  - '종류'로 그룹화하여 '8월', '9월'의 최대를 구하는 부분합을 만드시오.
    (새로운 값으로 대치하지 말 것)
  - [D3:G20] 영역에 셀 서식의 표시형식-숫자를 이용하여 1000 단위 구분 기호를 표시하시오.

▶ D~G열을 선택하여 그룹을 설정하시오.

▶ 평균과 최대의 부분합 순서는 ≪출력형태≫와 다를 수 있음

▶ 지시사항이 없는 경우는 기본 값을 적용하시오.

디지털정보활용능력 스프레드시트(엑셀) 2021 [시험시간 : 40분]

[문제 3] "필터"와 "시나리오" 시트를 참조하여 다음 《처리조건》에 맞도록 작업하시오. (60점)

(1) 필터

《출력형태》

	A	B	C	D	E	F	G
2	모델명	종류	권역	7월	8월	9월	평균
3	P-KB-300	전동킥보드	중부권	23,100	23,590	24,050	23,580
4	P-CY-500	전기자전거	수도권	23,120	23,030	23,570	23,240
5	R-CY-100	대여자전거	중부권	22,580	22,890	23,270	22,913
6	P-KB-301	전동킥보드	남부권	22,120	22,390	22,760	22,423
7	R-CY-101	대여자전거	수도권	22,720	22,950	23,850	23,173
8	P-KB-303	전동킥보드	수도권	22,290	22,040	23,160	22,497
9	P-CY-501	전기자전거	남부권	23,240	23,170	23,510	23,307
10	R-CY-102	대여자전거	수도권	22,250	22,020	22,920	22,397
11	P-KB-305	전동킥보드	중부권	22,530	22,770	22,920	22,740
12	P-CY-503	전기자전거	수도권	22,370	22,620	22,780	22,590
13							
14	조건						
15	FALSE						
16							
17							
18	모델명	종류	8월	9월	평균		
19	P-CY-500	전기자전거	23,030	23,570	23,240		
20	R-CY-101	대여자전거	22,950	23,850	23,173		
21	P-CY-503	전기자전거	22,620	22,780	22,590		

《처리조건》

▶ "필터" 시트의 [A2:G12]를 아래 조건에 맞게 고급필터를 사용하여 작성하시오.
 - '권역'이 "수도권"이고 '평균'이 22500 이상인 데이터를 '모델명', '종류', '8월', '9월', '평균'의 데이터만 필터링하시오.
 - 조건 위치 : 조건 함수는 [A15] 한 셀에 작성(AND 함수 이용)
 - 결과 위치 : [A18]부터 출력

▶ 지시사항이 없는 경우는 ≪출력형태 - 필터≫와 동일하게 작성하시오.

(2) 시나리오

《출력형태》

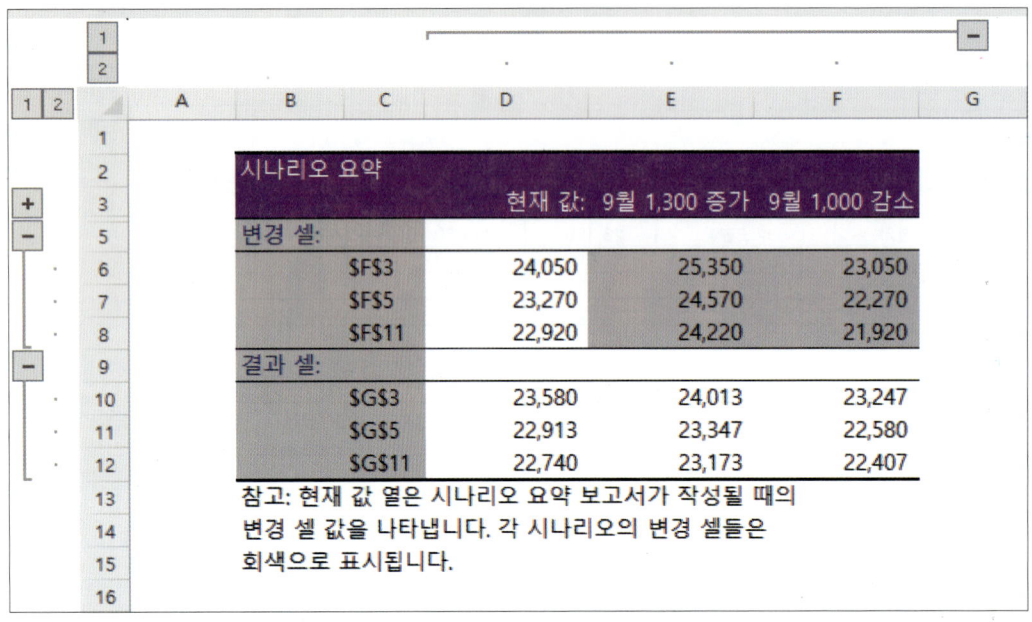

《처리조건》

▶ "시나리오" 시트의 [A2:G12]를 이용하여 '권역'이 "중부권"인 경우, '9월'이 변동할 때 '평균'이 변동하는 가상분석(시나리오)을 작성하시오.

- 시나리오1 : 시나리오 이름은 "9월 1,300 증가", '9월'에 1300을 증가시킨 값 설정.
- 시나리오2 : 시나리오 이름은 "9월 1,000 감소", '9월'에 1000을 감소시킨 값 설정.
- "시나리오 요약" 시트를 작성하시오.

▶ 지시사항이 없는 경우는 ≪출력형태 - 시나리오≫와 동일하게 작성하시오.

[문제 4] "피벗테이블" 시트를 참조하여 다음 ≪처리조건≫에 맞도록 작업하시오. (30점)

≪출력형태≫

종류	값	권역		
		남부권	수도권	중부권
대여자전거	최대 : 8월	***	22,950	22,890
	최대 : 9월	***	23,850	23,270
전기자전거	최대 : 8월	23,170	23,030	***
	최대 : 9월	23,510	23,570	***
전체 최대 : 8월		23,170	23,030	22,890
전체 최대 : 9월		23,510	23,850	23,270

≪처리조건≫

▶ "피벗테이블" 시트의 [A2:F12]를 이용하여 새로운 시트에 ≪출력형태≫와 같이 피벗테이블을 작성 후 시트명을 "피벗테이블 정답"으로 수정하시오.

▶ 종류(행)와 권역(열)을 기준으로 하여 출력형태와 같이 구하시오.
 – '8월', '9월'의 최대를 구하시오.
 – 피벗 테이블 옵션을 이용하여 레이블이 있는 셀 병합 및 가운데 맞춤하고 빈 셀을 "***"로 표시한 후, 행의 총합계를 감추기 하시오.
 – 피벗 테이블 디자인에서 보고서 레이아웃은 '테이블 형식으로 표시', 피벗 테이블 스타일은 '중간 – 연한 녹색, 피벗 스타일 보통 14'로 표시하시오.
 – 종류(행)는 "대여자전거", "전기자전거"만 출력되도록 표시하시오.
 – [C5:E10] 데이터는 셀 서식의 표시형식-숫자를 이용하여 1000 단위 구분 기호를 표시하고, 오른쪽 맞춤하시오.

▶ 종류의 순서는 ≪출력형태≫와 다를 수 있음

▶ 지시사항이 없는 경우는 ≪출력형태≫와 동일하게 작성하시오.

[문제 5] "차트" 시트를 참조하여 다음 ≪처리조건≫에 맞도록 작업하시오. (30점)

《출력형태》

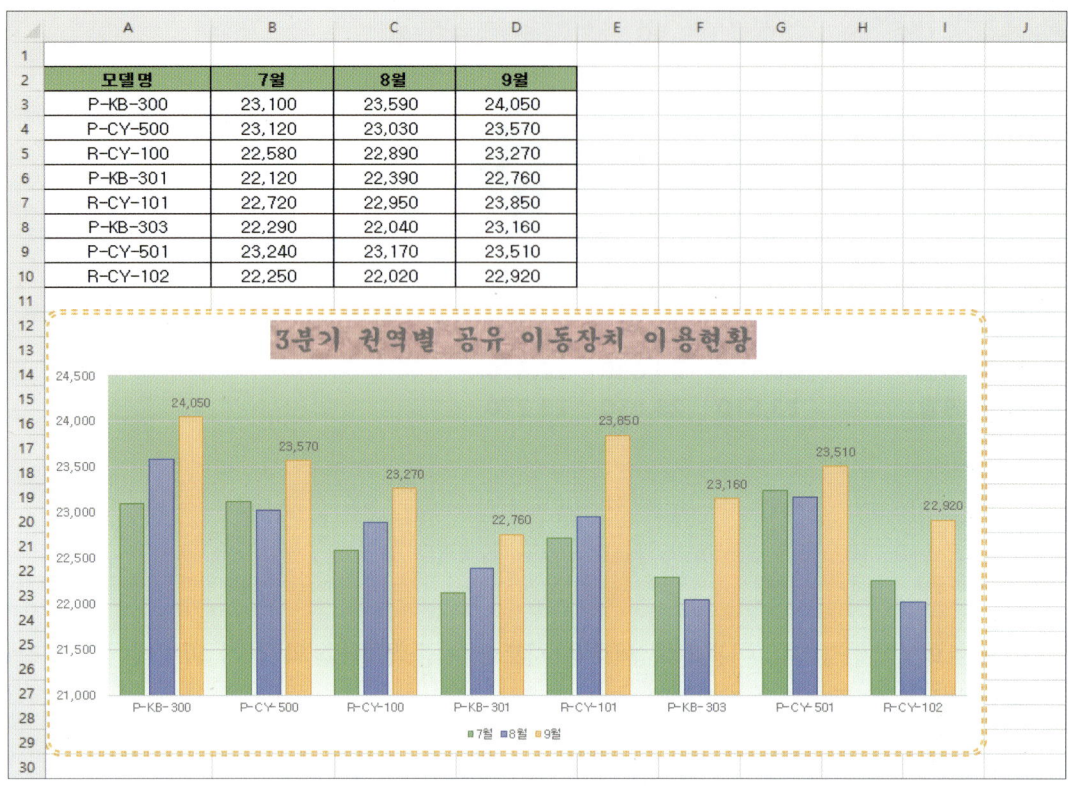

《처리조건》

▶ "차트" 시트에 주어진 표를 이용하여 '묶은 세로 막대형' 차트를 작성하시오.
- 데이터 범위 : 현재 시트 [A2:D10]의 데이터를 이용하여 작성하고, 행/열 전환은 '열'로 지정
- 차트 위치 : 현재 시트에 [A12:I29] 크기에 정확하게 맞추시오.
- 차트 제목("3분기 권역별 공유 이동장치 이용현황")
- 차트 스타일 : 색 변경(색상형 – 다양한 색상표 4, 스타일 5)
- 범례 위치 : 아래쪽
- 차트 영역 서식 : 글꼴(돋움, 8pt), 테두리 색(실선, 색 : 주황), 테두리 스타일(너비 : 3.75pt, 겹선 종류 : 이중, 대시 종류 : 둥근 점선, 둥근 모서리)
- 차트 제목 서식 : 글꼴(궁서체, 18pt, 굵게), 채우기(그림 또는 질감 채우기, 질감 : 분홍 박엽지)
- 그림 영역 서식 : 채우기(그라데이션 채우기, 그라데이션 미리 설정 : 밝은 그라데이션 – 강조 6, 종류 : 선형, 방향 : 선형 위쪽)
- 데이터 레이블 추가 : '9월' 계열에 "값" 표시

▶ 지시사항이 없는 경우는 ≪출력형태≫와 동일하게 작성하시오.

제 02 회 실전모의고사

MS Office 2021 버전용

◎ 시험과목 : 스프레드시트(엑셀)
◎ 시험일자 : 20○○. ○○. ○○.(X)
◎ 응시자 기재사항 및 감독위원 확인

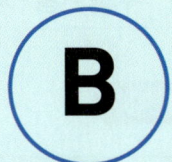

수검번호	DIS - 0000 -	감독위원 확인
성 명		

응시자 유의사항

1. 응시자는 신분증을 지참하여야 시험에 응시할 수 있으며, 시험이 종료될 때까지 신분증을 제시하지 못 할 경우 해당 시험은 0점 처리됩니다.
2. 시스템(PC작동여부, 네트워크 상태 등)의 이상여부를 반드시 확인하여야 하며, 시스템 이상이 있을 시 감독위원에게 조치를 받으셔야 합니다.
3. 시험 중 부주의 또는 고의로 시스템을 파손한 경우는 응시자 부담으로 합니다.
4. 답안 전송 프로그램을 통해 다운로드 받은 파일을 이용하여 답안파일을 작성하시기 바랍니다.
5. 작성한 답안 파일은 답안 전송 프로그램을 통하여 전송됩니다. 감독위원의 지시에 따라 주시기 바랍니다.
6. 다음 사항의 경우 실격(0점) 혹은 부정행위 처리됩니다.
    1) 답안파일을 저장하지 않았거나, 저장한 파일이 손상되었을 경우
    2) 답안파일을 지정된 폴더(바탕화면 – "KAIT" 폴더)에 저장하지 않았을 경우
        ※ 답안 전송 프로그램 로그인 시 바탕화면에 자동 생성됨
    3) 답안파일을 다른 보조기억장치(USB) 혹은 네트워크(메신저, 게시판 등)로 전송할 경우
    4) 휴대용 전화기 등 통신기기를 사용할 경우
7. 시트는 반드시 순서대로 작성해야 하며, 순서가 다를 경우 "0"점 처리됩니다.
8. 시험지에 제시된 글꼴이 응시 프로그램에 없는 경우, 반드시 감독위원에게 해당 내용을 통보한 뒤 조치를 받아야 합니다.
9. 시험의 완료는 작성이 완료된 답안을 저장하고, 답안 전송이 완료된 상태를 확인한 것으로 합니다. 답안 전송 확인 후 문제지는 감독위원에게 제출한 후 퇴실하여야 합니다.
10. 답안전송이 완료된 경우는 수정 또는 정정이 불가합니다.
11. 시험 시행 후 합격자 발표는 홈페이지(www.ihd.or.kr)에서 확인하시기를 바랍니다.
    ※ 합격자 발표 : 20○○. ○○. ○○.(X)

디지털정보활용능력 스프레드시트(엑셀) 2021 [시험시간 : 40분]

[문제 1] "수출현황" 시트를 참조하여 다음 ≪처리조건≫에 맞도록 작업하시오. (50점)

《출력형태》

주요품목 수출현황

관리코드	국가명	분류	상반기	하반기	합계	증감률	순위	비고
21-409	중국	화장품	1,069,100	1,229,000	2,298,100원	-11.8%	3	
22-904	미국	플라스틱제품	1,117,300	1,112,800	2,230,100원	54.6%	4	
21-413	중국	화장품	850,200	791,900	1,642,100원	64.2%	9	하반기 부진
83-403	베트남	화장품	1,039,200	1,075,300	2,114,500원	33.1%	6	
83-411	베트남	플라스틱제품	857,700	709,500	1,567,200원	-39.1%	10	하반기 부진
22-910	미국	자동차부품	1,286,000	1,107,400	2,393,400원	8.8%	1	
21-422	중국	플라스틱제품	1,073,500	1,101,500	2,175,000원	30.8%	5	
22-925	미국	화장품	892,100	762,800	1,654,900원	-5.7%	8	하반기 부진
82-428	베트남	자동차부품	1,056,300	1,003,100	2,059,400원	-20.1%	7	
22-936	미국	플라스틱제품	1,227,900	1,125,600	2,353,500원	32.3%	2	
'합계'의 최대값-최소값 차이				826,200원				
'분류'가 "화장품"인 '하반기'의 평균				964,750원				
'상반기' 중 세 번째로 큰 값				1,117,300원				

《처리조건》

▶ 1행의 행 높이를 '80'으로 설정하고, 2행~15행의 행 높이를 '18'로 설정하시오.
▶ 제목("주요품목 수출현황") : 기본 도형의 '배지'를 이용하여 입력하시오.
   - 도형 : 위치([B1:H1]), 도형 스타일(테마 스타일 – '보통 효과 – 파랑, 강조 1')
   - 글꼴 : 궁서체, 36pt, 기울임꼴
   - 도형 서식 : 도형 옵션 – 크기 및 속성(텍스트 상자(세로 맞춤 : 정가운데, 텍스트 방향 : 가로))

▶ 셀 서식을 아래 조건에 맞게 작성하시오.
   - [A2:I15] : 테두리(안쪽, 윤곽선 모두 실선, '검정, 텍스트 1'), 전체 가운데 맞춤
   - [A13:D13], [A14:D14], [A15:D15] : 각각 병합하고 가운데 맞춤
   - [A2:I2], [A13:D15] : 채우기 색('파랑, 강조 5, 60% 더 밝게'), 글꼴(굵게)
   - [D3:E12] : 셀 서식의 표시형식-숫자를 이용하여 1000 단위 구분 기호 표시
   - [F3:F12], [E13:G15] : 셀 서식의 표시형식-사용자 지정을 이용하여 #,##0"원"자를 추가
   - [G3:G12] : 셀 서식의 표시형식-사용자 지정을 이용하여 0.0"%"자를 추가
   - 조건부 서식[A3:I12] : '증감률'이 0 이하인 경우 레코드 전체에 글꼴(빨강, 굵은 기울임꼴) 적용
   - 지시사항이 없는 경우는 주어진 문제파일의 서식을 그대로 사용하시오.

▶ ① 순위[H3:H12] : '합계'를 기준으로 하여 큰 순으로 순위를 구하시오. **(RANK.EQ 함수)**
▶ ② 비고[I3:I12] : '하반기'가 800000 이하이면 "하반기 부진", 그렇지 않으면 공백으로 구하시오. **(IF 함수)**
▶ ③ 최대값-최소값[E13:G13] : '합계'의 최대값-최소값의 차이를 구하시오. **(MAX, MIN 함수)**
▶ ④ 평균[E14:G14] : '분류'가 "화장품"인 '하반기'의 평균을 구하시오. **(DAVERAGE 함수)**
▶ ⑤ 순위[E15:G15] : '상반기' 중 세 번째로 큰 값을 구하시오. **(LARGE 함수)**

[문제 2] "부분합" 시트를 참조하여 다음 ≪처리조건≫에 맞도록 작업하시오. (30점)

≪출력형태≫

관리코드	국가명	분류	상반기	하반기	합계	증감률
21-409	중국	화장품	1,069,100	1,229,000	2,298,100	-11.8
21-413	중국	화장품	850,200	791,900	1,642,100	64.2
21-422	중국	플라스틱제품	1,073,500	1,101,500	2,175,000	30.8
	중국 최소		850,200	791,900	1,642,100	
	중국 평균		997,600	1,040,800		
83-403	베트남	화장품	1,039,200	1,075,300	2,114,500	33.1
83-411	베트남	플라스틱제품	857,700	709,500	1,567,200	-39.1
82-428	베트남	자동차부품	1,056,300	1,003,100	2,059,400	-20.1
	베트남 최소		857,700	709,500	1,567,200	
	베트남 평균		984,400	929,300		
22-904	미국	플라스틱제품	1,117,300	1,112,800	2,230,100	54.6
22-910	미국	자동차부품	1,286,000	1,107,400	2,393,400	8.8
22-925	미국	화장품	892,100	762,800	1,654,900	-5.7
22-936	미국	플라스틱제품	1,227,900	1,125,600	2,353,500	32.3
	미국 최소		892,100	762,800	1,654,900	
	미국 평균		1,130,825	1,027,150		
	전체 최소값		850,200	709,500	1,567,200	
	전체 평균		1,046,930	1,001,890		

≪처리조건≫

▶ 데이터를 '국가명' 기준으로 내림차순 정렬하시오.

▶ 아래 조건에 맞는 부분합을 작성하시오.
 – '국가명'으로 그룹화하여 '상반기', '하반기'의 평균을 구하는 부분합을 만드시오.
 – '국가명'으로 그룹화하여 '상반기', '하반기', '합계'의 최소를 구하는 부분합을 만드시오.
  (새로운 값으로 대치하지 말 것)
 – [D3:F20] 영역에 셀 서식의 표시형식–숫자를 이용하여 1000 단위 구분 기호를 표시하시오.

▶ D~E열을 선택하여 그룹을 설정하시오.

▶ 평균과 최소의 부분합 순서는 ≪출력형태≫와 다를 수 있음

▶ 지시사항이 없는 경우는 기본 값을 적용하시오.

[문제 3] "필터"와 "시나리오" 시트를 참조하여 다음 ≪처리조건≫에 맞도록 작업하시오. (60점)

(1) 필터

≪출력형태≫

	A	B	C	D	E	F	G
2	관리코드	국가명	분류	상반기	하반기	합계	증감률
3	21-409	중국	화장품	1,069,100	1,229,000	2,298,100	-11.8
4	22-904	미국	플라스틱제품	1,117,300	1,112,800	2,230,100	54.6
5	21-413	중국	화장품	850,200	791,900	1,642,100	64.2
6	83-403	베트남	화장품	1,039,200	1,075,300	2,114,500	33.1
7	83-411	베트남	플라스틱제품	857,700	709,500	1,567,200	-39.1
8	22-910	미국	자동차부품	1,286,000	1,107,400	2,393,400	8.8
9	21-422	중국	플라스틱제품	1,073,500	1,101,500	2,175,000	30.8
10	22-925	미국	화장품	892,100	762,800	1,654,900	-5.7
11	82-428	베트남	자동차부품	1,056,300	1,003,100	2,059,400	-20.1
12	22-936	미국	플라스틱제품	1,227,900	1,125,600	2,353,500	32.3
13							
14	조건						
15	TRUE						
16							
17							
18	관리코드	국가명	상반기	하반기	증감률		
19	21-409	중국	1,069,100	1,229,000	-11.8		
20	22-904	미국	1,117,300	1,112,800	54.6		
21	22-910	미국	1,286,000	1,107,400	8.8		
22	82-428	베트남	1,056,300	1,003,100	-20.1		
23	22-936	미국	1,227,900	1,125,600	32.3		

≪처리조건≫

▶ "필터" 시트의 [A2:G12]를 아래 조건에 맞게 고급필터를 사용하여 작성하시오.
  - '분류'가 "자동차부품"이거나 '합계'가 2200000 이상인 데이터를 '관리코드', '국가명', '상반기', '하반기', '증감률'의 데이터만 필터링하시오.
  - 조건 위치 : 조건 함수는 [A15] 한 셀에 작성(OR 함수 이용)
  - 결과 위치 : [A18]부터 출력

▶ 지시사항이 없는 경우는 ≪출력형태 - 필터≫와 동일하게 작성하시오.

(2) 시나리오

《출력형태》

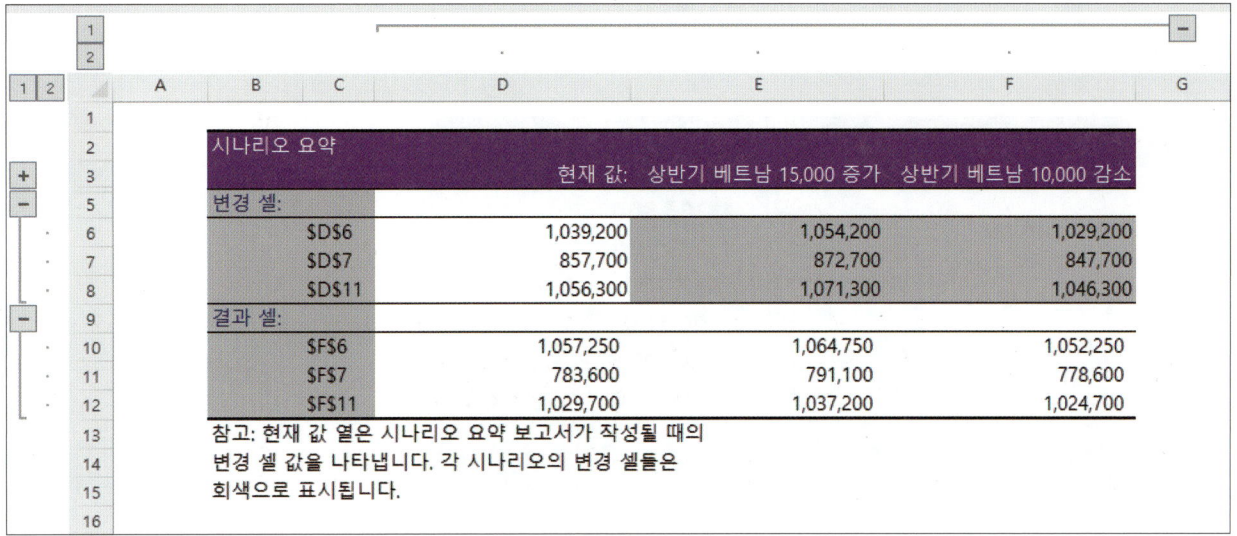

《처리조건》

▶ "시나리오" 시트의 [A2:F12]를 이용하여 '국가명'이 "베트남"인 경우, '상반기'가 변동할 때 '평균'이 변동하는 가상분석(시나리오)을 작성하시오.

- 시나리오1 : 시나리오 이름은 "상반기 베트남 15,000 증가", '상반기'에 15000을 증가시킨 값 설정.
- 시나리오2 : 시나리오 이름은 "상반기 베트남 10,000 감소", '상반기'에 10000을 감소시킨 값 설정.
- "시나리오 요약" 시트를 작성하시오.

▶ 지시사항이 없는 경우는 ≪출력형태 - 시나리오≫와 동일하게 작성하시오.

디지털정보활용능력 스프레드시트(엑셀) 2021 [시험시간 : 40분]

[문제 4] "피벗테이블" 시트를 참조하여 다음 ≪처리조건≫에 맞도록 작업하시오. (30점)

≪출력형태≫

	A	B	C	D	E
1					
2					
3			국가명		
4	분류	값	베트남	중국	
5	자동차부품	평균 : 상반기	1,056,300	*	
6		평균 : 하반기	1,003,100	*	
7	플라스틱제품	평균 : 상반기	857,700	1,073,500	
8		평균 : 하반기	709,500	1,101,500	
9	화장품	평균 : 상반기	1,039,200	959,650	
10		평균 : 하반기	1,075,300	1,010,450	
11	전체 평균 : 상반기		984,400	997,600	
12	전체 평균 : 하반기		929,300	1,040,800	
13					

≪처리조건≫

▶ "피벗테이블" 시트의 [A2:G12]를 이용하여 새로운 시트에 ≪출력형태≫와 같이 피벗테이블을 작성 후 시트명을 "피벗테이블 정답"으로 수정하시오.

▶ 분류(행)와 국가명(열)을 기준으로 하여 출력형태와 같이 구하시오.
 - '상반기', '하반기'의 평균을 구하시오.
 - 피벗 테이블 옵션을 이용하여 레이블이 있는 셀 병합 및 가운데 맞춤하고 빈 셀을 "*"로 표시한 후, 행의 총합계를 감추기 하시오.
 - 피벗 테이블 디자인에서 보고서 레이아웃은 '테이블 형식으로 표시', 피벗 테이블 스타일은 '어둡게 – 진한 파랑, 피벗 스타일 어둡게 6'으로 표시하시오.
 - 국가명(열)은 "베트남", "중국"만 출력되도록 표시하시오.
 - [C5:D12] 데이터는 셀 서식의 표시형식-숫자를 이용하여 1000 단위 구분 기호를 표시하고, 가운데 맞춤하시오.

▶ 분류의 순서는 ≪출력형태≫와 다를 수 있음

▶ 지시사항이 없는 경우는 ≪출력형태≫와 동일하게 작성하시오.

[문제 5] "차트" 시트를 참조하여 다음 《처리조건》에 맞도록 작업하시오. (30점)

《출력형태》

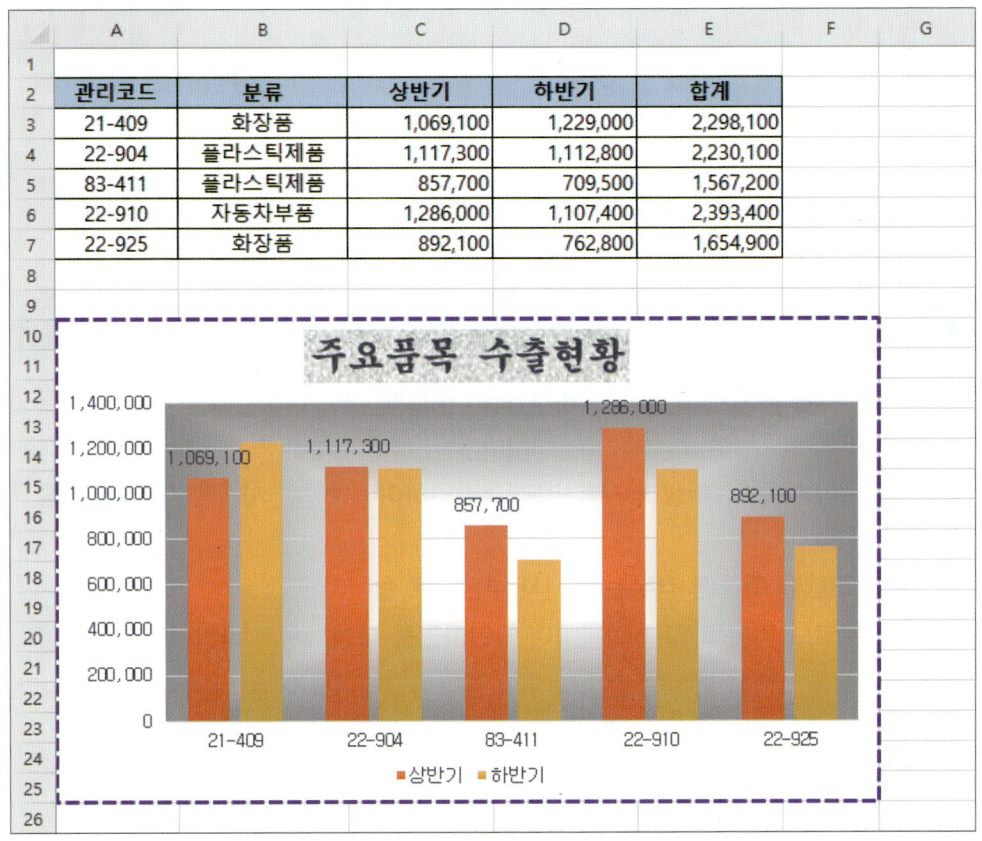

《처리조건》

▶ "차트" 시트에 주어진 표를 이용하여 '묶은 세로 막대형' 차트를 작성하시오.
- 데이터 범위 : 현재 시트 [A2:A7], [C2:D7]의 데이터를 이용하여 작성하고, 행/열 전환은 '열'로 지정
- 차트 위치 : 현재 시트에 [A10:F25] 크기에 정확하게 맞추시오.
- 차트 제목("주요품목 수출현황")
- 차트 스타일 : 색 변경(색상형 – 다양한 색상표 3, 스타일 6)
- 범례 위치 : 아래쪽
- 차트 영역 서식 : 글꼴(굴림체, 10pt), 테두리 색(실선, 색 : 자주), 테두리 스타일(너비 : 2.5pt, 겹선 종류 : 단순형, 대시 종류 : 사각 점선)
- 차트 제목 서식 : 글꼴(궁서체, 20pt, 굵게), 채우기(그림 또는 질감 채우기, 질감 : 신문 용지)
- 그림 영역 서식 : 채우기(그라데이션 채우기, 그라데이션 미리 설정 : 위쪽 스포트라이트 강조 3, 종류 : 사각형, 방향 : 가운데에서)
- 데이터 레이블 추가 : '상반기' 계열에 "값" 표시

▶ 지시사항이 없는 경우는 《출력형태》와 동일하게 작성하시오.

제 03 회 실전모의고사

◎ 시험과목 : 스프레드시트(엑셀)
◎ 시험일자 : 20○○. ○○. ○○.(X)
◎ 응시자 기재사항 및 감독위원 확인

MS Office 2021 버전용

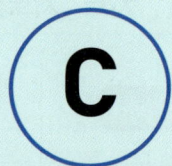

수검번호	DIS - 0000 -	감독위원 확인
성 명		

응시자 유의사항

1. 응시자는 신분증을 지참하여야 시험에 응시할 수 있으며, 시험이 종료될 때까지 신분증을 제시하지 못 할 경우 해당 시험은 0점 처리됩니다.
2. 시스템(PC작동여부, 네트워크 상태 등)의 이상여부를 반드시 확인하여야 하며, 시스템 이상이 있을 시 감독위원에게 조치를 받으셔야 합니다.
3. 시험 중 부주의 또는 고의로 시스템을 파손한 경우는 응시자 부담으로 합니다.
4. 답안 전송 프로그램을 통해 다운로드 받은 파일을 이용하여 답안파일을 작성하시기 바랍니다.
5. 작성한 답안 파일은 답안 전송 프로그램을 통하여 전송됩니다. 감독위원의 지시에 따라 주시기 바랍니다.
6. 다음 사항의 경우 실격(0점) 혹은 부정행위 처리됩니다.
    1) 답안파일을 저장하지 않았거나, 저장한 파일이 손상되었을 경우
    2) 답안파일을 지정된 폴더(바탕화면 - "KAIT" 폴더)에 저장하지 않았을 경우
        ※ 답안 전송 프로그램 로그인 시 바탕화면에 자동 생성됨
    3) 답안파일을 다른 보조기억장치(USB) 혹은 네트워크(메신저, 게시판 등)로 전송할 경우
    4) 휴대용 전화기 등 통신기기를 사용할 경우
7. 시트는 반드시 순서대로 작성해야 하며, 순서가 다를 경우 "0"점 처리됩니다.
8. 시험지에 제시된 글꼴이 응시 프로그램에 없는 경우, 반드시 감독위원에게 해당 내용을 통보한 뒤 조치를 받아야 합니다.
9. 시험의 완료는 작성이 완료된 답안을 저장하고, 답안 전송이 완료된 상태를 확인한 것으로 합니다. 답안 전송 확인 후 문제지는 감독위원에게 제출한 후 퇴실하여야 합니다.
10. 답안전송이 완료된 경우는 수정 또는 정정이 불가합니다.
11. 시험 시행 후 합격자 발표는 홈페이지(www.ihd.or.kr)에서 확인하시기를 바랍니다.
    ※ 합격자 발표 : 20○○. ○○. ○○.(X)

디지털정보활용능력 스프레드시트(엑셀) 2021   [시험시간 : 40분]   1/6

[문제 1] "매출현황" 시트를 참조하여 다음 ≪처리조건≫에 맞도록 작업하시오.   (50점)

《출력형태》

	A	B	C	D	E	F	G	H	I
1				업체별 렌터카 매출현황					
2	업체명	차종	연료종류	전년도	상반기	하반기	합계	순위	비고
3	안전 렌탈	중형	하이브리드	181,968	123,876	69,623	193,499원	4위	
4	라노 렌터카	소형	휘발유	191,968	132,105	95,666	227,771원	1위	
5	키오 렌탈	대형	하이브리드	159,789	78,136	98,679	176,815원	6위	
6	오솔길 투어	중형	경유	227,204	106,106	91,079	197,185원	3위	전년우수
7	엄지 렌터카	대형	휘발유	206,049	71,000	78,394	149,394원	8위	전년우수
8	쿠쿠 렌터카	소형	하이브리드	110,937	77,638	62,134	139,772원	9위	
9	가로수 렌탈	중형	경유	181,014	71,950	65,298	137,248원	10위	
10	에프엘 투어	소형	휘발유	175,820	72,778	90,390	163,168원	7위	
11	푸르나 렌탈	대형	경유	331,056	83,638	140,508	224,146원	2위	전년우수
12	피크닉 투어	중형	하이브리드	152,817	81,477	103,285	184,762원	5위	
13	'연료종류'가 "하이브리드"인 '상반기'의 평균				90,282원				
14	'전년도'의 최대값-최소값 차이				220,119원				
15	'하반기' 중 두 번째로 작은 값				65,298원				

《처리조건》

▶ 1행의 행 높이를 '80'으로 설정하고, 2행~15행의 행 높이를 '18'로 설정하시오.
▶ 제목("업체별 렌터카 매출현황") : 기본 도형의 '십자형'을 이용하여 입력하시오.
   – 도형 : 위치([B1:H1]), 도형 스타일(테마 스타일 – '보통 효과 – 주황, 강조 2')
   – 글꼴 : 궁서체, 28pt, 밑줄
   – 도형 서식 : 도형 옵션 – 크기 및 속성(텍스트 상자(세로 맞춤 : 정가운데, 텍스트 방향 : 가로))

▶ 셀 서식을 아래 조건에 맞게 작성하시오.
   – [A2:I15] : 테두리(안쪽, 윤곽선 모두 실선, '검정, 텍스트 1'), 전체 가운데 맞춤
   – [A13:D13], [A14:D14], [A15:D15] : 각각 병합하고 가운데 맞춤
   – [A2:I2], [A13:D15] : 채우기 색('주황, 강조 2, 60% 더 밝게'), 글꼴(굵게)
   – [D3:F12] : 셀 서식의 표시형식-숫자를 이용하여 1000 단위 구분 기호 표시
   – [G3:G12], [E13:G15] : 셀 서식의 표시형식-사용자 지정을 이용하여 #,##0"원"자를 추가
   – [H3:H12] : 셀 서식의 표시형식-사용자 지정을 이용하여 #"위"자를 추가
   – 조건부 서식[A3:I12] : '하반기'가 95000 이상인 경우 레코드 전체에 글꼴(자주, 굵게) 적용
   – 지시사항이 없는 경우는 주어진 문제파일의 서식을 그대로 사용하시오.

▶ ① 순위[H3:H12] : '합계'를 기준으로 하여 큰 순으로 순위를 구하시오. **(RANK.EQ 함수)**
▶ ② 비고[I3:I12] : '전년도'가 200000 이상이면 "전년우수", 그렇지 않으면 공백으로 구하시오. **(IF 함수)**
▶ ③ 평균[E13:G13] : '연료종류'가 "하이브리드"인 '상반기'의 평균을 구하시오. **(DAVERAGE 함수)**
▶ ④ 최대값-최소값[E14:G14] : '전년도'의 최대값-최소값의 차이를 구하시오. **(MAX, MIN 함수)**
▶ ⑤ 순위[E15:G15] : '하반기' 중 두 번째로 작은 값을 구하시오. **(SMALL 함수)**

[문제 2] "부분합" 시트를 참조하여 다음 ≪처리조건≫에 맞도록 작업하시오. (30점)

《출력형태》

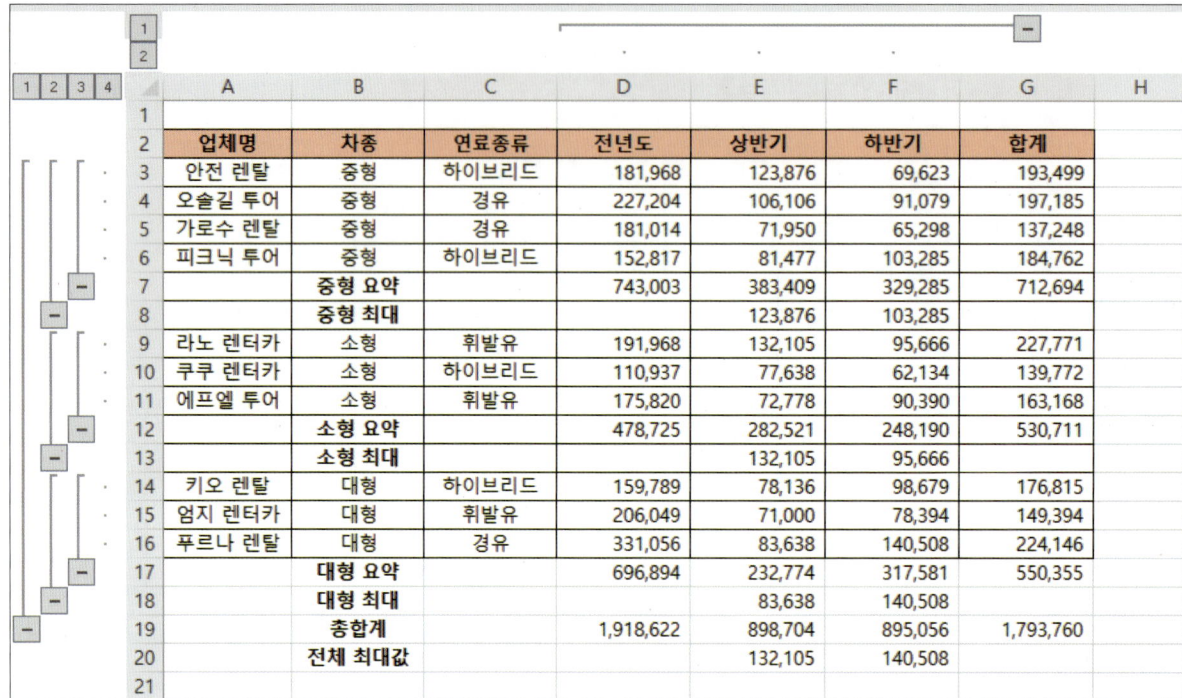

《처리조건》

▶ 데이터를 '차종' 기준으로 내림차순 정렬하시오.

▶ 아래 조건에 맞는 부분합을 작성하시오.
 - '차종'으로 그룹화하여 '상반기', '하반기'의 최대를 구하는 부분합을 만드시오.
 - '차종'으로 그룹화하여 '전년도', '상반기', '하반기', '합계'의 합계를 구하는 부분합을 만드시오.
  (새로운 값으로 대치하지 말 것)
 - [D3:G20] 영역에 셀 서식의 표시형식-숫자를 이용하여 1000 단위 구분 기호를 표시하시오.

▶ D~F열을 선택하여 그룹을 설정하시오.

▶ 최대와 합계의 부분합 순서는 ≪출력형태≫와 다를 수 있음

▶ 지시사항이 없는 경우는 기본 값을 적용하시오.

디지털정보활용능력   **스프레드시트(엑셀) 2021**   [시험시간 : 40분]

[문제 3] "필터"와 "시나리오" 시트를 참조하여 다음 ≪처리조건≫에 맞도록 작업하시오. (60점)

(1) 필터

≪출력형태≫

	A	B	C	D	E	F	G
1							
2	업체명	차종	연료종류	전년도	상반기	하반기	합계
3	안전 렌탈	중형	하이브리드	181,968	123,876	69,623	193,499
4	라노 렌터카	소형	휘발유	191,968	132,105	95,666	227,771
5	키오 렌탈	대형	하이브리드	159,789	78,136	98,679	176,815
6	오솔길 투어	중형	경유	227,204	106,106	91,079	197,185
7	엄지 렌터카	대형	휘발유	206,049	71,000	78,394	149,394
8	쿠쿠 렌터카	소형	하이브리드	110,937	77,638	62,134	139,772
9	가로수 렌탈	중형	경유	181,014	71,950	65,298	137,248
10	에프엘 투어	소형	휘발유	175,820	72,778	90,390	163,168
11	푸르나 렌탈	대형	경유	331,056	83,638	140,508	224,146
12	피크닉 투어	중형	하이브리드	152,817	81,477	103,285	184,762
13							
14	조건						
15	TRUE						
16							
17							
18	업체명	연료종류	상반기	하반기	합계		
19	안전 렌탈	하이브리드	123,876	69,623	193,499		
20	가로수 렌탈	경유	71,950	65,298	137,248		
21	피크닉 투어	하이브리드	81,477	103,285	184,762		
22							

≪처리조건≫

▶ "필터" 시트의 [A2:G12]를 아래 조건에 맞게 고급필터를 사용하여 작성하시오.
    – '차종'이 "중형"이고, '전년도'가 200000 이하인 데이터를 '업체명', '연료종류', '상반기', '하반기', '합계'의 데이터만 필터링하시오.
    – 조건 위치 : 조건 함수는 [A15] 한 셀에 작성(AND 함수 이용)
    – 결과 위치 : [A18]부터 출력

▶ 지시사항이 없는 경우는 ≪출력형태 – 필터≫와 동일하게 작성하시오.

(2) 시나리오

《출력형태》

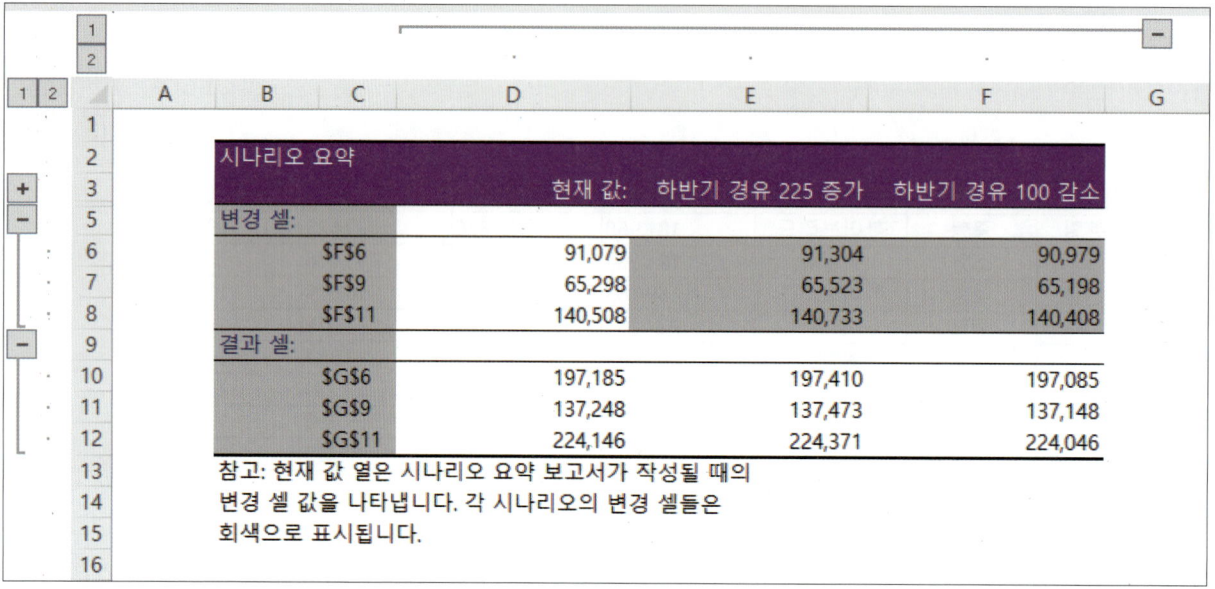

《처리조건》

▶ "시나리오" 시트의 [A2:G12]를 이용하여 '연료종류'가 "경유"인 경우, '하반기'가 변동할 때 '합계'가 변동하는 가상분석(시나리오)을 작성하시오.

 - 시나리오1 : 시나리오 이름은 "하반기 경유 225 증가", '하반기'에 225를 증가시킨 값 설정.
 - 시나리오2 : 시나리오 이름은 "하반기 경유 100 감소", '하반기'에 100을 감소시킨 값 설정.
 - "시나리오 요약" 시트를 작성하시오.

▶ 지시사항이 없는 경우는 ≪출력형태 – 시나리오≫와 동일하게 작성하시오.

[문제 4] "피벗테이블" 시트를 참조하여 다음 ≪처리조건≫에 맞도록 작업하시오. (30점)

≪출력형태≫

	A	B	C	D	E
1					
2					
3			연료종류		
4	차종	값	경유	하이브리드	휘발유
5	소형	최소 : 상반기	*	77,638	72,778
6		최소 : 하반기	*	62,134	90,390
7	중형	최소 : 상반기	71,950	81,477	*
8		최소 : 하반기	65,298	69,623	*
9	전체 최소 : 상반기		71,950	77,638	72,778
10	전체 최소 : 하반기		65,298	62,134	90,390
11					

≪처리조건≫

▶ "피벗테이블" 시트의 [A2:G12]를 이용하여 새로운 시트에 ≪출력형태≫와 같이 피벗테이블을 작성 후 시트명을 "피벗테이블 정답"으로 수정하시오.

▶ 차종(행)과 연료종류(열)를 기준으로 하여 출력형태와 같이 구하시오.
　- '상반기', '하반기'의 최소를 구하시오.
　- 피벗 테이블 옵션을 이용하여 레이블이 있는 셀 병합 및 가운데 맞춤하고 빈 셀을 "*"로 표시한 후, 행의 총합계를 감추기 하시오.
　- 피벗 테이블 디자인에서 보고서 레이아웃은 '테이블 형식으로 표시', 피벗 테이블 스타일은 '어둡게 - 밤색, 피벗 스타일 어둡게 3'으로 표시하시오.
　- 차종(행)은 "소형", "중형"만 출력되도록 표시하시오.
　- [C5:E10] 데이터는 셀 서식의 표시형식-숫자를 이용하여 1000 단위 구분 기호를 표시하고, 가운데 맞춤하시오.

▶ 차종의 순서는 ≪출력형태≫와 다를 수 있음

▶ 지시사항이 없는 경우는 ≪출력형태≫와 동일하게 작성하시오.

| 디지털정보활용능력 | 스프레드시트(엑셀) 2021 | [시험시간 : 40분] |

[문제 5] "차트" 시트를 참조하여 다음 ≪처리조건≫에 맞도록 작업하시오. (30점)

≪출력형태≫

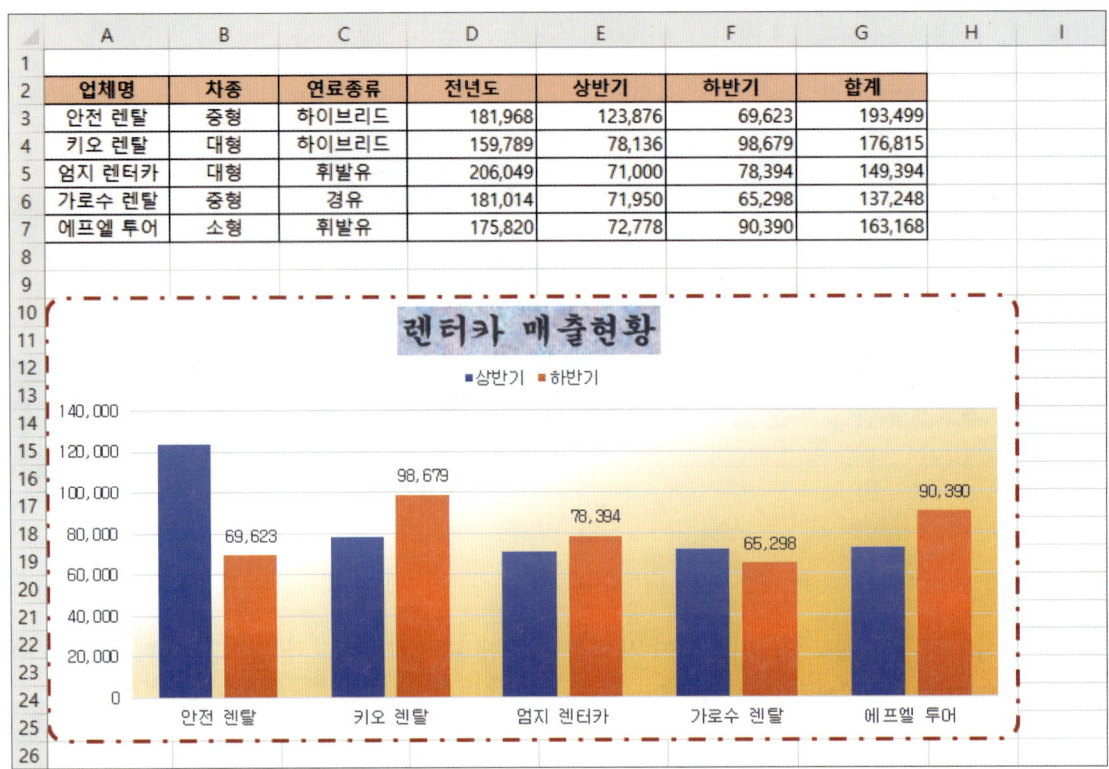

≪처리조건≫

▶ "차트" 시트에 주어진 표를 이용하여 '묶은 세로 막대형' 차트를 작성하시오.
  - 데이터 범위 : 현재 시트 [A2:A7], [E2:F7]의 데이터를 이용하여 작성하고, 행/열 전환은 '열'로 지정
  - 차트 위치 : 현재 시트에 [A10:H25] 크기에 정확하게 맞추시오.
  - 차트 제목("렌터카 매출현황")
  - 차트 스타일 : 색 변경(색상형 – 다양한 색상표 1, 스타일 6)
  - 범례 위치 : 위쪽
  - 차트 영역 서식 : 글꼴(굴림체, 10pt), 테두리 색(실선, 색 : 진한 빨강), 테두리 스타일(너비 : 2.5pt, 겹선 종류 : 단순형, 대시 종류 : 파선-점선, 둥근 모서리)
  - 차트 제목 서식 : 글꼴(궁서체, 20pt, 굵게), 채우기(그림 또는 질감 채우기, 질감 : 꽃다발)
  - 그림 영역 서식 : 채우기(그라데이션 채우기, 그라데이션 미리 설정 : 위쪽 스포트라이트 강조 4, 종류 : 선형, 방향 : 선형 대각선 - 왼쪽 위에서 오른쪽 아래로)
  - 데이터 레이블 추가 : '하반기' 계열에 "값" 표시

▶ 지시사항이 없는 경우는 ≪출력형태≫와 동일하게 작성하시오.

제 04 회 실전모의고사

MS Office 2021 버전용

◎ 시험과목 : 스프레드시트(엑셀)
◎ 시험일자 : 20○○. ○○. ○○.(X)
◎ 응시자 기재사항 및 감독위원 확인

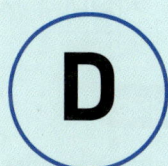

수검번호	DIS - 0000 -	감독위원 확인
성 명		

응시자 유의사항

1. 응시자는 신분증을 지참하여야 시험에 응시할 수 있으며, 시험이 종료될 때까지 신분증을 제시하지 못 할 경우 해당 시험은 0점 처리됩니다.
2. 시스템(PC작동여부, 네트워크 상태 등)의 이상여부를 반드시 확인하여야 하며, 시스템 이상이 있을 시 감독위원에게 조치를 받으셔야 합니다.
3. 시험 중 부주의 또는 고의로 시스템을 파손한 경우는 응시자 부담으로 합니다.
4. 답안 전송 프로그램을 통해 다운로드 받은 파일을 이용하여 답안파일을 작성하시기 바랍니다.
5. 작성한 답안 파일은 답안 전송 프로그램을 통하여 전송됩니다. 감독위원의 지시에 따라 주시기 바랍니다.
6. 다음 사항의 경우 실격(0점) 혹은 부정행위 처리됩니다.
    1) 답안파일을 저장하지 않았거나, 저장한 파일이 손상되었을 경우
    2) 답안파일을 지정된 폴더(바탕화면 – "KAIT" 폴더)에 저장하지 않았을 경우
        ※ 답안 전송 프로그램 로그인 시 바탕화면에 자동 생성됨
    3) 답안파일을 다른 보조기억장치(USB) 혹은 네트워크(메신저, 게시판 등)로 전송할 경우
    4) 휴대용 전화기 등 통신기기를 사용할 경우
7. 시트는 반드시 순서대로 작성해야 하며, 순서가 다를 경우 "0"점 처리됩니다.
8. 시험지에 제시된 글꼴이 응시 프로그램에 없는 경우, 반드시 감독위원에게 해당 내용을 통보한 뒤 조치를 받아야 합니다.
9. 시험의 완료는 작성이 완료된 답안을 저장하고, 답안 전송이 완료된 상태를 확인한 것으로 합니다. 답안 전송 확인 후 문제지는 감독위원에게 제출한 후 퇴실하여야 합니다.
10. 답안전송이 완료된 경우는 수정 또는 정정이 불가합니다.
11. 시험 시행 후 합격자 발표는 홈페이지(www.ihd.or.kr)에서 확인하시기를 바랍니다.
    ※ 합격자 발표 : 20○○. ○○. ○○.(X)

디지털정보활용능력 스프레드시트(엑셀) 2021 [시험시간 : 40분]

[문제 1] "지출내역" 시트를 참조하여 다음 《처리조건》에 맞도록 작업하시오. (50점)

《출력형태》

기관코드	분류	지출내역	1분기	2분기	3분기	4분기	순위	비고
S-595	일반	사례관리	2,307,960	5,938,140	7,053,540	4,854,320	6위	
S-535	특수	지역사회조직	6,598,580	7,038,820	5,162,670	7,517,290	1위	2분기 내역첨부
K-461	일반	서비스제공	5,329,550	2,409,120	4,821,350	4,862,560	5위	
S-537	지정	사례관리	6,749,040	1,641,040	2,701,360	6,456,770	2위	
A-182	특수	지역사회조직	6,807,910	7,855,950	2,327,920	2,948,390	10위	2분기 내역첨부
A-939	지정	서비스제공	2,334,920	2,715,360	2,426,130	3,296,580	9위	
K-674	일반	지역사회조직	7,067,800	4,880,130	1,643,080	5,171,590	4위	
A-889	지정	서비스제공	3,061,610	7,930,750	7,373,070	5,543,370	3위	2분기 내역첨부
S-526	특수	사례관리	6,693,090	3,087,680	6,482,830	3,848,930	7위	
K-650	일반	서비스제공	7,214,790	3,681,100	5,281,810	3,751,440	8위	
'3분기'의 최대값-최소값 차이				5,729,990원				
'지출내역'이 "사례관리"인 '4분기'의 합계				15,160,020원				
'1분기' 중 세 번째로 큰 값				6,807,910원				

제목: **복지관 운영비 지출내역**

《처리조건》

▶ 1행의 행 높이를 '80'으로 설정하고, 2행~15행의 행 높이를 '18'로 설정하시오.
▶ 제목("복지관 운영비 지출내역") : 기본 도형의 '원통형'을 이용하여 입력하시오.
  – 도형 : 위치([B1:H1]), 도형 스타일(테마 스타일 – '미세 효과 – 파랑, 강조 5')
  – 글꼴 : 궁서체, 30pt, 밑줄
  – 도형 서식 : 도형 옵션 – 크기 및 속성(텍스트 상자(세로 맞춤 : 정가운데, 텍스트 방향 : 가로))

▶ 셀 서식을 아래 조건에 맞게 작성하시오.
  – [A2:I15] : 테두리(안쪽, 윤곽선 모두 실선, '검정, 텍스트 1'), 전체 가운 맞춤
  – [A13:D13], [A14:D14], [A15:D15] : 각각 병합하고 가운데 맞춤
  – [A2:I2], [A13:D15] : 채우기 색('파랑, 강조 5, 60% 더 밝게'), 글꼴(굵게)
  – [D3:G12] : 셀 서식의 표시형식–숫자를 이용하여 1000 단위 구분 기호 표시
  – [H3:H12] : 셀 서식의 표시형식–사용자 지정을 이용하여 #"위"자를 추가
  – [E13:G15] : 셀 서식의 표시형식–사용자 지정을 이용하여 #,##0"원"자를 추가
  – 조건부 서식[A3:I12] : '2분기'가 3000000 이하인 경우 레코드 전체에 글꼴(진한 파랑, 굵게) 적용
  – 지시사항이 없는 경우는 주어진 문제파일의 서식을 그대로 사용하시오.

▶ ① 순위[H3:H12] : '4분기'를 기준으로 하여 큰 순으로 순위를 구하시오. **(RANK.EQ 함수)**
▶ ② 비고[I3:I12] : '2분기'가 7000000 이상이면 "2분기 내역첨부", 그렇지 않으면 공백으로 구하시오. **(IF 함수)**
▶ ③ 최대값-최소값[E13:G13] : '3분기'의 최대값-최소값의 차이를 구하시오. **(MAX, MIN 함수)**
▶ ④ 합계[E14:G14] : '지출내역'이 "사례관리"인 '4분기'의 합계를 구하시오. **(DSUM 함수)**
▶ ⑤ 순위[E15:G15] : '1분기' 중 세 번째로 큰 값을 구하시오. **(LARGE 함수)**

[문제 2] "부분합" 시트를 참조하여 다음 ≪처리조건≫에 맞도록 작업하시오. (30점)

≪출력형태≫

기관코드	분류	지출내역	1분기	2분기	3분기	4분기
S-595	일반	사례관리	2,307,960	5,938,140	7,053,540	4,854,320
K-461	일반	서비스제공	5,329,550	2,409,120	4,821,350	4,862,560
K-674	일반	지역사회조직	7,067,800	4,880,130	1,643,080	5,171,590
K-650	일반	서비스제공	7,214,790	3,681,100	5,281,810	3,751,440
	일반 요약		21,920,100	16,908,490	18,799,780	18,639,910
	일반 최대		7,214,790	5,938,140		
S-537	지정	사례관리	6,749,040	1,641,040	2,701,360	6,456,770
A-939	지정	서비스제공	2,334,920	2,715,360	2,426,130	3,296,580
A-889	지정	서비스제공	3,061,610	7,930,750	7,373,070	5,543,370
	지정 요약		12,145,570	12,287,150	12,500,560	15,296,720
	지정 최대		6,749,040	7,930,750		
S-535	특수	지역사회조직	6,598,580	7,038,820	5,162,670	7,517,290
A-182	특수	지역사회조직	6,807,910	7,855,950	2,327,920	2,948,390
S-526	특수	사례관리	6,693,090	3,087,680	6,482,830	3,848,930
	특수 요약		20,099,580	17,982,450	13,973,420	14,314,610
	특수 최대		6,807,910	7,855,950		
	총합계		54,165,250	47,178,090	45,273,760	48,251,240
	전체 최대값		7,214,790	7,930,750		

≪처리조건≫

▶ 데이터를 '분류' 기준으로 오름차순 정렬하시오.

▶ 아래 조건에 맞는 부분합을 작성하시오.
  - '분류'로 그룹화하여 '1분기', '2분기'의 최대를 구하는 부분합을 만드시오.
  - '분류'로 그룹화하여 '1분기', '2분기', '3분기', '4분기'의 합계를 구하는 부분합을 만드시오.
    (새로운 값으로 대치하지 말 것)
  - [D3:G20] 영역에 셀 서식의 표시형식-숫자를 이용하여 1000 단위 구분 기호를 표시하시오.

▶ D~E열을 선택하여 그룹을 설정하시오.

▶ 최대와 합계의 부분합 순서는 ≪출력형태≫와 다를 수 있음

▶ 지시사항이 없는 경우는 기본 값을 적용하시오.

[문제 3] "필터"와 "시나리오" 시트를 참조하여 다음 ≪처리조건≫에 맞도록 작업하시오. (60점)

(1) 필터

《출력형태》

	A	B	C	D	E	F	G
1							
2	기관코드	분류	지출내역	1분기	2분기	3분기	4분기
3	S-595	일반	사례관리	2,307,960	5,938,140	7,053,540	4,854,320
4	S-535	특수	지역사회조직	6,598,580	7,038,820	5,162,670	7,517,290
5	K-461	일반	서비스제공	5,329,550	2,409,120	4,821,350	4,862,560
6	S-537	지정	사례관리	6,749,040	1,641,040	2,701,360	6,456,770
7	A-182	특수	지역사회조직	6,807,910	7,855,950	2,327,920	2,948,390
8	A-939	지정	서비스제공	2,334,920	2,715,360	2,426,130	3,296,580
9	K-674	일반	지역사회조직	7,067,800	4,880,130	1,643,080	5,171,590
10	A-889	지정	서비스제공	3,061,610	7,930,750	7,373,070	5,543,370
11	S-526	특수	사례관리	6,693,090	3,087,680	6,482,830	3,848,930
12	K-650	일반	서비스제공	7,214,790	3,681,100	5,281,810	3,751,440
13							
14	조건						
15	FALSE						
16							
17							
18	기관코드	분류	2분기	3분기	4분기		
19	K-461	일반	2,409,120	4,821,350	4,862,560		
20	A-889	지정	7,930,750	7,373,070	5,543,370		
21	K-650	일반	3,681,100	5,281,810	3,751,440		
22							

《처리조건》

▶ "필터" 시트의 [A2:G12]를 아래 조건에 맞게 고급필터를 사용하여 작성하시오.
 − '지출내역'이 "서비스제공"이고, '1분기'가 3000000 이상인 데이터를 '기관코드', '분류', '2분기', '3분기', '4분기'의 데이터만 필터링하시오.
 − 조건 위치 : 조건 함수는 [A15] 한 셀에 작성(AND 함수 이용)
 − 결과 위치 : [A18]부터 출력

▶ 지시사항이 없는 경우는 ≪출력형태 − 필터≫와 동일하게 작성하시오.

(2) 시나리오

《출력형태》

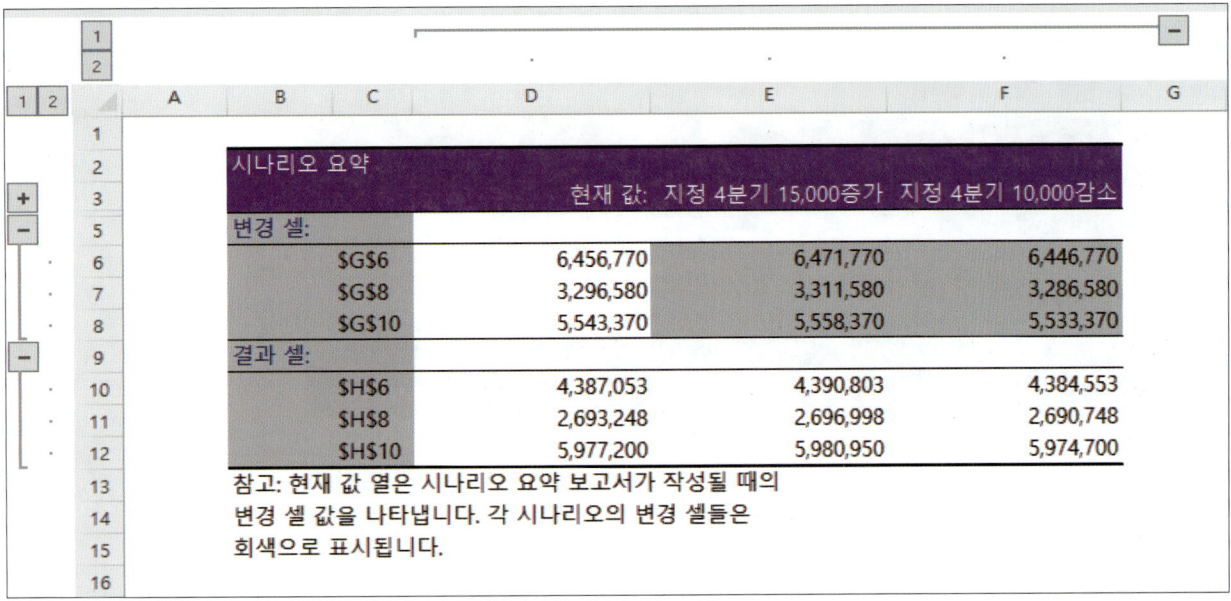

《처리조건》

▶ "시나리오" 시트의 [A2:H12]를 이용하여 '분류'가 "지정"인 경우, '4분기'가 변동할 때 '평균'이 변동하는 가상분석(시나리오)을 작성하시오.

- 시나리오1 : 시나리오 이름은 "지정 4분기 15,000 증가", '4분기'에 15000을 증가시킨 값 설정.
- 시나리오2 : 시나리오 이름은 "지정 4분기 10,000 감소", '4분기'에 10000을 감소시킨 값 설정.
- "시나리오 요약" 시트를 작성하시오.

▶ 지시사항이 없는 경우는 ≪출력형태 – 시나리오≫와 동일하게 작성하시오.

[문제 4] "피벗테이블" 시트를 참조하여 다음 ≪처리조건≫에 맞도록 작업하시오. (30점)

≪출력형태≫

	A	B	C	D	E
3			분류		
4	지출내역	값	일반	지정	특수
5	서비스제공	최소 : 3분기	4,821,350	2,426,130	**
6		최소 : 4분기	3,751,440	3,296,580	**
7	지역사회조직	최소 : 3분기	1,643,080	**	2,327,920
8		최소 : 4분기	5,171,590	**	2,948,390
9	전체 최소 : 3분기		1,643,080	2,426,130	2,327,920
10	전체 최소 : 4분기		3,751,440	3,296,580	2,948,390

≪처리조건≫

- "피벗테이블" 시트의 [A2:G12]를 이용하여 새로운 시트에 ≪출력형태≫와 같이 피벗테이블을 작성 후 시트명을 "피벗테이블 정답"으로 수정하시오.

- 지출내역(행)과 분류(열)를 기준으로 하여 출력형태와 같이 구하시오.
  - '3분기', '4분기'의 최소를 구하시오.
  - 피벗 테이블 옵션을 이용하여 레이블이 있는 셀 병합 및 가운데 맞춤하고 빈 셀을 "**"로 표시한 후, 행의 총합계를 감추기 하시오.
  - 피벗 테이블 디자인에서 보고서 레이아웃은 '테이블 형식으로 표시', 피벗 테이블 스타일은 '어둡게 - 진한 회색, 피벗 스타일 어둡게 13'으로 표시하시오.
  - 지출내역(행)은 "서비스제공", "지역사회조직"만 출력되도록 표시하시오.
  - [C5:E10] 데이터는 셀 서식의 표시형식-숫자를 이용하여 1000 단위 구분 기호를 표시하고, 가운데 맞춤하시오.

- 지출내역의 순서는 ≪출력형태≫와 다를 수 있음

- 지시사항이 없는 경우는 ≪출력형태≫와 동일하게 작성하시오.

| 디지털정보활용능력 | 스프레드시트(엑셀) 2021 | [시험시간 : 40분] |

[문제 5] "차트" 시트를 참조하여 다음 ≪처리조건≫에 맞도록 작업하시오. (30점)

《출력형태》

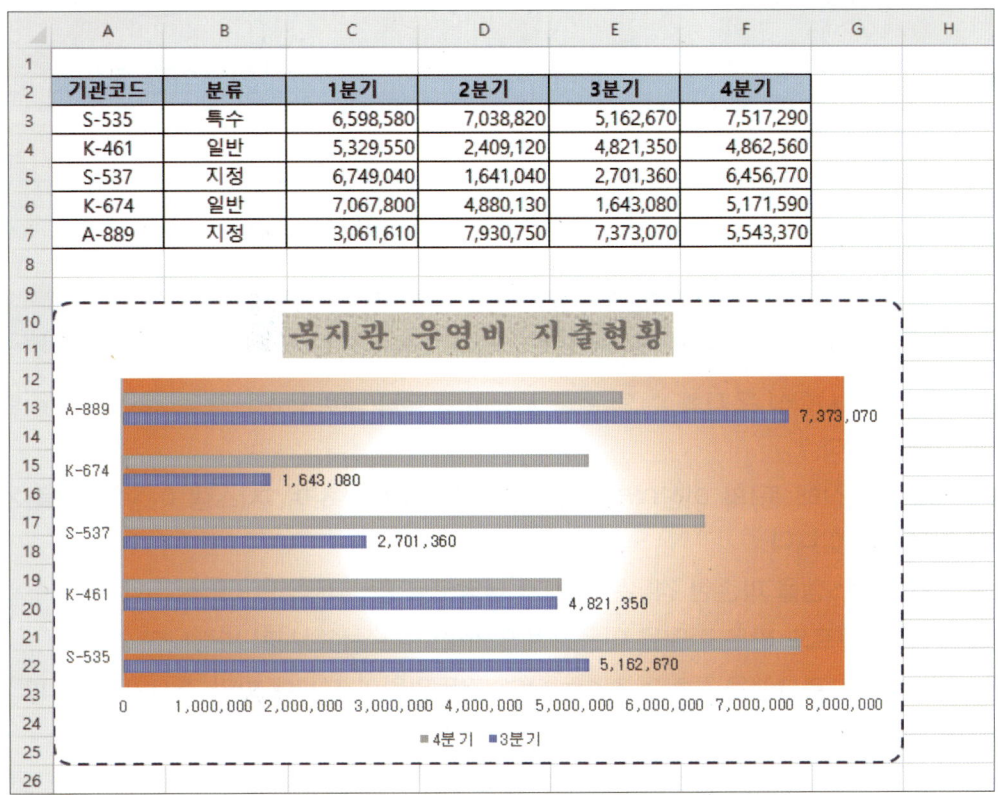

《처리조건》

▶ "차트" 시트에 주어진 표를 이용하여 '묶은 가로 막대형' 차트를 작성하시오.
  - 데이터 범위 : 현재 시트 [A2:A7], [E2:F7]의 데이터를 이용하여 작성하고, 행/열 전환은 '열'로 지정
  - 차트 위치 : 현재 시트에 [A10:G25] 크기에 정확하게 맞추시오.
  - 차트 제목("복지관 운영비 지출현황")
  - 차트 스타일 : 색 변경(색상형 – 다양한 색상표 2, 스타일 2)
  - 범례 위치 : 아래쪽
  - 차트 영역 서식 : 글꼴(돋움체, 10pt), 테두리 색(실선, 색 : 진한 파랑), 테두리 스타일(너비 : 1.5pt, 겹선 종류 : 단순형, 대시 종류 : 파선, 둥근 모서리)
  - 차트 제목 서식 : 글꼴(궁서체, 18pt, 굵게), 채우기(그림 또는 질감 채우기, 질감 : 재생지)
  - 그림 영역 서식 : 채우기(그라데이션 채우기, 그라데이션 미리 설정 : 위쪽 스포트라이트 강조 2, 종류 : 방사형, 방향 : 가운데에서)
  - 데이터 레이블 추가 : '3분기' 계열에 "값" 표시

▶ 지시사항이 없는 경우는 ≪출력형태≫와 동일하게 작성하시오.

제 05 회 실전모의고사

MS Office 2021 버전용

◎ 시험과목 : 스프레드시트(엑셀)
◎ 시험일자 : 20○○. ○○. ○○.(X)
◎ 응시자 기재사항 및 감독위원 확인

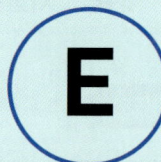

수검번호	DIS - 0000 -	감독위원 확인
성 명		

응시자 유의사항

1. 응시자는 신분증을 지참하여야 시험에 응시할 수 있으며, 시험이 종료될 때까지 신분증을 제시하지 못 할 경우 해당 시험은 0점 처리됩니다.
2. 시스템(PC작동여부, 네트워크 상태 등)의 이상여부를 반드시 확인하여야 하며, 시스템 이상이 있을 시 감독위원에게 조치를 받으셔야 합니다.
3. 시험 중 부주의 또는 고의로 시스템을 파손한 경우는 응시자 부담으로 합니다.
4. 답안 전송 프로그램을 통해 다운로드 받은 파일을 이용하여 답안파일을 작성하시기 바랍니다.
5. 작성한 답안 파일은 답안 전송 프로그램을 통하여 전송됩니다. 감독위원의 지시에 따라 주시기 바랍니다.
6. 다음 사항의 경우 실격(0점) 혹은 부정행위 처리됩니다.
    1) 답안파일을 저장하지 않았거나, 저장한 파일이 손상되었을 경우
    2) 답안파일을 지정된 폴더(바탕화면 – "KAIT" 폴더)에 저장하지 않았을 경우
        ※ 답안 전송 프로그램 로그인 시 바탕화면에 자동 생성됨
    3) 답안파일을 다른 보조기억장치(USB) 혹은 네트워크(메신저, 게시판 등)로 전송할 경우
    4) 휴대용 전화기 등 통신기기를 사용할 경우
7. 시트는 반드시 순서대로 작성해야 하며, 순서가 다를 경우 "0"점 처리됩니다.
8. 시험지에 제시된 글꼴이 응시 프로그램에 없는 경우, 반드시 감독위원에게 해당 내용을 통보한 뒤 조치를 받아야 합니다.
9. 시험의 완료는 작성이 완료된 답안을 저장하고, 답안 전송이 완료된 상태를 확인한 것으로 합니다. 답안 전송 확인 후 문제지는 감독위원에게 제출한 후 퇴실하여야 합니다.
10. 답안전송이 완료된 경우는 수정 또는 정정이 불가합니다.
11. 시험 시행 후 합격자 발표는 홈페이지(www.ihd.or.kr)에서 확인하시기를 바랍니다.
    ※ 합격자 발표 : 20○○. ○○. ○○.(X)

식별CODE

디지털정보활용능력 스프레드시트(엑셀) 2021 [시험시간 : 40분]

[문제 1] "교육실적" 시트를 참조하여 다음 ≪처리조건≫에 맞도록 작업하시오. (50점)

《출력형태》

카테고리	과정명	과정수준	1분기	2분기	3분기	4분기	순위	비고
			디지털 정보화 교육실적					
프로그래밍	파이썬 기초	입문과정	634	1,434	575	1,888	2	1분기 저조
데이터 분석	데이터 시각화	입문과정	697	1,088	1,601	1,935	1	1분기 저조
프로그래밍	파이썬 웹개발	통합과정	1,451	774	758	1,417	3	
업무 생산성	엑셀VBA	심화과정	1,610	674	1,764	1,105	8	
데이터 분석	빅데이터 분석가	통합과정	1,968	1,415	1,487	1,313	5	
프로그래밍	파이썬 심화	심화과정	1,997	546	940	1,210	7	
업무 생산성	엑셀실무	입문과정	1,062	970	1,302	865	9	
데이터 분석	데이터 사이언스	통합과정	1,801	829	743	1,272	6	
업무 생산성	PPT 제작/디자인	입문과정	823	670	1,626	1,375	4	1분기 저조
프로그래밍	백엔드 웹개발	심화과정	1,103	665	1,928	544	10	
'3분기'의 최대값-최소값 차이				1,353명				
'카테고리'가 "프로그래밍"인 '1분기'의 합계				5,185명				
'2분기' 중 세 번째로 작은 값				670명				

《처리조건》

▶ 1행의 행 높이를 '80'으로 설정하고, 2행~15행의 행 높이를 '18'로 설정하시오.
▶ 제목("디지털 정보화 교육실적") : 블록 화살표의 '화살표: 오각형'을 이용하여 입력하시오.
 – 도형 : 위치([B1:H1]), 도형 스타일(테마 스타일 – '미세 효과 – 주황, 강조 2')
 – 글꼴 : 궁서체, 30pt, 굵게
 – 도형 서식 : 도형 옵션 – 크기 및 속성(텍스트 상자(세로 맞춤 : 정가운데, 텍스트 방향 : 가로))

▶ 셀 서식을 아래 조건에 맞게 작성하시오.
 – [A2:I15] : 테두리(안쪽, 윤곽선 모두 실선, '검정, 텍스트 1'), 전체 가운데 맞춤
 – [A13:D13], [A14:D14], [A15:D15] : 각각 병합하고 가운데 맞춤
 – [A2:I2], [A13:D15] : 채우기 색('주황, 강조 2, 80% 더 밝게'), 글꼴(굵게)
 – [C3:C12] : 셀 서식의 표시형식–사용자 지정을 이용하여 @"과정"자를 추가
 – [D3:G12] : 셀 서식의 표시형식–숫자를 이용하여 1000 단위 구분 기호 표시
 – [E13:G15] : 셀 서식의 표시형식–사용자 지정을 이용하여 #,##0"명"자를 추가
 – 조건부 서식[A3:I12] : '1분기'가 1200 이하인 경우 레코드 전체에 글꼴(자주, 굵게) 적용
 – 지시사항이 없는 경우는 주어진 문제파일의 서식을 그대로 사용하시오.

▶ ① 순위[H3:H12] : '4분기'를 기준으로 하여 큰 순으로 순위를 구하시오. **(RANK.EQ 함수)**
▶ ② 비고[I3:I12] : '1분기'가 1000 이하이면 "1분기 저조", 그렇지 않으면 공백으로 구하시오. **(IF 함수)**
▶ ③ 최대값-최소값[E13:G13] : '3분기'의 최대값-최소값의 차이를 구하시오. **(MAX, MIN 함수)**
▶ ④ 합계[E14:G14] : '카테고리'가 "프로그래밍"인 '1분기'의 합계를 구하시오. **(DSUM 함수)**
▶ ⑤ 순위[E15:G15] : '2분기' 중 세 번째로 작은 값을 구하시오. **(SMALL 함수)**

[문제 2] "부분합" 시트를 참조하여 다음 ≪처리조건≫에 맞도록 작업하시오. (30점)

≪출력형태≫

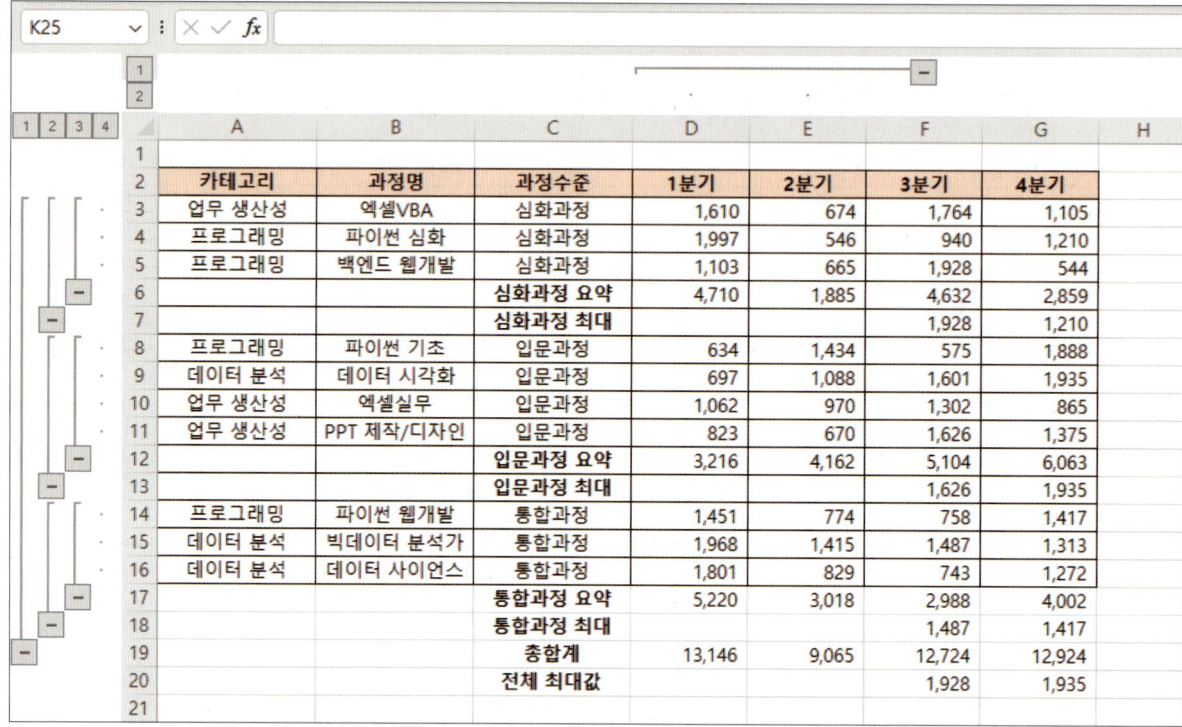

≪처리조건≫

▶ 데이터를 '과정수준' 기준으로 오름차순 정렬하시오.

▶ 아래 조건에 맞는 부분합을 작성하시오.
  - '과정수준'으로 그룹화하여 '3분기', '4분기'의 최대를 구하는 부분합을 만드시오.
  - '과정수준'으로 그룹화하여 '1분기', '2분기', '3분기', '4분기'의 합계를 구하는 부분합을 만드시오.
    (새로운 값으로 대치하지 말 것)
  - [D3:G20] 영역에 셀 서식의 표시형식-숫자를 이용하여 1000 단위 구분 기호를 표시하시오.

▶ D~E열을 선택하여 그룹을 설정하시오.

▶ 최대와 합계의 부분합 순서는 ≪출력형태≫와 다를 수 있음

▶ 지시사항이 없는 경우는 기본 값을 적용하시오.

[문제 3] "필터"와 "시나리오" 시트를 참조하여 다음 ≪처리조건≫에 맞도록 작업하시오. (60점)

(1) 필터

≪출력형태≫

	A	B	C	D	E	F	G
2	카테고리	과정명	과정수준	1분기	2분기	3분기	4분기
3	프로그래밍	파이썬 기초	입문과정	634	1,434	575	1,888
4	데이터 분석	데이터 시각화	입문과정	697	1,088	1,601	1,935
5	프로그래밍	파이썬 웹개발	통합과정	1,451	774	758	1,417
6	업무 생산성	엑셀VBA	심화과정	1,610	674	1,764	1,105
7	데이터 분석	빅데이터 분석가	통합과정	1,968	1,415	1,487	1,313
8	프로그래밍	파이썬 심화	심화과정	1,997	546	940	1,210
9	업무 생산성	엑셀실무	입문과정	1,062	970	1,302	865
10	데이터 분석	데이터 사이언스	통합과정	1,801	829	743	1,272
11	업무 생산성	PPT 제작/디자인	입문과정	823	670	1,626	1,375
12	프로그래밍	백엔드 웹개발	심화과정	1,103	665	1,928	544
13							
14	조건						
15	FALSE						
16							
17							
18	과정명	1분기	2분기	3분기	4분기		
19	데이터 시각화	697	1,088	1,601	1,935		
20	엑셀VBA	1,610	674	1,764	1,105		
21	파이썬 심화	1,997	546	940	1,210		
22	백엔드 웹개발	1,103	665	1,928	544		

≪처리조건≫

▶ "필터" 시트의 [A2:G12]를 아래 조건에 맞게 고급필터를 사용하여 작성하시오.
  - '과정수준'이 "심화과정"이거나 '4분기'가 1900 이상인 데이터를 '과정명', '1분기', '2분기', '3분기', '4분기'의 데이터만 필터링하시오.
  - 조건 위치 : 조건 함수는 [A15] 한 셀에 작성(OR 함수 이용)
  - 결과 위치 : [A18]부터 출력

▶ 지시사항이 없는 경우는 ≪출력형태 - 필터≫와 동일하게 작성하시오.

(2) 시나리오

《출력형태》

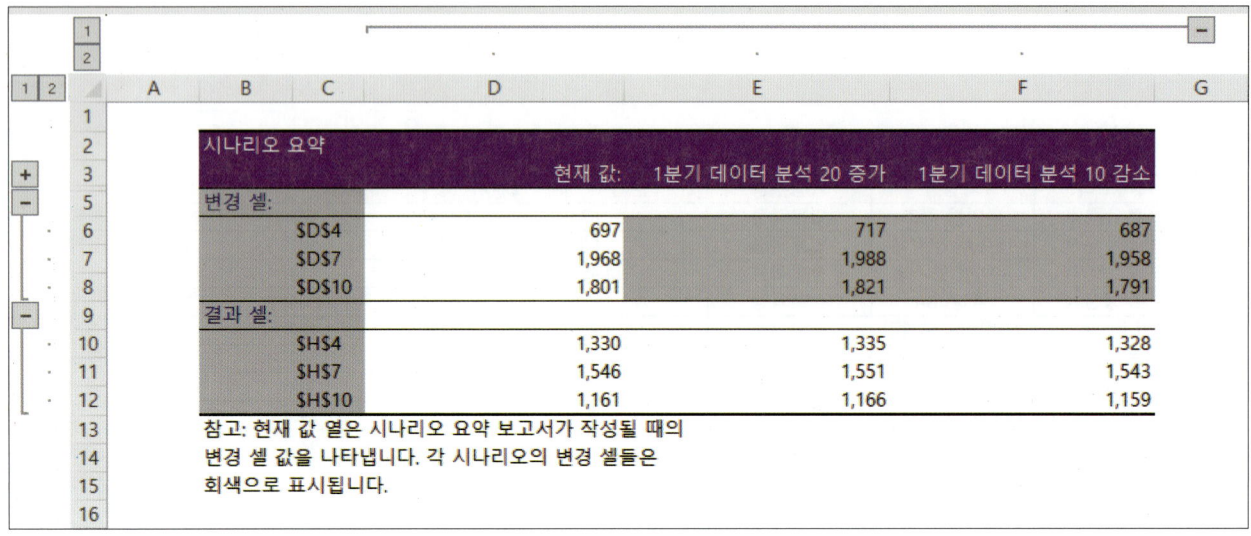

《처리조건》

▶ "시나리오" 시트의 [A2:H12]를 이용하여 '카테고리'가 "데이터 분석"인 경우, '1분기'가 변동할 때 '평균'이 변동하는 가상분석(시나리오)을 작성하시오.

- 시나리오1 : 시나리오 이름은 "1분기 데이터 분석 20 증가", '1분기'에 20을 증가시킨 값 설정.
- 시나리오2 : 시나리오 이름은 "1분기 데이터 분석 10 감소", '1분기'에 10을 감소시킨 값 설정.
- "시나리오 요약" 시트를 작성하시오.

▶ 지시사항이 없는 경우는 ≪출력형태 - 시나리오≫와 동일하게 작성하시오.

[문제 4] "피벗테이블" 시트를 참조하여 다음 ≪처리조건≫에 맞도록 작업하시오. (30점)

≪출력형태≫

	A	B	C	D	E
3			카테고리		
4	과정수준	값	데이터 분석	업무 생산성	프로그래밍
5	심화과정	최대 : 1분기	***	1,610	1,997
6		최대 : 2분기	***	674	665
7	통합과정	최대 : 1분기	1,968	***	1,451
8		최대 : 2분기	1,415	***	774
9	전체 최대 : 1분기		1,968	1,610	1,997
10	전체 최대 : 2분기		1,415	674	774

≪처리조건≫

▶ "피벗테이블" 시트의 [A2:G12]를 이용하여 새로운 시트에 ≪출력형태≫와 같이 피벗테이블을 작성 후 시트명을 "피벗테이블 정답"으로 수정하시오.

▶ 과정수준(행)과 카테고리(열)를 기준으로 하여 출력형태와 같이 구하시오.
 – '1분기', '2분기'의 최대를 구하시오.
 – 피벗 테이블 옵션을 이용하여 레이블이 있는 셀 병합 및 가운데 맞춤하고 빈 셀을 "***"로 표시한 후, 행의 총합계를 감추기 하시오.
 – 피벗 테이블 디자인에서 보고서 레이아웃은 '테이블 형식으로 표시', 피벗 테이블 스타일은 '중간 – 연한 주황, 피벗 스타일 보통 10'으로 표시하시오.
 – 과정수준(행)은 "심화과정", "통합과정"만 출력되도록 표시하시오.
 – [C5:E10] 데이터는 셀 서식의 표시형식-숫자를 이용하여 1000 단위 구분 기호를 표시하고, 가운데 맞춤하시오.

▶ 과정수준의 순서는 ≪출력형태≫와 다를 수 있음

▶ 지시사항이 없는 경우는 ≪출력형태≫와 동일하게 작성하시오.

[문제 5] "차트" 시트를 참조하여 다음 《처리조건》에 맞도록 작업하시오. (30점)

《출력형태》

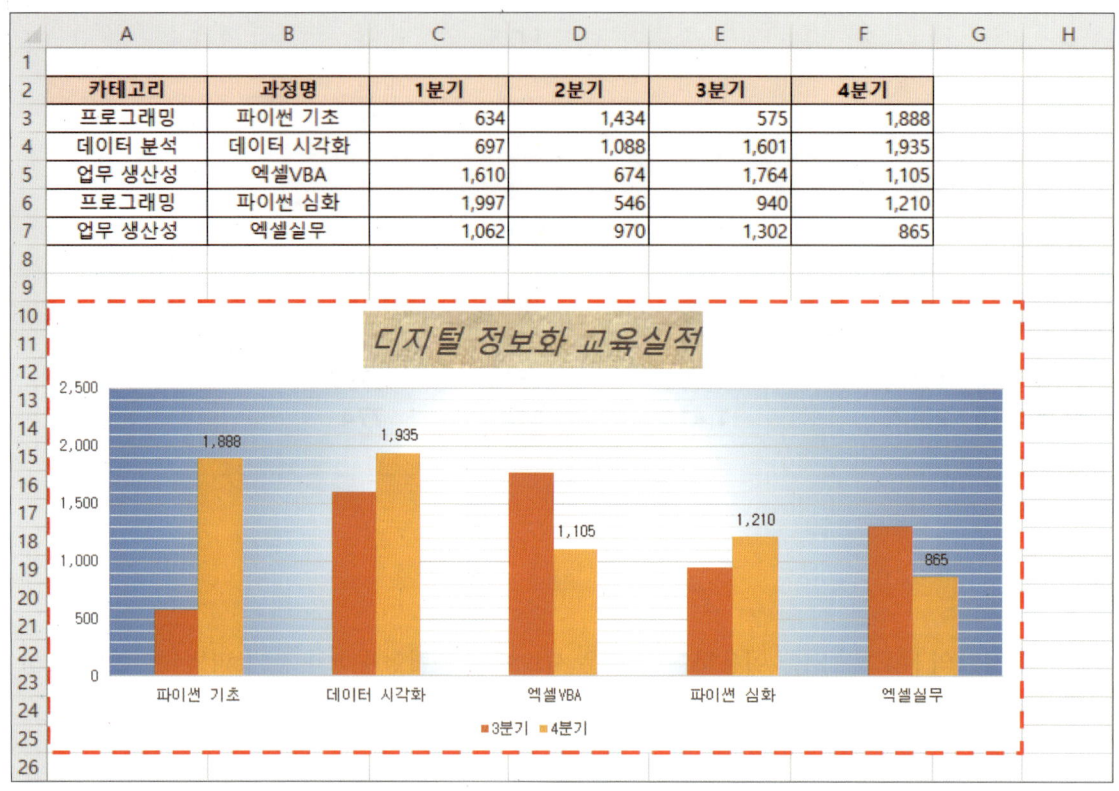

《처리조건》

▶ "차트" 시트에 주어진 표를 이용하여 '묶은 세로 막대형' 차트를 작성하시오.
  - 데이터 범위 : 현재 시트 [B2:B7], [E2:F7]의 데이터를 이용하여 작성하고, 행/열 전환은 '열'로 지정
  - 차트 위치 : 현재 시트에 [A10:G25] 크기에 정확하게 맞추시오.
  - 차트 제목("디지털 정보화 교육실적")
  - 차트 스타일 : 색 변경(색상형 – 다양한 색상표 3, 스타일 11)
  - 범례 위치 : 아래쪽
  - 차트 영역 서식 : 글꼴(돋움체, 9pt), 테두리 색(실선, 색 : 빨강), 테두리 스타일(너비 : 2.5pt,
                    겹선 종류 : 단순형, 대시 종류 : 파선)
  - 차트 제목 서식 : 글꼴(맑은 고딕, 18pt, 기울임꼴), 채우기(그림 또는 질감 채우기, 질감 : 편지지)
  - 그림 영역 서식 : 채우기(그라데이션 채우기, 그라데이션 미리 설정 : 위쪽 스포트라이트 강조 5,
                    종류 : 방사형, 방향 : 가운데에서)
  - 데이터 레이블 추가 : '4분기' 계열에 "값" 표시

▶ 지시사항이 없는 경우는 《출력형태》와 동일하게 작성하시오.

제 06 회 실전모의고사

MS Office 2021 버전용

◎ 시험과목 : 스프레드시트(엑셀)
◎ 시험일자 : 20○○. ○○. ○○.(X)
◎ 응시자 기재사항 및 감독위원 확인

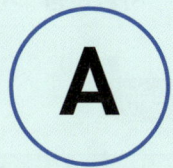

수검번호	DIS - 0000 -	감독위원 확인
성 명		

응시자 유의사항

1. 응시자는 신분증을 지참하여야 시험에 응시할 수 있으며, 시험이 종료될 때까지 신분증을 제시하지 못 할 경우 해당 시험은 0점 처리됩니다.
2. 시스템(PC작동여부, 네트워크 상태 등)의 이상여부를 반드시 확인하여야 하며, 시스템 이상이 있을 시 감독위원에게 조치를 받으셔야 합니다.
3. 시험 중 부주의 또는 고의로 시스템을 파손한 경우는 응시자 부담으로 합니다.
4. 답안 전송 프로그램을 통해 다운로드 받은 파일을 이용하여 답안파일을 작성하시기 바랍니다.
5. 작성한 답안 파일은 답안 전송 프로그램을 통하여 전송됩니다. 감독위원의 지시에 따라 주시기 바랍니다.
6. 다음 사항의 경우 실격(0점) 혹은 부정행위 처리됩니다.
    1) 답안파일을 저장하지 않았거나, 저장한 파일이 손상되었을 경우
    2) 답안파일을 지정된 폴더(바탕화면 – "KAIT" 폴더)에 저장하지 않았을 경우
        ※ 답안 전송 프로그램 로그인 시 바탕화면에 자동 생성됨
    3) 답안파일을 다른 보조기억장치(USB) 혹은 네트워크(메신저, 게시판 등)로 전송할 경우
    4) 휴대용 전화기 등 통신기기를 사용할 경우
7. 시트는 반드시 순서대로 작성해야 하며, 순서가 다를 경우 "0"점 처리됩니다.
8. 시험지에 제시된 글꼴이 응시 프로그램에 없는 경우, 반드시 감독위원에게 해당 내용을 통보한 뒤 조치를 받아야 합니다.
9. 시험의 완료는 작성이 완료된 답안을 저장하고, 답안 전송이 완료된 상태를 확인한 것으로 합니다. 답안 전송 확인 후 문제지는 감독위원에게 제출한 후 퇴실하여야 합니다.
10. 답안전송이 완료된 경우는 수정 또는 정정이 불가합니다.
11. 시험 시행 후 합격자 발표는 홈페이지(www.ihd.or.kr)에서 확인하시기를 바랍니다.
    ※ 합격자 발표 : 20○○. ○○. ○○.(X)

디지털정보활용능력 스프레드시트(엑셀) 2021   [시험시간 : 40분]   1/6

[문제 1] "사용현황" 시트를 참조하여 다음 《처리조건》에 맞도록 작업하시오.   (50점)

《출력형태》

	A	B	C	D	E	F	G	H	I	J
1				업무추진비 사용현황						
2	사용장소	사용내역	결제방법	7월	8월	9월	총비용	순위	비고	
3	워크스테이지	업무추진비	카드	746,000	906,000	416,000	2,068,000원	1위	내역첨부	
4	프레시청과	경조사비	현금	176,000	779,000	533,000	1,488,000원	7위		
5	열일문구	물품구입비	카드	477,000	599,000	574,000	1,650,000원	6위		
6	동해바다	업무추진비	카드	559,000	171,000	366,000	1,096,000원	10위		
7	가나조합	물품구입비	계좌입금	315,000	332,000	839,000	1,486,000원	8위		
8	해피해피	경조사비	현금	885,000	548,000	404,000	1,837,000원	4위	내역첨부	
9	에스앤마트	물품구입비	카드	318,000	636,000	963,000	1,917,000원	3위	내역첨부	
10	준인청과	경조사비	계좌입금	846,000	221,000	347,000	1,414,000원	9위		
11	전통시장	업무추진비	현금	706,000	572,000	452,000	1,730,000원	5위		
12	상원마라	업무추진비	계좌입금	267,000	956,000	794,000	2,017,000원	2위	내역첨부	
13	'7월'의 최대값-최소값의 차이				709,000원					
14	'결제방법'이 "카드"인 '9월'의 평균				579,750원					
15	'7월' 중 두 번째로 작은 값				267,000원					
16										

《처리조건》

▶ 1행의 행 높이를 '80'으로 설정하고, 2행~15행의 행 높이를 '18'로 설정하시오.
▶ 제목("업무추진비 사용현황") : 기본 도형의 '사각형: 빗면'을 이용하여 입력하시오.
　- 도형 : 위치([B1:H1]), 도형 스타일(테마 스타일 - '보통 효과 - 녹색, 강조 6')
　- 글꼴 : 궁서체, 30pt, 굵게
　- 도형 서식 : 도형 옵션 - 크기 및 속성(텍스트 상자(세로 맞춤 : 정가운데, 텍스트 방향 : 가로))

▶ 셀 서식을 아래 조건에 맞게 작성하시오.
　- [A2:I15] : 테두리(안쪽, 윤곽선 모두 실선, '검정, 텍스트 1'), 전체 가운 맞춤
　- [A13:D13], [A14:D14], [A15:D15] : 각각 병합하고 가운데 맞춤
　- [A2:I2], [A13:D15] : 채우기 색('녹색, 강조 6, 80% 더 밝게'), 글꼴(굵게)
　- [D3:F12] : 셀 서식의 표시형식-숫자를 이용하여 1000 단위 구분 기호 표시
　- [G3:G12], [E13:G15] : 셀 서식의 표시형식-사용자 지정을 이용하여 #,##0"원"자를 추가
　- [H3:H12] : 셀 서식의 표시형식-사용자 지정을 이용하여 #"위"자를 추가
　- 조건부 서식[A3:I12] : '8월'이 400000 이하인 경우 레코드 전체에 글꼴(진한 파랑, 굵은 기울임꼴) 적용
　- 지시사항이 없는 경우는 주어진 문제파일의 서식을 그대로 사용하시오.

▶ ① 순위[H3:H12] : '총비용'을 기준으로 하여 큰 순으로 순위를 구하시오. **(RANK.EQ 함수)**
▶ ② 비고[I3:I12] : '총비용'이 1800000 이상이면 "내역첨부", 그렇지 않으면 공백으로 구하시오. **(IF 함수)**
▶ ③ 최대값-최소값[E13:G13] : '7월'의 최대값-최소값의 차이를 구하시오. **(MAX, MIN 함수)**
▶ ④ 평균[E14:G14] : '결제방법'이 "카드"인 '9월'의 평균을 구하시오. **(DAVERAGE 함수)**
▶ ⑤ 순위[E15:G15] : '7월' 중 두 번째로 작은 값을 구하시오. **(SMALL 함수)**

[문제 2] "부분합" 시트를 참조하여 다음 ≪처리조건≫에 맞도록 작업하시오. (30점)

≪출력형태≫

사용장소	사용내역	결제방법	7월	8월	9월	총비용
프레시청과	경조사비	현금	₩176,000	₩779,000	₩533,000	₩1,488,000
해피해피	경조사비	현금	₩885,000	₩548,000	₩404,000	₩1,837,000
전통시장	업무추진비	현금	₩706,000	₩572,000	₩452,000	₩1,730,000
		현금 평균	₩589,000	₩633,000	₩463,000	₩1,685,000
		현금 최대	₩885,000	₩779,000	₩533,000	
워크스테이지	업무추진비	카드	₩746,000	₩906,000	₩416,000	₩2,068,000
열일문구	물품구입비	카드	₩477,000	₩599,000	₩574,000	₩1,650,000
동해바다	업무추진비	카드	₩559,000	₩171,000	₩366,000	₩1,096,000
에스앤마트	물품구입비	카드	₩318,000	₩636,000	₩963,000	₩1,917,000
		카드 평균	₩525,000	₩578,000	₩579,750	₩1,682,750
		카드 최대	₩746,000	₩906,000	₩963,000	
가나조합	물품구입비	계좌입금	₩315,000	₩332,000	₩839,000	₩1,486,000
준인청과	경조사비	계좌입금	₩846,000	₩221,000	₩347,000	₩1,414,000
상원마라	업무추진비	계좌입금	₩267,000	₩956,000	₩794,000	₩2,017,000
		계좌입금 평균	₩476,000	₩503,000	₩660,000	₩1,639,000
		계좌입금 최대	₩846,000	₩956,000	₩839,000	
		전체 평균	₩529,500	₩572,000	₩568,800	₩1,670,300
		전체 최대값	₩885,000	₩956,000	₩963,000	

≪처리조건≫

▶ 데이터를 '결제방법' 기준으로 내림차순 정렬하시오.

▶ 아래 조건에 맞는 부분합을 작성하시오.
- '결제방법'으로 그룹화하여 '7월', '8월', '9월'의 최대를 구하는 부분합을 만드시오.
- '결제방법'으로 그룹화하여 '7월', '8월', '9월', '총비용'의 평균을 구하는 부분합을 만드시오.
(새로운 값으로 대치하지 말 것)
- [D3:G20] 영역에 셀 서식의 표시형식-통화를 이용하여 기호(₩)를 표시하시오.

▶ D~F열을 선택하여 그룹을 설정하시오.

▶ 최대와 평균의 부분합 순서는 ≪출력형태≫와 다를 수 있음

▶ 지시사항이 없는 경우는 기본 값을 적용하시오.

[문제 3] "필터"와 "시나리오" 시트를 참조하여 다음 ≪처리조건≫에 맞도록 작업하시오. (60점)

(1) 필터

≪출력형태≫

	A	B	C	D	E	F	G
2	사용장소	사용내역	결제방법	7월	8월	9월	총비용
3	워크스테이지	업무추진비	카드	746,000	906,000	416,000	2,068,000
4	프레시청과	경조사비	현금	176,000	779,000	533,000	1,488,000
5	열일문구	물품구입비	카드	477,000	599,000	574,000	1,650,000
6	동해바다	업무추진비	카드	559,000	171,000	366,000	1,096,000
7	가나조합	물품구입비	계좌입금	315,000	332,000	839,000	1,486,000
8	해피해피	경조사비	현금	885,000	548,000	404,000	1,837,000
9	에스앤마트	물품구입비	카드	318,000	636,000	963,000	1,917,000
10	준인청과	경조사비	계좌입금	846,000	221,000	347,000	1,414,000
11	전통시장	업무추진비	현금	706,000	572,000	452,000	1,730,000
12	상원마라	업무추진비	계좌입금	267,000	956,000	794,000	2,017,000
13							
14	조건						
15	TRUE						
16							
17							
18	사용장소	결제방법	7월	8월	9월		
19	워크스테이지	카드	746,000	906,000	416,000		
20	전통시장	현금	706,000	572,000	452,000		
21	상원마라	계좌입금	267,000	956,000	794,000		

≪처리조건≫

▶ "필터" 시트의 [A2:G12]를 아래 조건에 맞게 고급필터를 사용하여 작성하시오.
- '사용내역'이 "업무추진비"이고, '총비용'이 1700000 이상인 데이터를 '사용장소', '결제방법', '7월', '8월', '9월'의 데이터만 필터링하시오.
- 조건 위치 : 조건 함수는 [A15] 한 셀에 작성(AND 함수 이용)
- 결과 위치 : [A18]부터 출력

▶ 지시사항이 없는 경우는 ≪출력형태 – 필터≫와 동일하게 작성하시오.

(2) 시나리오

《출력형태》

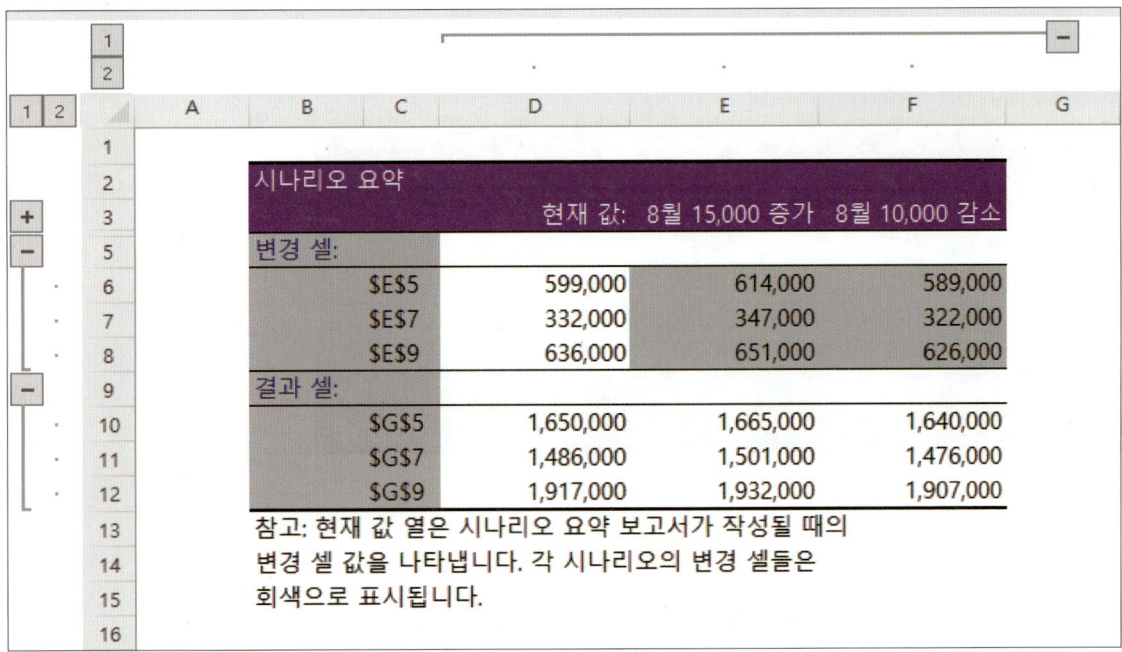

《처리조건》

▶ "시나리오" 시트의 [A2:G12]를 이용하여 '사용내역'이 "물품구입비"인 경우, '8월'이 변동할 때 '총비용'이 변동하는 가상분석(시나리오)을 작성하시오.

- 시나리오1 : 시나리오 이름은 "8월 15,000 증가", '8월'에 15000을 증가시킨 값 설정.
- 시나리오2 : 시나리오 이름은 "8월 10,000 감소", '8월'에 10000을 감소시킨 값 설정.
- "시나리오 요약" 시트를 작성하시오.

▶ 지시사항이 없는 경우는 ≪출력형태 – 시나리오≫와 동일하게 작성하시오.

[문제 4] "피벗테이블" 시트를 참조하여 다음 ≪처리조건≫에 맞도록 작업하시오. (30점)

≪출력형태≫

	A	B	C	D	E
3			결제방법		
4	사용내역	값	계좌입금	카드	현금
5	물품구입비	최소 : 7월	315,000	318,000	**
6		최소 : 9월	839,000	574,000	**
7	업무추진비	최소 : 7월	267,000	559,000	706,000
8		최소 : 9월	794,000	366,000	452,000
9	전체 최소 : 7월		267,000	318,000	706,000
10	전체 최소 : 9월		794,000	366,000	452,000

≪처리조건≫

▶ "피벗테이블" 시트의 [A2:G12]를 이용하여 새로운 시트에 ≪출력형태≫와 같이 피벗테이블을 작성 후 시트명을 "피벗테이블 정답"으로 수정하시오.

▶ 사용내역(행)과 결제방법(열)을 기준으로 하여 출력형태와 같이 구하시오.
 - '7월', '9월'의 최소를 구하시오.
 - 피벗 테이블 옵션을 이용하여 레이블이 있는 셀 병합 및 가운데 맞춤하고 빈 셀을 "**"로 표시한 후, 행의 총합계를 감추기 하시오.
 - 피벗 테이블 디자인에서 보고서 레이아웃은 '테이블 형식으로 표시', 피벗 테이블 스타일은 '어둡게 – 진한 녹색, 피벗 스타일 어둡게 7'로 표시하시오.
 - 사용내역(행)은 "물품구입비", "업무추진비"만 출력되도록 표시하시오.
 - [C5:E10] 데이터는 셀 서식의 표시형식-숫자를 이용하여 1000 단위 구분 기호를 표시하고, 가운데 맞춤하시오.

▶ 사용내역의 순서는 ≪출력형태≫와 다를 수 있음

▶ 지시사항이 없는 경우는 ≪출력형태≫와 동일하게 작성하시오.

[문제 5] "차트" 시트를 참조하여 다음 ≪처리조건≫에 맞도록 작업하시오. (30점)

≪출력형태≫

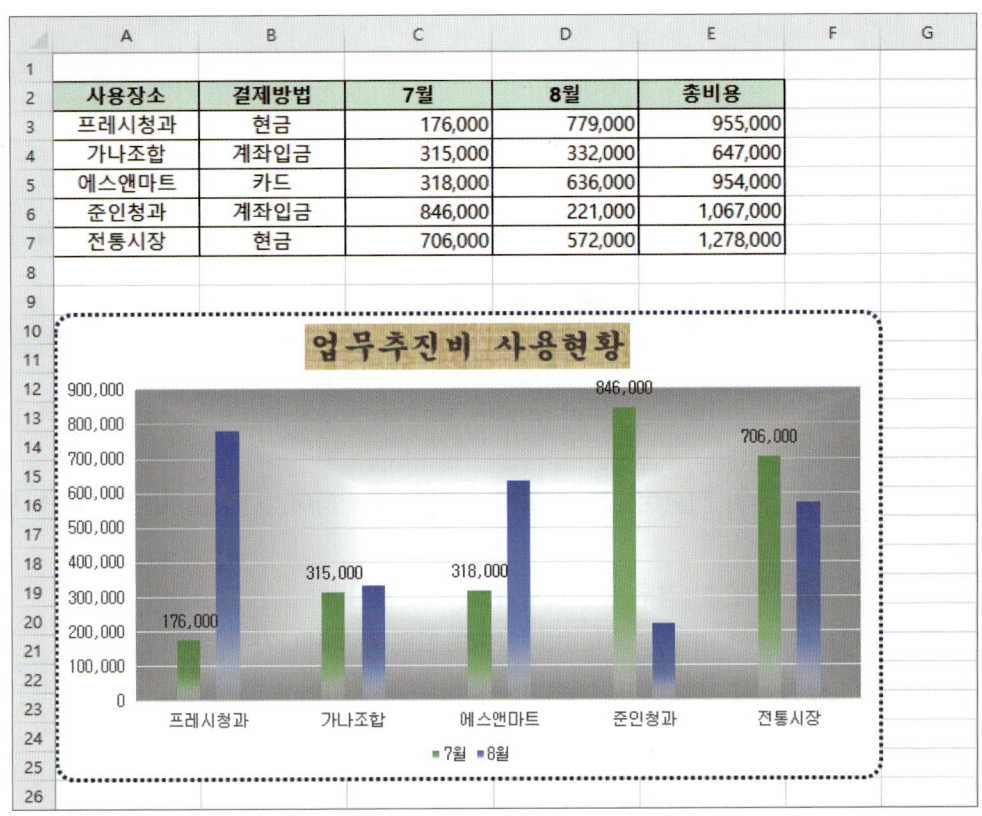

≪처리조건≫

▶ "차트" 시트에 주어진 표를 이용하여 '묶은 세로 막대형' 차트를 작성하시오.
  - 데이터 범위 : 현재 시트 [A2:A7], [C2:D7]의 데이터를 이용하여 작성하고, 행/열 전환은 '열'로 지정
  - 차트 위치 : 현재 시트에 [A10:F25] 크기에 정확하게 맞추시오.
  - 차트 제목("업무추진비 사용현황")
  - 차트 스타일 : 색 변경(색상형 - 다양한 색상표 4, 스타일 9)
  - 범례 위치 : 아래쪽
  - 차트 영역 서식 : 글꼴(굴림체, 9pt), 테두리 색(실선, 색 : 진한 파랑), 테두리 스타일(너비 : 2pt, 겹선 종류 : 단순형, 대시 종류 : 둥근 점선, 둥근 모서리)
  - 차트 제목 서식 : 글꼴(궁서체, 18pt, 굵게), 채우기(그림 또는 질감 채우기, 질감 : 파피루스)
  - 그림 영역 서식 : 채우기(그라데이션 채우기, 그라데이션 미리 설정 : 위쪽 스포트라이트 강조 3, 종류 : 사각형, 방향 : 가운데에서)
  - 데이터 레이블 추가 : '7월' 계열에 "값" 표시

▶ 지시사항이 없는 경우는 ≪출력형태≫와 동일하게 작성하시오.

제 07 회 실전모의고사

MS Office 2021 버전용

◎ 시험과목 : 스프레드시트(엑셀)
◎ 시험일자 : 20○○. ○○. ○○.(X)
◎ 응시자 기재사항 및 감독위원 확인

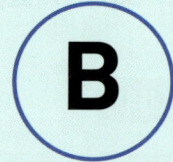

수검번호	DIS - 0000 -	감독위원 확인
성 명		

응시자 유의사항

1. 응시자는 신분증을 지참하여야 시험에 응시할 수 있으며, 시험이 종료될 때까지 신분증을 제시하지 못 할 경우 해당 시험은 0점 처리됩니다.
2. 시스템(PC작동여부, 네트워크 상태 등)의 이상여부를 반드시 확인하여야 하며, 시스템 이상이 있을 시 감독위원에게 조치를 받으셔야 합니다.
3. 시험 중 부주의 또는 고의로 시스템을 파손한 경우는 응시자 부담으로 합니다.
4. 답안 전송 프로그램을 통해 다운로드 받은 파일을 이용하여 답안파일을 작성하시기 바랍니다.
5. 작성한 답안 파일은 답안 전송 프로그램을 통하여 전송됩니다. 감독위원의 지시에 따라 주시기 바랍니다.
6. 다음 사항의 경우 실격(0점) 혹은 부정행위 처리됩니다.
    1) 답안파일을 저장하지 않았거나, 저장한 파일이 손상되었을 경우
    2) 답안파일을 지정된 폴더(바탕화면 – "KAIT" 폴더)에 저장하지 않았을 경우
       ※ 답안 전송 프로그램 로그인 시 바탕화면에 자동 생성됨
    3) 답안파일을 다른 보조기억장치(USB) 혹은 네트워크(메신저, 게시판 등)로 전송할 경우
    4) 휴대용 전화기 등 통신기기를 사용할 경우
7. 시트는 반드시 순서대로 작성해야 하며, 순서가 다를 경우 "0"점 처리됩니다.
8. 시험지에 제시된 글꼴이 응시 프로그램에 없는 경우, 반드시 감독위원에게 해당 내용을 통보한 뒤 조치를 받아야 합니다.
9. 시험의 완료는 작성이 완료된 답안을 저장하고, 답안 전송이 완료된 상태를 확인한 것으로 합니다. 답안 전송 확인 후 문제지는 감독위원에게 제출한 후 퇴실하여야 합니다.
10. 답안전송이 완료된 경우는 수정 또는 정정이 불가합니다.
11. 시험 시행 후 합격자 발표는 홈페이지(www.ihd.or.kr)에서 확인하시기를 바랍니다.
    ※ 합격자 발표 : 20○○. ○○. ○○.(X)

디지털정보활용능력 스프레드시트(엑셀) 2021 [시험시간 : 40분]

[문제 1] "수강료현황" 시트를 참조하여 다음 ≪처리조건≫에 맞도록 작업하시오. (50점)

≪출력형태≫

운영장소	운영시간	프로그램명	봄학기	여름학기	가을학기	겨울학기	순위	비고
국민 체육센터	오전	다이어트 체조	473,600	461,000	407,500	472,800	3위	
한마을 문화센터	오후	기타교실	483,900	418,500	483,300	491,500	1위	
넘버원 평생교육원	야간	서예교실	395,300	414,700	312,400	335,400	7위	가을 검토
해피 문화센터	오후	기타교실	391,700	365,900	275,700	296,000	10위	가을 검토
건강 체육센터	야간	다이어트 체조	478,000	413,600	287,300	321,200	8위	가을 검토
글로벌 평생교육원	오전	서예교실	277,700	275,500	387,200	415,700	5위	
튼튼니 건강교실	오후	다이어트 체조	378,000	446,400	430,800	309,900	9위	
백세 평생교육원	오전	서예교실	261,000	456,400	442,700	424,300	4위	
미래엔 문화센터	오후	기타교실	355,200	259,600	354,100	477,200	2위	
플레이 문화센터	오전	서예교실	468,400	362,700	336,000	380,400	6위	가을 검토
'운영시간'이 "오전"인 '봄학기'의 평균				370,175원				
'여름학기' 중 세 번째로 작은 값				362,700원				
'가을학기'의 최대값-최소값 차이				207,600원				

≪처리조건≫

- 1행의 행 높이를 '80'으로 설정하고, 2행~15행의 행 높이를 '18'로 설정하시오.
- 제목("평생교육 수강료현황") : 블록 화살표의 '화살표: 갈매기형 수장'을 이용하여 입력하시오.
  - 도형 : 위치([B1:H1]), 도형 스타일(테마 스타일 - '보통 효과 - 황금색, 강조 4')
  - 글꼴 : 궁서체, 32pt, 굵게
  - 도형 서식 : 도형 옵션 - 크기 및 속성(텍스트 상자(세로 맞춤 : 정가운데, 텍스트 방향 : 가로))

- 셀 서식을 아래 조건에 맞게 작성하시오.
  - [A2:I15] : 테두리(안쪽, 윤곽선 모두 실선, '검정, 텍스트 1'), 전체 가운 맞춤
  - [A13:D13], [A14:D14], [A15:D15] : 각각 병합하고 가운데 맞춤
  - [A2:I2], [A13:D15] : 채우기 색('황금색, 강조 4, 60% 더 밝게'), 글꼴(굵게)
  - [D3:G12] : 셀 서식의 표시형식-숫자를 이용하여 1000 단위 구분 기호 표시
  - [H3:H12] : 셀 서식의 표시형식-사용자 지정을 이용하여 #"위"자를 추가
  - [E13:G15] : 셀 서식의 표시형식-사용자 지정을 이용하여 #,##0"원"자를 추가
  - 조건부 서식[A3:I12] : '여름학기'가 400000 이하인 경우 레코드 전체에 글꼴(자주, 굵게) 적용
  - 지시사항이 없는 경우는 주어진 문제파일의 서식을 그대로 사용하시오.

- ① 순위[H3:H12] : '겨울학기'를 기준으로 하여 큰 순으로 순위를 구하시오. **(RANK.EQ 함수)**
- ② 비고[I3:I12] : '가을학기'가 350000 이하이면 "가을 검토", 그렇지 않으면 공백으로 구하시오. **(IF 함수)**
- ③ 평균[E13:G13] : '운영시간'이 "오전"인 '봄학기'의 평균을 구하시오. **(DAVERAGE 함수)**
- ④ 순위[E14:G14] : '여름학기' 중 세 번째로 작은 값을 구하시오. **(SMALL 함수)**
- ⑤ 최대값-최소값[E15:G15] : '가을학기'의 최대값-최소값의 차이를 구하시오. **(MAX, MIN 함수)**

[문제 2] "부분합" 시트를 참조하여 다음 ≪처리조건≫에 맞도록 작업하시오. (30점)

≪출력형태≫

	A	B	C	D	E	F	G
1							
2	운영장소	운영시간	프로그램명	봄학기	여름학기	가을학기	겨울학기
3	넘버원 평생교육원	야간	서예교실	395,300	414,700	312,400	335,400
4	건강 체육센터	야간	다이어트 체조	478,000	413,600	287,300	321,200
5		야간 최대				312,400	335,400
6		야간 평균		436,650	414,150		
7	국민 체육센터	오전	다이어트 체조	473,600	461,000	407,500	472,800
8	글로벌 평생교육원	오전	서예교실	277,700	275,500	387,200	415,700
9	백세 평생교육원	오전	서예교실	261,000	456,400	442,700	424,300
10	플레이 문화센터	오전	서예교실	468,400	362,700	336,000	380,400
11		오전 최대				442,700	472,800
12		오전 평균		370,175	388,900		
13	한마을 문화센터	오후	기타교실	483,900	418,500	483,300	491,500
14	해피 문화센터	오후	기타교실	391,700	365,900	275,700	296,000
15	튼트니 건강교실	오후	다이어트 체조	378,000	446,400	430,800	309,900
16	미래엔 문화센터	오후	기타교실	355,200	259,600	354,100	477,200
17		오후 최대				483,300	491,500
18		오후 평균		402,200	372,600		
19		전체 최대값				483,300	491,500
20		전체 평균		396,280	387,430		
21							

≪처리조건≫

▶ 데이터를 '운영시간' 기준으로 오름차순 정렬하시오.

▶ 아래 조건에 맞는 부분합을 작성하시오.
 - '운영시간'으로 그룹화하여 '봄학기', '여름학기'의 평균을 구하는 부분합을 만드시오.
 - '운영시간'으로 그룹화하여 '가을학기', '겨울학기'의 최대를 구하는 부분합을 만드시오.
  (새로운 값으로 대치하지 말 것)
 - [D3:G20] 영역에 셀 서식의 표시형식-숫자를 이용하여 1000 단위 구분 기호를 표시하시오.

▶ D~E열을 선택하여 그룹을 설정하시오.

▶ 평균과 최대의 부분합 순서는 ≪출력형태≫와 다를 수 있음

▶ 지시사항이 없는 경우는 기본 값을 적용하시오.

[문제 3] "필터"와 "시나리오" 시트를 참조하여 다음 ≪처리조건≫에 맞도록 작업하시오. (60점)

(1) 필터

≪출력형태≫

	A	B	C	D	E	F	G
1							
2	운영장소	운영시간	프로그램명	봄학기	여름학기	가을학기	겨울학기
3	국민 체육센터	오전	다이어트 체조	473,600	461,000	407,500	472,800
4	한마을 문화센터	오후	기타교실	483,900	418,500	483,300	491,500
5	넘버원 평생교육원	야간	서예교실	395,300	414,700	312,400	335,400
6	해피 문화센터	오후	기타교실	391,700	365,900	275,700	296,000
7	건강 체육센터	야간	다이어트 체조	478,000	413,600	287,300	321,200
8	글로벌 평생교육원	오전	서예교실	277,700	275,500	387,200	415,700
9	튼튼니 건강교실	오후	다이어트 체조	378,000	446,400	430,800	309,900
10	백세 평생교육원	오전	서예교실	261,000	456,400	442,700	424,300
11	미래엔 문화센터	오후	기타교실	355,200	259,600	354,100	477,200
12	플레이 문화센터	오전	서예교실	468,400	362,700	336,000	380,400
13							
14	조건						
15	TRUE						
16							
17							
18	운영장소	운영시간	프로그램명	가을학기	겨울학기		
19	국민 체육센터	오전	다이어트 체조	407,500	472,800		
20	한마을 문화센터	오후	기타교실	483,300	491,500		
21	넘버원 평생교육원	야간	서예교실	312,400	335,400		
22	건강 체육센터	야간	다이어트 체조	287,300	321,200		
23	플레이 문화센터	오전	서예교실	336,000	380,400		
24							

≪처리조건≫

▶ "필터" 시트의 [A2:G12]를 아래 조건에 맞게 고급필터를 사용하여 작성하시오.
  - '운영시간'이 "야간"이거나 '봄학기'가 450000 이상인 데이터를 '운영장소', '운영시간', '프로그램명', '가을학기', '겨울학기'의 데이터만 필터링하시오.
  - 조건 위치 : 조건 함수는 [A15] 한 셀에 작성(OR 함수 이용)
  - 결과 위치 : [A18]부터 출력

▶ 지시사항이 없는 경우는 ≪출력형태 – 필터≫와 동일하게 작성하시오.

(2) 시나리오

《출력형태》

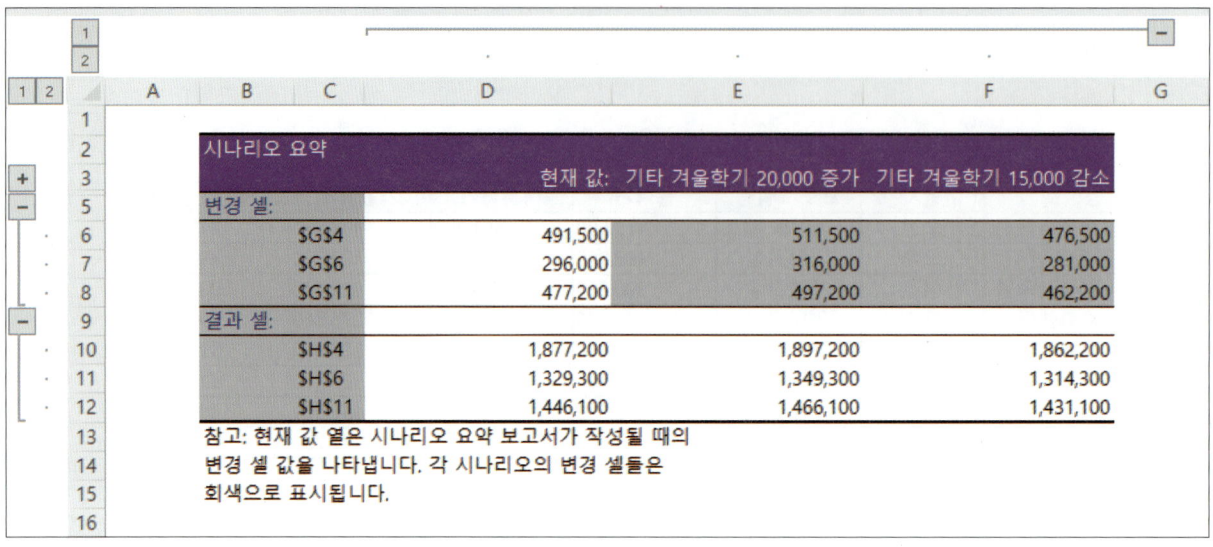

《처리조건》

▶ "시나리오" 시트의 [A2:H12]를 이용하여 '프로그램명'이 "기타교실"인 경우, '겨울학기'가 변동할 때 '합계'가 변동하는 가상분석(시나리오)을 작성하시오.

- 시나리오1 : 시나리오 이름은 "기타 겨울학기 20,000 증가", '겨울학기'에 20000을 증가시킨 값 설정.
- 시나리오2 : 시나리오 이름은 "기타 겨울학기 15,000 감소", '겨울학기'에 15000을 감소시킨 값 설정.
- "시나리오 요약" 시트를 작성하시오.

▶ 지시사항이 없는 경우는 ≪출력형태 - 시나리오≫와 동일하게 작성하시오.

[문제 4] "피벗테이블" 시트를 참조하여 다음 ≪처리조건≫에 맞도록 작업하시오. (30점)

≪출력형태≫

	A	B	C	D	E
3	프로그램명	값	운영시간		
4			야간	오전	오후
5	기타교실	최대 : 봄학기	***	***	483,900
6		최대 : 가을학기	***	***	483,300
7	서예교실	최대 : 봄학기	395,300	468,400	***
8		최대 : 가을학기	312,400	442,700	***
9	전체 최대 : 봄학기		395,300	468,400	483,900
10	전체 최대 : 가을학기		312,400	442,700	483,300

≪처리조건≫

▶ "피벗테이블" 시트의 [A2:G12]를 이용하여 새로운 시트에 ≪출력형태≫와 같이 피벗테이블을 작성 후 시트명을 "피벗테이블 정답"으로 수정하시오.

▶ 프로그램명(행)과 운영시간(열)을 기준으로 하여 출력형태와 같이 구하시오.
 - '봄학기', '가을학기'의 최대를 구하시오.
 - 피벗 테이블 옵션을 이용하여 레이블이 있는 셀 병합 및 가운데 맞춤하고 빈 셀을 "***"로 표시한 후, 행의 총합계를 감추기 하시오.
 - 피벗 테이블 디자인에서 보고서 레이아웃은 '테이블 형식으로 표시', 피벗 테이블 스타일은 '어둡게 – 진한 노랑, 피벗 스타일 어둡게 5'로 표시하시오.
 - 프로그램명(행)은 "기타교실", "서예교실"만 출력되도록 표시하시오.
 - [C5:E10] 데이터는 셀 서식의 표시형식-숫자를 이용하여 1000 단위 구분 기호를 표시하고, 가운데 맞춤하시오.

▶ 프로그램명의 순서는 ≪출력형태≫와 다를 수 있음

▶ 지시사항이 없는 경우는 ≪출력형태≫와 동일하게 작성하시오.

[문제 5] "차트" 시트를 참조하여 다음 ≪처리조건≫에 맞도록 작업하시오. (30점)

《출력형태》

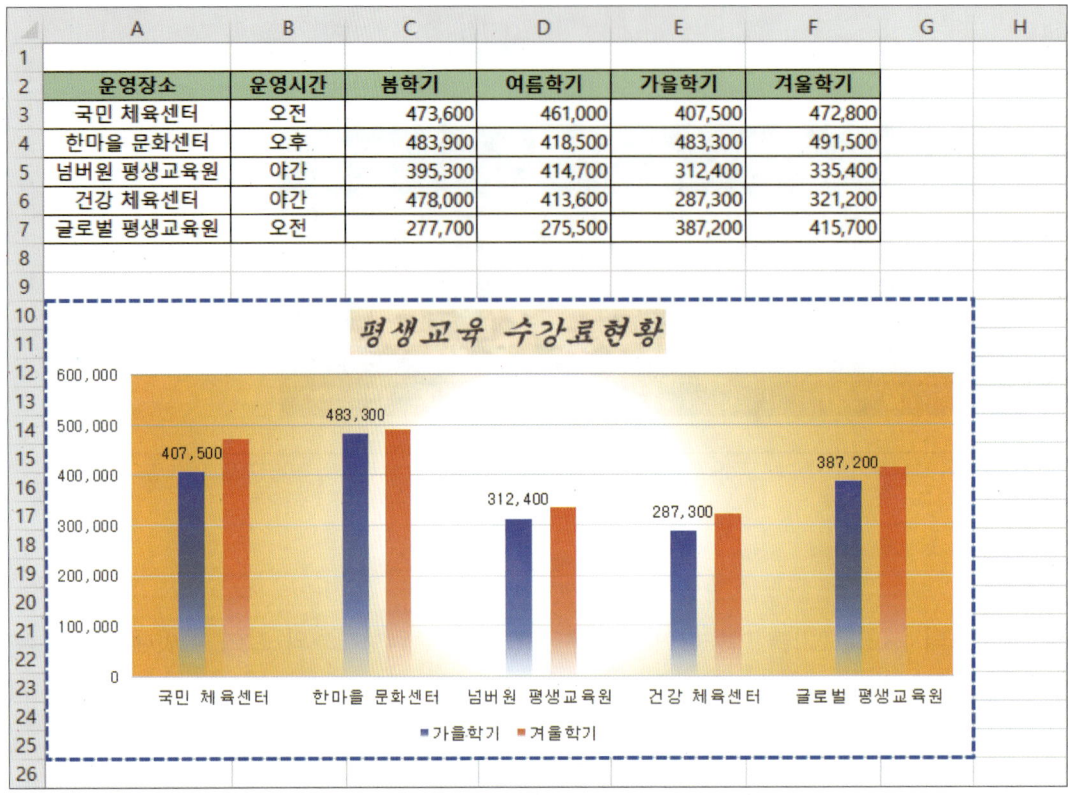

《처리조건》

▶ "차트" 시트에 주어진 표를 이용하여 '묶은 세로 막대형' 차트를 작성하시오.
- 데이터 범위 : 현재 시트 [A2:A7], [E2:F7]의 데이터를 이용하여 작성하고, 행/열 전환은 '열'로 지정
- 차트 위치 : 현재 시트에 [A10:G25] 크기에 정확하게 맞추시오.
- 차트 제목("평생교육 수강료현황")
- 차트 스타일 : 색 변경(색상형 – 다양한 색상표 1, 스타일 9)
- 범례 위치 : 아래쪽
- 차트 영역 서식 : 글꼴(돋움체, 10pt), 테두리 색(실선, 색 : 파랑), 테두리 스타일(너비 : 2pt, 겹선 종류 : 단순형, 대시 종류 : 사각 점선)
- 차트 제목 서식 : 글꼴(궁서체, 18pt, 기울임꼴), 채우기(그림 또는 질감 채우기, 질감 : 양피지)
- 그림 영역 서식 : 채우기(그라데이션 채우기, 그라데이션 미리 설정 : 위쪽 스포트라이트 강조 4, 종류 : 방사형, 방향 : 가운데에서)
- 데이터 레이블 추가 : '가을학기' 계열에 "값" 표시

▶ 지시사항이 없는 경우는 ≪출력형태≫와 동일하게 작성하시오.

제 08 회 실전모의고사

MS Office 2021 버전용

◎ 시험과목 : 스프레드시트(엑셀)
◎ 시험일자 : 20○○. ○○. ○○.(X)
◎ 응시자 기재사항 및 감독위원 확인

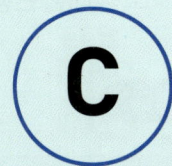

수검번호	DIS - 0000 -	감독위원 확인
성 명		

응시자 유의사항

1. 응시자는 신분증을 지참하여야 시험에 응시할 수 있으며, 시험이 종료될 때까지 신분증을 제시하지 못 할 경우 해당 시험은 0점 처리됩니다.
2. 시스템(PC작동여부, 네트워크 상태 등)의 이상여부를 반드시 확인하여야 하며, 시스템 이상이 있을 시 감독위원에게 조치를 받으셔야 합니다.
3. 시험 중 부주의 또는 고의로 시스템을 파손한 경우는 응시자 부담으로 합니다.
4. 답안 전송 프로그램을 통해 다운로드 받은 파일을 이용하여 답안파일을 작성하시기 바랍니다.
5. 작성한 답안 파일은 답안 전송 프로그램을 통하여 전송됩니다. 감독위원의 지시에 따라 주시기 바랍니다.
6. 다음 사항의 경우 실격(0점) 혹은 부정행위 처리됩니다.
    1) 답안파일을 저장하지 않았거나, 저장한 파일이 손상되었을 경우
    2) 답안파일을 지정된 폴더(바탕화면 – "KAIT" 폴더)에 저장하지 않았을 경우
        ※ 답안 전송 프로그램 로그인 시 바탕화면에 자동 생성됨
    3) 답안파일을 다른 보조기억장치(USB) 혹은 네트워크(메신저, 게시판 등)로 전송할 경우
    4) 휴대용 전화기 등 통신기기를 사용할 경우
7. 시트는 반드시 순서대로 작성해야 하며, 순서가 다를 경우 "0"점 처리됩니다.
8. 시험지에 제시된 글꼴이 응시 프로그램에 없는 경우, 반드시 감독위원에게 해당 내용을 통보한 뒤 조치를 받아야 합니다.
9. 시험의 완료는 작성이 완료된 답안을 저장하고, 답안 전송이 완료된 상태를 확인한 것으로 합니다. 답안 전송 확인 후 문제지는 감독위원에게 제출한 후 퇴실하여야 합니다.
10. 답안전송이 완료된 경우는 수정 또는 정정이 불가합니다.
11. 시험 시행 후 합격자 발표는 홈페이지(www.ihd.or.kr)에서 확인하시기를 바랍니다.
    ※ 합격자 발표 : 20○○. ○○. ○○.(X)

[문제 1] "고객대출현황" 시트를 참조하여 다음 ≪처리조건≫에 맞도록 작업하시오. (50점)

《출력형태》

은행명	고객명	성별	원금	대출이자	상환액	대출가능액	순위	비고
농협은행	박명자	여	2,500,000	104,000	2,604,000	2,396,000	1위	관리고객
농협은행	강신실	여	1,700,000	87,000	1,787,000	3,213,000	5위	
전자은행	노중곤	남	2,420,000	94,500	2,514,500	2,485,500	2위	관리고객
금전은행	정미경	여	1,380,000	79,000	1,459,000	3,541,000	7위	
전자은행	곽영표	남	375,000	30,000	405,000	4,595,000	9위	
금전은행	김은미	여	278,000	20,000	298,000	4,702,000	10위	
사랑은행	박철수	남	1,503,000	81,500	1,584,500	3,415,500	6위	
금전은행	박수철	남	2,260,000	91,000	2,351,000	2,649,000	3위	관리고객
농협은행	황미진	여	1,748,000	88,500	1,836,500	3,163,500	4위	
사랑은행	김사랑	여	700,000	55,000	755,000	4,245,000	8위	
'대출이자' 중 두 번째로 큰 값				94,500원				
'성별'이 "여"인 '대출가능액'의 평균				3,543,417원				
'대출이자'의 최대값-최소값 차이				84,000원				

제목: 은행별 고객대출 현황표

《처리조건》

- 1행의 행 높이를 '80'으로 설정하고, 2행~15행의 행 높이를 '18'로 설정하시오.
- 제목("은행별 고객대출 현황표") : 순서도의 '순서도: 순차적 액세스 저장소'를 이용하여 입력하시오.
  - 도형 : 위치([B1:H1]), 도형 스타일(테마 스타일 – '미세 효과 – 파랑, 강조 1')
  - 글꼴 : 돋움체, 28pt, 굵게
  - 도형 서식 : 도형 옵션 – 크기 및 속성(텍스트 상자(세로 맞춤 : 정가운데, 텍스트 방향 : 가로))

- 셀 서식을 아래 조건에 맞게 작성하시오.
  - [A2:I15] : 테두리(안쪽, 윤곽선 모두 실선, '검정, 텍스트 1'), 전체 가운데 맞춤
  - [A13:D13], [A14:D14], [A15:D15] : 각각 병합하고 가운데 맞춤
  - [A2:I2], [A13:D15] : 채우기 색('파랑, 강조 5, 60% 더 밝게'), 글꼴(굵게)
  - [D3:G12] : 셀 서식의 표시형식-숫자를 이용하여 1000 단위 구분 기호 표시
  - [H3:H12] : 셀 서식의 표시형식-사용자 지정을 이용하여 #"위"자를 추가
  - [E13:G15]: 셀 서식의 표시형식-사용자 지정을 이용하여 #,##0"원"자를 추가
  - 조건부 서식[A3:I12] : '원금'이 1000000 이하인 경우 레코드 전체에 글꼴(빨강, 굵은 기울임꼴) 적용
  - 지시사항이 없는 경우는 주어진 문제파일의 서식을 그대로 사용하시오.

- ① 순위[H3:H12] : '상환액'을 기준으로 하여 큰 순으로 순위를 구하시오. **(RANK.EQ 함수)**
- ② 비고[I3:I12] : '상환액'이 2000000 이상이면 "관리고객", 그렇지 않으면 공백으로 구하시오. **(IF 함수)**
- ③ 순위[E13:G13] : '대출이자' 중 두 번째로 큰 값을 구하시오. **(LARGE 함수)**
- ④ 평균[E14:G14] : '성별'이 "여"인 '대출가능액'의 평균을 구하시오. **(DAVERAGE 함수)**
- ⑤ 최대값-최소값[E15:G15] : '대출이자'의 최대값-최소값의 차이를 구하시오. **(MAX, MIN 함수)**

디지털정보활용능력 — 스프레드시트(엑셀) 2021 [시험시간 : 40분]

[문제 2] "부분합" 시트를 참조하여 다음 《처리조건》에 맞도록 작업하시오. (30점)

《출력형태》

	A	B	C	D	E	F	G
2	은행명	고객명	성별	원금	대출이자	상환액	대출가능액
3	금전은행	정미경	여	1,380,000	79,000	1,459,000	3,541,000
4	금전은행	김은미	여	278,000	20,000	298,000	4,702,000
5	금전은행	박수철	남	2,260,000	91,000	2,351,000	2,649,000
6	금전은행 최소			278,000	20,000	298,000	
7	금전은행 평균			1,306,000	63,333		
8	농협은행	박명자	여	2,500,000	104,000	2,604,000	2,396,000
9	농협은행	강신실	여	1,700,000	87,000	1,787,000	3,213,000
10	농협은행	황미진	여	1,748,000	88,500	1,836,500	3,163,500
11	농협은행 최소			1,700,000	87,000	1,787,000	
12	농협은행 평균			1,982,667	93,167		
13	사랑은행	박철수	남	1,503,000	81,500	1,584,500	3,415,500
14	사랑은행	김사랑	여	700,000	55,000	755,000	4,245,000
15	사랑은행 최소			700,000	55,000	755,000	
16	사랑은행 평균			1,101,500	68,250		
17	전자은행	노중곤	남	2,420,000	94,500	2,514,500	2,485,500
18	전자은행	곽영표	남	375,000	30,000	405,000	4,595,000
19	전자은행 최소			375,000	30,000	405,000	
20	전자은행 평균			1,397,500	62,250		
21	전체 최소값			278,000	20,000	298,000	
22	전체 평균			1,486,400	73,050		

《처리조건》

▶ 데이터를 '은행명' 기준으로 오름차순 정렬하시오.

▶ 아래 조건에 맞는 부분합을 작성하시오.
  - '은행명'으로 그룹화하여 '원금', '대출이자'의 평균을 구하는 부분합을 만드시오.
  - '은행명'으로 그룹화하여 '원금', '대출이자', '상환액'의 최소를 구하는 부분합을 만드시오.
    (새로운 값으로 대치하지 말 것)
  - [D3:G22] 영역에 셀 서식의 표시형식-숫자를 이용하여 1000 단위 구분 기호를 표시하시오.

▶ D~F열을 선택하여 그룹을 설정하시오.

▶ 평균과 최소의 부분합 순서는 《출력형태》와 다를 수 있음

▶ 지시사항이 없는 경우는 기본 값을 적용하시오.

디지털정보활용능력 스프레드시트(엑셀) 2021   [시험시간 : 40분]

[문제 3] "필터"와 "시나리오" 시트를 참조하여 다음 ≪처리조건≫에 맞도록 작업하시오. (60점)

(1) 필터

《출력형태》

	A	B	C	D	E	F	G	H
1								
2	은행명	고객명	성별	원금	대출이자	상환액	대출가능액	
3	농협은행	박명자	여	2,500,000	104,000	2,604,000	2,396,000	
4	농협은행	강신실	여	1,700,000	87,000	1,787,000	3,213,000	
5	전자은행	노중곤	남	2,420,000	94,500	2,514,500	2,485,500	
6	금전은행	정미경	여	1,380,000	79,000	1,459,000	3,541,000	
7	전자은행	곽영표	남	375,000	30,000	405,000	4,595,000	
8	금전은행	김은미	여	278,000	20,000	298,000	4,702,000	
9	사랑은행	박철수	남	1,503,000	81,500	1,584,500	3,415,500	
10	금전은행	박수철	남	2,260,000	91,000	2,351,000	2,649,000	
11	농협은행	황미진	여	1,748,000	88,500	1,836,500	3,163,500	
12	사랑은행	김사랑	여	700,000	55,000	755,000	4,245,000	
13								
14	조건							
15	TRUE							
16								
17								
18	고객명	원금	대출이자	상환액				
19	박명자	2,500,000	104,000	2,604,000				
20	노중곤	2,420,000	94,500	2,514,500				
21	곽영표	375,000	30,000	405,000				
22	박수철	2,260,000	91,000	2,351,000				
23								

《처리조건》

▶ "필터" 시트의 [A2:G12]를 아래 조건에 맞게 고급필터를 사용하여 작성하시오.
- '은행명'이 "전자은행"이거나 '상환액'이 2000000 이상인 데이터를 '고객명', '원금', '대출이자', '상환액'의 데이터만 필터링하시오.
- 조건 위치 : 조건 함수는 [A15] 한 셀에 작성(OR 함수 이용)
- 결과 위치 : [A18]부터 출력

▶ 지시사항이 없는 경우는 ≪출력형태 – 필터≫와 동일하게 작성하시오.

(2) 시나리오

《출력형태》

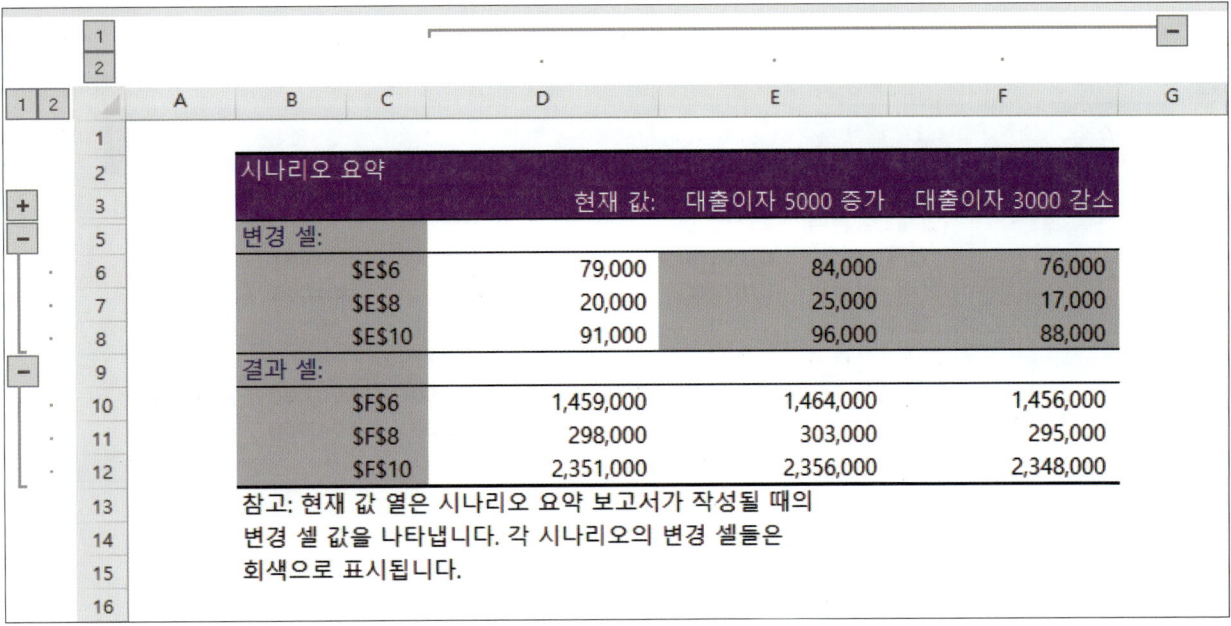

《처리조건》

▶ "시나리오" 시트의 [A2:G12]를 이용하여 '은행명'이 "금전은행"인 경우, '대출이자'가 변동할 때 "상환액"이 변동하는 가상분석(시나리오)을 작성하시오.

  - 시나리오1 : 시나리오 이름은 "대출이자 5000 증가", '대출이자'에 5000을 증가시킨 값 설정.
  - 시나리오2 : 시나리오 이름은 "대출이자 3000 감소", '대출이자'에 3000을 감소시킨 값 설정.
  - "시나리오 요약" 시트를 작성하시오.

▶ 지시사항이 없는 경우는 ≪출력형태 - 시나리오≫와 동일하게 작성하시오.

[문제 4] "피벗테이블" 시트를 참조하여 다음 ≪처리조건≫에 맞도록 작업하시오. (30점)

≪출력형태≫

	A	B	C	D	E	F	G
3	은행명	값	고객명				
4			강신실	곽영표	노중곤	박명자	박수철
5	금전은행	합계 : 원금	****	****	****	****	2,260,000
6		합계 : 상환액	****	****	****	****	2,351,000
7	농협은행	합계 : 원금	1,700,000	****	****	2,500,000	****
8		합계 : 상환액	1,787,000	****	****	2,604,000	****
9	전자은행	합계 : 원금	****	375,000	2,420,000	****	****
10		합계 : 상환액	****	405,000	2,514,500	****	****
11	전체 합계 : 원금		1,700,000	375,000	2,420,000	2,500,000	2,260,000
12	전체 합계 : 상환액		1,787,000	405,000	2,514,500	2,604,000	2,351,000

≪처리조건≫

▶ "피벗테이블" 시트의 [A2:G12]를 이용하여 새로운 시트에 ≪출력형태≫와 같이 피벗테이블을 작성 후 시트명을 "피벗테이블 정답"으로 수정하시오.

▶ 은행명(행)과 고객명(열)을 기준으로 하여 출력형태와 같이 구하시오.
 - '원금', '상환액'의 합계를 구하시오.
 - 피벗 테이블 옵션을 이용하여 레이블이 있는 셀 병합 및 가운데 맞춤하고 빈 셀을 "****"로 표시한 후, 행의 총합계를 감추기 하시오.
 - 피벗 테이블 디자인에서 보고서 레이아웃은 '테이블 형식으로 표시', 피벗 테이블 스타일은 '중간 - 연한 파랑, 피벗 스타일 보통 2'로 표시하시오.
 - 고객명(열)은 "강신실", "곽영표", "노중곤", "박명자", "박수철"만 출력되도록 표시하시오.
 - [C5:G12] 데이터는 셀 서식의 표시형식-숫자를 이용하여 1000 단위 구분 기호를 표시하고, 가운데 맞춤하시오.

▶ 은행명의 순서는 ≪출력형태≫와 다를 수 있음

▶ 지시사항이 없는 경우는 ≪출력형태≫와 동일하게 작성하시오.

[문제 5] "차트" 시트를 참조하여 다음 ≪처리조건≫에 맞도록 작업하시오. (30점)

≪출력형태≫

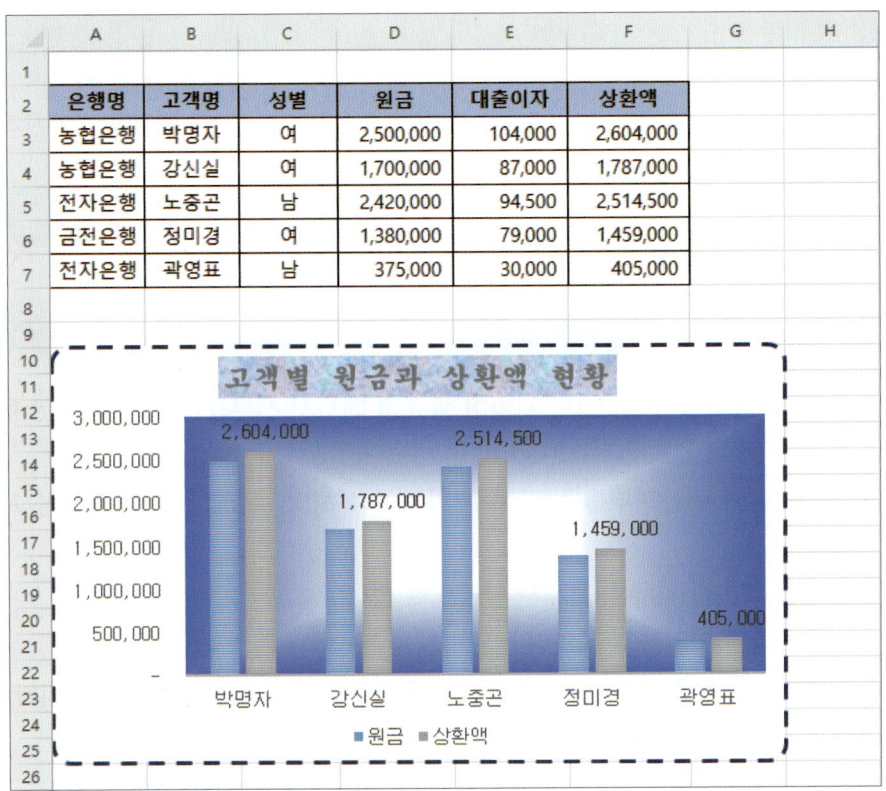

≪처리조건≫

▶ "차트" 시트에 주어진 표를 이용하여 '묶은 세로 막대형' 차트를 작성하시오.
- 데이터 범위 : 현재 시트 [B2:B7], [D2:D7], [F2:F7]의 데이터를 이용하여 작성하고, 행/열 전환은 '열'로 지정
- 차트 위치 : 현재 시트에 [A10:G25] 크기에 정확하게 맞추시오.
- 차트 제목("고객별 원금과 상환액 현황")
- 차트 스타일 : 색 변경(색상형 - 다양한 색상표 2, 스타일 3)
- 범례 위치 : 아래쪽
- 차트 영역 서식 : 글꼴(굴림체, 11pt), 테두리 색(실선, 색 : 진한 파랑), 테두리 스타일(너비 : 2.25pt, 겹선 종류 : 단순형, 대시 종류 : 파선, 둥근 모서리)
- 차트 제목 서식 : 글꼴(궁서체, 16pt, 굵게), 채우기(그림 또는 질감 채우기, 질감 : 꽃다발)
- 그림 영역 서식 : 채우기(그라데이션 채우기, 그라데이션 미리 설정 : 위쪽 스포트라이트 강조 5, 종류 : 사각형, 방향 : 가운데에서)
- 데이터 레이블 추가 : '상환액' 계열에 "값" 표시

▶ 지시사항이 없는 경우는 ≪출력형태≫와 동일하게 작성하시오.

제 09 회 실전모의고사

MS Office 2021 버전용

◎ 시험과목 : 스프레드시트(엑셀)
◎ 시험일자 : 20○○. ○○. ○○.(X)
◎ 응시자 기재사항 및 감독위원 확인

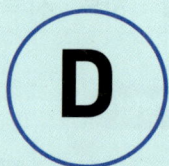

수검번호	DIS - 0000 -	감독위원 확인
성 명		

응시자 유의사항

1. 응시자는 신분증을 지참하여야 시험에 응시할 수 있으며, 시험이 종료될 때까지 신분증을 제시하지 못 할 경우 해당 시험은 0점 처리됩니다.
2. 시스템(PC작동여부, 네트워크 상태 등)의 이상여부를 반드시 확인하여야 하며, 시스템 이상이 있을 시 감독위원에게 조치를 받으셔야 합니다.
3. 시험 중 부주의 또는 고의로 시스템을 파손한 경우는 응시자 부담으로 합니다.
4. 답안 전송 프로그램을 통해 다운로드 받은 파일을 이용하여 답안파일을 작성하시기 바랍니다.
5. 작성한 답안 파일은 답안 전송 프로그램을 통하여 전송됩니다. 감독위원의 지시에 따라 주시기 바랍니다.
6. 다음 사항의 경우 실격(0점) 혹은 부정행위 처리됩니다.
    1) 답안파일을 저장하지 않았거나, 저장한 파일이 손상되었을 경우
    2) 답안파일을 지정된 폴더(바탕화면 – "KAIT" 폴더)에 저장하지 않았을 경우
       ※ 답안 전송 프로그램 로그인 시 바탕화면에 자동 생성됨
    3) 답안파일을 다른 보조기억장치(USB) 혹은 네트워크(메신저, 게시판 등)로 전송할 경우
    4) 휴대용 전화기 등 통신기기를 사용할 경우
7. 시트는 반드시 순서대로 작성해야 하며, 순서가 다를 경우 "0"점 처리됩니다.
8. 시험지에 제시된 글꼴이 응시 프로그램에 없는 경우, 반드시 감독위원에게 해당 내용을 통보한 뒤 조치를 받아야 합니다.
9. 시험의 완료는 작성이 완료된 답안을 저장하고, 답안 전송이 완료된 상태를 확인한 것으로 합니다. 답안 전송 확인 후 문제지는 감독위원에게 제출한 후 퇴실하여야 합니다.
10. 답안전송이 완료된 경우는 수정 또는 정정이 불가합니다.
11. 시험 시행 후 합격자 발표는 홈페이지(www.ihd.or.kr)에서 확인하시기를 바랍니다.
    ※ 합격자 발표 : 20○○. ○○. ○○.(X)

디지털정보활용능력 스프레드시트(엑셀) 2021 [시험시간 : 40분]

[문제 1] "동양란 판매현황" 시트를 참조하여 다음 ≪처리조건≫에 맞도록 작업하시오. (50점)

《출력형태》

종류	분류	주문수량	단가	판매금액	할인액	최종판매액	순위	비고
홍화	화예품	13	82,000	1,066,000	53,300	1,012,700	8위	
호반	엽예품	25	45,000	1,125,000	56,250	1,068,750	7위	
수선판	꽃잎	29	23,000	667,000	33,350	633,650	10위	
백화	화예품	50	32,000	1,600,000	80,000	1,520,000	5위	
복색화	화예품	14	53,500	749,000	37,450	711,550	9위	
복륜	엽예품	20	123,000	2,460,000	123,000	2,337,000	4위	
산반	엽예품	80	160,000	12,800,000	640,000	12,160,000	2위	최다 판매
매판	꽃잎	15	87,000	1,305,000	65,250	1,239,750	6위	
원판화	화예품	210	92,000	19,320,000	966,000	18,354,000	1위	최다 판매
색설화	화예품	24	120,000	2,880,000	144,000	2,736,000	3위	
'할인액' 중 가장 큰 값				966,000원				
'분류'가 "화예품"인 '주문수량'의 합계				311				
'최종판매액'의 최대값-최소값 차이				17,720,350원				

《처리조건》

▶ 1행의 행 높이를 '80'으로 설정하고, 2행~15행의 행 높이를 '18'로 설정하시오.
▶ 제목("동양란 판매현황") : 별 및 현수막의 '별: 꼭짓점 32개'를 이용하여 입력하시오.
 - 도형 : 위치([B1:H1]), 도형 스타일(테마 스타일 - '강한 효과 - 회색, 강조 3')
 - 글꼴 : 궁서, 25pt, 굵게
 - 도형 서식 : 도형 옵션 - 크기 및 속성(텍스트 상자(세로 맞춤 : 정가운데, 텍스트 방향 : 가로))

▶ 셀 서식을 아래 조건에 맞게 작성하시오.
 - [A2:I15] : 테두리(안쪽, 윤곽선 모두 실선, '검정, 텍스트 1'), 전체 가운데 맞춤
 - [A13:D13], [A14:D14], [A15:D15] : 각각 병합하고 가운데 맞춤
 - [A2:I2], [A13:D15] : 채우기 색('청회색, 텍스트 2, 60% 더 밝게'), 글꼴(굵게)
 - [D3:G12] : 셀 서식의 표시형식-숫자를 이용하여 1000 단위 구분 기호 표시
 - [H3:H12] : 셀 서식의 표시형식-사용자 지정을 이용하여 #"위"자를 추가
 - [E13:G13], [E15:G15] : 셀 서식의 표시형식-사용자 지정을 이용하여 #,##0"원"자를 추가
 - 조건부 서식[A3:I12] : '주문수량'이 50 이상인 경우 레코드 전체에 글꼴(빨강, 굵게) 적용
 - 지시사항이 없는 경우는 주어진 문제파일의 서식을 그대로 사용하시오.

▶ ① 순위[H3:H12] : '할인액'을 기준으로 하여 큰 순으로 순위를 구하시오. (RANK.EQ 함수)
▶ ② 비고[I3:I12] : '최종판매액'이 10000000 이상이면 "최다 판매", 그렇지 않으면 공백으로 구하시오. (IF 함수)
▶ ③ 순위[E13:G13] : '할인액' 중 가장 큰 값을 구하시오. (LARGE 함수)
▶ ④ 합계[E14:G14] : '분류'가 "화예품"인 '주문수량'의 합계를 구하시오. (DSUM 함수)
▶ ⑤ 최대값-최소값[E15:G15] : '최종판매액'의 최대값-최소값의 차이를 구하시오. (MAX, MIN 함수)

[문제 2] "부분합" 시트를 참조하여 다음 《처리조건》에 맞도록 작업하시오. (30점)

《출력형태》

	종류	분류	주문수량	단가	판매금액	할인액	최종판매액
3	수선판	꽃잎	29	23,000	667,000	33,350	633,650
4	매판	꽃잎	15	87,000	1,305,000	65,250	1,239,750
5		꽃잎 최소			667,000	33,350	633,650
6		꽃잎 최대			1,305,000	65,250	
7	호반	엽예품	25	45,000	1,125,000	56,250	1,068,750
8	복륜	엽예품	20	123,000	2,460,000	123,000	2,337,000
9	산반	엽예품	80	160,000	12,800,000	640,000	12,160,000
10		엽예품 최소			1,125,000	56,250	1,068,750
11		엽예품 최대			12,800,000	640,000	
12	홍화	화예품	13	82,000	1,066,000	53,300	1,012,700
13	백화	화예품	50	32,000	1,600,000	80,000	1,520,000
14	복색화	화예품	14	53,500	749,000	37,450	711,550
15	원판화	화예품	210	92,000	19,320,000	966,000	18,354,000
16	색설화	화예품	24	120,000	2,880,000	144,000	2,736,000
17		화예품 최소			749,000	37,450	711,550
18		화예품 최대			19,320,000	966,000	
19		전체 최소값			667,000	33,350	633,650
20		전체 최대값			19,320,000	966,000	

《처리조건》

▶ 데이터를 '분류' 기준으로 오름차순 정렬하시오.

▶ 아래 조건에 맞는 부분합을 작성하시오.
 - '분류'로 그룹화하여 '판매금액', '할인액'의 최대를 구하는 부분합을 만드시오.
 - '분류'로 그룹화하여 '판매금액', '할인액', '최종판매액'의 최소를 구하는 부분합을 만드시오.
  (새로운 값으로 대치하지 말 것)
 - [D3:G20] 영역에 셀 서식의 표시형식-숫자를 이용하여 1000 단위 구분 기호를 표시하시오.

▶ D~E열을 선택하여 그룹을 설정하시오.

▶ 최대와 최소의 부분합 순서는 《출력형태》와 다를 수 있음

▶ 지시사항이 없는 경우는 기본 값을 적용하시오.

[문제 3] "필터"와 "시나리오" 시트를 참조하여 다음 ≪처리조건≫에 맞도록 작업하시오. (60점)

(1) 필터

≪출력형태≫

	A	B	C	D	E	F	G
1							
2	종류	분류	주문수량	단가	판매금액	할인액	최종판매액
3	홍화	화예품	13	82,000	1,066,000	53,300	1,012,700
4	호반	엽예품	25	45,000	1,125,000	56,250	1,068,750
5	수선판	꽃잎	29	23,000	667,000	33,350	633,650
6	백화	화예품	50	32,000	1,600,000	80,000	1,520,000
7	복색화	화예품	14	53,500	749,000	37,450	711,550
8	복륜	엽예품	20	123,000	2,460,000	123,000	2,337,000
9	산반	엽예품	80	160,000	12,800,000	640,000	12,160,000
10	매판	꽃잎	15	87,000	1,305,000	65,250	1,239,750
11	원판화	화예품	210	92,000	19,320,000	966,000	18,354,000
12	색설화	화예품	24	120,000	2,880,000	144,000	2,736,000
13							
14	조건						
15	TRUE						
16							
17							
18	종류	주문수량	단가	최종판매액			
19	홍화	13	82,000	1,012,700			
20	백화	50	32,000	1,520,000			
21	원판화	210	92,000	18,354,000			
22	색설화	24	120,000	2,736,000			
23							

≪처리조건≫

▶ "필터" 시트의 [A2:G12]를 아래 조건에 맞게 고급필터를 사용하여 작성하시오.
 - '분류'가 "화예품"이면서 '최종판매액'이 1000000 이상인 데이터를 '종류', '주문수량', '단가', '최종판매액'의 데이터만 필터링하시오.
 - 조건 위치 : 조건 함수는 [A15] 한 셀에 작성(AND 함수 이용)
 - 결과 위치 : [A18]부터 출력

▶ 지시사항이 없는 경우는 ≪출력형태 - 필터≫와 동일하게 작성하시오.

(2) 시나리오

《출력형태》

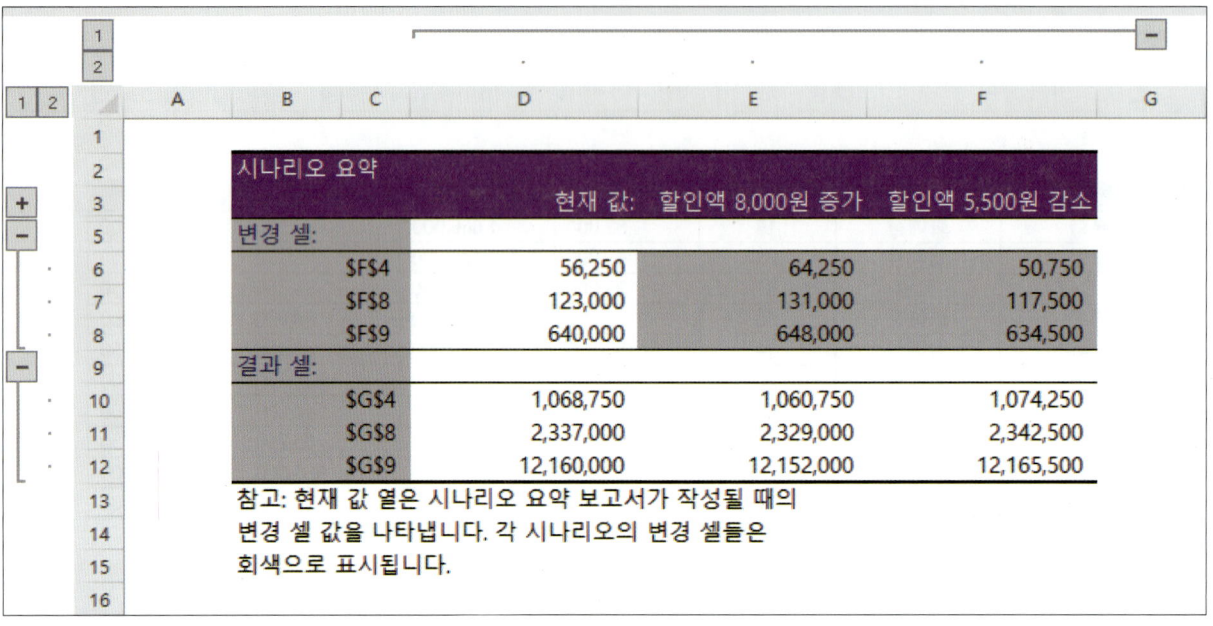

《처리조건》

▶ "시나리오" 시트의 [A2:G12]를 이용하여 '분류'가 "엽예품"인 경우, '할인액'이 변동할 때 '최종판매액'이 변동하는 가상분석(시나리오)을 작성하시오.

- 시나리오1 : 시나리오 이름은 "할인액 8,000원 증가", '할인액'에 8000을 증가시킨 값 설정.
- 시나리오2 : 시나리오 이름은 "할인액 5,500원 감소", '할인액'에 5500을 감소시킨 값 설정.
- "시나리오 요약" 시트를 작성하시오.

▶ 지시사항이 없는 경우는 ≪출력형태 – 시나리오≫와 동일하게 작성하시오.

[문제 4] "피벗테이블" 시트를 참조하여 다음 ≪처리조건≫에 맞도록 작업하시오. (30점)

≪출력형태≫

	A	B	C	D	E
3			분류		
4	종류	값	꽃잎	엽예품	화예품
5	복륜	최대 : 판매금액	*	2,460,000	*
6		최대 : 최종판매액	*	2,337,000	*
7	복색화	최대 : 판매금액	*	*	749,000
8		최대 : 최종판매액	*	*	711,550
9	수선판	최대 : 판매금액	667,000	*	*
10		최대 : 최종판매액	633,650	*	*
11	홍화	최대 : 판매금액	*	*	1,066,000
12		최대 : 최종판매액	*	*	1,012,700
13	전체 최대 : 판매금액		667,000	2,460,000	1,066,000
14	전체 최대 : 최종판매액		633,650	2,337,000	1,012,700

≪처리조건≫

▶ "피벗테이블" 시트의 [A2:G12]를 이용하여 새로운 시트에 ≪출력형태≫와 같이 피벗테이블을 작성 후 시트명을 "피벗테이블 정답"으로 수정하시오.

▶ 종류(행)와 분류(열)를 기준으로 하여 출력형태와 같이 구하시오.
  – '판매금액', '최종판매액'의 최대를 구하시오.
  – 피벗 테이블 옵션을 이용하여 레이블이 있는 셀 병합 및 가운데 맞춤하고 빈 셀을 "*"로 표시한 후, 행의 총합계를 감추기 하시오.
  – 피벗 테이블 디자인에서 보고서 레이아웃은 '테이블 형식으로 표시', 피벗 테이블 스타일은 '중간 – 연한 녹색, 피벗 스타일 보통 14'로 표시하시오.
  – 종류(행)는 "복륜", "복색화", "수선판", "홍화"만 출력되도록 표시하시오.
  – [C5:E14] 데이터는 셀 서식의 표시형식–숫자를 이용하여 1000 단위 구분 기호를 표시하고, 가운데 맞춤하시오.

▶ 종류의 순서는 ≪출력형태≫와 다를 수 있음

▶ 지시사항이 없는 경우는 ≪출력형태≫와 동일하게 작성하시오.

[문제 5] "차트" 시트를 참조하여 다음 ≪처리조건≫에 맞도록 작업하시오. (30점)

≪출력형태≫

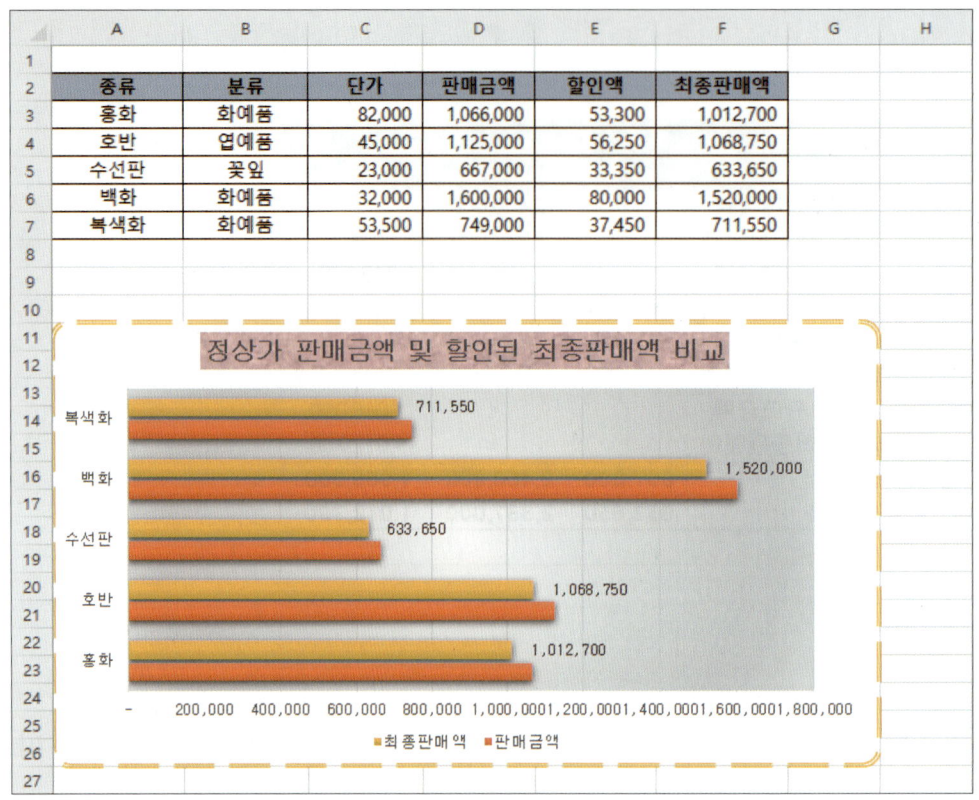

≪처리조건≫

▶ "차트" 시트에 주어진 표를 이용하여 '묶은 가로 막대형' 차트를 작성하시오.
- 데이터 범위 : 현재 시트 [A2:A7], [D2:D7], [F2:F7]의 데이터를 이용하여 작성하고, 행/열 전환은 '열'로 지정
- 차트 위치 : 현재 시트에 [A11:G26] 크기에 정확하게 맞추시오.
- 차트 제목("정상가 판매금액 및 할인된 최종판매액 비교")
- 차트 스타일 : 색 변경(색상형 – 다양한 색상표 3, 스타일 12)
- 범례 위치 : 아래쪽
- 차트 영역 서식 : 글꼴(돋움체, 10pt), 테두리 색(실선, 색 : 주황), 테두리 스타일(너비 : 3pt, 겹선 종류 : 이중, 대시 종류 : 긴 파선, 둥근 모서리)
- 차트 제목 서식 : 글꼴(굴림체, 15pt, 굵게), 채우기(그림 또는 질감 채우기, 질감 : 분홍 박엽지)
- 그림 영역 서식 : 채우기(그라데이션 채우기, 그라데이션 미리 설정 : 밝은 그라데이션 – 강조 3, 종류 : 방사형, 방향 : 가운데서)
- 데이터 레이블 추가 : '최종판매액' 계열에 "값" 표시

▶ 지시사항이 없는 경우는 ≪출력형태≫와 동일하게 작성하시오.

제 10 회 실전모의고사

MS Office 2021 버전용

◎ 시험과목 : 스프레드시트(엑셀)
◎ 시험일자 : 20○○. ○○. ○○.(X)
◎ 응시자 기재사항 및 감독위원 확인

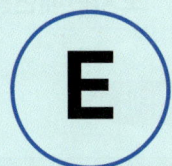

수검번호	DIS - 0000 -	감독위원 확인
성 명		

응시자 유의사항

1. 응시자는 신분증을 지참하여야 시험에 응시할 수 있으며, 시험이 종료될 때까지 신분증을 제시하지 못 할 경우 해당 시험은 0점 처리됩니다.
2. 시스템(PC작동여부, 네트워크 상태 등)의 이상여부를 반드시 확인하여야 하며, 시스템 이상이 있을 시 감독위원에게 조치를 받으셔야 합니다.
3. 시험 중 부주의 또는 고의로 시스템을 파손한 경우는 응시자 부담으로 합니다.
4. 답안 전송 프로그램을 통해 다운로드 받은 파일을 이용하여 답안파일을 작성하시기 바랍니다.
5. 작성한 답안 파일은 답안 전송 프로그램을 통하여 전송됩니다. 감독위원의 지시에 따라 주시기 바랍니다.
6. 다음 사항의 경우 실격(0점) 혹은 부정행위 처리됩니다.
    1) 답안파일을 저장하지 않았거나, 저장한 파일이 손상되었을 경우
    2) 답안파일을 지정된 폴더(바탕화면 – "KAIT" 폴더)에 저장하지 않았을 경우
       ※ 답안 전송 프로그램 로그인 시 바탕화면에 자동 생성됨
    3) 답안파일을 다른 보조기억장치(USB) 혹은 네트워크(메신저, 게시판 등)로 전송할 경우
    4) 휴대용 전화기 등 통신기기를 사용할 경우
7. 시트는 반드시 순서대로 작성해야 하며, 순서가 다를 경우 "0"점 처리됩니다.
8. 시험지에 제시된 글꼴이 응시 프로그램에 없는 경우, 반드시 감독위원에게 해당 내용을 통보한 뒤 조치를 받아야 합니다.
9. 시험의 완료는 작성이 완료된 답안을 저장하고, 답안 전송이 완료된 상태를 확인한 것으로 합니다. 답안 전송 확인 후 문제지는 감독위원에게 제출한 후 퇴실하여야 합니다.
10. 답안전송이 완료된 경우는 수정 또는 정정이 불가합니다.
11. 시험 시행 후 합격자 발표는 홈페이지(www.ihd.or.kr)에서 확인하시기를 바랍니다.
    ※ 합격자 발표 : 20○○. ○○. ○○.(X)

식별CODE

디지털정보활용능력　　**스프레드시트(엑셀) 2021**　　[시험시간 : 40분]

[문제 1] "도서판매현황" 시트를 참조하여 다음 ≪처리조건≫에 맞도록 작업하시오. (50점)

《출력형태》

	A	B	C	D	E	F	G	H	I
1				도서 주문내역 및 판매현황					
2	도서명	출판사	수량	단가	도서원가	판매금액	판매이익금	순위	비고
3	데이터베이스	영성출판사	40	51,300	2,052,000	2,135,000	83,000	4위	
4	운영체제	위즈출판사	82	27,000	2,214,000	2,870,000	656,000	8위	
5	운영체제	정안당출판사	120	76,500	9,180,000	9,530,000	350,000	2위	
6	시스템공학	정안당출판사	345	34,000	11,730,000	12,560,000	830,000	6위	인기 도서
7	정보통신	영성출판사	248	25,000	6,200,000	6,450,000	250,000	10위	인기 도서
8	유선통신	샘틈출판사	109	26,000	2,834,000	3,204,000	370,000	9위	
9	운영체제	영성출판사	45	32,000	1,440,000	1,945,000	505,000	7위	
10	데이터베이스	YES12	79	48,500	3,831,500	4,210,000	378,500	5위	
11	패키지일반	YES12	170	77,000	13,090,000	14,020,000	930,000	1위	
12	데이터베이스	위즈출판사	244	62,500	15,250,000	17,000,000	1,750,000	3위	인기 도서
13	'도서원가' 중 두 번째로 작은 값				2,052,000원				
14	'출판사'가 "영성출판사"인 '판매금액'의 합계				10,530,000원				
15	'판매이익금'의 최대값-최소값 차이				1,667,000원				

《처리조건》

- 1행의 행 높이를 '80'으로 설정하고, 2행~15행의 행 높이를 '18'로 설정하시오.
- 제목("도서 주문내역 및 판매현황") : 기본 도형의 '구름'을 이용하여 입력하시오.
  - 도형 : 위치([B1:H1]), 도형 스타일(테마 스타일 – '밝은 색 1 윤곽선, 색 채우기 – 녹색, 강조 6')
  - 글꼴 : 궁서, 25pt, 굵게
  - 도형 서식 : 도형 옵션 – 크기 및 속성(텍스트 상자(세로 맞춤 : 정가운데, 텍스트 방향 : 가로))

- 셀 서식을 아래 조건에 맞게 작성하시오.
  - [A2:I15] : 테두리(안쪽, 윤곽선 모두 실선, '검정, 텍스트 1'), 전체 가운데 맞춤
  - [A13:D13], [A14:D14], [A15:D15] : 각각 병합하고 가운데 맞춤
  - [A2:I2], [A13:D15] : 채우기 색(연한 녹색), 글꼴(굵게)
  - [D3:G12] : 셀 서식의 표시형식–숫자를 이용하여 1000 단위 구분 기호 표시
  - [H3:H12] : 셀 서식의 표시형식–사용자 지정을 이용하여 #"위"자를 추가
  - [E13:G15] : 셀 서식의 표시형식–사용자 지정을 이용하여 #,##0"원"자를 추가
  - 조건부 서식[A3:I12] : '단가'가 50000 이상인 경우 레코드 전체에 글꼴(파랑, 굵게) 적용
  - 지시사항이 없는 경우는 주어진 문제파일의 서식을 그대로 사용하시오.

- ① 순위[H3:H12] : '단가'를 기준으로 하여 큰 순으로 순위를 구하시오. **(RANK.EQ 함수)**
- ② 비고[I3:I12] : '수량'이 200 이상이면 "인기 도서", 그렇지 않으면 공백으로 구하시오. **(IF 함수)**
- ③ 순위[E13:G13] : '도서원가' 중 두 번째로 작은 값을 구하시오. **(SMALL 함수)**
- ④ 합계[E14:G14] : '출판사'가 "영성출판사"인 '판매금액'의 합계를 구하시오. **(DSUM 함수)**
- ⑤ 최대값-최소값[E15:G15] : '판매이익금'의 최대값-최소값의 차이를 구하시오. **(MAX, MIN 함수)**

[문제 2] "부분합" 시트를 참조하여 다음 《처리조건》에 맞도록 작업하시오. (30점)

《출력형태》

	A	B	C	D	E	F	G
2	도서명	출판사	수량	단가	도서원가	판매금액	판매이익금
3	운영체제	정안당출판사	120	76,500	9,180,000	9,530,000	350,000
4	시스템공학	정안당출판사	345	34,000	11,730,000	12,560,000	830,000
5	유선통신	정안당출판사	109	26,000	2,834,000	3,204,000	370,000
6		정안당출판사 평균			7,914,667	8,431,333	516,667
7		정안당출판사 최대			11,730,000	12,560,000	
8	운영체제	위즈출판사	82	27,000	2,214,000	2,870,000	656,000
9	데이터베이스	위즈출판사	244	62,500	15,250,000	17,000,000	1,750,000
10		위즈출판사 평균			8,732,000	9,935,000	1,203,000
11		위즈출판사 최대			15,250,000	17,000,000	
12	데이터베이스	영성출판사	40	51,300	2,052,000	2,135,000	83,000
13	정보통신	영성출판사	248	25,000	6,200,000	6,450,000	250,000
14		영성출판사 평균			4,126,000	4,292,500	166,500
15		영성출판사 최대			6,200,000	6,450,000	
16	운영체제	생름출판사	45	32,000	1,440,000	1,945,000	505,000
17		생름출판사 평균			1,440,000	1,945,000	505,000
18		생름출판사 최대			1,440,000	1,945,000	
19	데이터베이스	YES12	79	48,500	3,831,500	4,210,000	378,500
20	패키지일반	YES12	170	77,000	13,090,000	14,020,000	930,000
21		YES12 평균			8,460,750	9,115,000	654,250
22		YES12 최대			13,090,000	14,020,000	
23		전체 평균			6,782,150	7,392,400	610,250
24		전체 최대값			15,250,000	17,000,000	

《처리조건》

▶ 데이터를 '출판사' 기준으로 내림차순 정렬하시오.

▶ 아래 조건에 맞는 부분합을 작성하시오.
  - '출판사'로 그룹화하여 '도서원가', '판매금액'의 최대를 구하는 부분합을 만드시오.
  - '출판사'로 그룹화하여 '도서원가', '판매금액', '판매이익금'의 평균을 구하는 부분합을 만드시오.
    (새로운 값으로 대치하지 말 것)
  - [D3:G24] 영역에 셀 서식의 표시형식-숫자를 이용하여 1000 단위 구분 기호를 표시하시오.

▶ D~F열을 선택하여 그룹을 설정하시오.

▶ 최대와 평균의 부분합 순서는 《출력형태》와 다를 수 있음

▶ 지시사항이 없는 경우는 기본 값을 적용하시오.

[문제 3] "필터"와 "시나리오" 시트를 참조하여 다음 ≪처리조건≫에 맞도록 작업하시오. (60점)

(1) 필터

≪출력형태≫

	A	B	C	D	E	F	G
1							
2	도서명	출판사	수량	단가	도서원가	판매금액	판매이익금
3	데이터베이스	영성출판사	40	51,300	2,052,000	2,135,000	83,000
4	운영체제	위즈출판사	82	27,000	2,214,000	2,870,000	656,000
5	운영체제	정안당출판사	120	76,500	9,180,000	9,530,000	350,000
6	시스템공학	정안당출판사	345	34,000	11,730,000	12,560,000	830,000
7	정보통신	영성출판사	248	25,000	6,200,000	6,450,000	250,000
8	유선통신	정안당출판사	109	26,000	2,834,000	3,204,000	370,000
9	운영체제	생름출판사	45	32,000	1,440,000	1,945,000	505,000
10	데이터베이스	YES12	79	48,500	3,831,500	4,210,000	378,500
11	패키지일반	YES12	170	77,000	13,090,000	14,020,000	930,000
12	데이터베이스	위즈출판사	244	62,500	15,250,000	17,000,000	1,750,000
13							
14	조건						
15	FALSE						
16							
17							
18	도서명	도서원가	판매금액	판매이익금			
19	시스템공학	11,730,000	12,560,000	830,000			
20	정보통신	6,200,000	6,450,000	250,000			
21	데이터베이스	3,831,500	4,210,000	378,500			
22	패키지일반	13,090,000	14,020,000	930,000			
23	데이터베이스	15,250,000	17,000,000	1,750,000			

≪처리조건≫

▶ "필터" 시트의 [A2:G12]를 아래 조건에 맞게 고급필터를 사용하여 작성하시오.
 - '출판사'가 "YES12"이거나 '수량'이 200 이상인 데이터를 '도서명', '도서원가', '판매금액', '판매이익금'의 데이터만 필터링하시오.
 - 조건 위치 : 조건 함수는 [A15] 한 셀에 작성(OR 함수 이용)
 - 결과 위치 : [A18]부터 출력

▶ 지시사항이 없는 경우는 ≪출력형태 – 필터≫와 동일하게 작성하시오.

(2) 시나리오

《출력형태》

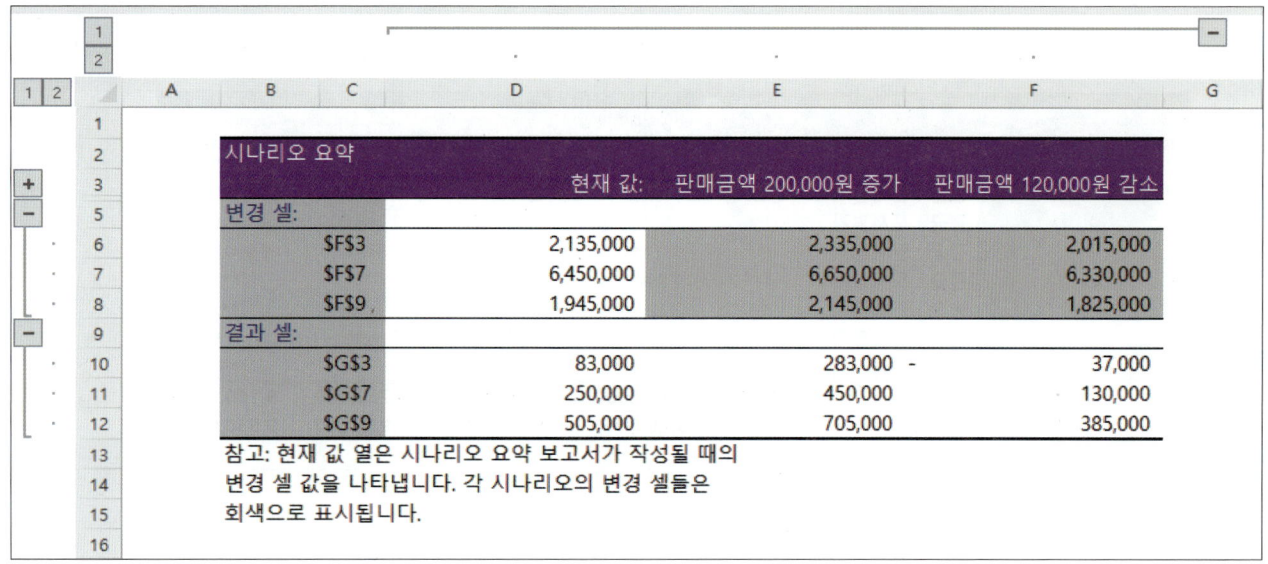

《처리조건》

▶ "시나리오" 시트의 [A2:G12]를 이용하여 '출판사'가 "영성출판사"인 경우, '판매금액'이 변동할 때 '판매이익금'이 변동하는 가상분석(시나리오)을 작성하시오.

- 시나리오1 : 시나리오 이름은 "판매금액 200,000원 증가", '판매금액'에 200000을 증가시킨 값 설정.
- 시나리오2 : 시나리오 이름은 "판매금액 120,000원 감소", '판매금액'에 120000을 감소시킨 값 설정.
- "시나리오 요약" 시트를 작성하시오.

▶ 지시사항이 없는 경우는 ≪출력형태 - 시나리오≫와 동일하게 작성하시오.

[문제 4] "피벗테이블" 시트를 참조하여 다음 ≪처리조건≫에 맞도록 작업하시오. (30점)

≪출력형태≫

	A	B	C	D	E	F	G
3	도서명	값	출판사				
4			YES12	샘름출판사	영성출판사	위즈출판사	정안당출판사
5	데이터베이스	평균 : 도서원가	3,831,500	***	2,052,000	15,250,000	***
6		평균 : 판매금액	4,210,000	***	2,135,000	17,000,000	***
7	운영체제	평균 : 도서원가	***	***	1,440,000	2,214,000	9,180,000
8		평균 : 판매금액	***	***	1,945,000	2,870,000	9,530,000
9	유선통신	평균 : 도서원가	***	2,834,000	***	***	***
10		평균 : 판매금액	***	3,204,000	***	***	***
11	정보통신	평균 : 도서원가	***	***	6,200,000	***	***
12		평균 : 판매금액	***	***	6,450,000	***	***
13	전체 평균 : 도서원가		3,831,500	2,834,000	3,230,667	8,732,000	9,180,000
14	전체 평균 : 판매금액		4,210,000	3,204,000	3,510,000	9,935,000	9,530,000

≪처리조건≫

▶ "피벗테이블" 시트의 [A2:G12]를 이용하여 새로운 시트에 ≪출력형태≫와 같이 피벗테이블을 작성 후 시트명을 "피벗테이블 정답"으로 수정하시오.

▶ 도서명(행)과 출판사(열)를 기준으로 하여 출력형태와 같이 구하시오.
  - '도서원가', '판매금액'의 평균을 구하시오.
  - 피벗 테이블 옵션을 이용하여 레이블이 있는 셀 병합 및 가운데 맞춤하고 빈 셀을 "***"로 표시한 후, 행의 총합계를 감추기 하시오.
  - 피벗 테이블 디자인에서 보고서 레이아웃은 '테이블 형식으로 표시', 피벗 테이블 스타일은 '중간 - 연한 녹색, 피벗 스타일 보통 7'로 표시하시오.
  - 도서명(행)은 "데이터베이스", "운영체제", "유선통신", "정보통신"만 출력되도록 표시하시오.
  - [C5:G14] 데이터는 셀 서식의 표시형식-숫자를 이용하여 1000 단위 구분 기호를 표시하고, 가운데 맞춤하시오.

▶ 도서명의 순서는 ≪출력형태≫와 다를 수 있음

▶ 지시사항이 없는 경우는 ≪출력형태≫와 동일하게 작성하시오.

[문제 5] "차트" 시트를 참조하여 다음 ≪처리조건≫에 맞도록 작업하시오. (30점)

≪출력형태≫

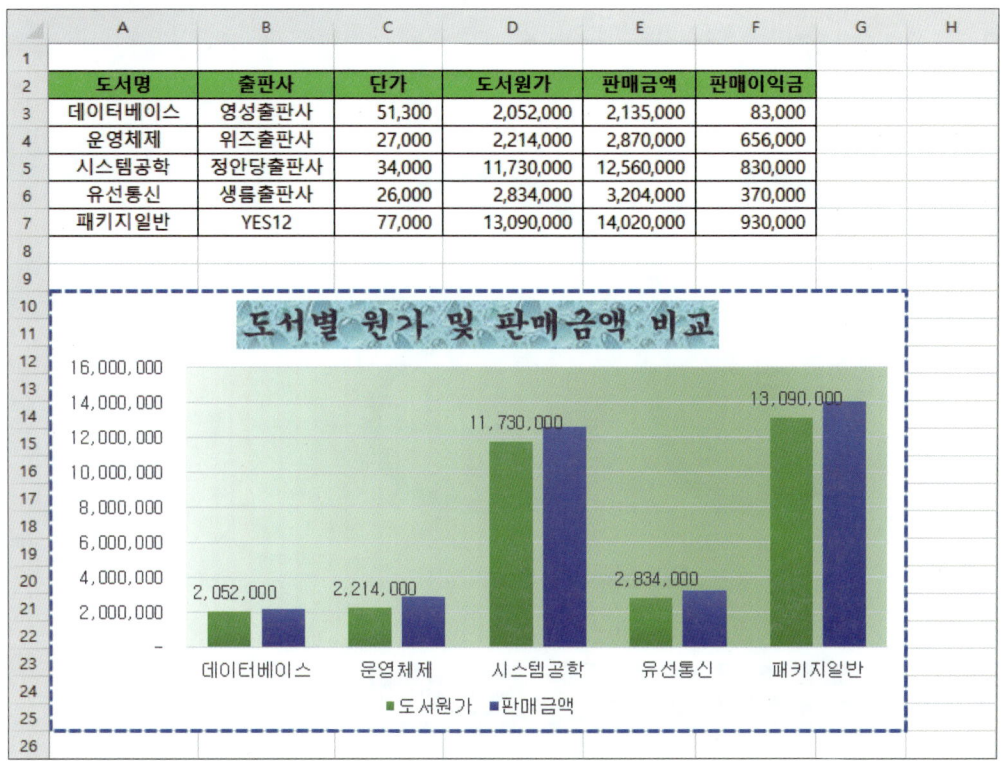

≪처리조건≫

▶ "차트" 시트에 주어진 표를 이용하여 '묶은 세로 막대형' 차트를 작성하시오.
  – 데이터 범위 : 현재 시트 [A2:A7], [D2:E7]의 데이터를 이용하여 작성하고, 행/열 전환은 '열'로 지정
  – 차트 위치 : 현재 시트에 [A10:G25] 크기에 정확하게 맞추시오.
  – 차트 제목("도서별 원가 및 판매금액 비교")
  – 차트 스타일 : 색 변경(색상형 – 다양한 색상표 4, 스타일 6)
  – 범례 위치 : 아래쪽
  – 차트 영역 서식 : 글꼴(굴림체, 11pt), 테두리 색(실선, 색 : 파랑), 테두리 스타일(너비 : 2.25pt,
      겹선 종류 : 단순형, 대시 종류 : 사각 점선)
  – 차트 제목 서식 : 글꼴(궁서체, 20pt, 굵게), 채우기(그림 또는 질감 채우기, 질감 : 작은 물방울)
  – 그림 영역 서식 : 채우기(그라데이션 채우기, 그라데이션 미리 설정 : 밝은 그라데이션 – 강조 6,
      종류 : 선형, 방향 : 선형 오른쪽)
  – 데이터 레이블 추가 : '도서원가' 계열에 "값" 표시

▶ 지시사항이 없는 경우는 ≪출력형태≫와 동일하게 작성하시오.

PART 03

최신기출유형

제 01 회 최신기출유형
제 02 회 최신기출유형
제 03 회 최신기출유형
제 04 회 최신기출유형
제 05 회 최신기출유형
제 06 회 최신기출유형
제 07 회 최신기출유형
제 08 회 최신기출유형

제 01 회 최신기출유형

MS Office 2021 버전용

◎ 시험과목 : 스프레드시트(엑셀)
◎ 시험일자 : 20○○. ○○. ○○.(X)
◎ 응시자 기재사항 및 감독위원 확인

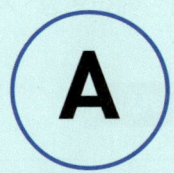

수검번호	DIS - 0000 -	감독위원 확인
성 명		

응시자 유의사항

1. 응시자는 신분증을 지참하여야 시험에 응시할 수 있으며, 시험이 종료될 때까지 신분증을 제시하지 못 할 경우 해당 시험은 0점 처리됩니다.
2. 시스템(PC작동여부, 네트워크 상태 등)의 이상여부를 반드시 확인하여야 하며, 시스템 이상이 있을 시 감독위원에게 조치를 받으셔야 합니다.
3. 시험 중 부주의 또는 고의로 시스템을 파손한 경우는 응시자 부담으로 합니다.
4. 답안 전송 프로그램을 통해 다운로드 받은 파일을 이용하여 답안파일을 작성하시기 바랍니다.
5. 작성한 답안 파일은 답안 전송 프로그램을 통하여 전송됩니다. 감독위원의 지시에 따라 주시기 바랍니다.
6. 다음 사항의 경우 실격(0점) 혹은 부정행위 처리됩니다.
    1) 답안파일을 저장하지 않았거나, 저장한 파일이 손상되었을 경우
    2) 답안파일을 지정된 폴더(바탕화면 - "KAIT" 폴더)에 저장하지 않았을 경우
        ※ 답안 전송 프로그램 로그인 시 바탕화면에 자동 생성됨
    3) 답안파일을 다른 보조기억장치(USB) 혹은 네트워크(메신저, 게시판 등)로 전송할 경우
    4) 휴대용 전화기 등 통신기기를 사용할 경우
7. 시트는 반드시 순서대로 작성해야 하며, 순서가 다를 경우 "0"점 처리됩니다.
8. 시험지에 제시된 글꼴이 응시 프로그램에 없는 경우, 반드시 감독위원에게 해당 내용을 통보한 뒤 조치를 받아야 합니다.
9. 시험의 완료는 작성이 완료된 답안을 저장하고, 답안 전송이 완료된 상태를 확인한 것으로 합니다. 답안 전송 확인 후 문제지는 감독위원에게 제출한 후 퇴실하여야 합니다.
10. 답안전송이 완료된 경우는 수정 또는 정정이 불가합니다.
11. 시험 시행 후 합격자 발표는 홈페이지(www.ihd.or.kr)에서 확인하시기를 바랍니다.
    ※ 합격자 발표 : 20○○. ○○. ○○.(X)

식별CODE

디지털정보활용능력 - 스프레드시트(엑셀) 2021 [시험시간 : 40분]

[문제 1] "예산현황" 시트를 참조하여 다음 ≪처리조건≫에 맞도록 작업하시오. (50점)

《출력형태》

지사명	구분	항목	이월액	예산액	예산현액	지출액	지출순위	비고
동부지사	인력양성	사이버보안	494	29,137	29,631	23,917	1	
중부지사	산업육성	정보보호	461	23,530	23,990	23,792	2	예산감소
북부지사	기술개발	시스템보안	364	23,396	23,760	19,935	3	예산감소
서부지사	산업육성	사이버보안	275	25,430	25,705	15,284	9	
남부지사	산업육성	시스템보안	212	23,088	23,300	12,795	10	예산감소
중부지사	인력양성	정보보호	273	38,057	38,330	16,911	8	
남부지사	기술개발	암호인증	267	38,734	39,001	17,552	7	
중부지사	인력양성	시스템보안	270	45,786	46,050	19,474	4	
동부지사	기술개발	정보보호	235	48,623	48,858	18,442	5	
남부지사	인력양성	보안관리	208	27,036	27,244	18,060	6	
'예산현액'의 최대값-최소값 차이				25,558천원				
'구분'이 "인력양성"인 '예산현액'의 합계				141,255천원				
'예산액' 중 세 번째로 큰 값				38,734천원				

제목: 지사별 예산 현황

《처리조건》

- 1행의 행 높이를 '80'으로 설정하고, 2행~15행의 행 높이를 '18'로 설정하시오.
- 제목("지사별 예산 현황") : 블록 화살표의 '화살표: 갈매기형 수장'을 이용하여 입력하시오.
  - 도형 : 위치([B1:H1]), 도형 스타일(테마 스타일 – '미세 효과 – 회색, 강조 3')
  - 글꼴 : 궁서체, 32pt, 굵게
  - 도형 서식 : 도형 옵션 – 크기 및 속성(텍스트 상자(세로 맞춤 : 정가운데, 텍스트 방향 : 가로))
- 셀 서식을 아래 조건에 맞게 작성하시오.
  - [A2:I15] : 테두리(안쪽, 윤곽선 모두 실선, '검정, 텍스트 1'), 전체 가운데 맞춤
  - [A13:D13], [A14:D14], [A15:D15] : 각각 병합하고 가운데 맞춤
  - [A2:I2], [A13:D15] : 채우기 색('회색, 강조 3, 60% 더 밝게'), 글꼴(굵게)
  - [A3:A12] : 셀 서식의 표시형식–사용자 지정을 이용하여 @"지사"자를 추가
  - [E3:G12] : 셀 서식의 표시형식–숫자를 이용하여 1000 단위 구분 기호 표시
  - [E13:G15] : 셀 서식의 표시형식–사용자 지정을 이용하여 #,##0"천원"자를 추가
  - 조건부 서식[A3:I12] : '이월액'이 250 이하인 경우 레코드 전체에 글꼴(파랑, 굵게) 적용
  - 지시사항이 없는 경우는 주어진 문제파일의 서식을 그대로 사용하시오.
- ① 순위[H3:H12] : '지출액'을 기준으로 큰 순으로 순위를 구하시오. **(RANK.EQ 함수)**
- ② 비고[I3:I12] : '예산액'이 25000 이하이면 "예산감소", 그렇지 않으면 공백으로 구하시오. **(IF 함수)**
- ③ 최대값-최소값[E13:G13] : '예산현액'의 최대값-최소값의 차이를 구하시오. **(MAX, MIN 함수)**
- ④ 합계[E14:G14] : '구분'이 "인력양성"인 '예산현액'의 합계를 구하시오. **(DSUM 함수)**
- ⑤ 순위[E15:G15] : '예산액' 중 세 번째로 큰 값을 구하시오. **(LARGE 함수)**

[문제 2] "부분합" 시트를 참조하여 다음 ≪처리조건≫에 맞도록 작업하시오. (30점)

《출력형태》

지사명	구분	항목	이월액	예산액	예산현액	지출액
동부지사	인력양성	사이버보안	494	29,137	29,631	23,917
중부지사	인력양성	정보보호	273	38,057	38,330	16,911
중부지사	인력양성	시스템보안	270	45,786	46,050	19,474
남부지사	인력양성	보안관리	208	27,036	27,244	18,060
	인력양성 요약					78,362
	인력양성 최대		494	45,786	46,050	
중부지사	산업육성	정보보호	461	23,530	23,990	23,792
서부지사	산업육성	사이버보안	275	25,430	25,705	15,284
남부지사	산업육성	시스템보안	212	23,088	23,300	12,795
	산업육성 요약					51,871
	산업육성 최대		461	25,430	25,705	
북부지사	기술개발	시스템보안	364	23,396	23,760	19,935
남부지사	기술개발	암호인증	267	38,734	39,001	17,552
동부지사	기술개발	정보보호	235	48,623	48,858	18,442
	기술개발 요약					55,929
	기술개발 최대		364	48,623	48,858	
	총합계					186,162
	전체 최대값		494	48,623	48,858	

《처리조건》

▶ 데이터를 '구분' 기준으로 내림차순 정렬하시오.

▶ 아래 조건에 맞는 부분합을 작성하시오.
   - '구분'으로 그룹화하여 '이월액', '예산액', '예산현액'의 최대를 구하는 부분합을 만드시오.
   - '구분'으로 그룹화하여 '지출액'의 합계를 구하는 부분합을 만드시오.
     (새로운 값으로 대치하지 말 것)
   - [D3:G20] 영역에 셀 서식의 표시형식-숫자를 이용하여 1000 단위 구분 기호를 표시하시오.

▶ D~F열을 선택하여 그룹을 설정하시오.

▶ 합계와 최대의 부분합 순서는 ≪출력형태≫와 다를 수 있음

▶ 지시사항이 없는 경우는 기본 값을 적용하시오.

[문제 3] "필터"와 "시나리오" 시트를 참조하여 다음 ≪처리조건≫에 맞도록 작업하시오. (60점)

(1) 필터

《출력형태》

	A	B	C	D	E	F	G	H
1								
2	지사명	구분	항목	이월액	예산액	예산현액	지출액	
3	동부지사	인력양성	사이버보안	494	29,137	29,631	23,917	
4	중부지사	산업육성	정보보호	461	23,530	23,990	23,792	
5	북부지사	기술개발	시스템보안	364	23,396	23,760	19,935	
6	서부지사	산업육성	사이버보안	275	25,430	25,705	15,284	
7	남부지사	산업육성	시스템보안	212	23,088	23,300	12,795	
8	중부지사	인력양성	정보보호	273	38,057	38,330	16,911	
9	남부지사	기술개발	암호인증	267	38,734	39,001	17,552	
10	중부지사	인력양성	시스템보안	270	45,786	46,050	19,474	
11	동부지사	기술개발	정보보호	235	48,623	48,858	18,442	
12	남부지사	인력양성	보안관리	208	27,036	27,244	18,060	
13								
14	조건							
15	FALSE							
16								
17								
18	지사명	항목	예산현액	지출액				
19	중부지사	정보보호	38,330	16,911				
20	중부지사	시스템보안	46,050	19,474				
21	남부지사	보안관리	27,244	18,060				
22								

《처리조건》

▶ "필터" 시트의 [A2:G12]를 아래 조건에 맞게 고급필터를 사용하여 작성하시오.
  - '구분'이 "인력양성"이고, '이월액'이 300 이하인 데이터를 '지사명', '항목', '예산현액', '지출액'의 데이터만 필터링하시오.
  - 조건 위치 : 조건 함수는 [A15] 한 셀에 작성(AND 함수 이용)
  - 결과 위치 : [A18]부터 출력

▶ 지시사항이 없는 경우는 ≪출력형태 - 필터≫와 동일하게 작성하시오.

(2) 시나리오

《출력형태》

	시나리오 요약			
		현재 값:	예산현액 1,200 증가	예산현액 1,000 감소
변경 셀:				
	$F$4	23,990	25,190	22,990
	$F$8	38,330	39,530	37,330
	$F$10	46,050	47,250	45,050
결과 셀:				
	$H$4	198	1,398	-802
	$H$8	21,419	22,619	20,419
	$H$10	26,576	27,776	25,576

참고: 현재 값 열은 시나리오 요약 보고서가 작성될 때의 변경 셀 값을 나타냅니다. 각 시나리오의 변경 셀들은 회색으로 표시됩니다.

《처리조건》

▶ "시나리오" 시트의 [A2:H12]를 이용하여 '지사명'이 "중부지사"인 경우, '예산현액'이 변동할 때 '차액'이 변동하는 가상분석(시나리오)을 작성하시오.

- 시나리오1 : 시나리오 이름은 "예산현액 1,200 증가", '예산현액'에 1200을 증가시킨 값 설정.
- 시나리오2 : 시나리오 이름은 "예산현액 1,000 감소", '예산현액'에 1000을 감소시킨 값 설정.
- "시나리오 요약" 시트를 작성하시오.

▶ 지시사항이 없는 경우는 ≪출력형태 - 시나리오≫와 동일하게 작성하시오.

[문제 4] "피벗테이블" 시트를 참조하여 다음 ≪처리조건≫에 맞도록 작업하시오. (30점)

≪출력형태≫

구분	값	지사명		
		남부지사	동부지사	중부지사
기술개발	최소 : 예산현액	39,001	48,858	*
	최소 : 지출액	17,552	18,442	*
산업육성	최소 : 예산현액	23,300	*	23,990
	최소 : 지출액	12,795	*	23,792
인력양성	최소 : 예산현액	27,244	29,631	38,330
	최소 : 지출액	18,060	23,917	16,911
전체 최소 : 예산현액		23,300	29,631	23,990
전체 최소 : 지출액		12,795	18,442	16,911

≪처리조건≫

▶ "피벗테이블" 시트의 [A2:G12]를 이용하여 새로운 시트에 ≪출력형태≫와 같이 피벗테이블을 작성 후 시트명을 "피벗테이블 정답"으로 수정하시오.

▶ 구분(행)과 지사명(열)을 기준으로 하여 출력형태와 같이 구하시오.
  - '예산현액', '지출액'의 최소를 구하시오.
  - 피벗 테이블 옵션을 이용하여 레이블이 있는 셀 병합 및 가운데 맞춤하고 빈 셀을 "*"로 표시한 후, 행의 총합계를 감추기 하시오.
  - 피벗 테이블 디자인에서 보고서 레이아웃은 '테이블 형식으로 표시', 피벗 테이블 스타일은 '어둡게 - 진한 회색, 피벗 스타일 어둡게 4'로 표시하시오.
  - 지사명(열)은 "남부지사", "동부지사", "중부지사"만 출력되도록 표시하시오.
  - [C5:E12] 데이터는 셀 서식의 표시형식-숫자를 이용하여 1000 단위 구분 기호를 표시하고, 가운데 맞춤하시오.

▶ 구분의 순서는 ≪출력형태≫와 다를 수 있음

▶ 지시사항이 없는 경우는 ≪출력형태≫와 동일하게 작성하시오.

[문제 5] "차트" 시트를 참조하여 다음 ≪처리조건≫에 맞도록 작업하시오. (30점)

《출력형태》

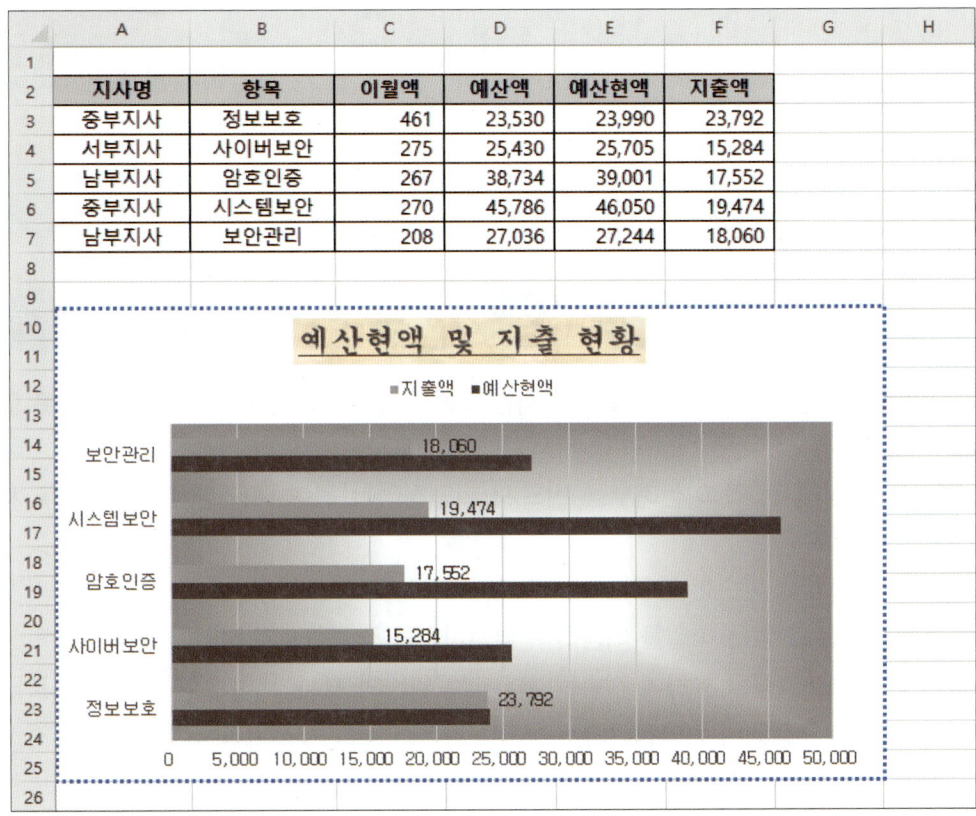

《처리조건》

▶ "차트" 시트에 주어진 표를 이용하여 '묶은 가로 막대형' 차트를 작성하시오.
  - 데이터 범위 : 현재 시트 [B2:B7], [E2:F7]의 데이터를 이용하여 작성하고, 행/열 전환은 '열'로 지정
  - 차트 위치 : 현재 시트에 [A10:G25] 크기에 정확하게 맞추시오.
  - 차트 제목("예산현액 및 지출 현황")
  - 차트 스타일 : 색 변경(단색형 - 단색 색상표 7, 스타일 1)
  - 범례 위치 : 위쪽
  - 차트 영역 서식 : 글꼴(굴림체, 10pt), 테두리 색(실선, 색 : 파랑), 테두리 스타일(너비 : 2pt,
                   겹선 종류 : 단순형, 대시 종류 : 둥근 점선)
  - 차트 제목 서식 : 글꼴(궁서체, 18pt, 밑줄), 채우기(그림 또는 질감 채우기, 질감 : 양피지)
  - 그림 영역 서식 : 채우기(그라데이션 채우기, 그라데이션 미리 설정 : 위쪽 스포트라이트 강조 3,
                   종류 : 사각형, 방향 : 가운데에서)
  - 데이터 레이블 추가 : '지출액' 계열에 "값" 표시

▶ 지시사항이 없는 경우는 ≪출력형태≫와 동일하게 작성하시오.

제 02 회 최신기출유형

MS Office 2021 버전용

◎ 시험과목 : 스프레드시트(엑셀)
◎ 시험일자 : 20○○. ○○. ○○.(X)
◎ 응시자 기재사항 및 감독위원 확인

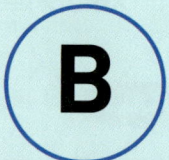

수검번호	DIS - 0000 -	감독위원 확인
성 명		

응시자 유의사항

1. 응시자는 신분증을 지참하여야 시험에 응시할 수 있으며, 시험이 종료될 때까지 신분증을 제시하지 못 할 경우 해당 시험은 0점 처리됩니다.
2. 시스템(PC작동여부, 네트워크 상태 등)의 이상여부를 반드시 확인하여야 하며, 시스템 이상이 있을 시 감독위원에게 조치를 받으셔야 합니다.
3. 시험 중 부주의 또는 고의로 시스템을 파손한 경우는 응시자 부담으로 합니다.
4. 답안 전송 프로그램을 통해 다운로드 받은 파일을 이용하여 답안파일을 작성하시기 바랍니다.
5. 작성한 답안 파일은 답안 전송 프로그램을 통하여 전송됩니다. 감독위원의 지시에 따라 주시기 바랍니다.
6. 다음 사항의 경우 실격(0점) 혹은 부정행위 처리됩니다.
    1) 답안파일을 저장하지 않았거나, 저장한 파일이 손상되었을 경우
    2) 답안파일을 지정된 폴더(바탕화면 – "KAIT" 폴더)에 저장하지 않았을 경우
        ※ 답안 전송 프로그램 로그인 시 바탕화면에 자동 생성됨
    3) 답안파일을 다른 보조기억장치(USB) 혹은 네트워크(메신저, 게시판 등)로 전송할 경우
    4) 휴대용 전화기 등 통신기기를 사용할 경우
7. 시트는 반드시 순서대로 작성해야 하며, 순서가 다를 경우 "0"점 처리됩니다.
8. 시험지에 제시된 글꼴이 응시 프로그램에 없는 경우, 반드시 감독위원에게 해당 내용을 통보한 뒤 조치를 받아야 합니다.
9. 시험의 완료는 작성이 완료된 답안을 저장하고, 답안 전송이 완료된 상태를 확인한 것으로 합니다. 답안 전송 확인 후 문제지는 감독위원에게 제출한 후 퇴실하여야 합니다.
10. 답안전송이 완료된 경우는 수정 또는 정정이 불가합니다.
11. 시험 시행 후 합격자 발표는 홈페이지(www.ihd.or.kr)에서 확인하시기를 바랍니다.
    ※ 합격자 발표 : 20○○. ○○. ○○.(X)

식별CODE

디지털정보활용능력 스프레드시트(엑셀) 2021 [시험시간 : 40분]

[문제 1] "매출현황" 시트를 참조하여 다음 ≪처리조건≫에 맞도록 작업하시오. (50점)

《출력형태》

담당직원	지역	구분	1월	2월	3월	1분기 평균	순위	비고
김지훈	국내	제품매출	25,470	52,890	12,420	30,260	9	
박성민	중국	상품매출	65,890	19,660	60,790	48,780	2	1월 우수
이현우	국내	상품매출	19,590	37,410	54,330	37,110	6	
최은석	유럽	제품매출	58,810	22,780	64,930	48,840	1	1월 우수
김도윤	국내	상품매출	9,580	18,090	18,430	18,700	10	
이하준	중국	기타매출	22,310	43,070	63,140	42,840	3	
김민준	중국	제품매출	27,650	34,010	31,010	30,890	7	
황시진	국내	기타매출	49,170	13,460	29,290	30,640	8	
김성수	유럽	상품매출	59,220	21,280	34,610	38,370	5	1월 우수
노민재	유럽	제품매출	62,140	30,830	30,780	41,250	4	1월 우수
'지역'이 "국내"인 '3월'의 평균				28,618천원				
'1월' 중 세 번째로 작은 값				22,310천원				
'2월'의 최대값-최소값 차이				39,430천원				

제목 : **1분기 국내외 매출현황**

《처리조건》

▶ 1행의 행 높이를 '80'으로 설정하고, 2행~15행의 행 높이를 '18'로 설정하시오.
▶ 제목("1분기 국내외 매출현황") : 기본 도형의 '배지'를 이용하여 입력하시오.
  - 도형 : 위치([B1:H1]), 도형 스타일(테마 스타일 - '미세 효과 - 주황, 강조 2')
  - 글꼴 : 궁서체, 30pt, 굵게
  - 도형 서식 : 도형 옵션 - 크기 및 속성(텍스트 상자(세로 맞춤 : 정가운데, 텍스트 방향 : 가로))

▶ 셀 서식을 아래 조건에 맞게 작성하시오.
  - [A2:I15] : 테두리(안쪽, 윤곽선 모두 실선, '검정, 텍스트 1'), 전체 가운데 맞춤
  - [A13:D13], [A14:D14], [A15:D15] : 각각 병합하고 가운데 맞춤
  - [A2:I2], [A13:D15] : 채우기 색('주황, 강조 2, 60% 더 밝게'), 글꼴(굵게)
  - [C3:C12] : 셀 서식의 표시형식-사용자 지정을 이용하여 @"매출"자를 추가
  - [D3:G12] : 셀 서식의 표시형식-숫자를 이용하여 1000 단위 구분 기호 표시
  - [E13:G15] : 셀 서식의 표시형식-사용자 지정을 이용하여 #,##0"천원"자를 추가
  - 조건부 서식[A3:I12] : '3월'이 60000 이상인 경우 레코드 전체에 글꼴(자주, 굵게) 적용
  - 지시사항이 없는 경우는 주어진 문제파일의 서식을 그대로 사용하시오.

▶ ① 순위[H3:H12] : '1분기 평균'을 기준으로 큰 순으로 순위를 구하시오. **(RANK.EQ 함수)**
▶ ② 비고[I3:I12] : '1월'이 50000 이상이면 "1월 우수", 그렇지 않으면 공백으로 구하시오. **(IF 함수)**
▶ ③ 평균[E13:G13] : '지역'이 "국내"인 '3월'의 평균을 구하시오. **(DAVERAGE 함수)**
▶ ④ 순위[E14:G14] : '1월' 중 세 번째로 작은 값을 구하시오. **(SMALL 함수)**
▶ ⑤ 최대값-최소값[E15:G15] : '2월'의 최대값-최소값의 차이를 구하시오. **(MAX, MIN 함수)**

[문제 2] "부분합" 시트를 참조하여 다음 ≪처리조건≫에 맞도록 작업하시오. (30점)

≪출력형태≫

담당직원	지역	구분	1월	2월	3월	1분기 평균
김지훈	국내	제품	25,470	52,890	12,420	30,260
최은석	유럽	제품	58,810	22,780	64,930	48,840
김민준	중국	제품	27,650	34,010	31,010	30,890
노민재	유럽	제품	62,140	30,830	30,780	41,250
		제품 최소				30,260
		제품 평균	43,518	35,128	34,785	
박성민	중국	상품	65,890	19,660	60,790	48,780
이현우	국내	상품	19,590	37,410	54,330	37,110
김도윤	국내	상품	9,580	18,090	18,430	18,700
김성수	유럽	상품	59,220	21,280	34,610	38,370
		상품 최소				18,700
		상품 평균	38,570	24,110	42,040	
이하준	중국	기타	22,310	43,070	63,140	42,840
황시진	국내	기타	49,170	13,460	29,290	30,640
		기타 최소				30,640
		기타 평균	35,740	28,265	46,215	
		전체 최소값				18,700
		전체 평균	39,983	29,348	39,973	

≪처리조건≫

▶ 데이터를 '구분' 기준으로 내림차순 정렬하시오.

▶ 아래 조건에 맞는 부분합을 작성하시오.
  – '구분'으로 그룹화하여 '1월', '2월', '3월'의 평균을 구하는 부분합을 만드시오.
  – '구분'으로 그룹화하여 '1분기 평균'의 최소를 구하는 부분합을 만드시오.
    (새로운 값으로 대치하지 말 것)
  – [D3:G20] 영역에 셀 서식의 표시형식-숫자를 이용하여 1000 단위 구분 기호를 표시하시오.

▶ D~F열을 선택하여 그룹을 설정하시오.

▶ 평균과 최소의 부분합 순서는 ≪출력형태≫와 다를 수 있음

▶ 지시사항이 없는 경우는 기본 값을 적용하시오.

[문제 3] "필터"와 "시나리오" 시트를 참조하여 다음 ≪처리조건≫에 맞도록 작업하시오. (60점)

(1) 필터

≪출력형태≫

	A	B	C	D	E	F	G
1							
2	담당직원	지역	구분	1월	2월	3월	1분기 평균
3	김지훈	국내	제품매출	25,470	52,890	12,420	30,260
4	박성민	중국	상품매출	65,890	19,660	60,790	48,780
5	이현우	국내	상품매출	19,590	37,410	54,330	37,110
6	최은석	유럽	제품매출	58,810	22,780	64,930	48,840
7	김도윤	국내	상품매출	9,580	18,090	18,430	18,700
8	이하준	중국	기타매출	22,310	43,070	63,140	42,840
9	김민준	중국	제품매출	27,650	34,010	31,010	30,890
10	황시진	국내	기타매출	49,170	13,460	29,290	30,640
11	김성수	유럽	상품매출	59,220	21,280	34,610	38,370
12	노민재	유럽	제품매출	62,140	30,830	30,780	41,250
13							
14	조건						
15	TRUE						
16							
17							
18	담당직원	지역	1월	2월	3월		
19	김지훈	국내	25,470	52,890	12,420		
20	이현우	국내	19,590	37,410	54,330		
21	황시진	국내	49,170	13,460	29,290		
22							

≪처리조건≫

▶ "필터" 시트의 [A2:G12]를 아래 조건에 맞게 고급필터를 사용하여 작성하시오.
  – '지역'이 "국내"이고, '1분기 평균'이 30000 이상인 데이터를 '담당직원', '지역', '1월', '2월', '3월'의 데이터만 필터링하시오.
  – 조건 위치 : 조건 함수는 [A15] 한 셀에 작성(AND 함수 이용)
  – 결과 위치 : [A18]부터 출력

▶ 지시사항이 없는 경우는 ≪출력형태 – 필터≫와 동일하게 작성하시오.

(2) 시나리오

《출력형태》

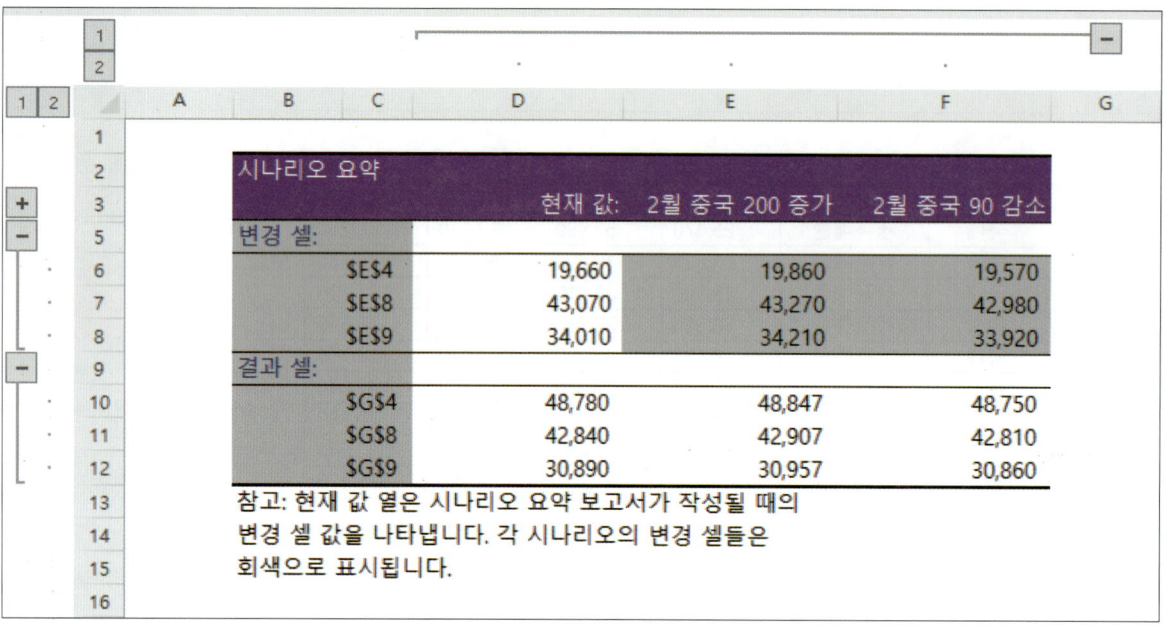

《처리조건》

▶ "시나리오" 시트의 [A2:G12]를 이용하여 '지역'이 "중국"인 경우, '2월'이 변동할 때 '1분기 평균'이 변동하는 가상분석(시나리오)을 작성하시오.

- 시나리오1 : 시나리오 이름은 "2월 중국 200 증가", '2월'에 200을 증가시킨 값 설정.
- 시나리오2 : 시나리오 이름은 "2월 중국 90 감소", '2월'에 90을 감소시킨 값 설정.
- "시나리오 요약" 시트를 작성하시오.

▶ 지시사항이 없는 경우는 ≪출력형태 - 시나리오≫와 동일하게 작성하시오.

[문제 4] "피벗테이블" 시트를 참조하여 다음 ≪처리조건≫에 맞도록 작업하시오. (30점)

≪출력형태≫

	A	B	C	D	E	F
1						
2						
3				지역		
4	구분	값	국내	유럽	중국	
5	기타매출	최소 : 1월	49,170	***	22,310	
6		최소 : 3월	29,290	***	63,140	
7	상품매출	최소 : 1월	9,580	59,220	65,890	
8		최소 : 3월	18,430	34,610	60,790	
9	전체 최소 : 1월		9,580	59,220	22,310	
10	전체 최소 : 3월		18,430	34,610	60,790	
11						

≪처리조건≫

▶ "피벗테이블" 시트의 [A2:G12]를 이용하여 새로운 시트에 ≪출력형태≫와 같이 피벗테이블을 작성 후 시트명을 "피벗테이블 정답"으로 수정하시오.

▶ 구분(행)과 지역(열)을 기준으로 하여 출력형태와 같이 구하시오.
  - '1월', '3월'의 최소를 구하시오.
  - 피벗 테이블 옵션을 이용하여 레이블이 있는 셀 병합 및 가운데 맞춤하고 빈 셀을 "***"로 표시한 후, 행의 총합계를 감추기 하시오.
  - 피벗 테이블 디자인에서 보고서 레이아웃은 '테이블 형식으로 표시', 피벗 테이블 스타일은 '중간 - 연한 주황, 피벗 스타일 보통 10'으로 표시하시오.
  - 구분(행)은 "기타매출", "상품매출"만 출력되도록 표시하시오.
  - [C5:E10] 데이터는 셀 서식의 표시형식-숫자를 이용하여 1000 단위 구분 기호를 표시하고, 가운데 맞춤하시오.

▶ 구분의 순서는 ≪출력형태≫와 다를 수 있음

▶ 지시사항이 없는 경우는 ≪출력형태≫와 동일하게 작성하시오.

[문제 5] "차트" 시트를 참조하여 다음 ≪처리조건≫에 맞도록 작업하시오. (30점)

《출력형태》

《처리조건》

▶ "차트" 시트에 주어진 표를 이용하여 '묶은 세로 막대형' 차트를 작성하시오.
- 데이터 범위 : 현재 시트 [A2:A7], [C2:E7]의 데이터를 이용하여 작성하고, 행/열 전환은 '열'로 지정
- 차트 위치 : 현재 시트에 [A10:G25] 크기에 정확하게 맞추시오.
- 차트 제목("1분기 매출현황")
- 차트 스타일 : 색 변경(색상형 - 다양한 색상표 4, 스타일 6)
- 범례 위치 : 아래쪽
- 차트 영역 서식 : 글꼴(돋움체, 10pt), 테두리 색(실선, 색 : 빨강), 테두리 스타일(너비 : 2.5pt, 겹선 종류 : 단순형, 대시 종류 : 파선)
- 차트 제목 서식 : 글꼴(궁서체, 18pt, 기울임꼴), 채우기(그림 또는 질감 채우기, 질감 : 신문 용지)
- 그림 영역 서식 : 채우기(그라데이션 채우기, 그라데이션 미리 설정 : 위쪽 스포트라이트 강조 2, 종류 : 방사형, 방향 : 가운데에서)
- 데이터 레이블 추가 : '3월' 계열에 "값" 표시

▶ 지시사항이 없는 경우는 ≪출력형태≫와 동일하게 작성하시오.

제03회 최신기출유형

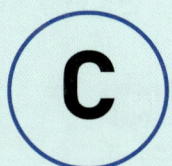

MS Office 2021 버전용

◎ 시험과목 : 스프레드시트(엑셀)
◎ 시험일자 : 20○○. ○○. ○○.(X)
◎ 응시자 기재사항 및 감독위원 확인

수검번호	DIS - 0000 -	감독위원 확인
성 명		

응시자 유의사항

1. 응시자는 신분증을 지참하여야 시험에 응시할 수 있으며, 시험이 종료될 때까지 신분증을 제시하지 못 할 경우 해당 시험은 0점 처리됩니다.
2. 시스템(PC작동여부, 네트워크 상태 등)의 이상여부를 반드시 확인하여야 하며, 시스템 이상이 있을 시 감독위원에게 조치를 받으셔야 합니다.
3. 시험 중 부주의 또는 고의로 시스템을 파손한 경우는 응시자 부담으로 합니다.
4. 답안 전송 프로그램을 통해 다운로드 받은 파일을 이용하여 답안파일을 작성하시기 바랍니다.
5. 작성한 답안 파일은 답안 전송 프로그램을 통하여 전송됩니다. 감독위원의 지시에 따라 주시기 바랍니다.
6. 다음 사항의 경우 실격(0점) 혹은 부정행위 처리됩니다.
    1) 답안파일을 저장하지 않았거나, 저장한 파일이 손상되었을 경우
    2) 답안파일을 지정된 폴더(바탕화면 – "KAIT" 폴더)에 저장하지 않았을 경우
       ※ 답안 전송 프로그램 로그인 시 바탕화면에 자동 생성됨
    3) 답안파일을 다른 보조기억장치(USB) 혹은 네트워크(메신저, 게시판 등)로 전송할 경우
    4) 휴대용 전화기 등 통신기기를 사용할 경우
7. 시트는 반드시 순서대로 작성해야 하며, 순서가 다를 경우 "0"점 처리됩니다.
8. 시험지에 제시된 글꼴이 응시 프로그램에 없는 경우, 반드시 감독위원에게 해당 내용을 통보한 뒤 조치를 받아야 합니다.
9. 시험의 완료는 작성이 완료된 답안을 저장하고, 답안 전송이 완료된 상태를 확인한 것으로 합니다. 답안 전송 확인 후 문제지는 감독위원에게 제출한 후 퇴실하여야 합니다.
10. 답안전송이 완료된 경우는 수정 또는 정정이 불가합니다.
11. 시험 시행 후 합격자 발표는 홈페이지(www.ihd.or.kr)에서 확인하시기를 바랍니다.
    ※ 합격자 발표 : 20○○. ○○. ○○.(X)

식별CODE

| 디지털정보활용능력 | 스프레드시트(엑셀) 2021 | [시험시간 : 40분] |

[문제 1] "신청현황" 시트를 참조하여 다음 《처리조건》에 맞도록 작업하시오. (50점)

《출력형태》

	A	B	C	D	E	F	G	H	I
1				지역별 온라인 강의 수강 신청현황					
2	강좌코드	과목구분	지역	1분기	2분기	3분기	평균	순위	비고
3	K-U-003	국어	서울	110,090	119,480	124,270	117,947	5위	
4	E-U-107	영어	경기	111,440	120,030	112,850	114,773	8위	
5	M-U-301	수학	충청	160,940	133,560	110,790	135,097	9위	
6	H-U-710	한국사	강원	103,700	123,380	140,930	122,670	4위	
7	K-O-004	국어	경기	104,580	123,480	105,160	111,073	10위	
8	S-U-501	사회탐구	강원	158,950	189,300	171,810	173,353	1위	인기강좌
9	M-T-305	수학	경기	146,680	154,390	123,680	141,583	6위	인기강좌
10	S-K-520	사회탐구	서울	107,610	137,150	163,750	136,170	2위	
11	H-K-730	한국사	서울	136,470	112,730	157,020	135,407	3위	
12	E-Y-130	영어	충청	182,260	178,730	113,620	158,203	7위	인기강좌
13	'3분기'의 최대값-최소값 차이				66,650건				
14	'지역'이 "서울"인 '2분기'의 평균				123,120건				
15	'2분기' 중 세 번째로 큰 값				154390				
16									

《처리조건》

▶ 1행의 행 높이를 '80'으로 설정하고, 2행~15행의 행 높이를 '18'로 설정하시오.
▶ 제목("지역별 온라인 강의 수강 신청현황") : 기본 도형의 '사각형: 빗면'을 이용하여 입력하시오.
  - 도형 : 위치([B1:H1]), 도형 스타일(테마 스타일 – '강한 효과 – 파랑, 강조 1')
  - 글꼴 : 궁서체, 22pt, 기울임꼴
  - 도형 서식 : 도형 옵션 – 크기 및 속성(텍스트 상자(세로 맞춤 : 정가운데, 텍스트 방향 : 가로))

▶ 셀 서식을 아래 조건에 맞게 작성하시오.
  - [A2:I15] : 테두리(안쪽, 윤곽선 모두 실선, '검정, 텍스트 1'), 전체 가운데 맞춤
  - [A13:D13], [A14:D14], [A15:D15] : 각각 병합하고 가운데 맞춤
  - [A2:I2], [A13:D15] : 채우기 색('파랑, 강조 1, 40% 더 밝게'), 글꼴(굵게)
  - [H3:H12] : 셀 서식의 표시형식-사용자 지정을 이용하여 #"위"자를 추가
  - [D3:G12] : 셀 서식의 표시형식-숫자를 이용하여 1000 단위 구분 기호 표시
  - [E13:G14] : 셀 서식의 표시형식-사용자 지정을 이용하여 #,###"건"자를 추가
  - 조건부 서식[A3:I12] : '지역'이 "경기"인 경우 레코드 전체에 글꼴(파랑, 굵은 기울임꼴) 적용
  - 지시사항이 없는 경우는 주어진 문제파일의 서식을 그대로 사용하시오.

▶ ① 순위[H3:H12] : '3분기'를 기준으로 하여 큰 순으로 순위를 구하시오. **(RANK.EQ 함수)**
▶ ② 비고[I3:I12] : '평균'이 140000 이상이면 "인기강좌", 그렇지 않으면 공백으로 구하시오. **(IF 함수)**
▶ ③ 최대값-최소값[E13:G13] : '3분기'의 최대값과 최소값의 차이를 구하시오. **(MAX, MIN 함수)**
▶ ④ 평균[E14:G14] : '지역'이 "서울"인 '2분기'의 평균을 구하시오. **(DAVERAGE 함수)**
▶ ⑤ 순위[E15:G15] : '2분기' 중 세 번째로 큰 값을 구하시오. **(LARGE 함수)**

[문제 2] "부분합" 시트를 참조하여 다음 ≪처리조건≫에 맞도록 작업하시오. (30점)

≪출력형태≫

강좌코드	과목구분	지역	1분기	2분기	3분기	평균
H-U-710	한국사	강원	103,700	123,380	140,930	122,670
S-U-501	사회탐구	강원	158,950	189,300	171,810	173,353
		강원 최대	158,950			173,353
		강원 평균		156,340	156,370	
E-U-107	영어	경기	111,440	120,030	112,850	114,773
K-O-004	국어	경기	104,580	123,480	105,160	111,073
M-T-305	수학	경기	146,680	154,390	123,680	141,583
		경기 최대	146,680			141,583
		경기 평균		132,633	113,897	
K-U-003	국어	서울	110,090	119,480	124,270	117,947
S-K-520	사회탐구	서울	107,610	137,150	163,750	136,170
H-K-730	한국사	서울	136,470	112,730	157,020	135,407
		서울 최대	136,470			136,170
		서울 평균		123,120	148,347	
M-U-301	수학	충청	160,940	133,560	110,790	135,097
E-Y-130	영어	충청	182,260	178,730	113,620	158,203
		충청 최대	182,260			158,203
		충청 평균		156,145	112,205	
		전체 최대값	182,260			173,353
		전체 평균		139,223	132,388	

≪처리조건≫

▶ 데이터를 '지역' 기준으로 오름차순 정렬하시오.

▶ 아래 조건에 맞는 부분합을 작성하시오.
  - '지역'으로 그룹화하여 '2분기', '3분기'의 평균을 구하는 부분합을 만드시오.
  - '지역'으로 그룹화하여 '1분기', '평균'의 최대를 구하는 부분합을 만드시오.
     (새로운 값으로 대치하지 말 것)
  - [D3:G22] 영역에 셀 서식의 표시형식-숫자를 이용하여 1000 단위 구분 기호를 표시하시오.

▶ D~G열을 선택하여 그룹을 설정하시오.

▶ 평균과 최대의 부분합 순서는 ≪출력형태≫와 다를 수 있음

▶ 지시사항이 없는 경우는 기본 값을 적용하시오.

[문제 3] "필터"와 "시나리오" 시트를 참조하여 다음 ≪처리조건≫에 맞도록 작업하시오. (60점)

(1) 필터

≪출력형태≫

	A	B	C	D	E	F	G
2	강좌코드	과목구분	지역	1분기	2분기	3분기	평균
3	K-U-003	국어	서울	110,090	119,480	124,270	117,947
4	E-U-107	영어	경기	111,440	120,030	112,850	114,773
5	M-U-301	수학	충청	160,940	133,560	110,790	135,097
6	H-U-710	한국사	강원	103,700	123,380	140,930	122,670
7	K-O-004	국어	경기	104,580	123,480	105,160	111,073
8	S-U-501	사회탐구	강원	158,950	189,300	171,810	173,353
9	M-T-305	수학	경기	146,680	154,390	123,680	141,583
10	S-K-520	사회탐구	서울	107,610	137,150	163,750	136,170
11	H-K-730	한국사	서울	136,470	112,730	157,020	135,407
12	E-Y-130	영어	충청	182,260	178,730	113,620	158,203
13							
14	조건						
15	FALSE						
16							
17							
18	강좌코드	과목구분	2분기	3분기	평균		
19	E-U-107	영어	120,030	112,850	114,773		
20	M-T-305	수학	154,390	123,680	141,583		

≪처리조건≫

- ▶ "필터" 시트의 [A2:G12]를 아래 조건에 맞게 고급필터를 사용하여 작성하시오.
  - '지역'이 "경기"이고 '3분기'가 110000 이상인 데이터를 '강좌코드', '과목구분', '2분기', '3분기', '평균'의 데이터만 필터링하시오.
  - 조건 위치 : 조건 함수는 [A15] 한 셀에 작성(AND 함수 이용)
  - 결과 위치 : [A18]부터 출력

- ▶ 지시사항이 없는 경우는 ≪출력형태 – 필터≫와 동일하게 작성하시오.

(2) 시나리오

《출력형태》

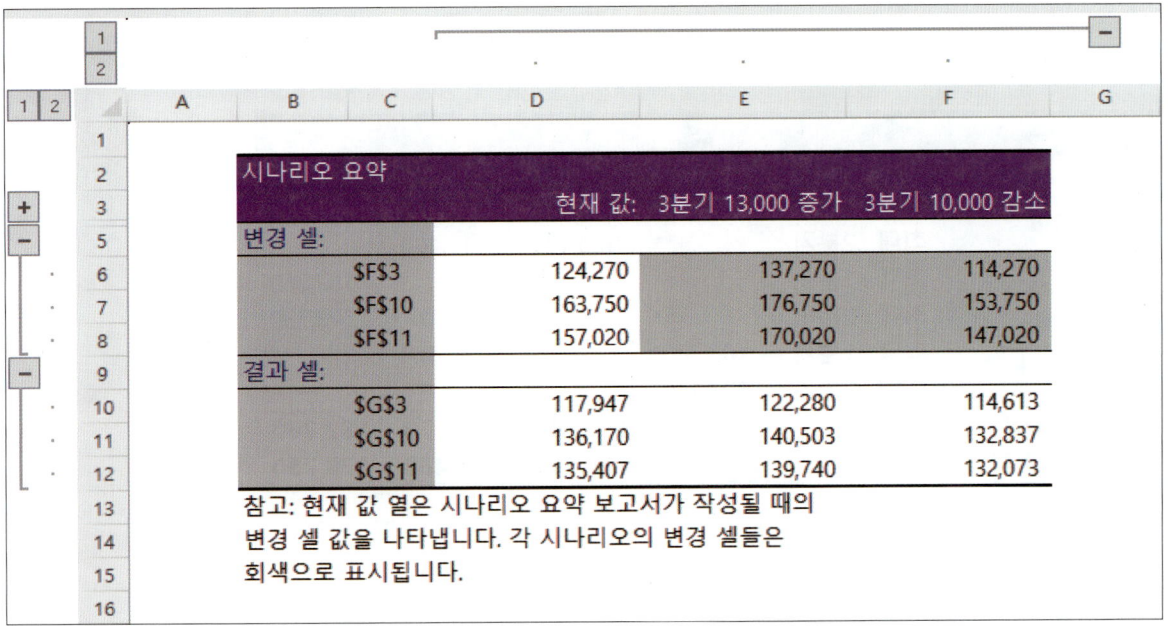

《처리조건》

▶ "시나리오" 시트의 [A2:G12]를 이용하여 '지역'이 "서울"인 경우, '3분기'가 변동할 때 '평균'이 변동하는 가상분석(시나리오)을 작성하시오.

- 시나리오1 : 시나리오 이름은 "3분기 13,000 증가", '3분기'에 13000을 증가시킨 값 설정.
- 시나리오2 : 시나리오 이름은 "3분기 10,000 감소", '3분기'에 10000을 감소시킨 값 설정.
- "시나리오 요약" 시트를 작성하시오.

▶ 지시사항이 없는 경우는 ≪출력형태 - 시나리오≫와 동일하게 작성하시오.

[문제 4] "피벗테이블" 시트를 참조하여 다음 ≪처리조건≫에 맞도록 작업하시오. (30점)

≪출력형태≫

과목구분	값	지역			
		강원	경기	서울	충청
국어	최대 : 1분기	**	104,580	110,090	**
	최대 : 2분기	**	123,480	119,480	**
영어	최대 : 1분기	**	111,440	**	182,260
	최대 : 2분기	**	120,030	**	178,730
한국사	최대 : 1분기	103,700	**	136,470	**
	최대 : 2분기	123,380	**	112,730	**
전체 최대 : 1분기		103,700	111,440	136,470	182,260
전체 최대 : 2분기		123,380	123,480	119,480	178,730

≪처리조건≫

▶ "피벗테이블" 시트의 [A2:F12]를 이용하여 새로운 시트에 ≪출력형태≫와 같이 피벗테이블을 작성 후 시트명을 "피벗테이블 정답"으로 수정하시오.

▶ 과목구분(행)과 지역(열)을 기준으로 하여 출력형태와 같이 구하시오.
  - '1분기', '2분기'의 최대를 구하시오.
  - 피벗 테이블 옵션을 이용하여 레이블이 있는 셀 병합 및 가운데 맞춤하고 빈 셀을 "**"로 표시한 후, 행의 총합계를 감추기 하시오.
  - 피벗 테이블 디자인에서 보고서 레이아웃은 '테이블 형식으로 표시', 피벗 테이블 스타일은 '중간 - 연한 파랑, 피벗 스타일 보통 9'로 표시하시오.
  - 과목구분(행)은 "국어", "영어", "한국사"만 출력되도록 표시하시오.
  - [C5:F12] 데이터는 셀 서식의 표시형식-숫자를 이용하여 1000 단위 구분 기호를 표시하고, 오른쪽 맞춤하시오.

▶ 과목구분의 순서는 ≪출력형태≫와 다를 수 있음

▶ 지시사항이 없는 경우는 ≪출력형태≫와 동일하게 작성하시오.

[문제 5] "차트" 시트를 참조하여 다음 ≪처리조건≫에 맞도록 작업하시오. (30점)

≪출력형태≫

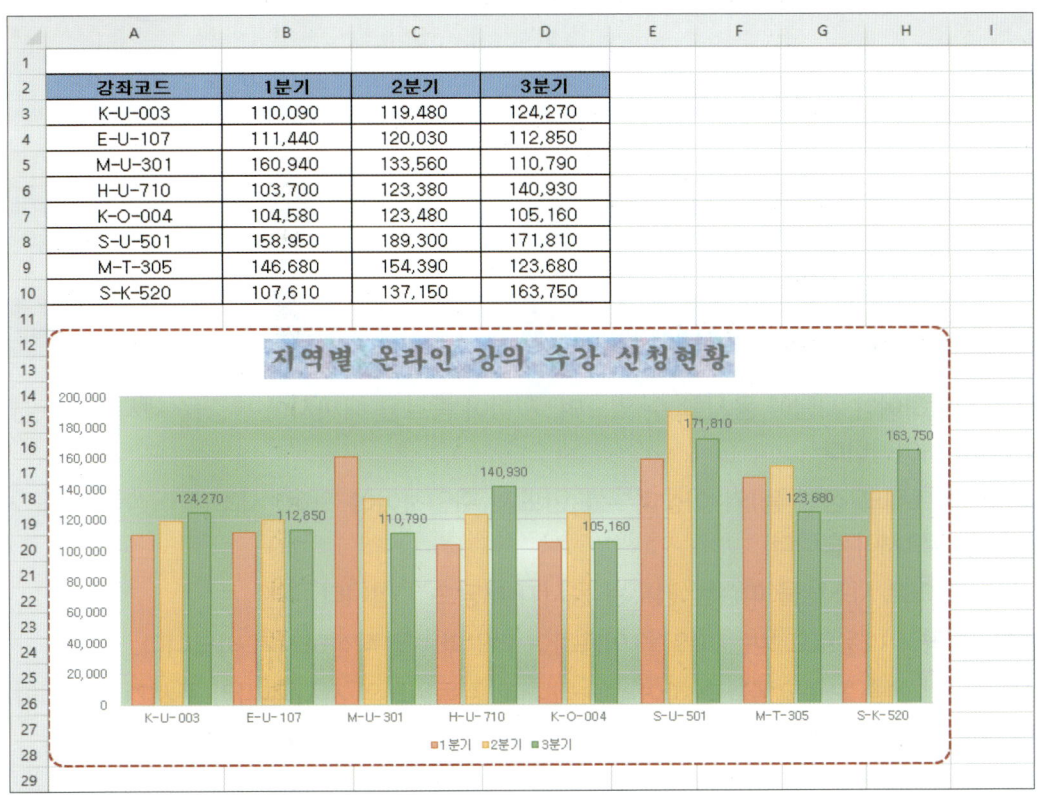

≪처리조건≫

▶ "차트" 시트에 주어진 표를 이용하여 '묶은 세로 막대형' 차트를 작성하시오.
  - 데이터 범위 : 현재 시트 [A2:D10]의 데이터를 이용하여 작성하고, 행/열 전환은 '열'로 지정
  - 차트 위치 : 현재 시트에 [A12:H28] 크기에 정확하게 맞추시오.
  - 차트 제목("지역별 온라인 강의 수강 신청현황")
  - 차트 스타일 : 색 변경(색상형 - 다양한 색상표 3, 스타일 5)
  - 범례 위치 : 아래쪽
  - 차트 영역 서식 : 글꼴(굴림, 8pt), 테두리 색(실선, 색 : 진한 빨강), 테두리 스타일(너비 : 1.75pt, 겹선 종류 : 단순형, 대시 종류 : 사각 점선, 둥근 모서리)
  - 차트 제목 서식 : 글꼴(궁서체, 18pt, 굵게), 채우기(그림 또는 질감 채우기, 질감 : 꽃다발)
  - 그림 영역 서식 : 채우기(그라데이션 채우기, 그라데이션 미리 설정 : 밝은 그라데이션 - 강조 6, 종류 : 사각형, 방향 : 가운데에서)
  - 데이터 레이블 추가 : '3분기' 계열에 "값" 표시

▶ 지시사항이 없는 경우는 ≪출력형태≫와 동일하게 작성하시오.

제 04 회 최신기출유형

MS Office 2021 버전용

◎ 시험과목 : 스프레드시트(엑셀)
◎ 시험일자 : 20○○. ○○. ○○.(X)
◎ 응시자 기재사항 및 감독위원 확인

수검번호	DIS - 0000 -	감독위원 확인
성 명		

응시자 유의사항

1. 응시자는 신분증을 지참하여야 시험에 응시할 수 있으며, 시험이 종료될 때까지 신분증을 제시하지 못 할 경우 해당 시험은 0점 처리됩니다.
2. 시스템(PC작동여부, 네트워크 상태 등)의 이상여부를 반드시 확인하여야 하며, 시스템 이상이 있을 시 감독위원에게 조치를 받으셔야 합니다.
3. 시험 중 부주의 또는 고의로 시스템을 파손한 경우는 응시자 부담으로 합니다.
4. 답안 전송 프로그램을 통해 다운로드 받은 파일을 이용하여 답안파일을 작성하시기 바랍니다.
5. 작성한 답안 파일은 답안 전송 프로그램을 통하여 전송됩니다. 감독위원의 지시에 따라 주시기 바랍니다.
6. 다음 사항의 경우 실격(0점) 혹은 부정행위 처리됩니다.
    1) 답안파일을 저장하지 않았거나, 저장한 파일이 손상되었을 경우
    2) 답안파일을 지정된 폴더(바탕화면 – "KAIT" 폴더)에 저장하지 않았을 경우
        ※ 답안 전송 프로그램 로그인 시 바탕화면에 자동 생성됨
    3) 답안파일을 다른 보조기억장치(USB) 혹은 네트워크(메신저, 게시판 등)로 전송할 경우
    4) 휴대용 전화기 등 통신기기를 사용할 경우
7. 시트는 반드시 순서대로 작성해야 하며, 순서가 다를 경우 "0"점 처리됩니다.
8. 시험지에 제시된 글꼴이 응시 프로그램에 없는 경우, 반드시 감독위원에게 해당 내용을 통보한 뒤 조치를 받아야 합니다.
9. 시험의 완료는 작성이 완료된 답안을 저장하고, 답안 전송이 완료된 상태를 확인한 것으로 합니다. 답안 전송 확인 후 문제지는 감독위원에게 제출한 후 퇴실하여야 합니다.
10. 답안전송이 완료된 경우는 수정 또는 정정이 불가합니다.
11. 시험 시행 후 합격자 발표는 홈페이지(www.ihd.or.kr)에서 확인하시기를 바랍니다.
    ※ 합격자 발표 : 20○○. ○○. ○○.(X)

식별CODE

디지털정보활용능력 — 스프레드시트(엑셀) 2021 [시험시간 : 40분]

[문제 1] "운영비현황" 시트를 참조하여 다음 ≪처리조건≫에 맞도록 작업하시오. (50점)

《출력형태》

분류	지사명	적요	2023년	2024년	2025년	2년 평균	순위	비고
업무추진비	경기동남부	직책별 업무비	577,500	418,400	496,000	457,200천원	7위	
부대경비	부산남부	각종부담금	477,000	364,000	424,340	394,170천원	9위	
업무추진비	인천	간담회 및 행사 진행	313,000	427,800	417,200	422,500천원	8위	
임차료	경기동남부	사무실 임차료	874,000	959,000	873,600	916,300천원	1위	검토
업무추진비	부산남부	직책별 업무비	211,500	305,000	378,190	341,595천원	10위	
임차료	인천	사무실 임차료	541,900	608,300	698,400	653,350천원	5위	
부대경비	경기동남부	각종부담금	972,000	821,500	965,000	893,250천원	2위	검토
임차료	부산남부	사무실 임차료	808,900	856,900	796,300	826,600천원	3위	
부대경비	경기동남부	시설 유지비	635,000	733,200	865,300	799,250천원	4위	
업무추진비	인천	간담회 및 행사 진행	390,000	416,500	564,350	490,425천원	6위	
'분류'가 "업무추진비"인 '2023년'의 합계				1,492,000천원				
'2024년'의 최대값-최소값의 차이				654,000천원				
'2025년' 중 두 번째로 큰 값				873,600천원				

《처리조건》

- 1행의 행 높이를 '80'으로 설정하고, 2행~15행의 행 높이를 '18'로 설정하시오.
- 제목("연도별 운영비 사용 현황") : 기본 도형의 '정육면체'를 이용하여 입력하시오.
  - 도형 : 위치([B1:H1]), 도형 스타일(테마 스타일 - '미세 효과 - 주황, 강조 2')
  - 글꼴 : 궁서체, 32pt, 밑줄
  - 도형 서식 : 도형 옵션 - 크기 및 속성(텍스트 상자(세로 맞춤 : 정가운데, 텍스트 방향 : 가로))

- 셀 서식을 아래 조건에 맞게 작성하시오.
  - [A2:I15] : 테두리(안쪽, 윤곽선 모두 실선, '검정, 텍스트 1'), 전체 가운데 맞춤
  - [A13:D13], [A14:D14], [A15:D15] : 각각 병합하고 가운데 맞춤
  - [A2:I2], [A13:D15] : 채우기 색('주황, 강조 2, 60% 더 밝게'), 글꼴(굵게)
  - [D3:F12] : 셀 서식의 표시형식-숫자를 이용하여 1000 단위 구분 기호 표시
  - [G3:G12], [E13:G15] : 셀 서식의 표시형식-사용자 지정을 이용하여 #,##0"천원"자를 추가
  - [H3:H12] : 셀 서식의 표시형식-사용자 지정을 이용하여 #"위"자를 추가
  - 조건부 서식[A3:I12] : '2023년'이 800000 이상인 경우 레코드 전체에 글꼴(파랑, 굵게) 적용
  - 지시사항이 없는 경우는 주어진 문제파일의 서식을 그대로 사용하시오.

- ① 순위[H3:H12] : '2년 평균'을 기준으로 큰 순으로 순위를 구하시오. **(RANK.EQ 함수)**
- ② 비고[I3:I12] : '2025년'이 850000 이상이면 "검토", 그렇지 않으면 공백으로 구하시오. **(IF 함수)**
- ③ 합계[E13:G13] : '분류'가 "업무추진비"인 '2023년'의 합계를 구하시오. **(DSUM 함수)**
- ④ 최대값-최소값[E14:G14] : '2024년'의 최대값-최소값의 차이를 구하시오. **(MAX, MIN 함수)**
- ⑤ 순위[E15:G15] : '2025년', 중 두 번째로 큰 값을 구하시오. **(LARGE 함수)**

[문제 2] "부분합" 시트를 참조하여 다음 ≪처리조건≫에 맞도록 작업하시오. (30점)

≪출력형태≫

분류	지사명	적요	2023년	2024년	2025년	2년 평균
임차료	경기동남부	사무실 임차료	874,000	959,000	873,600	916,300
임차료	인천	사무실 임차료	541,900	608,300	698,400	653,350
임차료	부산남부	사무실 임차료	808,900	856,700	796,200	826,600
임차료 최소						653,350
임차료 평균			741,600	808,000	789,400	
업무추진비	경기동남부	직책별 업무비	577,500	418,400	496,000	457,200
업무추진비	인천	간담회 및 행사 진행	313,000	427,800	417,200	422,500
업무추진비	부산남부	직책별 업무비	211,500	305,000	378,190	341,595
업무추진비	인천	간담회 및 행사 진행	390,000	416,500	564,350	490,425
업무추진비 최소						341,595
업무추진비 평균			373,000	391,925	463,935	
부대경비	부산남부	각종부담금	477,000	364,000	424,340	394,170
부대경비	경기동남부	각종부담금	972,000	821,500	965,000	893,250
부대경비	경기동남부	시설 유지비	636,000	733,000	865,100	799,250
부대경비 최소						394,170
부대경비 평균			695,000	639,500	751,480	
전체 최소값						341,595
전체 평균			580,180	591,020	647,838	

≪처리조건≫

▶ 데이터를 '분류' 기준으로 내림차순 정렬하시오.

▶ 아래 조건에 맞는 부분합을 작성하시오.
  - '분류'로 그룹화하여 '2023년', '2024년', '2025년'의 평균을 구하는 부분합을 만드시오.
  - '분류'로 그룹화하여 '2년 평균'의 최소를 구하는 부분합을 만드시오.
   (새로운 값으로 대치하지 말 것)
  - [D3:G20] 영역에 셀 서식의 표시형식-숫자를 이용하여 1000 단위 구분 기호를 표시하시오.

▶ D~F열을 선택하여 그룹을 설정하시오.

▶ 평균과 최소의 부분합 순서는 ≪출력형태≫와 다를 수 있음

▶ 지시사항이 없는 경우는 기본 값을 적용하시오.

[문제 3] "필터"와 "시나리오" 시트를 참조하여 다음 ≪처리조건≫에 맞도록 작업하시오. (60점)

(1) 필터

≪출력형태≫

	A	B	C	D	E	F	G	H
1								
2	분류	지사명	적요	2023년	2024년	2025년	2년 평균	
3	업무추진비	경기동남부	직책별 업무비	577,500	418,400	496,000	457,200	
4	부대경비	부산남부	각종부담금	477,000	364,000	424,340	394,170	
5	업무추진비	인천	간담회 및 행사 진행	313,000	427,800	417,200	422,500	
6	임차료	경기동남부	사무실 임차료	874,000	959,000	873,600	916,300	
7	업무추진비	부산남부	직책별 업무비	211,500	305,000	378,190	341,595	
8	임차료	인천	사무실 임차료	541,900	608,300	698,400	653,350	
9	부대경비	경기동남부	각종부담금	972,000	821,500	965,000	893,250	
10	임차료	부산남부	사무실 임차료	808,900	856,900	796,300	826,600	
11	부대경비	경기동남부	시설 유지비	635,000	733,200	865,300	799,250	
12	업무추진비	인천	간담회 및 행사 진행	390,000	416,500	564,350	490,425	
13								
14	조건							
15	FALSE							
16								
17								
18	분류	지사명	적요	2025년	2년 평균			
19	부대경비	부산남부	각종부담금	424,340	394,170			
20	임차료	경기동남부	사무실 임차료	873,600	916,300			
21	부대경비	경기동남부	각종부담금	965,000	893,250			
22	부대경비	경기동남부	시설 유지비	865,300	799,250			
23								

≪처리조건≫

▶ "필터" 시트의 [A2:G12]를 아래 조건에 맞게 고급필터를 사용하여 작성하시오.
  - '분류'가 "부대경비"이거나 '2025년'이 800000 이상인 데이터를 '분류', '지사명', '적요', '2025년', '2년 평균'의 데이터만 필터링하시오.
  - 조건 위치 : 조건 함수는 [A15] 한 셀에 작성(OR 함수 이용)
  - 결과 위치 : [A18]부터 출력

▶ 지시사항이 없는 경우는 ≪출력형태 - 필터≫와 동일하게 작성하시오.

(2) 시나리오

《출력형태》

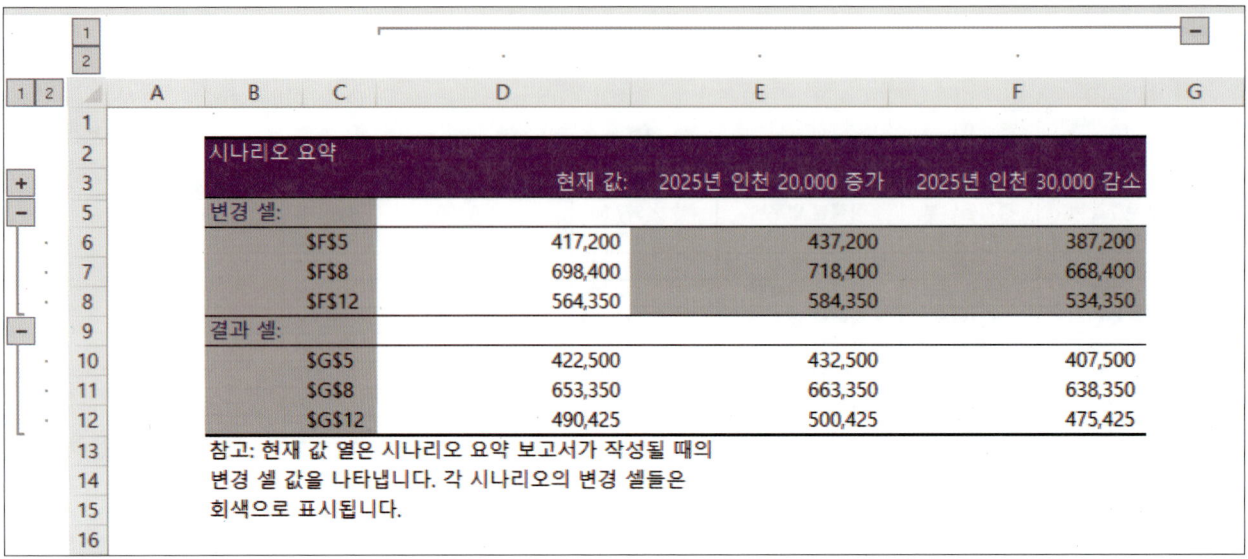

《처리조건》

▶ "시나리오" 시트의 [A2:G12]를 이용하여 '지사명'이 "인천"인 경우, '2025년'이 변동할 때 '2년 평균'이 변동하는 가상분석(시나리오)을 작성하시오.

- 시나리오1 : 시나리오 이름은 "2025년 인천 20,000 증가", '2025년'에 20000을 증가시킨 값 설정.
- 시나리오2 : 시나리오 이름은 "2025년 인천 30,000 감소", '2025년'에 30000을 감소시킨 값 설정.
- "시나리오 요약" 시트를 작성하시오.

▶ 지시사항이 없는 경우는 ≪출력형태 – 시나리오≫와 동일하게 작성하시오.

[문제 4] "피벗테이블" 시트를 참조하여 다음 ≪처리조건≫에 맞도록 작업하시오. (30점)

≪출력형태≫

	A	B	C	D	E	F
1						
2						
3			분류			
4	지사명	값	부대경비	업무추진비	임차료	
5	부산남부	최대 : 2024년	364,000	305,000	856,900	
6		최대 : 2025년	424,340	378,190	796,300	
7	인천	최대 : 2024년	***	427,800	608,300	
8		최대 : 2025년	***	564,350	698,400	
9	전체 최대 : 2024년		364,000	427,800	856,900	
10	전체 최대 : 2025년		424,340	564,350	796,300	
11						

≪처리조건≫

▶ "피벗테이블" 시트의 [A2:G12]를 이용하여 새로운 시트에 ≪출력형태≫와 같이 피벗테이블을 작성 후 시트명을 "피벗테이블 정답"으로 수정하시오.

▶ 지사명(행)과 분류(열)를 기준으로 하여 출력형태와 같이 구하시오.
  - '2024년', '2025년'의 최대를 구하시오.
  - 피벗 테이블 옵션을 이용하여 레이블이 있는 셀 병합 및 가운데 맞춤하고 빈 셀을 "***"로 표시한 후, 행의 총합계를 감추기 하시오.
  - 피벗 테이블 디자인에서 보고서 레이아웃은 '테이블 형식으로 표시', 피벗 테이블 스타일은 '어둡게 - 밤색, 피벗 스타일 어둡게 3'으로 표시하시오.
  - 지사명(행)은 "부산남부", "인천"만 출력되도록 표시하시오.
  - [C5:E10] 데이터는 셀 서식의 표시형식-숫자를 이용하여 1000 단위 구분 기호를 표시하고, 가운데 맞춤하시오.

▶ 지사명의 순서는 ≪출력형태≫와 다를 수 있음

▶ 지시사항이 없는 경우는 ≪출력형태≫와 동일하게 작성하시오.

| 디지털정보활용능력 | 스프레드시트(엑셀) 2021 | [시험시간 : 40분] |

[문제 5] "차트" 시트를 참조하여 다음 ≪처리조건≫에 맞도록 작업하시오. (30점)

《출력형태》

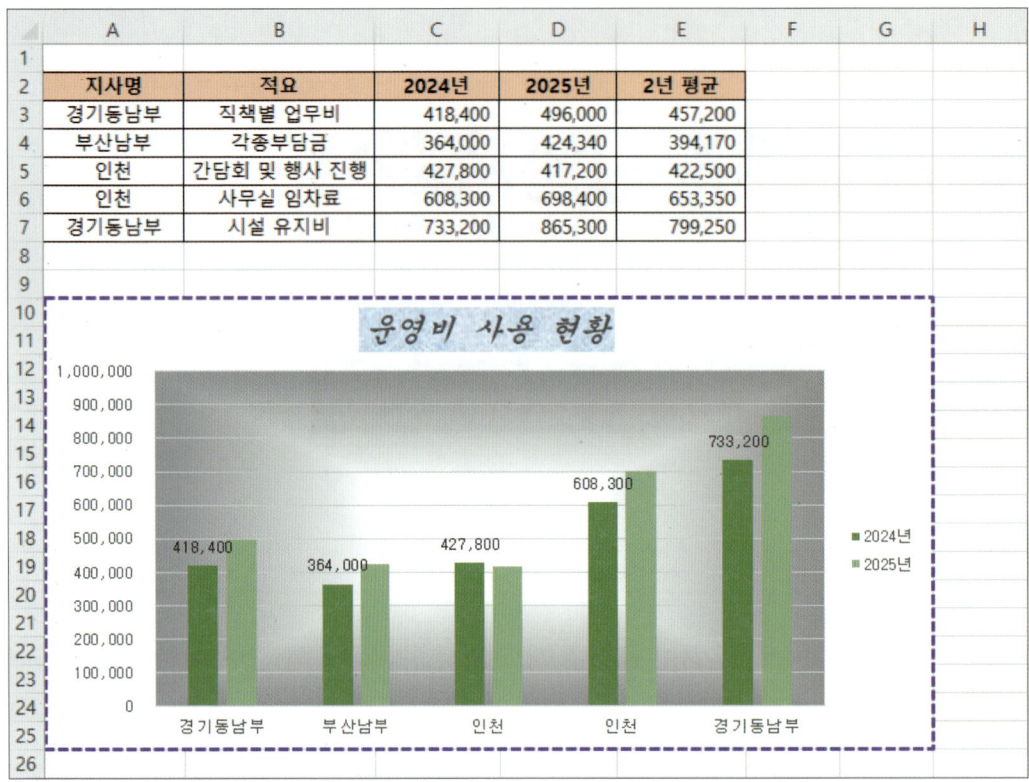

《처리조건》

▶ "차트" 시트에 주어진 표를 이용하여 '묶은 세로 막대형' 차트를 작성하시오.
  - 데이터 범위 : 현재 시트 [A2:A7], [C2:D7]의 데이터를 이용하여 작성하고, 행/열 전환은 '열'로 지정
  - 차트 위치 : 현재 시트에 [A10:G25] 크기에 정확하게 맞추시오.
  - 차트 제목("운영비 사용 현황")
  - 차트 스타일 : 색 변경(단색형 - 단색 색상표 6, 스타일 1)
  - 범례 위치 : 오른쪽
  - 차트 영역 서식 : 글꼴(돋움체, 10pt), 테두리 색(실선, 색 : 자주), 테두리 스타일(너비 : 2pt,
                      겹선 종류 : 단순형, 대시 종류 : 사각 점선)
  - 차트 제목 서식 : 글꼴(궁서체, 18pt, 기울임꼴), 채우기(그림 또는 질감 채우기, 질감 : 파랑 박엽지)
  - 그림 영역 서식 : 채우기(그라데이션 채우기, 그라데이션 미리 설정 : 위쪽 스포트라이트 강조 3,
                      종류 : 사각형, 방향 : 가운데에서)
  - 데이터 레이블 추가 : '2024년' 계열에 "값" 표시

▶ 지시사항이 없는 경우는 ≪출력형태≫와 동일하게 작성하시오.

제 05 회 최신기출유형

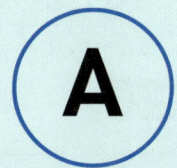

◎ 시험과목 : 스프레드시트(엑셀)
◎ 시험일자 : 20○○. ○○. ○○.(X)
◎ 응시자 기재사항 및 감독위원 확인

수검번호	DIS - 0000 -	감독위원 확인
성 명		

응시자 유의사항

1. 응시자는 신분증을 지참하여야 시험에 응시할 수 있으며, 시험이 종료될 때까지 신분증을 제시하지 못 할 경우 해당 시험은 0점 처리됩니다.
2. 시스템(PC작동여부, 네트워크 상태 등)의 이상여부를 반드시 확인하여야 하며, 시스템 이상이 있을 시 감독위원에게 조치를 받으셔야 합니다.
3. 시험 중 부주의 또는 고의로 시스템을 파손한 경우는 응시자 부담으로 합니다.
4. 답안 전송 프로그램을 통해 다운로드 받은 파일을 이용하여 답안파일을 작성하시기 바랍니다.
5. 작성한 답안 파일은 답안 전송 프로그램을 통하여 전송됩니다. 감독위원의 지시에 따라 주시기 바랍니다.
6. 다음 사항의 경우 실격(0점) 혹은 부정행위 처리됩니다.
   1) 답안파일을 저장하지 않았거나, 저장한 파일이 손상되었을 경우
   2) 답안파일을 지정된 폴더(바탕화면 – "KAIT" 폴더)에 저장하지 않았을 경우
      ※ 답안 전송 프로그램 로그인 시 바탕화면에 자동 생성됨
   3) 답안파일을 다른 보조기억장치(USB) 혹은 네트워크(메신저, 게시판 등)로 전송할 경우
   4) 휴대용 전화기 등 통신기기를 사용할 경우
7. 시트는 반드시 순서대로 작성해야 하며, 순서가 다를 경우 "0"점 처리됩니다.
8. 시험지에 제시된 글꼴이 응시 프로그램에 없는 경우, 반드시 감독위원에게 해당 내용을 통보한 뒤 조치를 받아야 합니다.
9. 시험의 완료는 작성이 완료된 답안을 저장하고, 답안 전송이 완료된 상태를 확인한 것으로 합니다. 답안 전송 확인 후 문제지는 감독위원에게 제출한 후 퇴실하여야 합니다.
10. 답안전송이 완료된 경우는 수정 또는 정정이 불가합니다.
11. 시험 시행 후 합격자 발표는 홈페이지(www.ihd.or.kr)에서 확인하시기를 바랍니다.
    ※ 합격자 발표 : 20○○. ○○. ○○.(X)

디지털정보활용능력 스프레드시트(엑셀) 2021 [시험시간 : 40분]

[문제 1] "주문현황" 시트를 참조하여 다음 ≪처리조건≫에 맞도록 작업하시오. (50점)

《출력형태》

거래처별 마스크 주문현황

모델명	종류	거래처	1분기	2분기	3분기	평균	순위	비고
SG-F94-L	KF-94	미래의료	25,300	24,320	24,410	24,677	6위	
SG-F80-K	KF-80	다나메디	24,280	25,470	26,550	25,433	2위	많은 주문
SG-AD-K	KF-AD	메디올	23,280	25,360	24,260	24,300	9위	
SG-AD-D	KF-AD	그린메디	25,410	25,440	23,360	24,737	10위	
SG-F94-M	KF-94	다나메디	26,390	25,420	27,320	26,377	1위	많은 주문
SG-F80-W	KF-80	메디올	25,310	25,360	24,370	25,013	7위	많은 주문
SG-AD-L	KF-AD	미래의료	24,950	24,850	26,200	25,333	3위	많은 주문
SG-F80-L	KF-80	다나메디	25,330	25,250	25,240	25,273	5위	많은 주문
SG-F94-K	KF-94	메디올	23,070	25,400	24,330	24,267	8위	
SG-F80-M	KF-80	미래의료	25,300	25,470	25,440	25,403	4위	많은 주문
'3분기'의 최대값-최소값 차이				3,960건				
'거래처'가 "미래의료"인 '2분기'의 평균				24,880건				
'2분기' 중 세 번째로 작은 값				25,250건				

《처리조건》

- 1행의 행 높이를 '80'으로 설정하고, 2행~15행의 행 높이를 '18'로 설정하시오.
- 제목("거래처별 마스크 주문현황") : 사각형의 '사각형: 둥근 모서리'를 이용하여 입력하시오.
  - 도형 : 위치([B1:H1]), 도형 스타일(테마 스타일 – '보통 효과 – 주황, 강조 2')
  - 글꼴 : 궁서체, 26pt, 기울임꼴
  - 도형 서식 : 도형 옵션 – 크기 및 속성(텍스트 상자(세로 맞춤 : 정가운데, 텍스트 방향 : 가로))

- 셀 서식을 아래 조건에 맞게 작성하시오.
  - [A2:I15] : 테두리(안쪽, 윤곽선 모두 실선, '검정, 텍스트 1'), 전체 가운데 맞춤
  - [A13:D13], [A14:D14], [A15:D15] : 각각 병합하고 가운데 맞춤
  - [A2:I2], [A13:D15] : 채우기 색('주황, 강조 2, 40% 더 밝게'), 글꼴(굵게)
  - [H3:H12] : 셀 서식의 표시형식-사용자 지정을 이용하여 #"위"자를 추가
  - [D3:G12] : 셀 서식의 표시형식-숫자를 이용하여 1000 단위 구분 기호 표시
  - [E13:G15] : 셀 서식의 표시형식-사용자 지정을 이용하여 #,###"건"자를 추가
  - 조건부 서식[A3:I12] : '거래처'가 "다나메디"인 경우 레코드 전체에 글꼴(빨강, 굵은 기울임꼴) 적용
  - 지시사항이 없는 경우는 주어진 문제파일의 서식을 그대로 사용하시오.

- ① 순위[H3:H12] : '3분기'를 기준으로 하여 큰 순으로 순위를 구하시오. **(RANK.EQ 함수)**
- ② 비고[I3:I12] : '평균'이 25000 이상이면 "많은 주문", 그렇지 않으면 공백으로 구하시오. **(IF 함수)**
- ③ 최대값-최소값[E13:G13] : '3분기'의 최대값과 최소값의 차이를 구하시오. **(MAX, MIN 함수)**
- ④ 평균[E14:G14] : '거래처'가 "미래의료"인 '2분기'의 평균을 구하시오. **(DAVERAGE 함수)**
- ⑤ 순위[E15:G15] : '2분기' 중 세 번째로 작은 값을 구하시오. **(SMALL 함수)**

[문제 2] "부분합" 시트를 참조하여 다음 ≪처리조건≫에 맞도록 작업하시오. (30점)

≪출력형태≫

	A	B	C	D	E	F	G
2	모델명	종류	거래처	1분기	2분기	3분기	평균
3	SG-AD-D	KF-AD	그린메디	25,410	25,440	23,360	24,737
4			그린메디 최대		25,440	23,360	
5			그린메디 평균	25,410	25,440		
6	SG-F80-K	KF-80	다나메디	24,280	25,470	26,550	25,433
7	SG-F94-M	KF-94	다나메디	26,390	25,420	27,320	26,377
8	SG-F80-L	KF-80	다나메디	25,330	25,250	25,240	25,273
9			다나메디 최대		25,470	27,320	
10			다나메디 평균	25,333	25,380		
11	SG-AD-K	KF-AD	메디올	23,280	25,360	24,260	24,300
12	SG-F80-W	KF-80	메디올	25,310	25,360	24,370	25,013
13	SG-F94-K	KF-94	메디올	23,070	25,400	24,330	24,267
14			메디올 최대		25,400	24,370	
15			메디올 평균	23,887	25,373		
16	SG-F94-L	KF-94	미래의료	25,300	24,320	24,410	24,677
17	SG-AD-L	KF-AD	미래의료	24,950	24,850	26,200	25,333
18	SG-F80-M	KF-80	미래의료	25,300	25,470	25,440	25,403
19			미래의료 최대		25,470	26,200	
20			미래의료 평균	25,183	24,880		
21			전체 최대값		25,470	27,320	
22			전체 평균	24,862	25,234		

≪처리조건≫

▶ 데이터를 '거래처' 기준으로 오름차순 정렬하시오.

▶ 아래 조건에 맞는 부분합을 작성하시오.
 − '거래처'로 그룹화하여 '1분기', '2분기'의 평균을 구하는 부분합을 만드시오.
 − '거래처'로 그룹화하여 '2분기', '3분기'의 최대를 구하는 부분합을 만드시오.
  (새로운 값으로 대치하지 말 것)
 − [D3:G22] 영역에 셀 서식의 표시형식−숫자를 이용하여 1000 단위 구분 기호를 표시하시오.

▶ D~G열을 선택하여 그룹을 설정하시오.

▶ 평균과 최대의 부분합 순서는 ≪출력형태≫와 다를 수 있음

▶ 지시사항이 없는 경우는 기본 값을 적용하시오.

[문제 3] "필터"와 "시나리오" 시트를 참조하여 다음 ≪처리조건≫에 맞도록 작업하시오. (60점)

(1) 필터

≪출력형태≫

	A	B	C	D	E	F	G
1							
2	모델명	종류	거래처	1분기	2분기	3분기	평균
3	SG-F94-L	KF-94	미래의료	25,300	24,320	24,410	24,677
4	SG-F80-K	KF-80	다나메디	24,280	25,470	26,550	25,433
5	SG-AD-K	KF-AD	메디올	23,280	25,360	24,260	24,300
6	SG-AD-D	KF-AD	그린메디	25,410	25,440	23,360	24,737
7	SG-F94-M	KF-94	다나메디	26,390	25,420	27,320	26,377
8	SG-F80-W	KF-80	메디올	25,310	25,360	24,370	25,013
9	SG-AD-L	KF-AD	미래의료	24,950	24,850	26,200	25,333
10	SG-F80-L	KF-80	다나메디	25,330	25,250	25,240	25,273
11	SG-F94-K	KF-94	메디올	23,070	25,400	24,330	24,267
12	SG-F80-M	KF-80	미래의료	25,300	25,470	25,440	25,403
13							
14	조건						
15	FALSE						
16							
17							
18	모델명	종류	2분기	3분기	평균		
19	SG-F80-K	KF-80	25,470	26,550	25,433		
20	SG-F94-M	KF-94	25,420	27,320	26,377		
21							

≪처리조건≫

▶ "필터" 시트의 [A2:G12]를 아래 조건에 맞게 고급필터를 사용하여 작성하시오.
- '거래처'가 "다나메디"이고 '2분기'가 25400 이상인 데이터를 '모델명', '종류', '2분기', '3분기', '평균'의 데이터만 필터링하시오.
- 조건 위치 : 조건 함수는 [A15] 한 셀에 작성(AND 함수 이용)
- 결과 위치 : [A18]부터 출력

▶ 지시사항이 없는 경우는 ≪출력형태 – 필터≫와 동일하게 작성하시오.

(2) 시나리오

《출력형태》

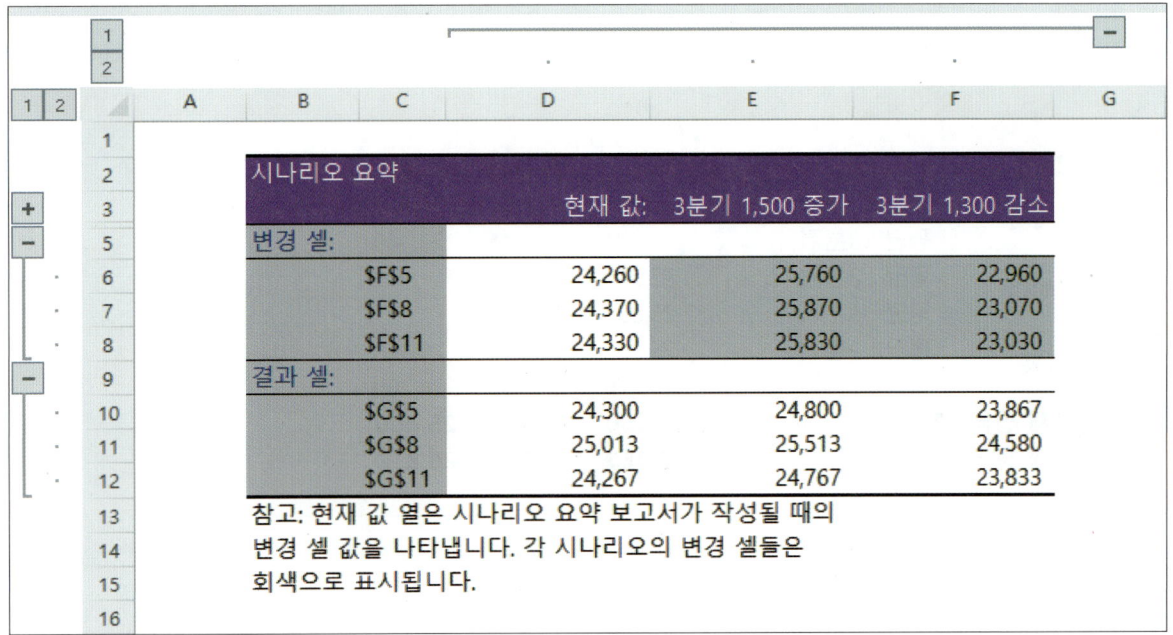

《처리조건》

▶ "시나리오" 시트의 [A2:G12]를 이용하여 '거래처'가 "메디올"인 경우, '3분기'가 변동할 때 '평균'이 변동하는 가상분석(시나리오)을 작성하시오.

- 시나리오1 : 시나리오 이름은 "3분기 1,500 증가", '3분기'에 1500을 증가시킨 값 설정.
- 시나리오2 : 시나리오 이름은 "3분기 1,300 감소", '3분기'에 1300을 감소시킨 값 설정.
- "시나리오 요약" 시트를 작성하시오.

▶ 지시사항이 없는 경우는 ≪출력형태 - 시나리오≫와 동일하게 작성하시오.

[문제 4] "피벗테이블" 시트를 참조하여 다음 ≪처리조건≫에 맞도록 작업하시오. (30점)

《출력형태》

거래처	값	종류		
		KF-80	KF-94	KF-AD
그린메디	평균 : 2분기	****	****	25,440
	평균 : 3분기	****	****	23,360
다나메디	평균 : 2분기	25,360	25,420	****
	평균 : 3분기	25,895	27,320	****
메디올	평균 : 2분기	25,360	25,400	25,360
	평균 : 3분기	24,370	24,330	24,260
전체 평균 : 2분기		25,360	25,410	25,400
전체 평균 : 3분기		25,387	25,825	23,810

《처리조건》

▶ "피벗테이블" 시트의 [A2:F12]를 이용하여 새로운 시트에 ≪출력형태≫와 같이 피벗테이블을 작성 후 시트명을 "피벗테이블 정답"으로 수정하시오.

▶ 거래처(행)와 종류(열)를 기준으로 하여 출력형태와 같이 구하시오.
 - '2분기', '3분기'의 평균을 구하시오.
 - 피벗 테이블 옵션을 이용하여 레이블이 있는 셀 병합 및 가운데 맞춤하고 빈 셀을 "****"로 표시한 후, 행의 총합계를 감추기 하시오.
 - 피벗 테이블 디자인에서 보고서 레이아웃은 '테이블 형식으로 표시', 피벗 테이블 스타일은 '밝게 – 연한 주황, 피벗 스타일 밝게 17'로 표시하시오.
 - 거래처(행)는 "그린메디", "다나메디", "메디올"만 출력되도록 표시하시오.
 - [C5:E12] 데이터는 셀 서식의 표시형식-숫자를 이용하여 1000 단위 구분 기호를 표시하고, 오른쪽 맞춤하시오.

▶ 거래처의 순서는 ≪출력형태≫와 다를 수 있음

▶ 지시사항이 없는 경우는 ≪출력형태≫와 동일하게 작성하시오.

[문제 5] "차트" 시트를 참조하여 다음 ≪처리조건≫에 맞도록 작업하시오. (30점)

《출력형태》

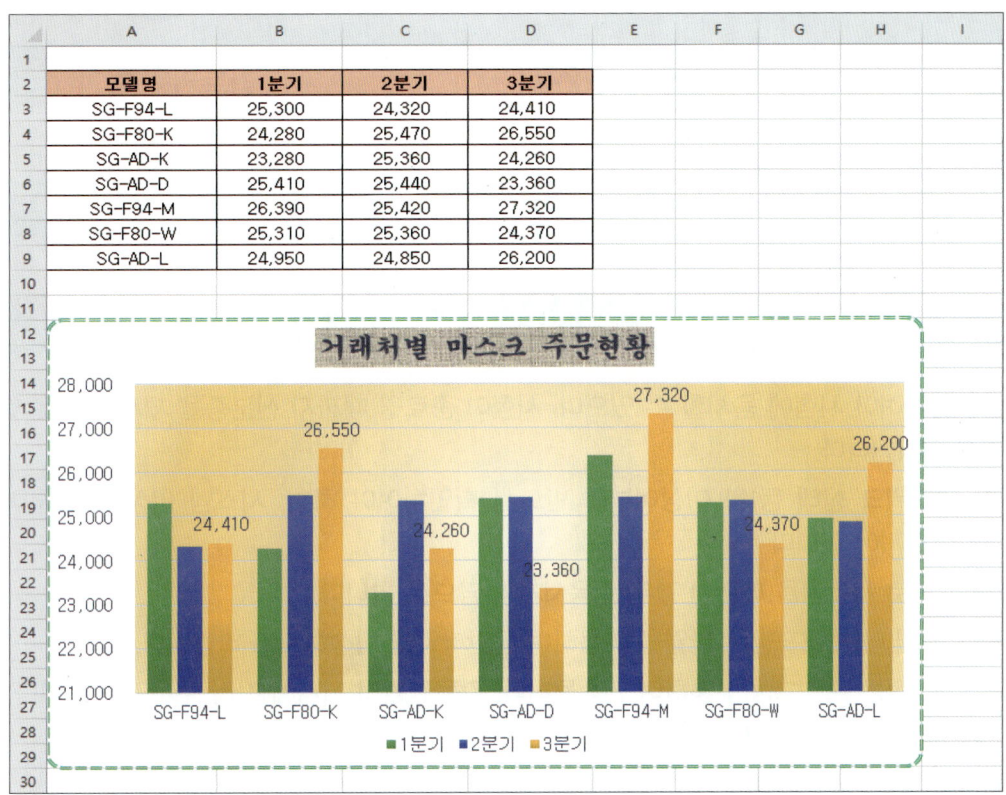

《처리조건》

▶ "차트" 시트에 주어진 표를 이용하여 '묶은 세로 막대형' 차트를 작성하시오.
- 데이터 범위 : 현재 시트 [A2:D9]의 데이터를 이용하여 작성하고, 행/열 전환은 '열'로 지정
- 차트 위치 : 현재 시트에 [A12:H29] 크기에 정확하게 맞추시오.
- 차트 제목("거래처별 마스크 주문현황")
- 차트 스타일 : 색 변경(색상형 - 다양한 색상표 4, 스타일 6)
- 범례 위치 : 아래쪽
- 차트 영역 서식 : 글꼴(굴림체, 12pt), 테두리 색(실선, 색 : 녹색), 테두리 스타일(너비 : 2.5pt, 겹선 종류 : 이중, 대시 종류 : 사각 점선, 둥근 모서리)
- 차트 제목 서식 : 글꼴(궁서체, 18pt, 굵게), 채우기(그림 또는 질감 채우기, 질감 : 캔버스)
- 그림 영역 서식 : 채우기(그라데이션 채우기, 그라데이션 미리 설정 : 밝은 그라데이션 - 강조 4, 종류 : 방사형, 방향 : 가운데에서)
- 데이터 레이블 추가 : '3분기' 계열에 "값" 표시

▶ 지시사항이 없는 경우는 ≪출력형태≫와 동일하게 작성하시오.

제 06 회 최신기출유형

MS Office 2021 버전용

◎ 시험과목 : 스프레드시트(엑셀)
◎ 시험일자 : 20○○. ○○. ○○.(X)
◎ 응시자 기재사항 및 감독위원 확인

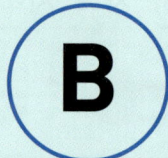

수검번호	DIS - 0000 -	감독위원 확인
성 명		

응시자 유의사항

1. 응시자는 신분증을 지참하여야 시험에 응시할 수 있으며, 시험이 종료될 때까지 신분증을 제시하지 못 할 경우 해당 시험은 0점 처리됩니다.
2. 시스템(PC작동여부, 네트워크 상태 등)의 이상여부를 반드시 확인하여야 하며, 시스템 이상이 있을 시 감독위원에게 조치를 받으셔야 합니다.
3. 시험 중 부주의 또는 고의로 시스템을 파손한 경우는 응시자 부담으로 합니다.
4. 답안 전송 프로그램을 통해 다운로드 받은 파일을 이용하여 답안파일을 작성하시기 바랍니다.
5. 작성한 답안 파일은 답안 전송 프로그램을 통하여 전송됩니다. 감독위원의 지시에 따라 주시기 바랍니다.
6. 다음 사항의 경우 실격(0점) 혹은 부정행위 처리됩니다.
    1) 답안파일을 저장하지 않았거나, 저장한 파일이 손상되었을 경우
    2) 답안파일을 지정된 폴더(바탕화면 – "KAIT" 폴더)에 저장하지 않았을 경우
        ※ 답안 전송 프로그램 로그인 시 바탕화면에 자동 생성됨
    3) 답안파일을 다른 보조기억장치(USB) 혹은 네트워크(메신저, 게시판 등)로 전송할 경우
    4) 휴대용 전화기 등 통신기기를 사용할 경우
7. 시트는 반드시 순서대로 작성해야 하며, 순서가 다를 경우 "0"점 처리됩니다.
8. 시험지에 제시된 글꼴이 응시 프로그램에 없는 경우, 반드시 감독위원에게 해당 내용을 통보한 뒤 조치를 받아야 합니다.
9. 시험의 완료는 작성이 완료된 답안을 저장하고, 답안 전송이 완료된 상태를 확인한 것으로 합니다. 답안 전송 확인 후 문제지는 감독위원에게 제출한 후 퇴실하여야 합니다.
10. 답안전송이 완료된 경우는 수정 또는 정정이 불가합니다.
11. 시험 시행 후 합격자 발표는 홈페이지(www.ihd.or.kr)에서 확인하시기를 바랍니다.
    ※ 합격자 발표 : 20○○. ○○. ○○.(X)

| 디지털정보활용능력 | 스프레드시트(엑셀) 2021 | [시험시간 : 40분] |

[문제 1] "참여현황" 시트를 참조하여 다음 ≪처리조건≫에 맞도록 작업하시오. (50점)

《출력형태》

센터명	지역	권역	2023년	2024년	2025년	평균	순위	비고
목동센터	서울중앙	수도권	16,506	16,361	16,309	16,392	2위	많은 참여
세종센터	대전세종충남	중부권	16,109	15,834	16,095	16,013	4위	많은 참여
해운대센터	부산	남부권	16,263	15,588	16,216	16,022	3위	많은 참여
수지센터	경기	수도권	15,850	16,192	15,888	15,977	7위	
충주센터	충북	중부권	18,457	16,257	16,343	17,019	1위	많은 참여
구리센터	서울동부	수도권	15,399	15,794	15,944	15,712	10위	
중앙로센터	대구경북	남부권	15,854	16,016	16,203	16,024	6위	많은 참여
둔산센터	대전세종충남	중부권	16,071	16,184	16,275	16,177	5위	많은 참여
충장로센터	광주전남	남부권	15,597	16,365	16,488	16,150	9위	많은 참여
일산센터	서울중앙	수도권	15,771	15,836	15,983	15,863	8위	
'2025년'의 최대값-최소값 차이				600명				
'권역'이 "수도권"인 '2023년'의 합계				63,526명				
'2024년' 중 세 번째로 작은 값				15,834명				

제목: **권역별 헌혈 참여현황**

《처리조건》

- 1행의 행 높이를 '80'으로 설정하고, 2행~15행의 행 높이를 '18'로 설정하시오.
- 제목("권역별 헌혈 참여현황") : 기본 도형의 '팔각형'을 이용하여 입력하시오.
  - 도형 : 위치([B1:H1]), 도형 스타일(테마 스타일 – '미세 효과 – 녹색, 강조 6')
  - 글꼴 : 궁서체, 26pt, 기울임꼴
  - 도형 서식 : 도형 옵션 – 크기 및 속성(텍스트 상자(세로 맞춤 : 정가운데, 텍스트 방향 : 가로))

- 셀 서식을 아래 조건에 맞게 작성하시오.
  - [A2:I15] : 테두리(안쪽, 윤곽선 모두 실선, '검정, 텍스트 1'), 전체 가운데 맞춤
  - [A13:D13], [A14:D14], [A15:D15] : 각각 병합하고 가운데 맞춤
  - [A2:I2], [A13:D15] : 채우기 색('황금색, 강조 4, 40% 더 밝게'), 글꼴(굵게)
  - [H3:H12] : 셀 서식의 표시형식-사용자 지정을 이용하여 #"위"자를 추가
  - [D3:G12] : 셀 서식의 표시형식-숫자를 이용하여 1000 단위 구분 기호 표시
  - [E13:G15] : 셀 서식의 표시형식-사용자 지정을 이용하여 #,##0"명"자를 추가
  - 조건부 서식[A3:I12] : '권역'이 "수도권"인 경우 레코드 전체에 글꼴(자주, 굵은 기울임꼴) 적용
  - 지시사항이 없는 경우는 주어진 문제파일의 서식을 그대로 사용하시오.

- ① 순위[H3:H12] : '2023년'을 기준으로 하여 큰 순으로 순위를 구하시오. **(RANK.EQ 함수)**
- ② 비고[I3:I12] : '평균'이 16000 이상이면 "많은 참여", 그렇지 않으면 공백으로 구하시오. **(IF 함수)**
- ③ 최대값-최소값[E13:G13] : '2025년'의 최대값과 최소값의 차이를 구하시오. **(MAX, MIN 함수)**
- ④ 합계[E14:G14] : '권역'이 "수도권"인 '2023년'의 합계를 구하시오. **(DSUM 함수)**
- ⑤ 순위[E15:G15] : '2024년' 중 세 번째로 작은 값을 구하시오. **(SMALL 함수)**

[문제 2] "부분합" 시트를 참조하여 다음 ≪처리조건≫에 맞도록 작업하시오. (30점)

≪출력형태≫

센터명	지역	권역	2023년	2024년	2025년	평균
해운대센터	부산	남부권	16,263	15,588	16,216	16,022
중앙로센터	대구경북	남부권	15,854	16,016	16,203	16,024
충장로센터	광주전남	남부권	15,597	16,365	16,488	16,150
		남부권 최대		16,365	16,488	
		남부권 평균	15,905	15,990		
목동센터	서울중앙	수도권	16,506	16,361	16,309	16,392
수지센터	경기	수도권	15,850	16,192	15,888	15,977
구리센터	서울동부	수도권	15,399	15,794	15,944	15,712
일산센터	서울중앙	수도권	15,771	15,836	15,983	15,863
		수도권 최대		16,361	16,309	
		수도권 평균	15,882	16,046		
세종센터	대전세종충남	중부권	16,109	15,834	16,095	16,013
충주센터	충북	중부권	18,457	16,257	16,343	17,019
둔산센터	대전세종충남	중부권	16,071	16,184	16,275	16,177
		중부권 최대		16,257	16,343	
		중부권 평균	16,879	16,092		
		전체 최대값		16,365	16,488	
		전체 평균	16,188	16,043		

≪처리조건≫

▶ 데이터를 '권역' 기준으로 오름차순 정렬하시오.

▶ 아래 조건에 맞는 부분합을 작성하시오.
  - '권역'으로 그룹화하여 '2023년', '2024년'의 평균을 구하는 부분합을 만드시오.
  - '권역'으로 그룹화하여 '2024년', '2025년'의 최대를 구하는 부분합을 만드시오.
    (새로운 값으로 대치하지 말 것)
  - [D3:G20] 영역에 셀 서식의 표시형식-숫자를 이용하여 1000 단위 구분 기호를 표시하시오.

▶ D~G열을 선택하여 그룹을 설정하시오.

▶ 평균과 최대의 부분합 순서는 ≪출력형태≫와 다를 수 있음

▶ 지시사항이 없는 경우는 기본 값을 적용하시오.

[문제 3] "필터"와 "시나리오" 시트를 참조하여 다음 ≪처리조건≫에 맞도록 작업하시오. (60점)

(1) 필터

≪출력형태≫

	A	B	C	D	E	F	G
1							
2	센터명	지역	권역	2023년	2024년	2025년	평균
3	목동센터	서울중앙	수도권	16,506	16,361	16,309	16,392
4	세종센터	대전세종충남	중부권	16,109	15,834	16,095	16,013
5	해운대센터	부산	남부권	16,263	15,588	16,216	16,022
6	수지센터	경기	수도권	15,850	16,192	15,888	15,977
7	충주센터	충북	중부권	18,457	16,257	16,343	17,019
8	구리센터	서울동부	수도권	15,399	15,794	15,944	15,712
9	중앙로센터	대구경북	남부권	15,854	16,016	16,203	16,024
10	둔산센터	대전세종충남	중부권	16,071	16,184	16,275	16,177
11	충장로센터	광주전남	남부권	15,597	16,365	16,488	16,150
12	일산센터	서울중앙	수도권	15,771	15,836	15,983	15,863
13							
14	조건						
15	TRUE						
16							
17							
18	센터명	지역	2024년	2025년	평균		
19	목동센터	서울중앙	16,361	16,309	16,392		
20	구리센터	서울동부	15,794	15,944	15,712		
21	일산센터	서울중앙	15,836	15,983	15,863		
22							

≪처리조건≫

▶ "필터" 시트의 [A2:G12]를 아래 조건에 맞게 고급필터를 사용하여 작성하시오.
  - '권역'이 "수도권"이고, '2025년'이 15900 이상인 데이터를 '센터명', '지역', '2024년', '2025년', '평균'의 데이터만 필터링하시오.
  - 조건 위치 : 조건 함수는 [A15] 한 셀에 작성(AND 함수 이용)
  - 결과 위치 : [A18]부터 출력

▶ 지시사항이 없는 경우는 ≪출력형태 - 필터≫와 동일하게 작성하시오.

(2) 시나리오

《출력형태》

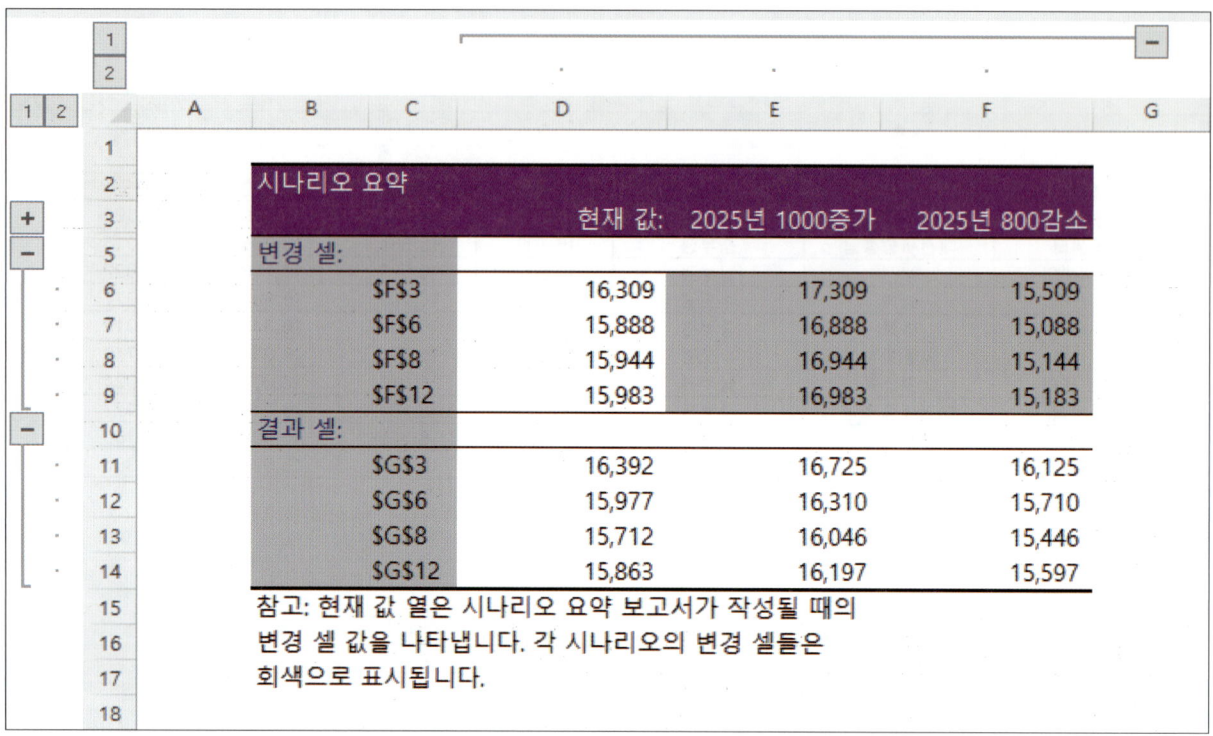

《처리조건》

▶ "시나리오" 시트의 [A2:G12]를 이용하여 '권역'이 "수도권"인 경우, '2025년'이 변동할 때 '평균'이 변동하는 가상분석(시나리오)을 작성하시오.

- 시나리오1 : 시나리오 이름은 "2025년 1,000 증가", '2025년'에 1000을 증가시킨 값 설정.
- 시나리오2 : 시나리오 이름은 "2025년 800 감소", '2025년'에 800을 감소시킨 값 설정.
- "시나리오 요약" 시트를 작성하시오.

▶ 지시사항이 없는 경우는 《출력형태 - 시나리오》와 동일하게 작성하시오.

[문제 4] "피벗테이블" 시트를 참조하여 다음 ≪처리조건≫에 맞도록 작업하시오. (30점)

《출력형태》

	A	B	C	D	E	F
1						
2						
3			권역			
4	지역	값	남부권	수도권	중부권	
5	경기	평균 : 2024년	**	16,192	**	
6		평균 : 2025년	**	15,888	**	
7	광주전남	평균 : 2024년	16,365	**	**	
8		평균 : 2025년	16,488	**	**	
9	대구경북	평균 : 2024년	16,016	**	**	
10		평균 : 2025년	16,203	**	**	
11	대전세종충남	평균 : 2024년	**	**	16,009	
12		평균 : 2025년	**	**	16,185	
13	전체 평균 : 2024년		16,191	16,192	16,009	
14	전체 평균 : 2025년		16,346	15,888	16,185	
15						

《처리조건》

▶ "피벗테이블" 시트의 [A2:F12]를 이용하여 새로운 시트에 ≪출력형태≫와 같이 피벗테이블을 작성 후 시트명을 "피벗테이블 정답"으로 수정하시오.

▶ 지역(행)과 권역(열)을 기준으로 하여 출력형태와 같이 구하시오.
  – '2024년', '2025년'의 평균을 구하시오.
  – 피벗 테이블 옵션을 이용하여 레이블이 있는 셀 병합 및 가운데 맞춤하고 빈 셀을 "**"로 표시한 후, 행의 총합계를 감추기 하시오.
  – 피벗 테이블 디자인에서 보고서 레이아웃은 '테이블 형식으로 표시', 피벗 테이블 스타일은 '중간 – 연한 노랑, 피벗 스타일 보통 12'로 표시하시오.
  – 지역(행)은 "경기", "광주전남", "대구경북", "대전세종충남"만 출력되도록 표시하시오.
  – [C5:E14] 데이터는 셀 서식의 표시형식–숫자를 이용하여 1000 단위 구분 기호를 표시하고, 오른쪽 맞춤하시오.

▶ 지역의 순서는 ≪출력형태≫와 다를 수 있음

▶ 지시사항이 없는 경우는 ≪출력형태≫와 동일하게 작성하시오.

[문제 5] "차트" 시트를 참조하여 다음 ≪처리조건≫에 맞도록 작업하시오. (30점)

≪출력형태≫

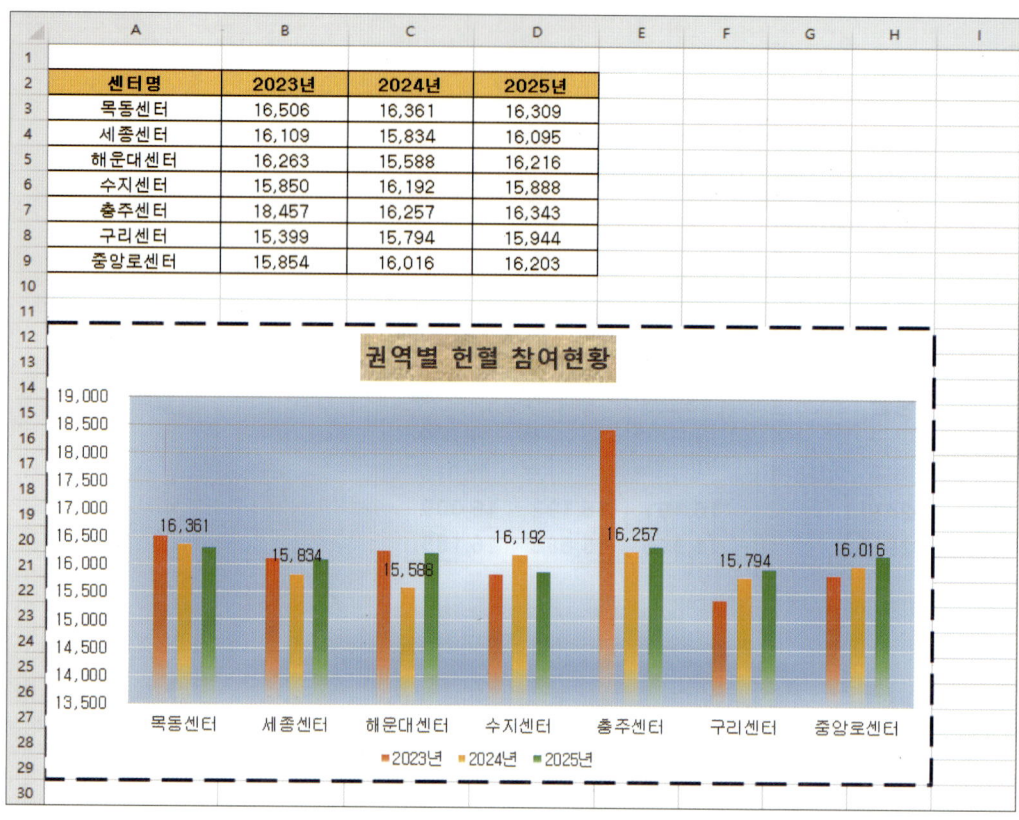

≪처리조건≫

▶ "차트" 시트에 주어진 표를 이용하여 '묶은 세로 막대형' 차트를 작성하시오.
- 데이터 범위 : 현재 시트 [A2:D9]의 데이터를 이용하여 작성하고, 행/열 전환은 '열'로 지정
- 차트 위치 : 현재 시트에 [A12:H29] 크기에 정확하게 맞추시오.
- 차트 제목("권역별 헌혈 참여현황")
- 차트 스타일 : 색 변경(색상형 - 다양한 색상표 3, 스타일 9)
- 범례 위치 : 아래쪽
- 차트 영역 서식 : 글꼴(굴림체, 11pt), 테두리 색(실선, 색 : 진한 파랑), 테두리 스타일(너비 : 2.5pt, 겹선 종류 : 단순형, 대시 종류 : 긴 파선)
- 차트 제목 서식 : 글꼴(맑은 고딕, 16pt, 굵게), 채우기(그림 또는 질감 채우기, 질감 : 편지지)
- 그림 영역 서식 : 채우기(그라데이션 채우기, 그라데이션 미리 설정 : 밝은 그라데이션 - 강조 1, 종류 : 사각형, 방향 : 가운데에서)
- 데이터 레이블 추가 : '2024년' 계열에 "값" 표시

▶ 지시사항이 없는 경우는 ≪출력형태≫와 동일하게 작성하시오.

제 **07** 회 최신기출유형

◎ 시험과목 : 스프레드시트(엑셀)
◎ 시험일자 : 20○○. ○○. ○○.(X)
◎ 응시자 기재사항 및 감독위원 확인

MS Office 2021 버전용

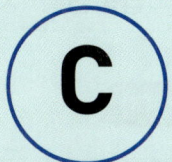

수검번호	DIS - 0000 -	감독위원 확인
성 명		

응시자 유의사항

1. 응시자는 신분증을 지참하여야 시험에 응시할 수 있으며, 시험이 종료될 때까지 신분증을 제시하지 못 할 경우 해당 시험은 0점 처리됩니다.
2. 시스템(PC작동여부, 네트워크 상태 등)의 이상여부를 반드시 확인하여야 하며, 시스템 이상이 있을 시 감독위원에게 조치를 받으셔야 합니다.
3. 시험 중 부주의 또는 고의로 시스템을 파손한 경우는 응시자 부담으로 합니다.
4. 답안 전송 프로그램을 통해 다운로드 받은 파일을 이용하여 답안파일을 작성하시기 바랍니다.
5. 작성한 답안 파일은 답안 전송 프로그램을 통하여 전송됩니다. 감독위원의 지시에 따라 주시기 바랍니다.
6. 다음 사항의 경우 실격(0점) 혹은 부정행위 처리됩니다.
    1) 답안파일을 저장하지 않았거나, 저장한 파일이 손상되었을 경우
    2) 답안파일을 지정된 폴더(바탕화면 – "KAIT" 폴더)에 저장하지 않았을 경우
        ※ 답안 전송 프로그램 로그인 시 바탕화면에 자동 생성됨
    3) 답안파일을 다른 보조기억장치(USB) 혹은 네트워크(메신저, 게시판 등)로 전송할 경우
    4) 휴대용 전화기 등 통신기기를 사용할 경우
7. 시트는 반드시 순서대로 작성해야 하며, 순서가 다를 경우 "0"점 처리됩니다.
8. 시험지에 제시된 글꼴이 응시 프로그램에 없는 경우, 반드시 감독위원에게 해당 내용을 통보한 뒤 조치를 받아야 합니다.
9. 시험의 완료는 작성이 완료된 답안을 저장하고, 답안 전송이 완료된 상태를 확인한 것으로 합니다. 답안 전송 확인 후 문제지는 감독위원에게 제출한 후 퇴실하여야 합니다.
10. 답안전송이 완료된 경우는 수정 또는 정정이 불가합니다.
11. 시험 시행 후 합격자 발표는 홈페이지(www.ihd.or.kr)에서 확인하시기를 바랍니다.
    ※ 합격자 발표 : 20○○. ○○. ○○.(X)

디지털정보활용능력 스프레드시트(엑셀) 2021 [시험시간 : 40분]

[문제 1] "납품현황" 시트를 참조하여 다음 ≪처리조건≫에 맞도록 작업하시오. (50점)

《출력형태》

납품일자	제품명	납품학교	단가	포장중량	개수	납품액	순위	비고
2025-10-04	애호박	푸름고등학교	9,450	950	286EA	2,702,700원	2	우수고객
2025-10-06	방울토마토	해와달중학교	10,300	800	148EA	1,524,400원	7	
2025-10-07	알감자	으뜸고등학교	6,040	1,500	125EA	755,000원	10	
2025-10-10	방울토마토	푸름고등학교	10,300	950	164EA	1,689,200원	6	
2025-10-11	알감자	해와달중학교	6,040	1,050	166EA	1,002,640원	5	
2025-10-13	애호박	으뜸고등학교	9,450	980	218EA	2,060,100원	4	우수고객
2025-10-14	방울토마토	푸름고등학교	10,300	1,000	146EA	1,503,800원	8	
2025-10-17	애호박	푸름고등학교	9,450	790	144EA	1,360,800원	9	
2025-10-19	방울토마토	으뜸고등학교	10,300	730	247EA	2,544,100원	3	우수고객
2025-10-21	알감자	푸름고등학교	6,040	820	287EA	1,733,480원	1	
'제품명'이 "애호박"인 '납품액'의 합계				6,123,600원				
'단가'의 최대값-최소값 차이				4,260원				
'납품액' 중 두 번째로 작은 값				1,002,640원				

《처리조건》

▶ 1행의 행 높이를 '80'으로 설정하고, 2행~15행의 행 높이를 '18'로 설정하시오.
▶ 제목("학교 식자재 납품현황") : 기본 도형의 '평행 사변형'을 이용하여 입력하시오.
  - 도형 : 위치([B1:H1]), 도형 스타일(테마 스타일 - '보통 효과 - 파랑, 강조 1')
  - 글꼴 : 궁서체, 32pt, 굵게
  - 도형 서식 : 도형 옵션 - 크기 및 속성(텍스트 상자(세로 맞춤 : 정가운데, 텍스트 방향 : 가로))

▶ 셀 서식을 아래 조건에 맞게 작성하시오.
  - [A2:I15] : 테두리(안쪽, 윤곽선 모두 실선, '검정, 텍스트 1'), 전체 가운데 맞춤
  - [A13:D13], [A14:D14], [A15:D15] : 각각 병합하고 가운데 맞춤
  - [A2:I2], [A13:D15] : 채우기 색('파랑, 강조 1, 60% 더 밝게'), 글꼴(굵게)
  - [D3:E12] : 셀 서식의 표시형식-숫자를 이용하여 1000 단위 구분 기호 표시
  - [F3:F12] : 셀 서식의 표시형식-사용자 지정을 이용하여 #"EA"자를 추가
  - [G3:G12], [E13:G15] : 셀 서식의 표시형식-사용자 지정을 이용하여 #,##0"원"자를 추가
  - 조건부 서식[A3:I12] : '포장중량'이 1000 이상인 경우 레코드 전체에 글꼴(빨강, 굵은 기울임꼴) 적용
  - 지시사항이 없는 경우는 주어진 문제파일의 서식을 그대로 사용하시오.

▶ ① 순위[H3:H12] : '개수'를 기준으로 하여 큰 순으로 순위를 구하시오. (RANK.EQ 함수)
▶ ② 비고[I3:I12] : '납품액'이 2000000 이상이면 "우수고객", 그렇지 않으면 공백으로 구하시오. (IF 함수)
▶ ③ 합계[E13:G13] : '제품명'이 "애호박"인 '납품액'의 합계를 구하시오. (DSUM 함수)
▶ ④ 최대값-최소값[E14:G14] : '단가'의 최대값-최소값의 차이를 구하시오. (MAX, MIN 함수)
▶ ⑤ 순위[E15:G15] : '납품액' 중 두 번째로 작은 값을 구하시오. (SMALL 함수)

[문제 2] "부분합" 시트를 참조하여 다음 ≪처리조건≫에 맞도록 작업하시오. (30점)

≪출력형태≫

납품일자	제품명	납품학교	단가	포장중량	개수	납품액
2025-10-04	애호박	푸름고등학교	9,450	950	286	2,702,700
2025-10-13	애호박	으뜸고등학교	9,450	980	218	2,060,100
2025-10-17	애호박	푸름고등학교	9,450	790	144	1,360,800
	애호박 평균		9,450			2,041,200
	애호박 최대		9,450	980	286	
2025-10-07	알감자	으뜸고등학교	6,040	1,500	125	755,000
2025-10-11	알감자	해와달중학교	6,040	1,050	166	1,002,640
2025-10-21	알감자	푸름고등학교	6,040	820	287	1,733,480
	알감자 평균		6,040			1,163,707
	알감자 최대		6,040	1,500	287	
2025-10-06	방울토마토	해와달중학교	10,300	800	148	1,524,400
2025-10-10	방울토마토	푸름고등학교	10,300	950	164	1,689,200
2025-10-14	방울토마토	푸름고등학교	10,300	1,000	146	1,503,800
2025-10-19	방울토마토	으뜸고등학교	10,300	730	247	2,544,100
	방울토마토 평균		10,300			1,815,375
	방울토마토 최대		10,300	1,000	247	
	전체 평균		8,767			1,687,622
	전체 최대값		10,300	1,500	287	

≪처리조건≫

▶ 데이터를 '제품명' 기준으로 내림차순 정렬하시오.

▶ 아래 조건에 맞는 부분합을 작성하시오.
　- '제품명'으로 그룹화하여 '단가', '포장중량', '개수'의 최대를 구하는 부분합을 만드시오.
　- '제품명'으로 그룹화하여 '단가', '납품액'의 평균을 구하는 부분합을 만드시오.
　　(새로운 값으로 대치하지 말 것)
　- [D3:G20] 영역에 셀 서식의 표시형식-숫자를 이용하여 1000 단위 구분 기호를 표시하시오.

▶ D~F열을 선택하여 그룹을 설정하시오.

▶ 최대와 평균의 부분합 순서는 ≪출력형태≫와 다를 수 있음

▶ 지시사항이 없는 경우는 기본 값을 적용하시오.

[문제 3] "필터"와 "시나리오" 시트를 참조하여 다음 《처리조건》에 맞도록 작업하시오. (60점)

(1) 필터

《출력형태》

	A	B	C	D	E	F	G	H
1								
2	납품일자	제품명	납품학교	단가	포장중량	개수	납품액	
3	2025-10-04	애호박	푸름고등학교	9,450	950	286	2,702,700	
4	2025-10-06	방울토마토	해와달중학교	10,300	800	148	1,524,400	
5	2025-10-07	알감자	으뜸고등학교	6,040	1,500	125	755,000	
6	2025-10-10	방울토마토	푸름고등학교	10,300	950	164	1,689,200	
7	2025-10-11	알감자	해와달중학교	6,040	1,050	166	1,002,640	
8	2025-10-13	애호박	으뜸고등학교	9,450	980	218	2,060,100	
9	2025-10-14	방울토마토	푸름고등학교	10,300	1,000	146	1,503,800	
10	2025-10-17	애호박	푸름고등학교	9,450	790	144	1,360,800	
11	2025-10-19	방울토마토	으뜸고등학교	10,300	730	247	2,544,100	
12	2025-10-21	알감자	푸름고등학교	6,040	820	287	1,733,480	
13								
14	조건							
15	FALSE							
16								
17								
18	납품일자	제품명	단가	개수				
19	2025-10-10	방울토마토	10,300	164				
20	2025-10-14	방울토마토	10,300	146				
21	2025-10-17	애호박	9,450	144				
22								

《처리조건》

▶ "필터" 시트의 [A2:G12]를 아래 조건에 맞게 고급필터를 사용하여 작성하시오.
  - '납품학교'가 "푸름고등학교"이고, '납품액'이 1700000 이하인 데이터를 '납품일자', '제품명', '단가', '개수'의 데이터만 필터링하시오.
  - 조건 위치 : 조건 함수는 [A15] 한 셀에 작성(AND 함수 이용)
  - 결과 위치 : [A18]부터 출력

▶ 지시사항이 없는 경우는 《출력형태 - 필터》와 동일하게 작성하시오.

(2) 시나리오

《출력형태》

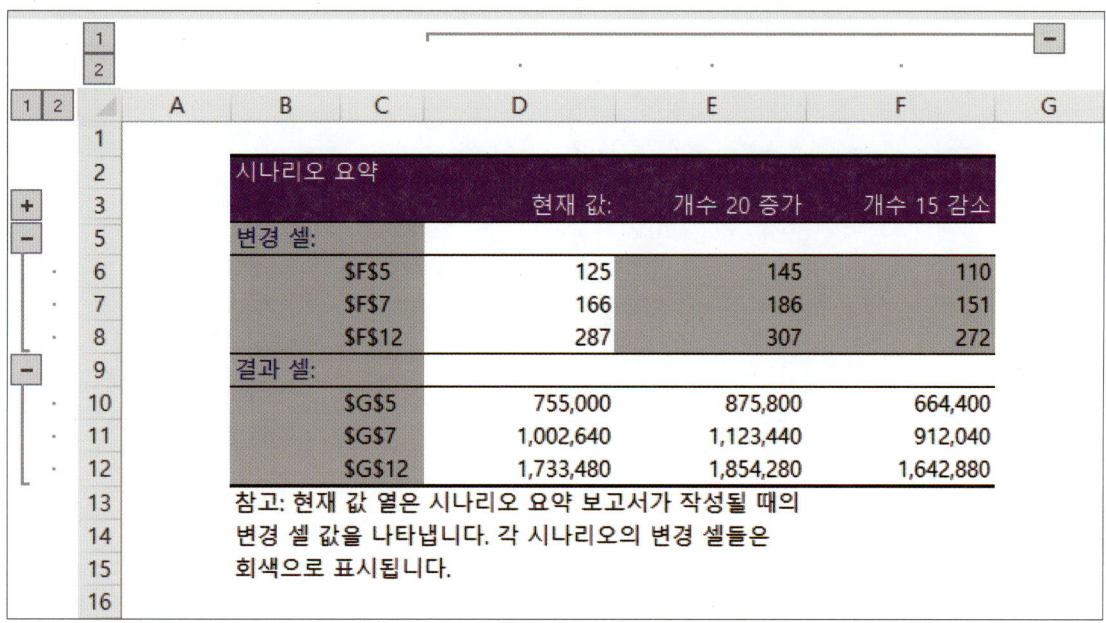

《처리조건》

▶ "시나리오" 시트의 [A2:G12]를 이용하여 '제품명'이 "알감자"인 경우, '개수'가 변동할 때 '납품액'이 변동하는 가상분석(시나리오)을 작성하시오.

- 시나리오1 : 시나리오 이름은 "개수 20 증가", '개수'에 20을 증가시킨 값 설정.
- 시나리오2 : 시나리오 이름은 "개수 15 감소", '개수'에 15를 감소시킨 값 설정.
- "시나리오 요약" 시트를 작성하시오.

▶ 지시사항이 없는 경우는 ≪출력형태 - 시나리오≫와 동일하게 작성하시오.

[문제 4] "피벗테이블" 시트를 참조하여 다음 ≪처리조건≫에 맞도록 작업하시오. (30점)

≪출력형태≫

	A	B	C	D	E
3	제품명	값	납품학교		총합계
4			으뜸고등학교	해와달중학교	
5	방울토마토	최대 : 단가	10,300	10,300	10,300
6		최대 : 납품액	2,544,100	1,524,400	2,544,100
7	알감자	최대 : 단가	6,040	6,040	6,040
8		최대 : 납품액	755,000	1,002,640	1,002,640
9	애호박	최대 : 단가	9,450	***	9,450
10		최대 : 납품액	2,060,100	***	2,060,100

≪처리조건≫

▶ "피벗테이블" 시트의 [A2:G12]를 이용하여 새로운 시트에 ≪출력형태≫와 같이 피벗테이블을 작성 후 시트명을 "피벗테이블 정답"으로 수정하시오.

▶ 제품명(행)과 납품학교(열)를 기준으로 하여 출력형태와 같이 구하시오.
  – '단가', '납품액'의 최대를 구하시오.
  – 피벗 테이블 옵션을 이용하여 레이블이 있는 셀 병합 및 가운데 맞춤하고 빈 셀을 "***"로 표시한 후, 열의 총합계를 감추기 하시오.
  – 피벗 테이블 디자인에서 보고서 레이아웃은 '테이블 형식으로 표시', 피벗 테이블 스타일은 '어둡게 – 연한 파랑, 피벗 스타일 어둡게 6'으로 표시하시오.
  – 납품학교(열)는 "으뜸고등학교", "해와달중학교"만 출력되도록 표시하시오.
  – [C5:E10] 데이터는 셀 서식의 표시형식–숫자를 이용하여 1000 단위 구분 기호를 표시하고, 가운데 맞춤하시오.

▶ 제품명의 순서는 ≪출력형태≫와 다를 수 있음

▶ 지시사항이 없는 경우는 ≪출력형태≫와 동일하게 작성하시오.

[문제 5] "차트" 시트를 참조하여 다음 ≪처리조건≫에 맞도록 작업하시오. (30점)

《출력형태》

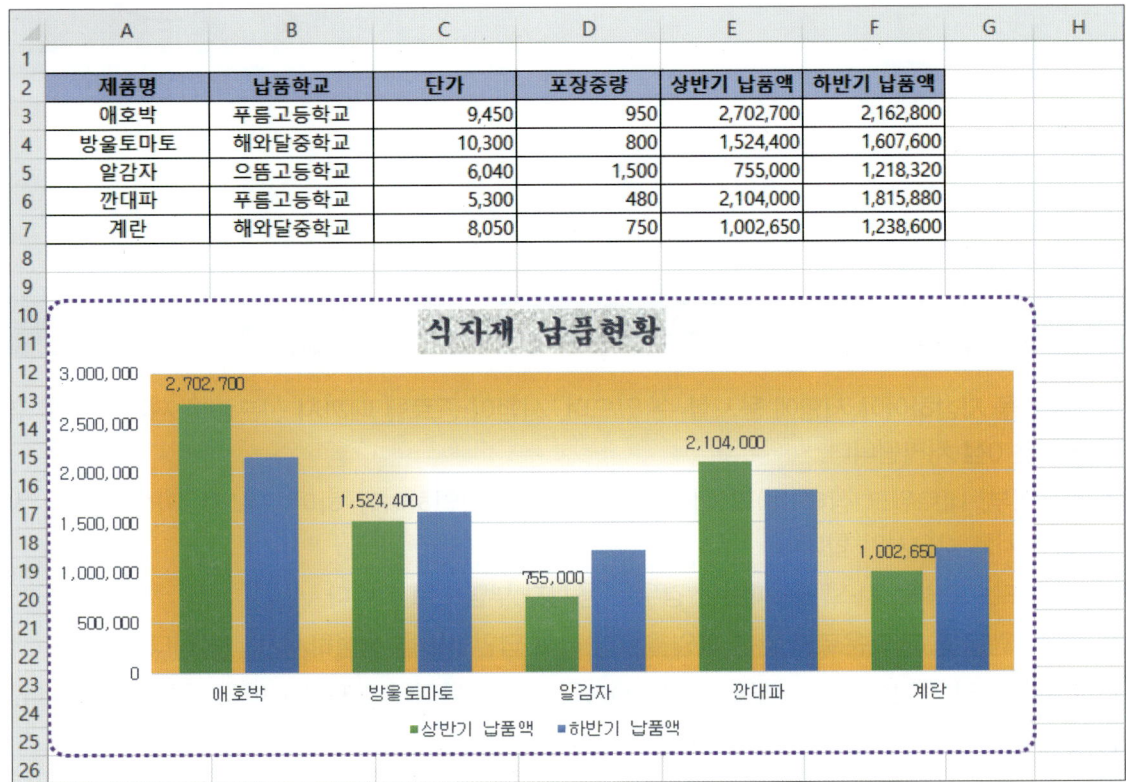

《처리조건》

▶ "차트" 시트에 주어진 표를 이용하여 '묶은 세로 막대형' 차트를 작성하시오.
- 데이터 범위 : 현재 시트 [A2:A7], [E2:F7]의 데이터를 이용하여 작성하고, 행/열 전환은 '열'로 지정
- 차트 위치 : 현재 시트에 [A10:G25] 크기에 정확하게 맞추시오.
- 차트 제목("식자재 납품현황")
- 차트 스타일 : 색 변경(색상형 - 다양한 색상표 4, 스타일 6)
- 범례 위치 : 아래쪽
- 차트 영역 서식 : 글꼴(굴림체, 10pt), 테두리 색(실선, 색 : 자주), 테두리 스타일(너비 : 2.5pt, 겹선 종류 : 단순형, 대시 종류 : 둥근 점선, 둥근 모서리)
- 차트 제목 서식 : 글꼴(궁서체, 18pt, 굵게), 채우기(그림 또는 질감 채우기, 질감 : 신문 용지)
- 그림 영역 서식 : 채우기(그라데이션 채우기, 그라데이션 미리 설정 : 위쪽 스포트라이트 강조 4, 종류 : 사각형, 방향 : 가운데에서)
- 데이터 레이블 추가 : '상반기 납품액' 계열에 "값" 표시

▶ 지시사항이 없는 경우는 ≪출력형태≫와 동일하게 작성하시오.

제 08 회 최신기출유형

MS Office 2021 버전용

◎ 시험과목 : 스프레드시트(엑셀)
◎ 시험일자 : 20○○. ○○. ○○.(X)
◎ 응시자 기재사항 및 감독위원 확인

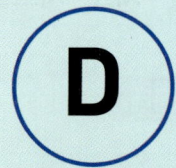

수검번호	DIS - 0000 -	감독위원 확인
성 명		

응시자 유의사항

1. 응시자는 신분증을 지참하여야 시험에 응시할 수 있으며, 시험이 종료될 때까지 신분증을 제시하지 못 할 경우 해당 시험은 0점 처리됩니다.
2. 시스템(PC작동여부, 네트워크 상태 등)의 이상여부를 반드시 확인하여야 하며, 시스템 이상이 있을 시 감독위원에게 조치를 받으셔야 합니다.
3. 시험 중 부주의 또는 고의로 시스템을 파손한 경우는 응시자 부담으로 합니다.
4. 답안 전송 프로그램을 통해 다운로드 받은 파일을 이용하여 답안파일을 작성하시기 바랍니다.
5. 작성한 답안 파일은 답안 전송 프로그램을 통하여 전송됩니다. 감독위원의 지시에 따라 주시기 바랍니다.
6. 다음 사항의 경우 실격(0점) 혹은 부정행위 처리됩니다.
    1) 답안파일을 저장하지 않았거나, 저장한 파일이 손상되었을 경우
    2) 답안파일을 지정된 폴더(바탕화면 – "KAIT" 폴더)에 저장하지 않았을 경우
        ※ 답안 전송 프로그램 로그인 시 바탕화면에 자동 생성됨
    3) 답안파일을 다른 보조기억장치(USB) 혹은 네트워크(메신저, 게시판 등)로 전송할 경우
    4) 휴대용 전화기 등 통신기기를 사용할 경우
7. 시트는 반드시 순서대로 작성해야 하며, 순서가 다를 경우 "0"점 처리됩니다.
8. 시험지에 제시된 글꼴이 응시 프로그램에 없는 경우, 반드시 감독위원에게 해당 내용을 통보한 뒤 조치를 받아야 합니다.
9. 시험의 완료는 작성이 완료된 답안을 저장하고, 답안 전송이 완료된 상태를 확인한 것으로 합니다. 답안 전송 확인 후 문제지는 감독위원에게 제출한 후 퇴실하여야 합니다.
10. 답안전송이 완료된 경우는 수정 또는 정정이 불가합니다.
11. 시험 시행 후 합격자 발표는 홈페이지(www.ihd.or.kr)에서 확인하시기를 바랍니다.
    ※ 합격자 발표 : 20○○. ○○. ○○.(X)

식별CODE

| 디지털정보활용능력 | 스프레드시트(엑셀) 2021 | [시험시간 : 40분] |

[문제 1] "병원비현황" 시트를 참조하여 다음 ≪처리조건≫에 맞도록 작업하시오. (50점)

≪출력형태≫

	A	B	C	D	E	F	G	H	I
1				병원비 정산 현황					
2	진료과	성명	나이	입원기간	진료비	입원비	총진료비	순위	비고
3	내과	김석돌	14	19	175,000	380,000	555,000	6위	
4	영상의학과	황한아	20	2	326,000	40,000	366,000	7위	
5	이비인후과	진석태	18	13	2,552,000	260,000	2,812,000	1위	
6	치과	문명환	31	5	152,000	100,000	252,000	9위	입원비 할인
7	이비인후과	이진석	10	10	85,000	200,000	285,000	8위	
8	내과	김민지	20	39	590,000	780,000	1,370,000	2위	
9	내과	김진욱	14	18	278,000	360,000	638,000	5위	
10	가정의학과	조진숙	28	25	400,000	500,000	900,000	4위	
11	감염내과	김진웅	22	23	890,000	460,000	1,350,000	3위	
12	이비인후과	황진숙	52	3	92,000	60,000	152,000	10위	입원비 할인
13	'진료비' 중 세 번째로 작은 값				152,000원				
14	'진료과'가 "내과"인 '진료비'의 평균				347,667원				
15	'총진료비'의 최대값-최소값 차이				2,660,000원				

≪처리조건≫

▶ 1행의 행 높이를 '80'으로 설정하고, 2행~15행의 행 높이를 '18'로 설정하시오.

▶ 제목("병원비 정산 현황") : 순서도의 '순서도: 다중 문서'를 이용하여 입력하시오.
  – 도형 : 위치([B1:H1]), 도형 스타일(테마 스타일 – '밝은 색 1 윤곽선, 색 채우기 – 황금색, 강조 4')
  – 글꼴 : 굴림, 25pt, 굵게, 기울임꼴
  – 도형 서식 : 도형 옵션 – 크기 및 속성(텍스트 상자(세로 맞춤 : 정가운데, 텍스트 방향 : 가로))

▶ 셀 서식을 아래 조건에 맞게 작성하시오.
  – [A2:I15] : 테두리(안쪽, 윤곽선 모두 실선, '검정, 텍스트 1'), 전체 가운데 맞춤
  – [A13:D13], [A14:D14], [A15:D15] : 각각 병합하고 가운데 맞춤
  – [A2:I2], [A13:D15] : 채우기 색('황금색, 강조 4, 60% 더 밝게'), 글꼴(굵게)
  – [E3:G12] : 셀 서식의 표시형식-숫자를 이용하여 1000 단위 구분 기호 표시
  – [H3:H12] : 셀 서식의 표시형식-사용자 지정을 이용하여 #"위"자를 추가
  – [E13:G15] : 셀 서식의 표시형식-사용자 지정을 이용하여 #,##0"원"자를 추가
  – 조건부 서식[A3:I12] : '입원기간'이 20 이상인 경우 레코드 전체에 글꼴(파랑, 굵은 기울임꼴) 적용
  – 지시사항이 없는 경우는 주어진 문제파일의 서식을 그대로 사용하시오.

▶ ① 순위[H3:H12] : '총진료비'를 기준으로 하여 큰 순으로 순위를 구하시오. **(RANK.EQ 함수)**
▶ ② 비고[I3:I12] : '나이'가 30 이상이면 "입원비 할인", 그렇지 않으면 공백으로 구하시오. **(IF 함수)**
▶ ③ 순위[E13:G13] : '진료비' 중 세 번째로 작은 값을 구하시오. **(SMALL 함수)**
▶ ④ 평균[E14:G14] : '진료과'가 "내과"인 '진료비'의 평균을 구하시오. **(DAVERAGE 함수)**
▶ ⑤ 최대값-최소값[E15:G15] : '총진료비'의 최대값-최소값의 차이를 구하시오. **(MAX, MIN 함수)**

[문제 2] "부분합" 시트를 참조하여 다음 《처리조건》에 맞도록 작업하시오. (30점)

《출력형태》

진료과	성명	나이	입원기간	진료비	입원비	총진료비
가정의학과	조진숙	28	25	400,000	500,000	900,000
가정의학과 최대				400,000	500,000	
가정의학과 평균				400,000	500,000	
감염내과	김진웅	22	23	890,000	460,000	1,350,000
감염내과 최대				890,000	460,000	
감염내과 평균				890,000	460,000	
내과	김석둘	14	19	175,000	380,000	555,000
내과	김민지	20	39	590,000	780,000	1,370,000
내과	김진욱	14	18	278,000	360,000	638,000
내과 최대				590,000	780,000	
내과 평균				347,667	506,667	
영상의학과	황한아	20	2	326,000	40,000	366,000
영상의학과 최대				326,000	40,000	
영상의학과 평균				326,000	40,000	
이비인후과	진석태	18	13	2,552,000	260,000	2,812,000
이비인후과	이진석	10	10	85,000	200,000	285,000
이비인후과	황진숙	52	3	92,000	60,000	152,000
이비인후과 최대				2,552,000	260,000	
이비인후과 평균				909,667	173,333	
치과	문명환	31	5	152,000	100,000	252,000
치과 최대				152,000	100,000	
치과 평균				152,000	100,000	
전체 최대값				2,552,000	780,000	
전체 평균				554,000	314,000	

《처리조건》

▶ 데이터를 '진료과' 기준으로 오름차순 정렬하시오.

▶ 아래 조건에 맞는 부분합을 작성하시오.
  – '진료과'로 그룹화하여 '진료비', '입원비'의 평균을 구하는 부분합을 만드시오.
  – '진료과'로 그룹화하여 '진료비', '입원비'의 최대를 구하는 부분합을 만드시오.
    (새로운 값으로 대치하지 말 것)
  – [E3:G26] 영역에 셀 서식의 표시형식-숫자를 이용하여 1000 단위 구분 기호를 표시하시오.

▶ E~F열을 선택하여 그룹을 설정하시오.

▶ 평균과 최대의 부분합 순서는 《출력형태》와 다를 수 있음

▶ 지시사항이 없는 경우는 기본 값을 적용하시오.

디지털정보활용능력 스프레드시트(엑셀) 2021 [시험시간 : 40분]

[문제 3] "필터"와 "시나리오" 시트를 참조하여 다음 ≪처리조건≫에 맞도록 작업하시오. (60점)

(1) 필터

≪출력형태≫

	A	B	C	D	E	F	G
2	진료과	성명	나이	입원기간	진료비	입원비	총진료비
3	내과	김석둘	14	19	175,000	380,000	555,000
4	영상의학과	황한아	20	2	326,000	40,000	366,000
5	이비인후과	진석태	18	13	2,552,000	260,000	2,812,000
6	치과	문명환	31	5	152,000	100,000	252,000
7	이비인후과	이진석	10	10	85,000	200,000	285,000
8	내과	김민지	20	39	590,000	780,000	1,370,000
9	내과	김진욱	14	18	278,000	360,000	638,000
10	가정의학과	조진숙	28	25	400,000	500,000	900,000
11	감염내과	김진웅	22	23	890,000	460,000	1,350,000
12	이비인후과	황진숙	52	3	92,000	60,000	152,000
13							
14	조건						
15	FALSE						
16							
17							
18	성명	입원기간	입원비	총진료비			
19	진석태	13	260,000	2,812,000			
20	이진석	10	200,000	285,000			
21	김민지	39	780,000	1,370,000			
22	김진웅	23	460,000	1,350,000			
23	황진숙	3	60,000	152,000			

≪처리조건≫

- "필터" 시트의 [A2:G12]를 아래 조건에 맞게 고급필터를 사용하여 작성하시오.
  - '진료과'가 "이비인후과"이거나 '총진료비'가 1000000 이상인 데이터를 '성명', '입원기간', '입원비', '총진료비'의 데이터만 필터링하시오.
  - 조건 위치 : 조건 함수는 [A15] 한 셀에 작성(OR 함수 이용)
  - 결과 위치 : [A18]부터 출력

- 지시사항이 없는 경우는 ≪출력형태 - 필터≫와 동일하게 작성하시오.

(2) 시나리오

《출력형태》

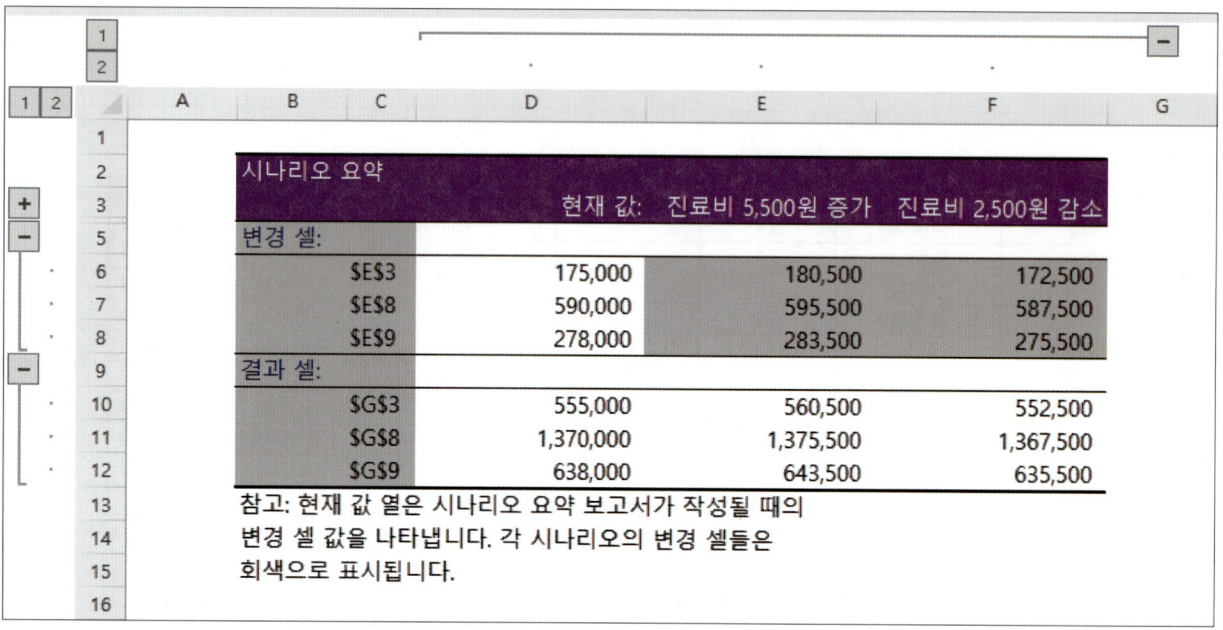

《처리조건》

▶ "시나리오" 시트의 [A2:G12]를 이용하여 '진료과'가 "내과"인 경우, '진료비'가 변동할 때 '총진료비'가 변동하는 가상분석(시나리오)을 작성하시오.

- 시나리오1 : 시나리오 이름은 "진료비 5,500원 증가", '진료비'에 5500을 증가시킨 값 설정.
- 시나리오2 : 시나리오 이름은 "진료비 2,500원 감소", '진료비'에 2500을 감소시킨 값 설정.
- "시나리오 요약" 시트를 작성하시오.

▶ 지시사항이 없는 경우는 ≪출력형태 – 시나리오≫와 동일하게 작성하시오.

[문제 4] "피벗테이블" 시트를 참조하여 다음 ≪처리조건≫에 맞도록 작업하시오. (30점)

≪출력형태≫

	A	B	C	D	E	F	G
1							
2							
3			진료과 ▼				
4	성명 ▼	값	가정의학과	감염내과	내과	영상의학과	
5	김민지	최대 : 진료비	**	**	590,000	**	
6		최대 : 입원비	**	**	780,000	**	
7	김석돌	최대 : 진료비	**	**	175,000	**	
8		최대 : 입원비	**	**	380,000	**	
9	김진욱	최대 : 진료비	**	**	278,000	**	
10		최대 : 입원비	**	**	360,000	**	
11	김진웅	최대 : 진료비	**	890,000	**	**	
12		최대 : 입원비	**	460,000	**	**	
13	조진숙	최대 : 진료비	400,000	**	**	**	
14		최대 : 입원비	500,000	**	**	**	
15	황한아	최대 : 진료비	**	**	**	326,000	
16		최대 : 입원비	**	**	**	40,000	
17		전체 최대 : 진료비	400,000	890,000	590,000	326,000	
18		전체 최대 : 입원비	500,000	460,000	780,000	40,000	
19							

≪처리조건≫

▶ "피벗테이블" 시트의 [A2:G12]를 이용하여 새로운 시트에 ≪출력형태≫와 같이 피벗테이블을 작성 후 시트명을 "피벗테이블 정답"으로 수정하시오.

▶ 성명(행)과 진료과(열)를 기준으로 하여 출력형태와 같이 구하시오.
 – '진료비', '입원비'의 최대를 구하시오.
 – 피벗 테이블 옵션을 이용하여 레이블이 있는 셀 병합 및 가운데 맞춤하고 빈 셀을 "**"로 표시한 후, 행의 총합계를 감추기 하시오.
 – 피벗 테이블 디자인에서 보고서 레이아웃은 '테이블 형식으로 표시', 피벗 테이블 스타일은 '밝게 – 연한 주황, 피벗 스타일 밝게 17'로 표시하시오.
 – 성명(행)은 "김민지", "김석돌", "김진욱", "김진웅", "조진숙", "황한아"만 출력되도록 표시하시오.
 – [C5:F18] 데이터는 셀 서식의 표시형식-숫자를 이용하여 1000 단위 구분 기호를 표시하고, 가운데 맞춤하시오.

▶ 성명의 순서는 ≪출력형태≫와 다를 수 있음

▶ 지시사항이 없는 경우는 ≪출력형태≫와 동일하게 작성하시오.

[문제 5] "차트" 시트를 참조하여 다음 ≪처리조건≫에 맞도록 작업하시오. (30점)

≪출력형태≫

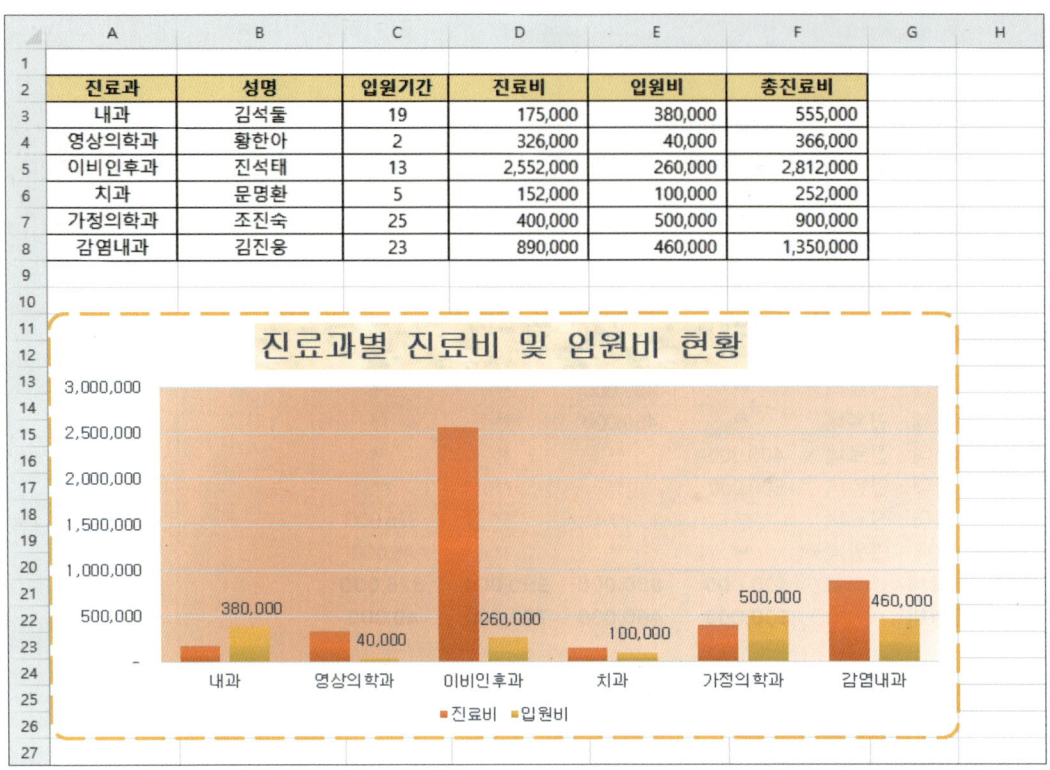

≪처리조건≫

▶ "차트" 시트에 주어진 표를 이용하여 '묶은 세로 막대형' 차트를 작성하시오.
- 데이터 범위 : 현재 시트 [A2:A8], [D2:E8]의 데이터를 이용하여 작성하고, 행/열 전환은 '열'로 지정
- 차트 위치 : 현재 시트에 [A11:G26] 크기에 정확하게 맞추시오.
- 차트 제목("진료과별 진료비 및 입원비 현황")
- 차트 스타일 : 색 변경(색상형 – 다양한 색상표 3, 스타일 6)
- 범례 위치 : 아래쪽
- 차트 영역 서식 : 글꼴(굴림, 10pt), 테두리 색(실선, 색 : 주황), 테두리 스타일(너비 : 2.25pt, 겹선 종류 : 단순형, 대시 종류 : 긴 파선, 둥근 모서리)
- 차트 제목 서식 : 글꼴(굴림체, 20pt, 굵게), 채우기(그림 또는 질감 채우기, 질감 : 양피지)
- 그림 영역 서식 : 채우기(그라데이션 채우기, 그라데이션 미리 설정 : 밝은 그라데이션 – 강조 2, 종류 : 방사형, 방향 : 오른쪽 아래 모서리에서)
- 데이터 레이블 추가 : '입원비' 계열에 "값" 표시

▶ 지시사항이 없는 경우는 ≪출력형태≫와 동일하게 작성하시오.